맛있게 읽는
한국 고대사

본 책에 수록된 일부 도판은 국립박물관의 허가를 받아 사용하였습니다.

일부 도판 저작권자와 연락이 닿지 못한 경우가 있습니다.

별도로 감사의 말씀을 전할 기회를 갖고자 합니다.

맛있게 읽는 한국 고대사

초판 1쇄 발행 | 2011년 3월 30일

글쓴이 | 장세현
그린이 | 표정수
펴낸이 | 조미현

편집주간 | 김수한
책임편집 | 서현미
디자인 | 김희은

출력 | 문형사
인쇄 | 천일문화사
제책 | 쌍용제책사

펴낸곳 | (주)현암사
등록 | 1951년 12월 24일 제10-126호
주소 | 121-839 서울시 마포구 서교동 481-12
전화 | 365-5051 · 팩스 | 313-2729
전자우편 | editor@hyeonamsa.com
홈페이지 | www.hyeonamsa.com

ⓒ 장세현, 표정수 2011
ISBN 978-89-323-1581-2 03900

이 도서의 국립중앙도서관 출판시도서목록(CIP)은
e-CIP 홈페이지(http://www.nl.go.kr/ecip)에서 이용하실 수 있습니다.
(CIP제어번호: CIP2011001251)

선사 시대부터 후삼국 시대까지 우리 고대사의 흐름을 한눈에 본다!

맛있게 읽는
한국 고대사

장세현 글 · 표정수 그림

현암사

차례

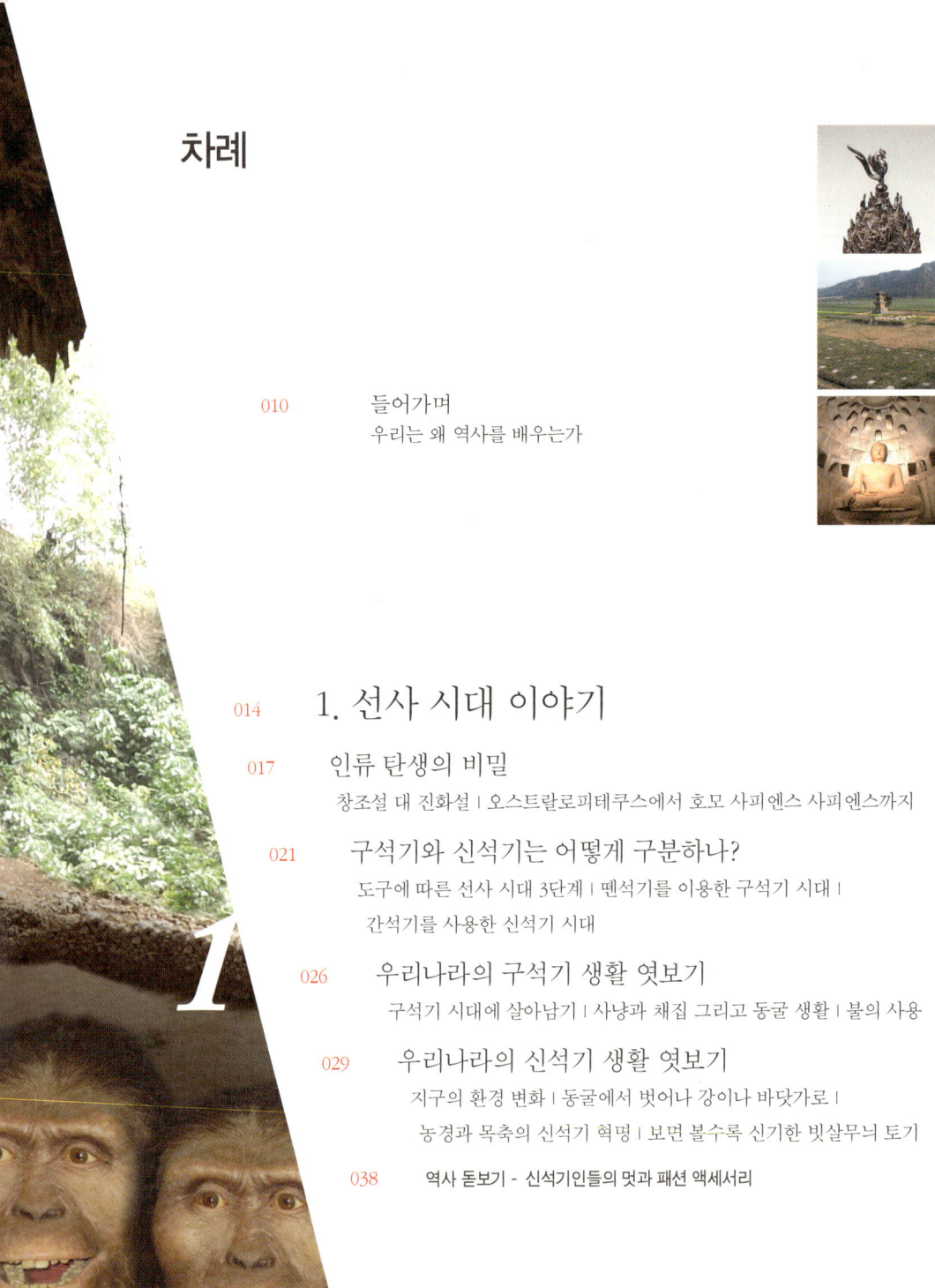

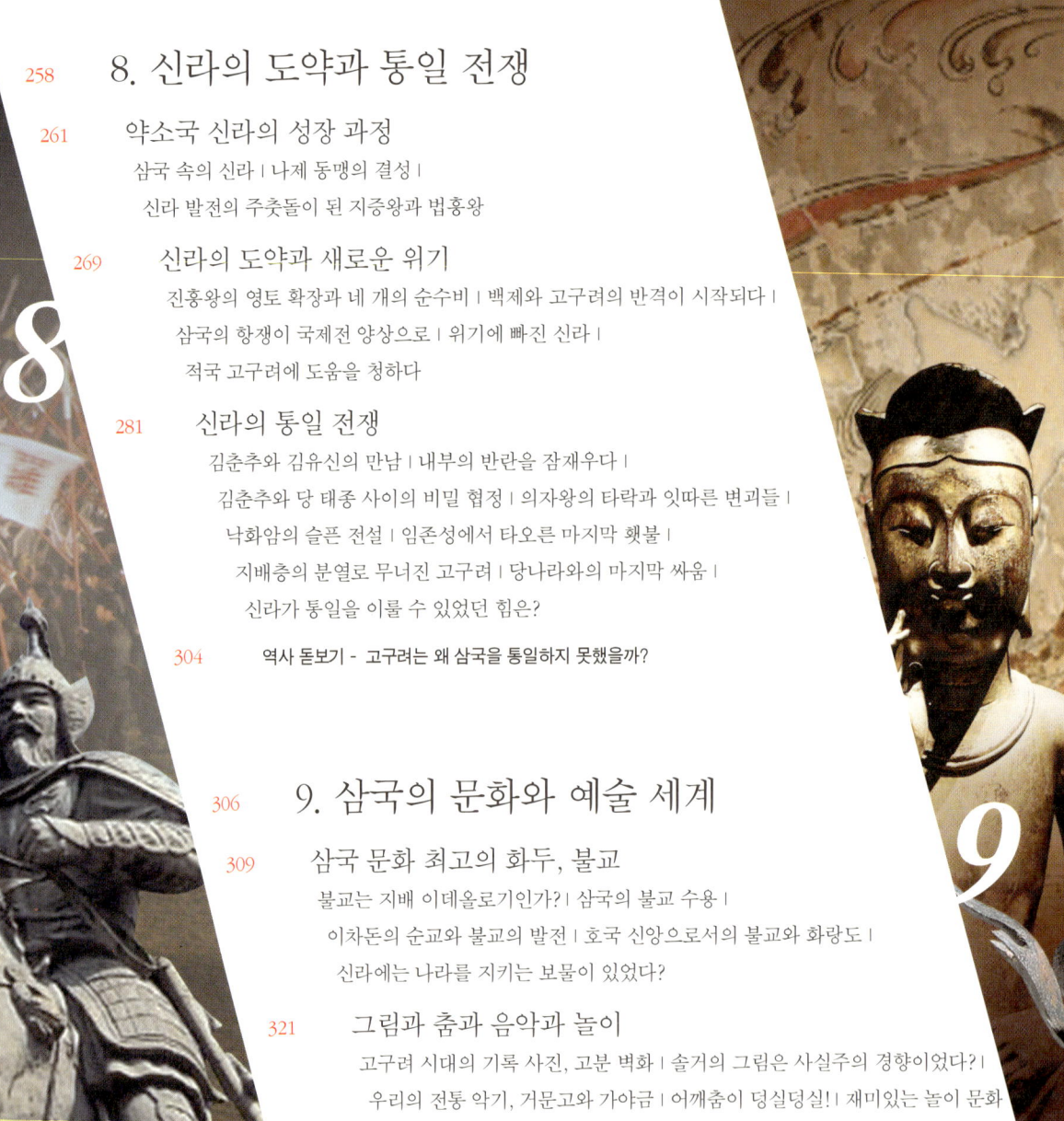

우리는 왜 역사를 배우는가

우리는 흔히 이런 질문을 던지곤 합니다. '역사란 과연 무엇인가?' 여기에 대한 생각은 사람마다 다를 것입니다. 어린아이들은 재미있는 옛날이야기쯤으로 생각할 것이고, 어른들은 과거에 있었던 사실의 기록으로 생각하는 게 대부분일 겁니다. 어떤 생각이든 다 좋습니다. 다만 중요한 것은 역사란 과거의 시간 속에 묻혀 버린 화석이 아니라는 사실입니다. 다시 말해 역사를 마치 오래된 지층에서 찾아낸 공룡 화석처럼 죽어 버린 것으로 여겨서는 안 된다는 얘기지요.

역사란 결코 죽어 있는 과거가 아닙니다. 오늘날에도 겨레의 숨결로서 우리 곁에 살아 숨쉬며, 우리의 삶을 지배하는 정신적 뿌리입니다. 따라서 역사를 잃는다는 것은 우리의 정신을 잃어버리는 것이요, 영토를 상실하는 것 못지않은 커다란 손실이 아닐 수 없습니다.

그런데 지금 우리는 중대한 역사적 도전을 받고 있습니다. '역사 전쟁'이라 이를 만큼 주변 국가들과 큰 외교적 갈등을 빚고 있습니다. 알다시피 일본은 36년간이나 우리나라를 식민 통치하며 크나큰 고통과 시련을 안겨 주었습니다. 그런데도 반성은커녕 툭 하면 온갖 망언을 일삼고 있으며, 그것도 모자라 일제의 침략을 미화하는 왜곡된 교과서를 만들어 후세를 교육시키려 하고 있습니다.

심지어 2005년에는 시마네 현에서 매년 2월 22일을 '다케시마의 날'로 선포하기에 이르렀습니다. 다케시마는 일본 사람들이 우리 땅 독도를 부르는 이름입니다. 남의 땅을 자기네 멋대로 기념일로 선포했으니 정말 무례하기 짝이 없는 노릇입니다. 비유컨대, 대한민국이 미국 땅 하와이나 일본 땅 대마도를 기념일로 삼았다고 생각해 보십시오. 정말 터무니없는 일이 아니겠습니까?

어떤 이들은 이렇게 되물을 수도 있습니다. 다케시마의 날을 선포한다고 해서 독도가 당장 일본으로 넘어가는 것도 아닌데 뭘 그리 심각하게 생각할 게 있느냐고. 그렇다면 과거의 역사를 좀 더 냉철한 눈으로 살펴보길 바랍니다. 지금 일본이 역사적 근거로 삼는 것은 자기네들이 꼭 100년 전인 1905년에 독도를 시마네 현으로 편입했다는 것입니다. 당시 일본은 이 일을 우리가 전혀 눈치 채지 못하게 비밀리에 처리했으며, 을사 보호 조약 체결과 함께 우리나라에 대한 침략이 본격화되었습니다.

그로부터 꼭 100년째 되는 날 다케시마의 날을 선포한 것처럼, 또다시 100년 후 또는 200년 후에 어떤 불미스러운 음모를 꾸밀지 모르는 일입니다. 임진왜란의 7년 전쟁 그리고 일제 36년간의 식민 통치로 이어지는 불행한 역사는 언제든 되풀이될 수 있다는 사실을 명심해야 할 것입니다.

그런데 문제는 일본뿐만이 아닙니다. 엎친 데 덮친 격으로 우리를 더욱 곤혹스럽게 만드는 일이 중국에서 일어나고 있습니다. 이미 알려진 것처럼 그동안 역사 문제로 그리 큰 마찰을 빚지 않았던 중국이 '동북공정東北工程'이라는 이름을 내걸고 역사를 왜곡하려는 움직임을 보이고 있습니다. 고구려는 엄연히 우리 역사인데도 자기네 역사의 일부라는 잠꼬대 같은 소리를 하다니, 정말 기가 막힐 노릇입니다. 한반도 북부와 만주 대륙을 활동 무대로 삼았던 고구려가 우리 역사임은 천하가 다 아는 사실인데, 중국이 이런 억지 주장을 펼치는 것은 무슨 까닭일까요? 그것은 앞으로 있을 한반도의 정치 변화를 미리 내다보고 하는 짓이 분명합니다.

한반도는 광복과 더불어 38선으로 두 동강이 난 채 반세기를 넘겼습니다. 지금 우리 민족의 최대 숙원은 남한과 북한이 사이좋게 손을 잡고 평화 통일을 이루어 내는 것입니다. 하지만 만에 하나, 북한이 예기치 못한 사태로 어느 날 갑자기 붕괴된다고 가정해 보면 어떨까요? 그럴 경우 우리는 당연히 그 땅이 우리 영토가 될 것이라고 생각하겠지만, 압록강을 사이에 두고 국경을 맞댄 중국은 딴생각을 품을 수도 있습니다. 그들이 만약 그 옛날 고구려가 자기네 역사라는 근거를 들어 그 땅에 손을 뻗친다면 어떻게 되겠습니까? 독도 문제와는 비교할 수도 없을 만큼 엄청난 말썽이 빚어질 것은 불을 보듯 뻔한 일입니다.

역사는 결코 저절로 지켜지지 않습니다. 외적의 침략을 제대로 막아 내지 못하면 영토를 잃는 것처럼, 우리가 결연한 의지를 가지고 역사를 지키려는 노력이 부족하다면 심각한 사태가 일어날 수도 있습니다. 따라서 우리는 주변 국가들의 역사 왜곡과 엉터리 주장에 대해 단지 말로만 분개할 것이 아니라, 그들이 왜 틀렸는지를 역사적으로 증명해 보일 필요가 있습니다.

우리 민족은 단군이 세운 고조선에서 삼국 시대를 거쳐 고려와 조선, 대한민국에 이르기까지 반만년에 걸친 자랑스러운 역사를 가지고 있습니다. 이 역사를 온전하게 지키는 것은 외적의 침입에서 영토를 지키는 것만큼이나 중요한 일입니다. 특히 주변국들과 마찰을 빚고 있는 한국 고대사 문제는 더더욱 확실하게 우리 것으로 만들 필요가 있습니다. 이 책은 그런 의도에서 쓴 것입니다. 우리 역사의 뿌리를 제대로 찾는다면 후대의 역사도 바로 세울 수 있는 것이니까요.

토인비라는 유명한 역사가는 '도전과 응전'의 틀을 가지고 인간의 역사를 해석했습니다. 즉 어떤 문명의 역사든 간에, 끊임없이 다가오는 안팎의 도전에 슬기롭게 응전하지 못한다면 결국 멸망의 길을 걷게 된다는 얘기지요. 지금 우리는 가혹한 역사의 도전 앞에 서 있습니다. 우리가 이 도전에 지혜로우면서도 단호하게 대처하지 못한다면 후손에게 부끄러운 역사를 남길 수밖에 없습니다.

우리 민족의 역사는 현재를 사는 우리만의 것이 아닙니다. 선조의 삶과 얼이 고스란히 밴 민족의 역사를 후손에게 제대로 전하는 것이야말로 오늘을 살아가는 우리의 사명이요, 책임이라 하지 않을 수 없습니다.

우리가 역사를 배워야 하는 이유는 바로 여기에 있습니다. 역사는 단지 책 속에만 갇혀 있는 케케묵은 기록이 아닙니다. 그것은 언제든 책 밖으로 튀어나와 우리 민족의 미래를 밝혀 주는 횃불이 될 수도 있고, 반대로 우리의 발목을 잡는 족쇄가 될 수도 있습니다. '역사란 과거와 현재 사이의 끊임없는 대화이다'라는 말이 있듯이, 우리는 과거의 역사 속에서 올바른 교훈을 얻고, 그것을 통해 바람직한 역사의식을 지녀야 할 것입니다. 그래야만 역사는 그저 흘러간 과거에 머물지 않고, 우리 민족의 앞날을 밝혀 주는 나침반이 되어 줄 것입니다.

선사 시대
이야기

1

오랜 세월 인류가 걸어온 발자취를 흔히 선사 시대와 역사 시대로 구분한다. 이 두 시대를 구분 짓는 잣대는 무엇일까? 그것은 바로 문자의 기록이다. 문자는 인류가 창조한 가장 위대한 문화 중 하나이다. 문자의 사용으로 인류는 생활 속에서 터득한 귀중한 지식과 정보를 후손에게 전하게 되었고, 그것을 밑거름 삼아 눈부신 문명을 이룰 수 있었다. 이때부터 인류의 역사가 기록으로 남기 시작했는데, 그 시대를 역사 시대라고 한다. 하지만 기나긴 인류의 역사에서 제대로 기록을 남긴 시기는 아주 짧다. 기껏해야 2000~3000년에 불과하다. 그 이전에 대해서는 아무런 기록도 남아 있지 않다. 선사 시대란 바로 그때를 말한다. 문자의 기록이 남아 있지 않다면 우리는 선사 시대에 대해서 아무것도 알 수 없을까? 그렇지는 않다. 당시 사람들이 살던 곳을 샅샅이 살펴보면 갖가지 유물이 암호처럼 남아 있다. 우리는 그것을 실마리 삼아 선사 시대 사람들의 생활상을 되살려볼 수 있다. 물론 그 일은 퍼즐 게임처럼 맞추기 힘들고 어려운 것이겠지만, 다른 한편으론 마치 탐정이 범인의 흔적을 추적하듯 재미있는 일이 될 것이다.

인류 탄생의 비밀

창조설 대 진화설

밤하늘에 반짝이는 수많은 별을 보면 신비롭기 그지없다. 우리는 그 밤하늘을 올려다보며 '이 넓은 우주 속에 나는 누구인가?' '나는 어디에서 왔는가?' 하는 질문을 한 번쯤 던져 본 적이 있을 것이다.

　창세기에 따르면, 인간은 하느님의 손길로 만들어졌다. 하느님은 첫째 날 밤과 낮을 가르고, 이어서 하늘과 땅, 뭍과 바다, 온갖 생명체를 탄생시켰다. 그리고 마지막 여섯째 날 비로소 자신의 형상을 본떠 사람을 만들었다. 그러나 이것은 어디까지나 기독교 세계관에 따른 설명이다. 지금은 비록 기독교인이라 해도 하느님의 창조설을 곧이곧대로 믿는 사람은 거의 없다. 종교적 진리를 담고 있는 하나의 상징적 이야기로 받아들이는 것이 대부분이다.

미켈란젤로 「천지창조」 중 아담의 창조
「구약성서」 창세기에서 최고의 절정은 인간의 창조 대목이다. 하느님이 아담에게 생명의 기운을 불어넣는 순간을 감동적으로 묘사하고 있다.

1. 선사 시대 이야기

17

그런데 기독교만이 유일한 진리로 통하던 서양의 중세 시대에는 달랐다. 모든 사람들이 이 사실을 굳게 믿었으며, 혹시라도 의심을 품거나 다른 의견을 내놓았다가는 마녀로 찍혀 화형대의 이슬로 사라지기 일쑤였다. 하지만 과학이 발달하면서 이러한 믿음에 차츰 금이 가기 시작했다. 우주와 지구에 대한 갖가지 신비가 풀리면서 인류의 기원에 대해서도 새로운 눈을 뜨게 되었다. 진화론의 등장으로 하느님의 창조설은 결국 설 자리를 잃게 된 것이다.

진화론의 설명은 창세기와는 전혀 딴판이다. 아주 까마득한 옛날, 인류의 조상은 원숭이와 비슷한 모습이었으나, 수백만 년의 긴 세월 동안 진화를 거듭해 오늘날과 같은 사람이 되었다는 것이다. 그렇다고 지금의 원숭이가 인간의 조상이라고 오해해서는 안 된다. 아주 먼 조상은 같을 수 있지만 각각 다른 진화의 길을 걸었기 때문에 지금의 사람과 원숭이는 엄연히 다른 생명체인 것이다. 그렇다면 인간은 도대체 언제 이 땅에 나타났으며, 어떤 진화의 과정을 거쳐 오늘에 이르렀을까?

사람은 1년에 한 살씩 나이를 먹는다. 우리가 살고 있는 지구도 마찬가지다. 지금까지 밝혀진 바에 따르면, 현재 지구의 나이는 46억 년 정도 됐다고 한다. 이 오랜 세월 가운데 처음 인류가 출현한 것은 약 300만 년 전에 불과하다. 아마도 여러분은 46억 년에서 300만 년에 이르는 시간이 얼마나 긴지 얼핏 상상이 가지 않을 것이다. 그럼 잠시 여러분의 이해를 돕기 위해 지구의 나이를 1년 단위로 바꿔서 계산해 보자. 가령 지구가 새해 첫날인 1월 1일에 태어났다고 한다면, 맨 마지막 날인 12월 31일 오후쯤 비로소 인류가 출현한 것이다. 정말 어마어마한 시간차를 건너뛰어 인류의 조상이 이 땅에 모습을 드러낸 것이다.

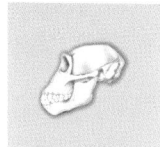

▲ 침팬지 400cm³

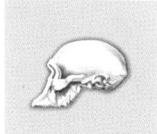

▲ 오스트랄로피테쿠스
457cm³

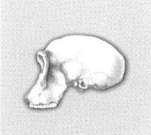

▲ 호모 하빌리스
552cm³

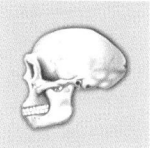

▲ 호모 에렉투스
1,016cm³

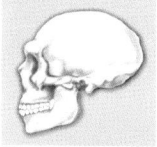

▲ 호모 네안데르탈렌
시스 1,512cm³

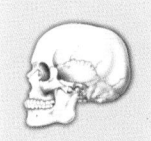

▲ 호모 사피엔스
1,355cm³

원시 인류와 뇌의 용량 비교

오스트랄로피테쿠스에서 호모 사피엔스 사피엔스까지

그 최초의 인류가 바로 '오스트랄로피테쿠스'이다. '남쪽의 원숭이'라는 뜻을 가진 이 화석 인류는 아프리카에서 처음 발견되었는데, 말 그대로 사람보다는 원숭이에 가까웠다. 두뇌의 크기가 사람의 3분의 1에 지나지 않고, 생김새 또한 원숭이처럼 몸집이 작고 약간 구부정한 모습이었다. 다만 네 발로 기지 않고 사람처럼 두 발로 서서 걸을 수 있었다. 그러나 손을 마음대로 쓰지는 못했다.

손의 사용은 '호모 하빌리스_{손쓴사람}'에 와서야 가능해졌다. 약 200만 년 전쯤에 살았던 것으로 짐작되는 이 화석 인류는 뇌가 좀 더 커지고 두 손을 자유롭게 놀릴 수 있었던 게 특징이다. 그래서 손으로 간단한 도구를 만들어 쓸 수 있었다. '손쓴사람'이란 이름이 붙은 것도 그런 까닭이다. 그 뒤를 이어 100만 년쯤 되었을 무렵, 좀 더 진화된 인류가 나타났다. '호모 에렉투스_{곧선사람}'가 바로 그 주인공이다. 이들은 더 이상 원숭이처럼 구부정한 자세로 걷지 않고, 허리를 곧추세워 똑바로 서서 걸을 수 있었다. 불을 사용했을 뿐 아니라 도구를 만들어 사냥을 했을 것으로 추측된다.

인류는 계속해서 진화를 거듭한 끝에 약 20만 년 전에는 '호모 사피엔스_{슬기사람}'가 출현했다. 이들은 지혜를 갖춘 사람답게 갖가지 도구를 만들어 사용했다. 또 죽은 자를 매장하는 풍습을 가질 만큼 감성적인 인간이었다. 하지만 비록 이들이 거의 사람에 가까운 모습이라고는 해도 현재 살고 있는 인류의 직접 조상은 아니다. 우리와 먼 조상을 같이하는 한 갈래로, 현생 인류의 사촌쯤 되는

1. 선사 시대 이야기

세계 각 지역에서 발굴된 원시 인류의 모형

1 케냔트로푸스 플라티옵스
2 호모 네안데르탈렌시스
3 오스트랄로피테쿠스 아파렌시스
4 파란트로푸스 보이세이
5 호모 하빌리스
6 오스트랄로피테쿠스 아프리카누스
7 호모 에렉투스
8 오스트랄로피테쿠스 아나멘시스
9 호모 루돌펜시스

친척 관계에 있다고 보면 될 것이다.

그렇다면 우리의 직계 조상은 누구일까? 4만 년 전쯤 나타난 '호모 사피엔스 사피엔스슬기슬기사람'이다. 이들이 오늘날의 황인, 백인, 흑인 등 여러 인종의 직계 조상이라고 할 수 있다. 두뇌의 크기나 생김새도 완전한 인간의 모습을 갖추었으며, 도구는 물론이고 언어와 문자를 사용하여 이전의 원시 인류와는 확실히 구분된다. 따라서 진화론의 관점에서 볼 때 현재 지구에 살고 있는 우리 모두는 '슬기슬기사람'인 셈이다.

맛있게 읽는 한국 고대사

구석기와 신석기는 어떻게 구분하나?

도구에 따른 선사 시대 3단계

인류의 진화 과정을 곰곰이 돌이켜 보면 참으로 놀라운 것이 있다. 인간은 어떻게 만물의 영장이 될 수 있었을까? 300만 년 전 오스트랄로피테쿠스가 이 땅에 처음 출현했을 때만 해도 인간은 보잘것없는 나약한 존재에 불과했다. 표범처럼 날카로운 발톱이나 이빨을 가진 것도 아니었고, 독수리처럼 하늘을 날지도 못했다. 또한 코끼리처럼 덩치가 크거나 다람쥐처럼 몸이 날렵하지도 않았다. 그런 불리한 조건인데도 사나운 맹수들이 우글거리는 틈바구니에서 그 오랜 세월 동안 살아남은 게 신기할 따름이다. 아니, 그냥 살아남은 게 아니라 오늘날 이 지구에 존재하는 모든 생명체의 최고 지배자가 되었다. 도대체 어떻게 그것이 가능했을까? 거기에는 나름의 이유가 있다.

인간은 다른 동물과 구별되는 여러 가지 특징을 가지고 있다. 생각을 한다든가, 놀이를 즐긴다든가, 감정 표현을 한다든가 등등. 그중에서 특히 중요한 것이, 손으로 도구를 만들어 쓴다는 사실이다. 어떤 사람은 "원숭이들도 간혹 도구를 이용할 줄 알지 않나요?" 하고 되물을 수 있다. 물론 맞는 말이다. 야생의 원숭이도 막대기를 이용해 열매를 딴다든지, 상대를 위협하기 위해 돌멩이나 나뭇가지를 집어 던지는 행위를 하니까. 하지만 이러한 행동은 일시적이고 우발적이다. 인간처럼 어떤 목적을 위해 힘을 들여 도구를 제작하고, 그것을 반복해서 쓰는 게 아니라는 말이다. 오로지 인간만이 필요와 쓰임새를 생각해서 도구를 만든다는 사실이 중요하다. 따라서 도구야말로 인간이 온갖 약점을 극복하고 자연의 지배자가 되는 원동력이었다고 할 수 있다.

그런데 문제는 도구라고 해서 다 같은 도구가 아니라는 사실이다. 나뭇가지도 도구가 될 수 있고, 돌멩이도 도구가 될 수 있고, 쇠붙이도 도구가 될 수 있다. 그러나 나뭇가지를 도구로 쓰는 것과 쇠붙이를 도구로 쓰는 것은 엄청난 차이가 있다. 쉽게 말해 나무칼을 든 사람과 쇠칼을 든 사람이 대결을 벌인다면 어떻게 될까? 승부는 두말할 것도 없이 쇠칼을 든 사람 쪽으로 기울 게 뻔하다. 따라서 도구의 재료가 무엇이냐, 하는 것은 아주 중대한 문제이다. 그것이 새롭게 변함에 따라 인류의 문명도 함께 발전해 왔기 때문이다. 그래서 이 재료의 변화에 따라 우리는 보통 선사 시대를 세 시기로 구분한다. 바로 석기 시대, 청동기 시대, 철기 시대이다.

뗀석기를 이용한 구석기 시대

세 시기 중에서 석기 시대는 가장 흥미로우면서도 많은 부분이 의문에 싸여 있다. 유물도 많이 남아 있지 않을뿐더러, 우리가 상상하기도 어려울 만큼 아득한 원시 시대의 일이기 때문이다. 석기 시대에는 말 그대로 단단한 돌을 이용해 갖가지 도구를 만들어 썼는데, 진화론의 관점에서 석기를 사용한 최초의 화석 인류는 '호모 하빌리스_{손쓴사람}'이다.

이들로부터 시작된 석기 시대는 현생 인류의 조상인 '호모 사피엔스 사피엔스_{슬기슬기사람}'에 이르기까지 계속 이어진다. 몇백만 년에 이르는 아주 긴 시간 동안 말이다. 그러다 보니 사람만 진화한 것이 아니라 돌로 만든 도구 또한 진화를 거듭했다. 우리가 흔히 말하는 구석기와 신석기는 바로 그것의 발달 정도에 따라 구분한 것이다. 돌멩이 따위의 원시적인 도구나 사용하던 시대를

1 **주먹도끼** 구석기, 길이(오른쪽 아래) 15cm 2 **뗀석기** 구석기 전기, 길이(오른쪽) 9.5cm 3 **돌날과 돌날몸돌** 구석기 후기, 길이(오른쪽) 12cm 4 **슴베찌르개** 구석기 후기, 길이(오른쪽) 7.8cm ©국립중앙박물관

구분하고 말고 할 게 뭐가 있느냐고 물을 수도 있다. 하지만 천만의 말씀이다. 똑같이 돌을 사용했더라도 둘 사이에는 큰 차이가 있다.

구석기 시대 사람들이 사용한 도구는 매우 낮은 수준이었다. 그들은 처음엔 자연적으로 깨진 돌을 주워서 무언가를 끊고 자르는 데 사용했다. 그러다가 돌을 일부러 깨뜨리면 끝이 뾰족해지기도 하고, 날카롭게 날이 선다는 사실을 깨달았다. 그리하여 큰 몸돌에서 떼어 낸 돌 조각을 필요에 맞게 손질해

1. 선사 시대 이야기

서 사용했다. 이것을 일컬어 '뗀석기'라고 한다. 돌에 충격을 가해 떼어 냈다는 뜻인데, 구석기의 특징을 단적으로 보여 주는 도구이다. 주먹도끼를 비롯하여 찌르개, 긁개, 찍개 등이 대표적이다. 지극히 원시적인 도구일망정 이것들은 당시 사람들의 생활에 적잖은 도움을 주었을 것이다.

간석기를 사용한 신석기 시대

뗀석기는 그냥 돌보다는 훨씬 발전된 것이다. 그런데 구석기인들이 사용한 뗀석기에는 큰 약점이 있었다. 얼마간 쓰다가 날이 손상되거나 무뎌지면 비슷한 것을 새로 만들어야 했다. 다시 말해 자원의 재활용이 어려웠다는 얘기이다. 그러다 보니 사용 기간도 짧고, 자꾸만 새것을 만들자면 그만큼 힘도 많이 들었다.

이를 해결하기 위해 나온 것이 '간석기'이다. 간석기는 신석기 시대 사람들이 만들어 낸 특허품이라고 할 수 있다. 이것은 구석기 시대처럼 몸돌에서 떼어 낸 석기를 잔손질만 해서 그대로 사용하는 게 아니라, 숫돌에 갈아서 원하는 모양을 만들어 사용했다. 그래서 뗀석기보다 성능이 몇 배 뛰어났다. 돌을 갈아 날을 세우다 보니 끝이 훨씬 예리해졌으며, 혹 날이 좀 무뎌지더라도 다시 갈아서 쓸 수 있었다. 그리하여 무언가를 베고 자르는 일이 더욱 쉬워졌다.

이렇듯 기능이 몰라

간석기 구석기 후기, 경남 진주 월평, 길이(왼쪽) 8cm ⓒ국립중앙박물관

맛있게 읽는 한국 고대사

보게 좋아지면서 도구의 종류도 다양해졌다. 돌칼이나 돌도끼 같은 공구용 도구가 생겼는가 하면, 돌괭이나 돌삽, 돌낫 같은 농사용 도구가 생겼고, 돌화살촉이나 돌창, 그물추, 작살 등 사냥과 고기잡이에 필요한 도구도 나왔다. 물론 석기 시대라고 해서 돌만을 사용했던 건 아니다. 동물의 뼈나 뿔을 이용해 낚시와 바늘, 뿔괭이 등 여러 가지 도구를 만들어 썼다. 하지만 도구의 중심은 돌로 만든 석기였으며, 뗀석기에서 간석기로의 변화는 구석기에서 신석기로의 획기적인 발전이었던 셈이다.

혹자는 그까짓 돌을 좀 갈아서 썼다고 뭐 그리 대단한 발전일까, 하고 의심을 품을지도 모르지만 결코 그렇지 않다. 석기 시대의 생활을 원시적이라 비웃는 사람이 있다면 당시에 쓰던 도구들을 한번 생각해 보길 바란다. 돌이나 뼈

1 **고기잡이 도구** 신석기, 길이(오른쪽 위) 9.6cm
2 **사냥 도구** 신석기, 길이(오른쪽 위) 7.9cm
3 **농경 도구** 신석기, 길이(왼쪽 위) 13.6cm
Ⓒ국립중앙박물관

1. 선사 시대 이야기

로 만들었을 뿐이지, 생김새나 기능 면에서는 오늘날 금속으로 만든 것과 별다른 차이가 없다. 지금 우리가 낚시로 고기를 잡는 것도 따지고 보면 석기 시대 사람들의 유산을 그대로 물려받은 것이나 다름없다. 뼈바늘이나 돌도끼, 돌낫 같은 생활 도구들 역시 마찬가지이다. 그러고 보면 원시인들도 아주 먼 옛날 사람이 아니라, 가까운 우리의 이웃처럼 살가운 느낌이다. ▽

우리나라의 구석기 생활 엿보기

구석기 시대에 살아남기

이 땅에 사람이 살기 시작한 것은 구석기 시대부터라고 한다. 그전까지는 빙하로 뒤덮이거나 동식물만이 사는 무인 지대였다고 한다. 그러면 우리나라의 구석기 문화는 언제부터였을까? 이 땅의 구석기는 약 70만 년 전쯤 시작된 것으로 알려져 있다. 구석기 유물이 발견된 대표적인 장소로는 상원 검은모루 동굴, 단양의 금굴, 덕천 승리산 동굴, 청원 두루봉 흥수굴 같은 동굴 유적과 연천 전곡리, 공주 석장리 같은 강 근처의 유적이 있다. 동굴이나 강 근처가 삶의 터전이었다는 증거인 셈이다.

그런데 당시는 집을 짓는 기술이 발달하지 않았다. 나뭇가지나 풀을 대충 얼기설기 엮어서 막집을 지어 생활했다. 그래서 강 근처의 야외보다는 동굴

생활이 더 유리했을 것으로 보인다. 비바람을 피하고 맹수의 공격에서 안전을 지키기에는 동굴보다 더 좋은 보금자리가 없을 테니까 말이다. 강 근처의 유적보다 동굴 유적이 많은 것도 그런 이유일 것이다. 구

충북 단양 도담리 금굴 우리나라에서 가장 오래된 구석기 문화유적이다. 입구 높이 8m, 너비 7~10m이며 확인된 동굴의 길이는 85m이다. ⓒ문화재청

석기인들이 주로 동굴을 생활의 터전으로 삼긴 했지만 한곳에 계속 붙박여 있지는 않았다. 아니, 붙박여 있을 수가 없었다. 그 이유는 간단하다.

예나 지금이나 가장 근본적인 삶의 문제는 먹는 것이다. 화려한 문명을 자랑하는 요즘 시대에도 지구촌 곳곳에서는 굶어 죽는 사람이 수천, 수만을 헤아린다. 구석기 시대에는 더 말할 것도 없었을 것이다. 열악한 자연 조건을 헤치고 살아남기 위해서는 수단과 방법을 가리지 않고 먹을 것을 찾아야 했다.

1. 선사 시대 이야기

사냥과 채집 그리고 동굴 생활

당시 사람들이 먹을거리를 얻는 데는 대략 두 가지 방법이 있었다. 남자들은 주로 짐승이나 물고기를 사냥하고, 여자들은 산이나 들에서 나무의 열매나 뿌리 등을 채집했다. 그런데 사냥을 나간다고 늘 짐승을 잡아 오는 것도 아니고, 채집 거리가 무한정 널려 있는 것도 아니었다. 그래서 한곳에 너무 오래 머물게 되면 굶주림을 면할 길이 없었다. 식량이 바닥나기 전에 다른 곳으로 옮기다 보니, 자연스레 떠돌이 생활을 하게 되었던 것이다.

이곳저곳 동굴을 옮겨 다니며 살았으니 꽤 재미있었을 거라 생각하는 사람이 혹 있을지 모르겠다. 산천경개를 유람하는 일이라면 그럴 수도 있겠지만 먹고사는 문제가 달렸으니 그렇지도 않았다. 우두머리가 길을 잘못 인도하면 몽땅 굶어 죽을 수도 있었다. 실제 구석기 시대의 유적 가운데는 사람의 뼈 화석이 발견된 곳도 여럿이다. 평양 역포 구역 대현동 유적의 '역포 사람', 평양 승호 구역 만달리 유적의 '만달 사람', 덕천 승리산 유적의 '승리산 사람', 청원 두루봉 유적의 '흥수 아이' 등이 그 주인공이다. 모두 발견된 지역의 명칭을 따서 이름을 지은 것인데, 이 중 흥수 아이와 역포 사람은 어린아이의 화석으로 판명되었다. 아마도 굶주림이나 질병으로 일찍 죽은 게 아닌가 싶다.

불의 사용

당시의 동굴 유적에서는 불을 피운 흔적도 발견되었다. 구석기인들이 불을 사용하기 시작했다는 것은 인류의 역사에서 대단히 중요한 의미를 지닌다. 애초에는 인간도 다른 동물처럼 불을 무서워했을 것이다. 하지만 불을 잘만 이용하면 매우 유익하다는 걸 알게 되었다. 처음에는 번갯불 등 자연적으로 일어난 불을 이용하다가 점차 불을 피우고 다루는 법을 익혔을 것이다.

그리하여 인간의 생활은 크게 달라졌다. 추위를 견딜 수 있었을 뿐만 아니라 불로 맹수의 위협을 물리칠 수도 있었다. 또 사냥한 고기를 불에 익혀 먹으면 훨씬 맛이 좋다는 사실도 깨달았다. 그전까지는 인간도 다른 동물과 마찬가지로 고기를 날것으로 그냥 먹고, 추위가 닥쳐도 덜덜 떨 수밖에 없었다. 간혹 TV에 나오는 원시인들이 동굴 속에서 불을 피우는 모습은 이런 유적을 토대로 상상한 것이다. ▷

우리나라의 신석기 생활 엿보기

지구의 환경 변화

앞서 살펴본 것처럼 구석기인들은 우리 땅 곳곳에 삶의 흔적을 남겼다. 그렇다면 그들이 과연 오늘날 우리 민족의 직접 조상이었을까? 그렇다는 의견도 있지만 대체로는 그렇지 않다는 쪽이 지배적이다. 왜냐하면 지구의 환경이 시간의 흐름에 따라 끊임없이 변했기 때문이다.

인류가 출현한 뒤로도 지구에는 여러 차례 빙하기가 찾아왔고, 그때마다 인간을 비롯한 생명체들은 혹독한 시련을 겪어야 했다. 빙하기에는 지구의 많은 부분이 얼음으로 뒤덮였다. 그에 따라 바닷물 높이도 내려갔다. 자연히 얕은 바다는 육지로 드러났다. 우리나라와 중국, 일본이 한 덩어리의 육지로 연결되면서 동해가 호수처럼 갇히기도 했다. 따라서 지도의 모양이 지금과는 많이 달랐고, 사람이나 동물의 이동이 그만큼 쉬웠다.

마지막 빙하기가 끝나고 지금과 같은 기후가 된 것은 기원전 1만 년경이다. 기온이 따뜻해지고 얼음이 녹자 낮은 곳은 다시 바닷물이 들어찼다. 이때에야 비로소 우리나라의 지도가 삼면이 바다로 둘러싼 모양이 되었다. 동해 바다가 일본과 우리 땅을 갈랐으며, 중국 대륙과 우리나라 사이에는 서해 바닷물이 들어찼던 것이다. 아울러 우리나라는 지금처럼 사계절이 뚜렷해지고 살기 좋은 환경이 되었다.

지구가 빙하기에서 벗어나자 그동안 추위 속에서 몸을 움츠리고 있던 갖가지 동식물이 활개를 치기 시작했다. 인류 역시 지구의 환경이 변할 때마다 살 곳을 찾아 이동을 거듭했는데, 이 무렵 새로운 삶의 터전을 찾아 이동하던 무리들이 이 땅으로 흘러든 것으로 추측된다.

이와 때를 같이하여 인류의 생활에는 큰 변화의 물결이 일었다. 즉 뗀석기와 동굴 생활, 불의 사용으로 특징지을 수 있는 구석기인들의 생활에 서서히 변화의 조짐이 나타나기 시작한 것이다. 그리하여 기원전 8000년경에는 구석기 시대가 끝나고, 신석기 시대가 막을 열었다. 가장 근본적인 변화는 뗀석기에서 간석기로 발전한 것이지만, 사는 곳이나 먹을거리 등 모든 생활 방식이 달라지기 시작했다. 움집과 토기, 조개더미 등이 이 시대의 생활상을 단적으로 말해 주는 유물이다.

그런데 여기서 주목할 것은, 이들 유물이 발견된 곳이 주로 강가나 바닷가라는 점이다. 동굴 유적이 많은 구석기 시대와는 대조를 이루는 현상이다. 이것은 신석기인들의 생활공간이 동굴에서 강이나 바닷가로 옮겨 갔음을 뜻하는 것이다. 이러한 이동의 배경에는 집 짓는 기술이 한몫을 했다.

동굴에서 벗어나 강이나 바닷가로

신석기 시대의 사람들이 살던 곳은 대개 움집이다. 구석기인들이 주로 천연의 요새인 동굴을 삶의 터전으로 삼았다면 신석기인들은 바로 이 움집을 삶의 보금자리로 삼았다. 집 짓는 기술을 터득하여 그만큼 야외 생활에 자신감이 붙었던 것이다.

여기서 잠깐 움집에 대해 알아보면, 집터는 대개 둥근꼴이나 네모꼴이다. 바닥은 50센티미터에서 1미터 정도 파서 반 지하 형태로 움푹 들어가게 만들었다. 그리고 그 가장자리에 단단한 나무로 비스듬히 기둥을 세우고, 억새나 갈대 등의 풀로 지붕을 덮었다. 그래서 멀리서 보면 마치 원뿔 형태의 커다란 고깔모자를 덮어 놓은 것 같은 모습이다.

집 안으로 들어가면 한가운데에 화덕 자리를 마련해 두었다. 이곳에 불을

피워 음식을 해 먹거나 집 안을 따뜻하게 데웠을 것이다. 집터의 넓이는 18제곱미터쯤으로, 이 정도면 다섯 명 안팎의 식구들이 살 수 있는 크기이다. 요즘처럼 가족 단위의 생활공간이었음을 짐작할 수 있다. 서울 한강 근처의 암사동에는 신석기 시대의 대표적인 집터 유적이 있는데, 이곳에는 당시의 움집을 훌륭하게 복원해 놓아 살아 있는 교육의 장이 되고 있다.

암사동 유적과 함께 부산의 동삼동 조개무지 유적은 신석기 시대 사람들이 강가나 바닷가를 삶의 터전으로 삼았다는 강력한 증거이다. 당시 먹고 버린 조개껍데기가 오랜 세월 쌓이다 보니 산더미처럼 커다란 유적을 이룬 것이 조개무지이다. 여기에는 신석기 시대의 생활 모습을 가늠해 볼 수 있는 갖가지 정보가 담겨 있다. 사실 조개무지는 오늘날의 눈으로 보자면 일종의 음식물 쓰레기 매립장 같은 것이다. 지금 우리가 버린 과자 봉지나 음식물 찌꺼기 또는 가전제품이나 가구 등 여러 폐기물이 땅속에 묻혀 있다가 몇천 년 후의 후손들에게 발굴된다면, 오늘날의 생활상을 알려 주는 타임캡슐 노릇을 할 것이다. 조개무지 역시 마찬가지다. 그곳에서는 조개껍데기와 함께 물고기의 비늘과 뼈, 낚싯바늘 등이 발견되었다. 이것으로 신석기인들이 굴, 홍합, 전복, 소라 등 각종 조개류뿐 아니라 물고기를 잡아 먹을거리로 삼았음을 알 수 있다. 짐승을 사냥하는 것보다 조개를 줍거나 물고기를 잡는 게 훨씬 수월하고 위험도 덜했을 것이다.

그렇다고 신석기 시대 사람들이 사냥을 그만둔 것은 아니다. 예전처럼 짐승을 사냥하고, 나무의 열매와 뿌리를 채집하는 생활은 계속되었다. 구석기 때보다 오히려 사냥 도구나 기술이 훨씬 발달했다. 간석기를 사용하게 되면서 돌창이나 돌도끼 등 도구의 날이 예리해지고, 그만큼 위력도 세졌다.

맛있게 읽는 한국 고대사

　　아울러 활과 화살을 이용함으로써 예전보다 사냥이 훨씬 안전해졌다. 구석기 시대에는 여럿이 짐승을 몰아 에워싼 채 주먹도끼나 찌르개 등 원시적인 도구를 가지고 직접 때려잡는 까닭에 다칠 위험이 매우 높았다. 그러나 활과 화살이 사냥 도구로 등장하면서 그런 위험을 피할 수 있었고, 움직임이 날렵해 사냥이 어려웠던 짐승도 잡을 수 있게 되었던 것이다.

　　따라서 신석기 시대는 훨씬 풍요로운 생활이었을 것으로 짐작된다. 당시 움집에서 한 가족이 화덕을 중심으로 둘러앉아 물고기나 조개, 사냥해 온 고기를 구워 먹는 모습을 상상해 보라. 어둡고 눅눅한 동굴 속에서 생활하던 구

1. 선사 시대 이야기

석기 시대에 비한다면 획기적인 발전이라고 할 수 있다. 하지만 신석기 시대를 통틀어 가장 크고 위대한 발전은 따로 있다. 그게 무엇일까?

농경과 목축의 신석기 혁명

인류 문명의 역사에서 한 획을 그은 엄청난 변화를 말할 때 흔히 혁명이란 표현을 쓴다. 산업 혁명이니, 정보화 혁명이니 하는 말들이 그런 것인데, 모두 생활의 틀을 바꾸어 놓을 만한 중대한 사건이었다. 신석기 시대에도 비슷한 일이 있었다. 농사를 짓는 일과 짐승을 기르는 일, 즉 농경과 목축이 시작된 것이다. 그래서 이것을 '신석기 혁명'이라 부른다.

처음에 어떻게 농사를 짓게 되었는지는 정확지 않다. 어쩌면 우연히 집 주변에 버린 씨앗이 이듬해 싹이 나서 열매 맺는 것을 보고 당시 사람들은 매우 신기하게 여겼을 것이다. 이런 경험이 오랫동안 쌓이다 보니 누군가 농사지을 생각을 하고, 거기에 필요한 도구를 개발해 낸 것으로 보인다. 그리하여 봄철에는 돌괭이나 뿔괭이, 돌삽, 돌보습 등으로 밭을 갈아 씨앗을 뿌리고, 가을에는 돌낫으로 이삭을 거둬들였다. 또 수확한 곡식은 갈돌과 갈판을 이용해 껍질을 벗겨 음식을 만들어 먹었던 것이다.

당시 재배한 곡식은 어떤 것들이었을까? 신석기 유적에는 불에 타서 탄소덩이가 된 곡식 알갱이가 오늘날까지 썩지 않고 남아 있다. 그것을 조사해 본 결과 당시 지은 농사는 주로 조, 수수, 피, 기장 같은 곡물이었다. 우리가 흔히 생각하는 벼농사는 고도의 기술이 필요한 것이라 아주 나중에 시작되었다. 그러니 농사를 지었다고는 해도 요즘 우리가 먹는 쌀밥은 구경조차 할 수 없었다.

농사와 함께 목축도 시작되었다. 그동안은 산과 들판을 누비며 직접 사냥만 했다면, 이제는 짐승을 우리에 가둬 놓고 기르는 일도 함께한 것이다. 농사와 마찬가지로 이 또한 우연히 어린 새끼를 잡아 호기심으로 키우다가 아예 목축을 하기에까지 이른 것이 아닌가 생각된다. 오늘날의 가축은 모두 이런 과정 속에서 사람의 손에 길들여진 것이다.

농경과 목축은 인류의 생활 틀을 완전히 뒤바꿔 놓았다. 구석기 시대 사람들처럼 더 이상 떠돌이 생활을 하지 않고 한곳에 붙박여 정착 생활을 하게 된 것이다. 애써 장만해 놓은 기름진 밭을 버려 둔 채 위험을 무릅쓰고 이곳저곳을 떠돌아다닌다는 것은 매우 어리석은 짓이니까 말이다. 게다가 한곳에 붙박여 사는 것이 훨씬 편하고 안정감 있는 생활이었을 것이다.

그러나 농경과 목축은 단순한 정착 생활 이상의 중요한 의미를 가진다. 사냥이나 채집은 단지 자연이 만들어 놓은 결실을 거두어들이는 것에 불과하다. 이에 반해 농사를 짓고 짐승을 기르게 되면서, 인간은 자연을 이용하고 다스리는 완전히 지배자가 되었다. 신석기 혁명이란 말은 그래서 나온 것이다.

보면 볼수록 신기한 빗살무늬 토기

마지막으로, 신석기 시대 유물 가운데 특히 눈여겨볼 것은 토기이다. 토기란 흙을 구워서 만든 그릇으로, 구석기 시대에는 없던 새로운 물건이다. 이것은 음식을 조리하거나 저장하는 데 사용한 도구이다. 사냥과 채집을 계속하면서 농경과 목축, 해산물 채취 등으로 식탁이 풍성해지자 이런 도구가 생겨나지 않았나

빗살무늬 토기 신석기 시대를 대표하는 토기. 표면에 가지런히 빗어 넘긴 듯한 머릿결 무늬가 있다. ⓒ국립중앙박물관

맛있게 읽는 한국 고대사

생각된다.

토기는 모양과 무늬에 따라 여러 가지가 있는데, 표면에 아무런 무늬가 없는 것을 '이른 민무늬 토기'라 하고, 몸체에 띠를 덧붙인 것을 '덧무늬 토기', 눌러 찍은 무늬가 있는 것을 '눌러찍기문 토기압인문 토기'라 부른다. 그러나 신석기 시대를 대표하는 토기는 뭐니 뭐니 해도 빗살무늬 토기이다. 표면에 가지런히 빗어 넘긴 듯한 머릿결 무늬가 있어서 이런 이름이 붙었는데, 가만히 살펴보면 수수께끼처럼 이상한 점이 많다.

3

1 **덧무늬 토기** 신석기, 전남 여수 돌산, 높이 16.2m
2 **덧무늬 토기** 신석기, 울산 신암리, 높이 9.6m
3 **덧무늬 토기** 신석기, 부산 동삼동, 높이 45.0m
ⓒ국립전주박물관

보통 그릇은 밑바닥이 평평하다. 그래야 바닥에 놓아도 쓰러지지 않는다. 그런데 이 토기는 생김새가 마치 팽이 같다. 바닥이 뾰족한 것이다. 이 토기를 여느 그릇처럼 사용했다간 내용물이 다 쏟아지고 말 것이다. 그래서 땅을 파고 토기의 아랫부분을 어느 정도 파묻어 사용했을 것으로 추측한다. 빗살무늬가 왜 있는지에 대해서도 궁금증을 자아낸다. 단지 모양을 예쁘게 하기 위한 장식 무늬라고 보기도 하지만, 그 이상의 상징적 의미가 있다고도 본다. 즉 태양빛이 내려 쪼이는 모양이나 번개 또는 밭이랑을 표현했다는 주장도 있다. 모두 그럴듯한 해석인데, 중요한 점은 한결같이 농사와 관련이 있다는 사실이다.

역사
돋보기

신석기인들의 멋과
패션 액세서리

오늘날 옷은 멋과 패션의 대명사이다. 하지만 원래 옷은 몸을 가리고 추위를 피하기 위한 것이었다. 출토된 유물로 봤을 때 옷을 만들어 입기 시작한 것은 신석기 시대부터이다. 물론 구석기 시대에도 추위를 견디기 위해 뭔가를 걸쳤을 것으로 짐작되지만, 이때에는 그저 짐승의 가죽을 몸에 두르는 수준이었을 것이다.

신석기 시대에 들어와서야 본격적으로 옷을 해 입었던 것으로 보인다.

이런 사실을 증명해 주는 유물이 짐승이나 물고기 뼈를 갈아 만든 바늘과 이것을 담아 두던 바늘통이다. 평안남도 궁산리에서는 바늘에 삼베 실이 꿰인 채로 출토되기도

꾸미개

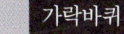
가락바퀴

했다. 또 가락바퀴라는 유물은 삼베를 짜는 데 쓰던 도구로, 가운데 뚫린 구멍에 나무 막대를 끼워 돌려서 실을 꼬았다고 한다.

　이런 유물을 통해 당시에는 짐승의 가죽뿐 아니라 식물성 원료인 삼베로 옷감을 짜서 뼈로 만든 바늘로 옷을 지어 입었다는 것을 알 수 있다. 아마 당시에도 유행을 앞서 가는 멋쟁이들은 좋은 바느질 솜씨로 근사한 옷을 만들어 입었을 것이다. 여기에 또 다른 장신구로 몸을 아름답게 치장하면 모두의 눈길을 사로잡기에 부족함이 없었을 것이다.

　신석기 유적에서는 조가비로 만든 팔찌와 발찌를 비롯하여 동물의 이빨을 엮어서 만든 목걸이, 조개껍데기 가면 등 갖가지 장식품이 발견되었다. 거리마다 화려한 장신구가 넘쳐 나는 요즘의 눈으로 보면 마치 어린아이들이 소꿉놀이를 할 때 쓰는 장난감처럼 조잡해 보일 수도 있다. 하지만 당시 멋과 패션을 즐기는 사람들에겐 훌륭한 액세서리가 되지 않았을까?

청동기와
고인돌의 비밀

2

인간이 가장 먼저 사용한 금속은 무엇일까? 그것은 구리이다. 구리는 땅속 얕은 곳에 묻혀 있는 데다 녹는점이 700~900도가량으로 비교적 낮은 편이다. 이 정도면 토기를 굽는 온도이기 때문에 당시 사람들도 충분히 다룰 수 있었다. 하지만 구리는 강도가 약하다는 단점이 있다. 그래서 주석이나 아연을 섞어 합금을 만들었는데, 이것이 바로 청동이다. 청동은 구리보다 단단해 훨씬 큰 위력을 발휘할 수 있었다. 청동기가 등장하면서 이전의 석기 시대와 구분되는 획기적인 변화가 시작되었다. 농경의 발달과 함께 사유 재산이 생겨나고 계급이 나뉘게 된 것이다. 즉 가진 자와 못 가진 자, 다스리는 자와 다스림을 받는 자가 갈라지면서, 부와 권력을 한 손에 거머쥔 지배자가 나타나게 되었다. 이러한 부와 권력의 집중은 인류의 역사에 새로운 전기를 마련했다. 이 시대를 대표하는 유물로는 고인돌을 비롯하여 청동 검, 청동 거울, 민무늬 토기 등이 있다. 이 유물들은 아직도 많은 부분이 베일에 가려져 있는 청동기 시대, 그 비밀의 문을 여는 열쇠가 되어 줄 것이다.

평등 사회에서 계급 사회로

똑같이 일하고 똑같이 나누어 먹던 시대

신석기 시대의 사회 규모는 부족을 이루는 데까지 발전했다. 처음에 씨족별로 폐쇄적인 독립생활을 유지하던 인간 무리들이 점차 다른 씨족과 혼인하여 부족을 형성한 것이다. 각각의 부족은 특정한 동물이나 식물을 자기 부족의 조상이라 믿었으며, 이와 함께 그것을 신성시하고 숭배하는 생각이 싹트기도 했다. 이것을 '토테미즘'이라고 한다. 뒤에 단군 신화에서 얘기할 곰 토테미즘이나 호랑이 토테미즘이 좋은 예이다.

하지만 이러한 토템 사상은 같은 부족이라는 유대감이나 혈연의 동질성을 확인하기 위한 것일 뿐, 부족 구성원 간의 지배나 피지배 관계는 아직 생겨나지 않았다. 당시의 부족 사회는 굉장히 느슨한 형태로, 결속력이 약했던 것으로 보인다.

그래서 실제 생활은 씨족 단위로 이루어졌다. 씨족별로 작게는 20~30명씩, 크게는 100~200명씩 무리를 지어 생활했다. 쉽게 말해 할아버지, 삼촌, 외삼촌, 고모, 이모 등 가까운 혈족들이 각각의 가족을 거느린 채 씨족 공동체를 이루었다고 보면 된다.

이 공동체 안에서는 신분이나 지위에 따른 차별 없이 누구나 공평했다. 사냥을 할 때나 채집을 할 때 또는 농사일을 할 때 다 같이 힘을 모았다. 서로가 서로를 돕지 않으면 살아남기가 힘든 시대였다. 모두 똑같이 일하고 똑같이 나누어 먹어야 했기 때문에 자기 몫을 따로 챙기는 일도 없었다. 늘 먹을 것이 부족했던 시대라 누구 하나가 독차지하게 되면 나머지는 굶주릴 수밖에 없었다.

무리를 이끄는 우두머리가 있긴 했지만 권력을 쥐고 다스리는 지배자는 아니었다. 그저 경험이 풍부하고 나이가 많은 자가 씨족이나 부족을 이끄는 정도에 불과했다. 그래서 부유한 자와 가난한 자, 더 가진 자와 덜 가진 자의 구분 없이 모두가 평등한 사회였다.

인간 사이의 불평등이 계급을 낳다

그러나 시간이 지나면서 이러한 사회 구조에 조금씩 금이 가기 시작했다. 신석기 시대 말기에 처음 농사를 지을 때만 해도 생산량이 그리 많지 않았다. 한해 먹고살기에도 늘 모자라는 형편이었다.

그런데 청동기 시대에 들어서면서 농사 도구와 기술이 발달하자 생산량이 점차 늘어 갔다. 그 결과 씨족 전체를 먹여 살리고도 남는 식량이 생겨났다. 이것을 '잉여 생산물'이라고 하는데, 이를 둘러싸고 사람들 사이에 갈등이 빚어졌다. 잉여 생산물을 누가 가질 것이냐 하는 문제가 불거진 것이다. 그리하여 결국은 힘 있는 자, 특별한 재주로 공을 세운 자가 잉여 생산물을 차지하게 되었다.

그러면서 씨족 공동체의 생활 질서는 깨지기 시작했다. 다 함께 일하고 다 함께 골고루 나누어 먹던 시대는 이제 옛날 일이 되어 버렸다. 이제 조금이라도 더 많이 가지기 위한 다툼도 심심찮게 벌어졌다. 이로 말미암아 더 많이 가진 자와 덜 가진 자가 생겨나고, 시간이 갈수록 그 차이는 더욱 커졌다. 단지 개인과 개인 사이뿐 아니라 씨족과 씨족 사이, 더 나아가 부족과 부족 사이에서도 똑같은 현상이 일어났다.

이제까지의 평등 사회가 무너지고, 개인 또는 집단끼리 치열한 경쟁 관계에 돌입했다. 더 많은 잉여 생산물을 소유하기 위해, 또는 농사가 잘되는 비옥한 땅을 차지하기 위해 피 튀기는 싸움도 서슴지 않았다. 힘이 센 집단은 이웃의 약한 집단을 침략하여 더욱 세력을 넓혀 갔다.

이런 과정을 거치면서 자연스레 부와 권력을 거머쥔 새로운 지배자가 나타났다. 그는 과거의 우두머리와 달리 강력한 힘을 가지고 있었다. 이런 지배자를 족장 또는 군장이라고 한다. 전쟁이 거듭될수록 족장의 지위는 더욱 높아졌다. 아울러 그 아래에서 족장을 돕는 사람들, 이를테면 싸움을 잘하는 힘센 남자나 지혜가 있는 자, 남다른 기술을 가진 자 등도 특별한 지위를 누리게 되었다. 이들은 점차 힘든 농사일에서 벗어났으며, 족장과 함께 지배 계층을 형성했다.

그와 반대로, 힘도 없고 별다른 재주도 없는 사람들은 이들을 먹여 살리기 위해 더욱 열심히 일해야 했다. 전쟁에서 진 쪽 사람들을 잡아다가 노예처럼 부리기도 했다. 그리하여 다스리는 자와 다스림을 받는 자, 가진 자와 못 가진 자 사이의 구별이 점점 뚜렷해졌다. 인간 사이의 차별과 불평등은 결국 계급 사회를 낳았으며, 이런 사회 구조는 오늘날까지도 형태만 조금씩 달리한 채 계속 이어지고 있다.

세상을 지배하는 청동기의 힘

붕어빵을 굽듯 청동을 굽다?

석기 시대는 돌을 생활 도구로 많이 이용하던 시기를 말한다. 여기서 잠깐, 돌발 퀴즈 하나. 청동기 시대에는 과연 청동이 얼마나 널리 사용되었을까? '널리 사용되었다?' '그렇지 않다?' 정답은 '그렇지 않다' 이다. 실제로 청동기 시대 유적을 뒤져 보면 청동기보다는 간석기가 압도적으로 많이 나온다. 신석기 시대에 쓰던 간석기보다 종류도 더욱 다양하고, 기능도 훨씬 정교하게 발전했다. 간석기가 가장 발달한 시기는 청동기 시대라고 해도 과언이 아닐 정도이다.

이 대목에서 여러분은 잠시 어리둥절할지도 모른다. 신석기보다 청동기 시대에 간석기가 더 많이 발전하다니 어찌 된 노릇일까? 여기에는 이유가 있다. 청동기가 석기에 비해 월등히 강하고 우수했지만 구리는 묻힌 양이 많지 않아 구하기가 어려웠다. 게다가 청동을 만들려면 복잡한 공정을 거쳐야 했다. 석기와는 비교도 할 수 없을 만큼 아주 까다로웠다. 먼저 주원료인 구리와 혼합 원료인 주석 또는 아연을 강한 불로 녹인 다음, 펄펄 끓는 청동 쇳물을 거푸집에 부어 넣는다. 거푸집이란 원하는 모양을 만들기 위해 미리 만들어 놓은 틀을 말한다. 이를테면 붕어빵을 구울 때 붕어 모양의 틀이 필요하듯이, 청동을 만들 때도 비슷한 틀이 있어야 한다. 붕어빵이 노릇노릇 잘 익으면 틀을 열고 꺼내는 것처럼, 거푸집에서 청동 쇳물이 굳었을 때 꺼내서 다듬으면 청동기가 완성된다.

이 과정이 말로는 쉽지만 실제로는 매우 어려운 작업이었다. 어쩌면 당시 사람들은 청동의 생산을 오늘날의 반도체나 컴퓨터 공학 같은 최첨단 하이테크 산업처럼 여겼을지도 모른다. 사정이 이렇다 보니 청동의 대량 생산이 어려웠다. 그래서 주변에서 손쉽게 재료를 구할 수 있는 간석기를 생활 도구로 많이 이용했던 것이다. 청동기 시대에 그런 원시적인 도구를 더 많이 사용했다는 게 아무래도 이상한가? 그렇게 이상할 것도 없다. 인터넷으로 정보의 바다를 헤엄치는 오늘날 같은 최첨단 시대에도 강원도 산골에서는 여전히 소로 밭을 갈기도 하지 않는가!

칼 거푸집과 거푸집을 합친 모습 ⓒ국립전주박물관

거울과 방울에서 신령스러운 힘이 나오다

아무튼 당시 청동기는 보석처럼 귀한 물건
이라 아무나 쉽게 사용할 수 없었다. 그렇
다면 대체 청동기는 어떤 사람이 사용한 것
일까? 그건 두말할 것도 없이 족장과 같은
지배자들이었다. 청동기 시대에 족장의 권한
은 실로 대단했다. 당시의 지배 체제를 흔히 '제정
일치祭政一致'라고 한다. 말 그대로 해석하면 제사
祭와 정치政가 하나로 통합되어 있다는 뜻인데, 이
것의 구체적 의미를 밝히면 이렇다.

청동 방울 사방으로 나 있는 여덟 개의 가지
끝에 방울이 달려 있어 팔주령이라 불린다.
ⓒ국립중앙박물관

농경 시대의 최고 가치는 곡식이 잘 자라 풍년이 드는 것이다. 그런데 당시
의 농사는 순전히 하늘에 달려 있었다. 비가 오고 바람이 불고, 가뭄이 들고
홍수가 지는 것이 다 하늘의 날씨 변화에 따른 것이었다. 따라서 농사가 잘되
길 바라며 하늘에 제사를 지내는 일은 굉장히 중요했다. 이 일은 부족의 최고
우두머리만이 할 수 있었으며, 아울러 그는 '하늘과 통하는 자'라는 권위를
가지고 정치적 실권을 쥐게 된 것이다. 즉 종교 의식과 정치를 모두 아우르는
강력한 힘을 가질 수 있었다는 얘기이다. 이처럼 통치자가 한 손엔 제사장의
위엄을, 또 한 손엔 막강한 정치권력을 가지고 세상을 다스리던 시대를 제정
일치 사회라고 한다. 그러니 그 권한과 위엄은 하늘을 찔렀을 것이다.

이와 관련하여 호기심을 끄는 청동기 유물이 바로 청동 거울과 청동 방울
이다. 당시 이것들은 단지 치장을 하기 위한 액세서리가 아니라, 그 이상의 큰
의미가 있었다. 오늘날 거울은 얼굴을 비춰 보기 위한 것이지만 당시에는 전혀

맛있게 읽는 한국 고대사

달랐다. 거울의 둥근 모양은 태양을 상징하는 것이며, 거기에 반사된 빛은 눈 부신 태양 그 자체였다. 청동 방울 역시 마찬가지이다. 지금처럼 단순히 어린 아이 장난감 같은 물건이 아니었다. 방울을 흔들 때 나는 딸랑딸랑 하는 소리 는 매우 경이롭고 신비스러웠을 것이다.

지배자들은 이런 장식품의 힘을 빌려 자신의 위엄을 세상에 떨치려 했다. 청동 거울을 목에 걸고 번쩍번쩍 빛을 반사하면 태양처럼 빛나는 존재였을 것이 다. 여기에다 신령스러운 방울 소리까지 울려 대면 모든 사람들이 신과 같 은 존재로 우러러보며 그 앞에 엎드려 벌벌 떨었을 것이다.

당시 족장의 모습을 그려 볼 수 있는 단서가 지금도 남아 있다. 좀 엉뚱한 물음 같지만, 여러분은 무당이 뭐하는 사람이라 생각하는가? 아마 대부분은 남의 미래를 점치거나 집안의 액운을 물리치기 위해 굿을 하는 사람이라고 대 답할 것이다. 맞는 말이다. 지금의 무당은 그저 귀신과 통하는 좀 특이한 능력 을 가진 사람일 뿐이다. 그러나 아주 먼 과거의 시간 속으로 거슬러 올라가면 청동기 시대 족장의 모습과 마주치게 된다.

무당이 굿을 할 때 손에 드는 칼과 방울에서 당시의 흔적을 조금 엿볼 수 있다. 오늘날의 무당 은 오랜 세월 동안 사회가 발 전하면서 제사와 정치가 제각 각 분리되자, 한 손의 정치권력을 잃어버린 채 그저 신을 불러 오는 무 속인으로 지위가 뚝 떨어진 것이다.

청동 거울 거울의 둥근 모양은 태양을 상징하는 것 이며, 거기에 반사된 빛은 눈부신 태양 그 자체였다. ⓒ국립중앙박물관

비파형 청동 검과 세형 청동 검

과거에 족장들은 자신의 세력을 넓히기 위해 끊임없이 정복 전쟁을 벌였다. 이때 청동으로 만든 무기는 오늘날 핵무기에 비교될 만큼 놀라운 힘을 발휘했다. 청동제 무기를 든 집단 앞에 그렇지 못한 집단들은 속속 무릎을 꿇을 수밖에 없었다. 석기를 가지고 청동제 무기를 이겨 내기는 힘들었을 테니까 말이다.

청동기 무기 중에서 가장 주목할 것은 청동 검이다. 비파형과 세형 청동 검이 널리 알려졌는데, 이 둘은 여러 가지 면에서 뚜렷한 차이를 보인다.

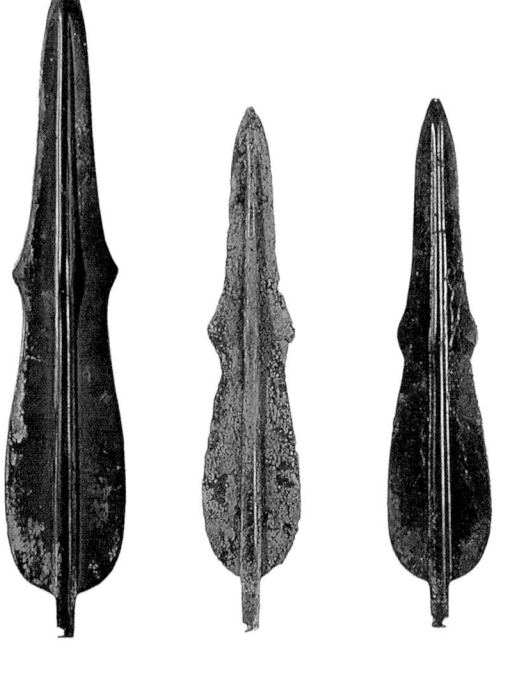

먼저 비파형 청동 검은 칼 모양이 아주 특이하고 재미있다. 끝부분은 보통 칼처럼 널이 예리하지만 중간 부분은 양쪽으로 뾰족 튀어나왔으며, 거기서 손잡이 부분까지 둥그스름하게 타원형을 이룬다. 그 모양이 마치 비파라는 악기를 닮았다고 해서 비파형이란 이름을 얻었다.

이와 달리 세형 청동 검은 흔히 보는 칼처럼 가늘고 긴 몸체에 끝이 뾰족하다. 대부분이 한반도에서 출토되는

비파형 청동 검(요령식 동검) 끝부분 날은 예리하지만 중간 부분은 양쪽으로 뾰족 튀어나왔다. 손잡이 부분은 둥그스름하다. ⓒ국립중앙박물관

맛있게 읽는 한국 고대사

까닭에 한국식 동검이라고도 한다. 비파형이 만주와 요동 반도 등 주로 북부 지역에서 발견되는 것과는 대조를 이룬다. 이 때문에 북부 지역에서 비파형 청동 검을 쓰던 초기의 청동기 문화권이 후기로 접어들면서 한반도에서 세형 청동 검을 쓰는 문화권으로 이동했다고 보는 것이다.

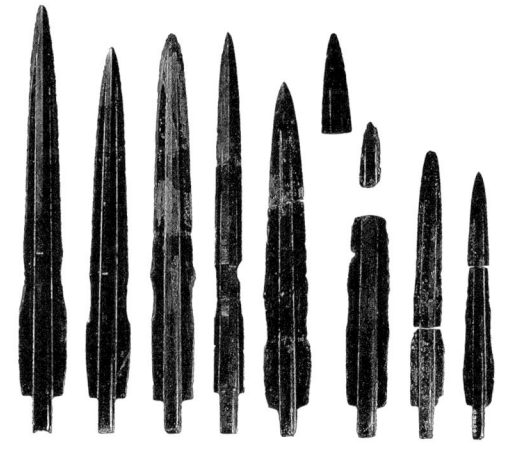

세형 청동 검(한국식 동검) 가늘고 긴 몸체에 끝이 뾰족하다. 대부분 한반도에서 출토된다. ⓒ국립중앙박물관

청동기 시대의 블랙박스, 고인돌

북방식 고인돌과 남방식 고인돌의 차이

고인돌은 청동기 시대를 대표하는 상징적인 문화 유적이다. 우리나라에는 남북한을 합쳐 4만 개가량이 있는 것으로 추정된다. 이는 전 세계 고인돌 수의 약 40퍼센트에 해당한다. 가히 고인돌 천국이라고 할 만한 수준이다. 유네스코 세계 유산 위원회는 2000년 12월, 고인돌이 특히 많이 몰려 있는 고창, 화순, 강화의 유적지를 세계 문화유산으로 지정했다. 그만큼 보존할 가치가 높

2. 청동기와 고인돌의 비밀

다는 것을 세계가 인정한 셈이다.

우리나라의 그 수많은 고인돌 유적은 과거 이 땅에 살았던 청동기 시대 사람들의 블랙박스라고 할 수 있다. 그것에 관한 신비를 한 꺼풀씩 벗겨 내면 당시 사회의 구조적 특징을 이해하는 데 큰 도움이 될 것이다. 그렇다면 청동기 시대 사람들은 왜 고인돌을 세웠으며, 그것이 오늘날의 우리에게 암시하는 바는 무엇일까?

결론적으로 말해, 고인돌은 청동기 시대 족장의 무덤이다. 만든 시기와 지역에 따라 다양한 형태를 띠는데, 대략 북방식 고인돌과 남방식 고인돌로 나뉜다.

먼저 북방식의 가장 큰 특징은 무덤 방이 땅 위에 있다는 것이다. 즉 두 개의 얇고 긴 받침돌_{굄돌}을 땅 위에 세우고, 그 위에 커다란 덮개돌을 올려놓은 다음, 시신을 그 속에 넣고 짧은 막음돌로 앞뒤를 막아 버리는 것이다. 이렇게 하면 그 모양이 마치 탁자와 같다. 그래서 탁자식이라고도 하는데, 주로 한강 이북 지역에서 많이 발견되기 때문에 북방식이라는 이름을 얻었다. 우리가 흔히 알고 있는 전형적인 고인돌이 바로 이것이다. 다만 오랜 세월이 흐르는 동안 출입문 역할을 했던 것으로 짐작되는 두 개의 막음돌은 대부분 파괴되고, 시신이 있던 자리는 뻥 뚫린 채 두 개의 받침돌_{굄돌}만으로 거대한 덮개돌을 떠받치는 모양이 되고 만 것이다.

이에 반해, 남방식은 지하에 무덤 방을 마련해 놓은 형태이다. 땅 위로 돌출한 북방식 무덤 방이 그대로 땅속으로 내려갔다고 생각하면 쉽게 이해될 것이다. 그래서 덮개돌을 얹을 때도 북방식처럼 기다란 받침돌_{굄돌}을 세울 필요가 없어졌다. 작고 몽땅한 받침돌만 서너 개 놓거나 아예 그마저도 없이 덮개

맛있게 읽는 한국 고대사

고인돌 짜임새 북방식 고인돌(탁자식)과 남방식 고인돌(바둑판식) 비교 ©장성원

돌을 얹은 경우도 있다. 이 때문에 얼핏 보면 마치 땅 위에 커다란 바윗덩이만
덩그러니 놓인 것처럼 보인다. 주로 한강 남쪽 지역에 많이 분포하기 때문에
남방식이라고 하는데, 작은 받침돌이 큰 덮개돌을 받친 모양이 마치 바둑판을
닮았다고 해서 바둑판식이라고도 한다.

2. 청동기와 고인돌의 비밀

그런데 문제는 북방식이든 남방식이든 당시에 어떻게 이런 무덤을 만들었을까 하는 것이다. 덮개돌 하나의 무게만도 수십 톤에 이르는 엄청난 돌덩이를 가지고 말이다. 요즘처럼 기계가 발달한 시대에야 고인돌 하나쯤 만드는 것은 식은 죽 먹기일 것이다. 포클레인이나 타워 크레인 같은 장비를 이용하면 아무리 무거운 돌덩이라도 번쩍번쩍 들어 옮길 수 있을 테니까. 하지만 당시에는 사람의 힘이 아니면 아무것도 할 수 없는 시대였다. 도대체 얼마나 많은 사람들이 어떤 방법으로 고인돌을 만들었을까?

지배자의 권력과 지위가 세습되다

〈역사스페셜〉이라는 다큐멘터리 TV 프로그램에서 고인돌 만들기 실험을 한 적이 있다. 85명의 성인 남자가 9.8톤짜리 덮개돌을 끄는 일이었다. 그냥 끌면 너무 힘이 들기 때문에 바닥에 통나무를 깔아 잘 구르게 만들었다. 그리하여 70미터쯤 끄는 데 약 네 시간이 걸렸다. 실제 고인돌을 만들었을 청동기 시대의 상황도 이와 크게 다르지 않았을 것이다.

현재 남아 있는 강화도 부근리의 고인돌은 말 그대로 집채만 하다. 덮개돌의 길이가 7미터에 무게가 자그마치 80톤에 이른다. 물론 가까운 평지에는 이런 돌이 없기 때문에 먼 산에서 끌고 온 것이다. 앞의 실험에 근거해 본다면, 이 돌덩이를 옮기는 데만도

최소 600~700명의 장정들이 몇 날 며칠은 걸렸을 것이다. 그러니 고인돌을 완성하는 데에는 훨씬 더 많은 시간이 소요되었을 것이다.

이 정도의 인원을 동원하자면 족장의 세력은 어느 정도나 되었을까? 어림잡아 당시 한 가족의 수를 다섯 명으로 계산하고, 한 집에 한 명이 이 일에 동원되었다고 치자. 그러면 족장이 지배하는 지역의 무리는 3,000~3,500명 이상이 된다는 결론이 나온다. 이로 미루어 볼 때 이 무덤의 주인공은 당시 강한 권력을 가진 지배자였으며, 청동기 시대는 계급 사회로 지배층과 피지배층이 분명히 나뉘어 있었음을 알 수 있다.

그런데 한 가지 의문이 든다. 고인돌이 족장의 무덤이라면 우리나라에 4만에 이르는 고인돌의 수만큼 많은 족장이 있었다는 얘기일까? 이는 왠지 고개를 갸우뚱거리게 만드는 일이다. 게다가 고인돌의 모양과 크기는 매우 다양하다. 무게가 수십 톤에 이르는 거대한 것이 있는가 하면, 그저 평범한 바윗돌처럼 보이는 작은 것도 있다. 또 무덤 방이 아주 작거나 권력을 상징할 만한 부장품이 전혀 없는 경우도 있다.

그래서 고인돌이라고 모두가 족장의 무덤은 아니라는 주장이 나오는 것이다. 다시 말해 족장이 아니라 그의 가족이거나

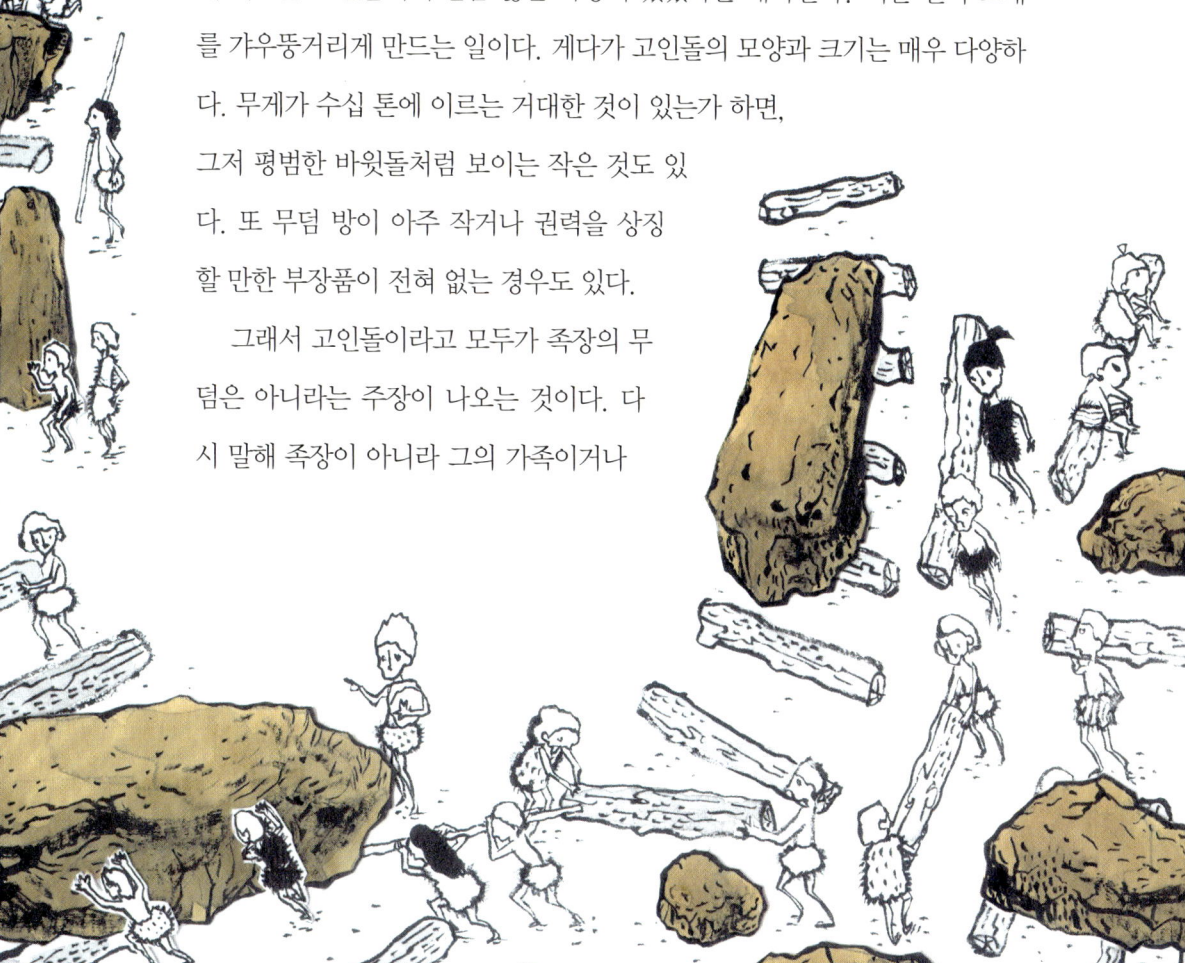

고창 고인돌 크기가 제각각인 고인돌이 한곳에 옹기종기 떼를 이루고 있다. 어른이나 아이 등 족장 가족의 공동 묘지였을 것으로 추정하고 있다. ⓒ장성원

신분이 높은 신하였을 가능성도 있다는 것이다. 우리나라 남부 지역의 고창이나 화순 일대에는 크기가 제각각인 고인돌이 한곳에 옹기종기 떼를 이룬 곳이 적잖다. 이런 경우 크기에 따라 어른이나 아이 등 족장 가족의 공동 묘지였을 것으로 추정한다. 이로써 지배자의 권력과 지위가 여러 대에 걸쳐 세습되었다는 중요한 사실을 엿볼 수 있다.

살아서 부귀와 영화를 죽어서까지

고인돌은 청동기 시대 족장의 막강한 권력을 상징하는 유물이다. 그의 권력은 죽은 뒤에까지도 영향을 끼쳐 고인돌의 크기와 껴묻거리의 내용물을 결정지었을 것이다. 무덤 방에는 죽은 사람의 뼈와 함께 청동 검이나 음식을 담은 그

맛있게 읽는 한국 고대사

릇 등 갖가지 부장품이 함께 발견되는데, 이를 일컬어 껴묻거리라고 한다. 죽은 사람과 함께 물건을 껴묻었다는 말이다. 그런데 충격적인 것은 무덤 속에 물건만 함께 묻은 게 아니라는 사실이다. 과연 무엇을 묻었을까?

청동기 시대에는 고인돌 외에도 돌무지무덤이란 게 있었다. 이 무덤은 얼핏 막돌을 무더기로 쌓아 놓은 것처럼 보이는데, 그 속을 파헤치면 여러 개의 무덤구덩이가 있다. 중국 땅 요령성 여대시의 강상 지역과 누상 지역에 있는 돌무지무덤이 대표적이다. 이 두 무덤에서는 한가운데 주인공이 묻힌 곳을 중심으로, 여러 무덤구덩이가 마치 주위를 호위하듯 둘러싸고 있다. 거기서는 순장된 사람의 유골이 강상 무덤에서 150여 명, 누상 무덤에서 60여 명이 발견되었다. 당시에는 신분이 높은 인물이 죽으면 살아 있는 노비를 주인과 함께 묻었는데, 이것을 '순장'이라고 한다. 죽은 주인을 따라가 저세상에서도 살아 있을 때처럼 잘 모시라는 의미를 지닌 것이다.

지금 생각하면 너무도 끔찍하고 야만적인 일이다. 하지만 뒤집어 생각하면 당시 지배자들의 권력이 얼마나 강력했는지를 방증하는 사례이다. 평소에 쓰던 물건도 모자라 심지어 산 사람까지 함께 묻다니, 왜 그랬을까? 아마도 이 땅에서 누리던 부귀와 영화를 저세상에까지 가져가려는 욕망 때문이었을 것이다. 당시 사람들은 죽은 다음에도 영혼이 없어지지 않고 하늘나라에 가서 살 것이라고 굳게 믿었던 모양이다.

우리 눈에는 청동기 시대 사람들의 행위가 터무니없어 보일 테지만, 꼭 그런 것만은 아니다. 오늘날에도 장례를 치를 때 저승길에 노잣돈으로 쓰라고 죽은 사람의 입에 돈을 물리곤 한다. 이것은 어쩌면 당시의 장례 풍습이 오늘날까지 남은 흔적이 아닐까 싶다. ▷

청동기 시대의 생활 엿보기

반달 돌칼과 배산임수의 마을 구조

우리나라에서는 기원전 1000년 무렵부터 청동기 시대가 시작된 것으로 보고 있다. 최근의 연구 결과에 따르면, 그 시기가 좀 더 빨라져 기원전 2000년에서 기원전 1500년까지 거슬러 올라가기도 한다. 어쨌거나 신석기 시대에 시작된 농사는 이 시기에 들어와 더욱 발전했다. 사냥과 채집은 한쪽으로 밀려나고, 이제부터 생산 활동의 중심은 농업이 차지하게 되었다. 당시 재배한 곡식은 조와 보리, 콩, 수수 등 주로 밭작물이었다. 하지만 부여 송국리 유적에서는 토기에 담긴 벼 알갱이가 탄소 덩이가 된 채 발견되기도 했다. 이것으로

보아 남부 일부 지역에서는
이미 벼농사가 시작되었음을
알 수 있다.

청동기 시대라고는 해도
농사 도구는 여전히 돌이나
나무로 만든 것을 사용했다.
앞서 얘기한 대로 청동이 아
주 귀했기 때문이다. 당시의
농기구로 특히 눈길을 끄는

반달 돌칼 ©국립중앙박물관

것은 반달 돌칼이다. 반달 모양의 이 돌칼에는 손잡이 부분에 구멍이 두 개 뚫
려 있는데, 여기에 끈을 묶어 손목에 끼우고 곡식 이삭을 자른 것으로 보인다.

농사를 생업으로 삼다 보니, 집터도 그에 맞게 달라졌다. 신석기 시대처럼
더 이상 강이나 바닷가를 고집할 필요가 없었다. 그래서 농사를 지을 수 있는
곳이면 어디든 집을 짓고 살았는데, 대개 강변의 구릉 지대였다. 농사를 지으
면서 인구도 늘어났고, 그에 따라 마을의 규모도 훨씬 커졌다. 그와 함께 우리
의 전통적 마을 형태인 '배산임수背山臨水' 구조가 만들어지기 시작했다. 배산
임수란 마을 앞쪽으로는 시냇물이 흐르고, 뒤쪽으로는 산이 가로막고 있어서
겨울 찬바람을 막아 주는 지형을 말한다. 이런 곳이 농사짓기에도 좋고 살기
에도 좋았다.

전통 초가집의 원시적인 모습은?
집의 형태도 신석기 시대와는 조금 달라졌다. 집터의 모양은 거의 직사각형이

농경문 청동기 밭갈이에서 추수까지 농사짓는 과정이 담겨 있어 청동기 시대 농경 생활의 단면을 짐작할 수 있다. ⓒ국립중앙박물관

고, 규모는 좀 더 커졌다. 바닥의 깊이가 얕아져 반움집 형태가 되면서 집을 짓는 방식도 변했다.

먼저 통나무로 기둥을 세우고 벽면을 만들었다. 이때 기둥은 땅에 묻기도 하고 주춧돌 위에 올려놓기도 했다. 그런 다음, 서까래를 양쪽에서 비스듬히 기대게 하여 경사진 지붕을 만들었다. 이것을 맞배지붕이라고 하는데, 여기에 보통은 풀을 덮었으나 벼농사를 짓는 곳에선 볏짚을 얹었다. 우리나라 전통 초가집의 원시적인 모습인 셈이다.

집 안의 풍경도 달라졌다. 방 가운데 있던 화덕 자리가 한쪽 벽으로 옮겨지고, 바닥은 진흙에 열을 가하여 단단하게 굳혔다. 때론 그 위에 풀이나 짚, 대

맛있게 읽는 한국 고대사

나무 따위를 엮은 자리를 깔기도 했다. 또 쓰임새에 따라 작업 공간이나 저장 장소를 칸막이로 구분하기도 했다. 저장 장소로는 저장용 독을 놓거나 한쪽 벽을 밖으로 돌출시켜 따로 만든 경우도 있으며, 간혹 집 바깥에 창고처럼 완전히 독립된 시설을 짓기도 했다.

같은 지역의 집터라도 크기가 일정하지 않은데, 이것은 계급이 분화되면서 신분이나 지위에 차이가 생겼기 때문으로 보인다. 파주 옥석리에서는 폭 3.7미터, 길이 15.5미터에 이르는 큰 규모의 집터가 발견되었다. 이런 곳은 마을의 공동 집회 장소였을 것으로 추측한다. 하지만 보통의 집터는 부부를 중심으로 대략 4~8명의 가족이 살 수 있는 크기였다.

떡도 먹고, 술도 마시고

청동기 시대의 생활에서 가장 흥미로운 것은 먹을거리이다. 농사의 발달로 곡식을 주식으로 삼게 되자 새로운 음식 조리법이 등장했다.

시루는 반죽한 음식이나 가루를 찌는 도구이다. 보통의 솥과 달리 밑창에 구멍이 여러 개 숭숭 뚫려 있어서 뜨거운 수증기를 잘 빨아들이는데, 그 열기를 이용해 속에 든 음식을 익히는 것이다. 요즘도 방앗간에서는 떡을 찔 때 이 시루의 원리를 이용한다. 청동기 유적에서 시루가 발견된 것은 떡을 만들어 먹었다는 증거인 셈인데, 이런 음식은 귀해서 아무 때나 먹진 못했을 것이다. 아마도 하늘에 제사를 올리는 자리나 크게 축하할 만한 잔치 마당에서나 선보이지 않았을까 싶다.

이와 관련하여 눈길을 끄는 또 하나의 유물이 술잔이다. 오늘날에도 제사나 경사스러운 잔치에 빠질 수 없는 것이 술인데, 그 시절에도 마찬가지였나

보다. 청동기 시대 사람들에게 술도 마시고 떡도 먹는 흥겨운 날이 있었던 모양이다.

된장과 김치 그리고 민무늬 토기

우리 고유의 발효 식품인 된장이나 김치 따위가 개발된 것도 이 무렵이다. 예로부터 콩은 우리 민족의 중요한 단백질 공급원이었다. 콩으로 만들 수 있는 음식은 아주 다양한데, 그중에서 우리 생활과 떼려야 뗄 수 없는 것이 된장이다. 콩을 쪄서 띄운 메주를 소금물에 우려내면 간장이 되고, 그 나머지 덩어리를 으깨면 된장이 된다. 우리가 지금 먹는 된장이 이때부터 만들어졌다니, 그 오랜 역사가 놀라울 따름이다.

끈 흔적이 있는 민무늬 토기
청동기, 경남 진주 대평, 높이
57.6cm ⓒ국립중앙박물관

된장이 콩을 발효해 만든 것이라면 김치는 채소를 발효한 음식이다. 그렇다고 지금처럼 빨간 고춧가루와 갖은 양념으로 맛좋게 버무린 김치를 생각해서는 안 된다. 고추는 임진왜란 이후 일본을 거쳐 들어온 것이라 당시에는 양념으로 쓰려야 쓸 수가 없었다. 게다가 아직 배추도 재배되지 않던 때라, 무를 소금물에 절여 두었다가 어느 정도 익으면 꺼내 먹는 수준이었다. 지금의 단무지 비슷한 음식이었다고 보면 된다. 그래도 비타민 공급원으로 중요한 역할을 했을 것이다. 어쨌거나 이렇게 시작된 김치가 오늘날 우리의 전통 식품으로 세계적인 관심을 끌 줄은 그땐 미처 몰랐을 것이다.

맛있게 읽는 한국 고대사

새로운 음식이 등장하면서 음식을 담는 그릇도 새로 선보였다. 신석기 시대를 대표하던 빗살무늬 토기가 사라지고, 민무늬 토기가 청동기 시대를 대표하게 되었다. 이것은 아무런 무늬가 없어 좀 밋밋한 감도 있으나 단아한 멋을 지니고 있다. 또한 신석기 시대보다 더 높은 온도에서 구워 냈기 때문에 훨씬 단단하다.

민무늬 토기는 모양이 다양하고 지역에 따라 특

민무늬 토기 바리, 대접, 접시, 항아리, 독 등 형태가 매우 다양하다. 당시의 음식 조리 기법, 저장, 의례와 같은 사회상을 엿볼 수 있다. ⓒ국립중앙박물관

색이 있다. 특히 의주 미송리 동굴에서 처음 발굴된 토기가 눈여겨볼 만하다. 이것은 항아리 양쪽에 손잡이가 하나씩 달렸고, 목 부분이 넓게 올라가서 다시 안으로 오므라들고, 겉표면에 서너 개의 줄무늬가 띠를 이루고 있다. 이런 형태를 미송리식 토기라 부르는데, 주로 청천강 이북에서 발견된다. 또한 민무늬 토기에 산화철을 발라 붉은색을 내고, 표면을 매끄럽게 다듬어 구은 것을 간토기라고 한다. 민무늬 토기보다 세련된 멋을 지니고 있다.

그림 속에
마술적인 힘이 숨어 있다?

그 옛날 문자가 없던 시절, 자신의 생각을 표현하는 데는 그림보다 좋은 게 없었다. 다만 종이가 없었기 때문에 바위에 조각을 하듯 그림을 새겼는데, 이것을 암각화라고 한다. 우리나라에는 현재 10여 점의 암각화가 남아 있다.

그중 가장 유명한 것이 반구대 암각화이다. 이것은 세계에서 유례가 없을 정도로 규모가 크고, 그림도 비교적 선명하다. 높이 3미터, 너비 8미터에 이르는 넓은 바위 면에 200~300점 정도의 동물 그림이 빽빽이 새겨져 있다. 왼편에는 주로 고래, 거북, 물개 등 바다짐승을, 오른편에는 호랑이, 사슴, 돼지, 염소, 개 등 뭍짐승을 새겼다. 당시 동물은 대부분 수렵과 어로의 대상이었으므로 이 암각화가 신석기 시대의 것이라고 보는 학자도 있다.

그러나 그림 속

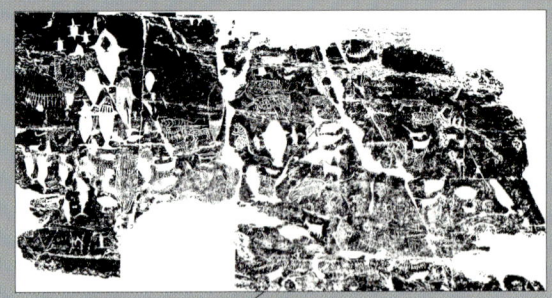

반구대 암각화

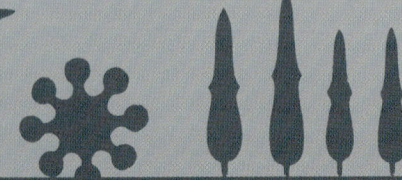

에는 돼지, 소, 염소, 개처럼 집에서 기르는 짐승이 많다. 더욱 흥미로운 것은 울타리 안에 갇힌 동물의 모습이 뚜렷이 보인다는 사실이다. 따라서 이 암각화는 농경과 함께 본격적인 목축이 시작된 청동기 시대의 것이라고 보는 것이 더 일반적이다. 어쨌거나 바위에 그림을 새기는 일이 쉽지 않았을 텐데, 무슨 생각으로 이런 그림을 그린 것일까?

요즘의 그림은 감상을 위한 예술 작품이다. 하지만 옛날 사람들은 그림에 마술 같은 힘이 있다고 믿었다. 그림의 마술적인 힘을 빌리면 더 많은 사냥감이 잡히고, 기르는 짐승도 더 잘 자랄 거라고 생각한 모양이다. 그래서 자신들의 소망을 담아서 여러 짐승을 바위에 새긴 것이다. 반구대뿐 아니라 세계 여러 곳에서 이런 그림이 발견되는데, 대표적인 것이 '라스코 동굴 벽화'와 '알타미라 동굴 벽화'이다.

우리가 최첨단 과학 사회에 산다고 당시 사람들을 어리석다고 여겨선 안 된다. 요즘도 사업이 번창하길 바라며 고사를 지내거나, 풍년을 기원하며 하늘에 제사를 지내기도 하니까 말이다. 그 옛날 암각화를 그린 사람들도 이와 비슷한 심정이었을 것이다.

우리의 첫 나라,
고조선 이야기

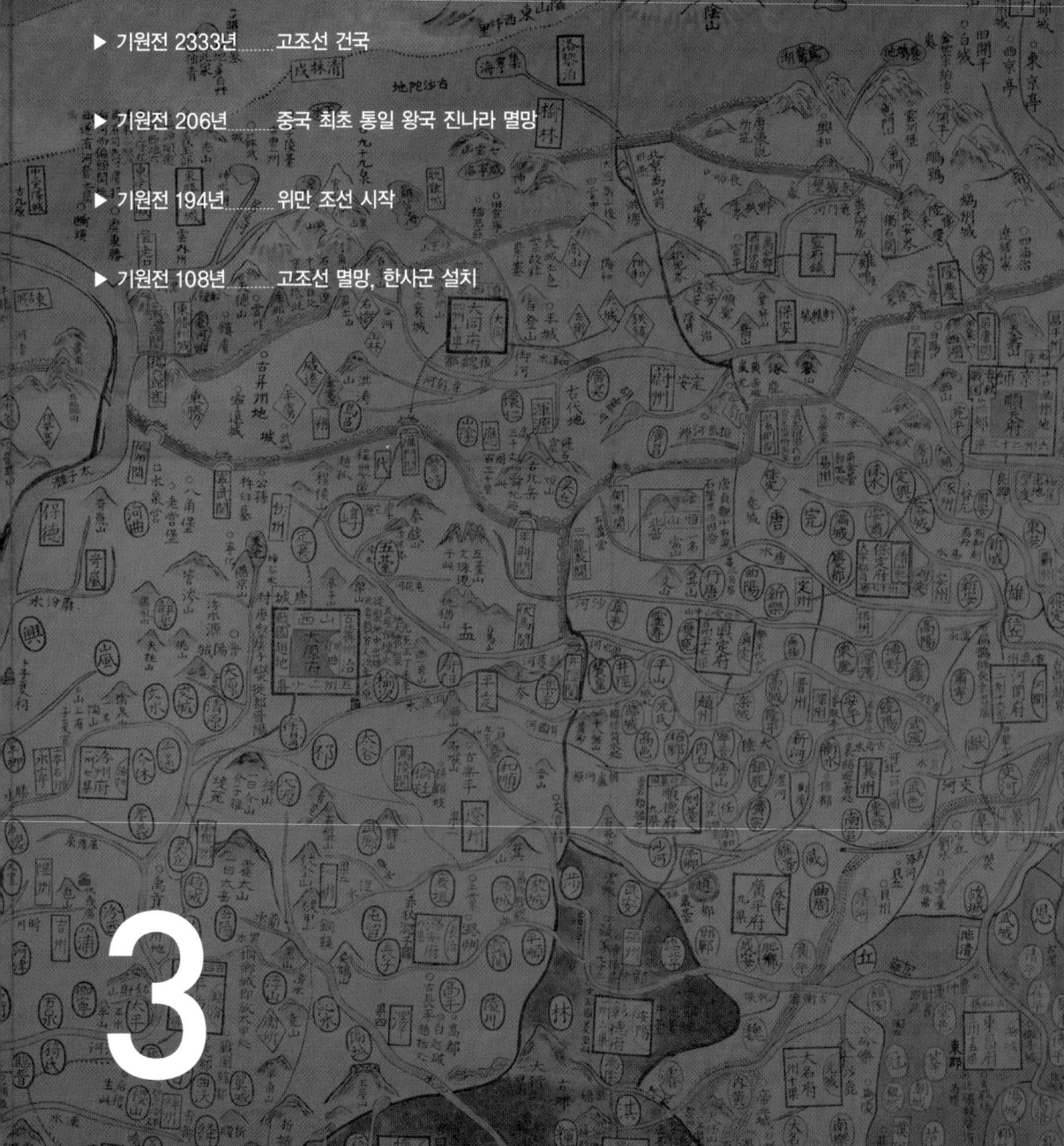

3

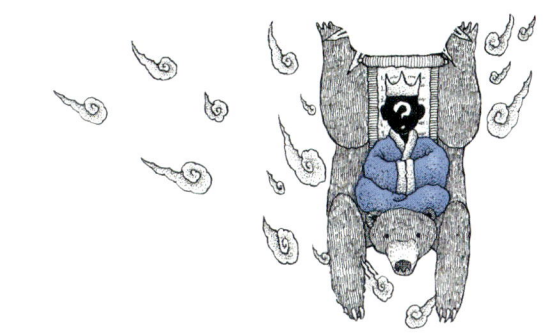

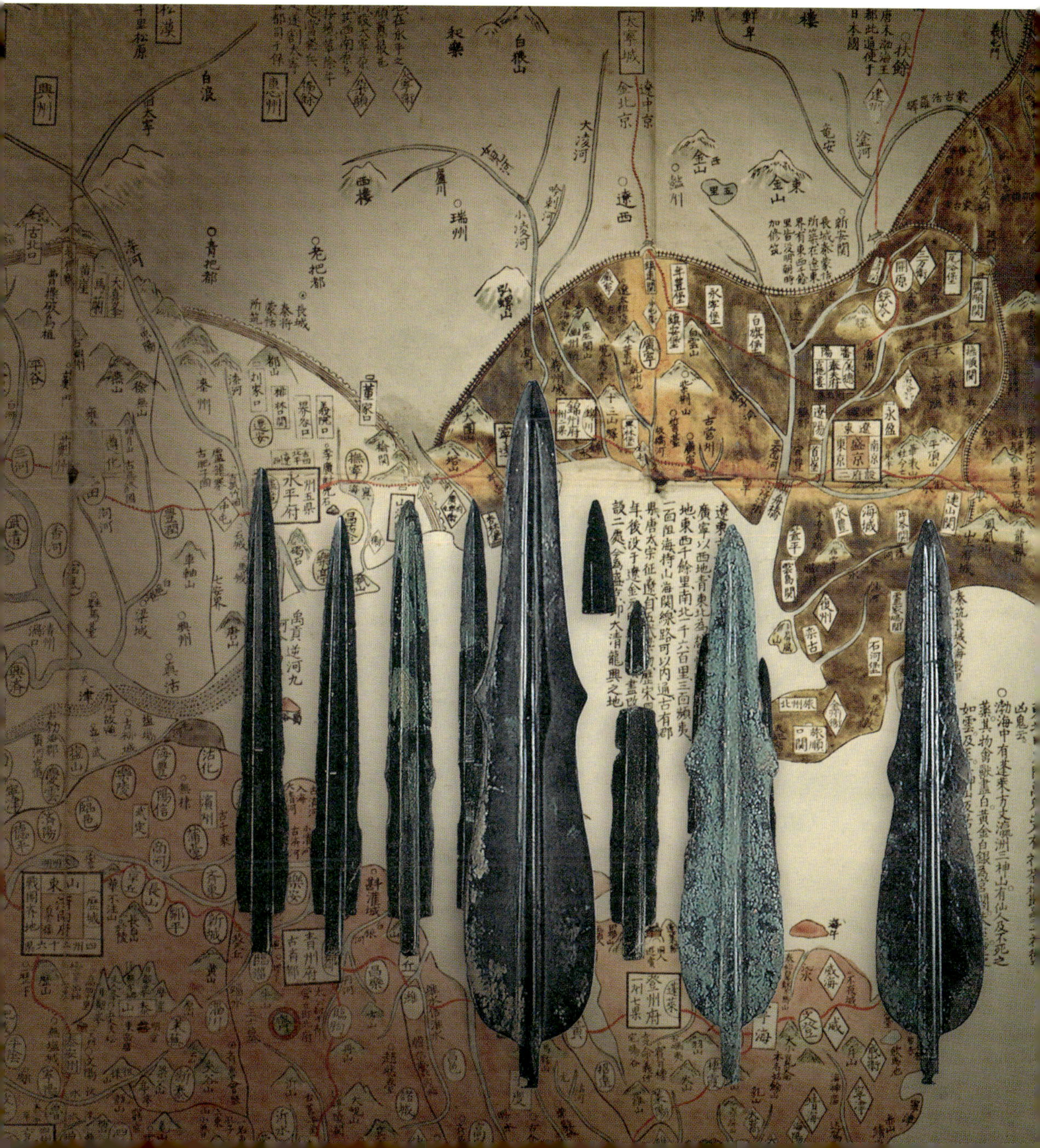

大寧城
遼中京
金北京
大凌河
小凌河
瑞州
遼西
青把都
老把都
白浪
興州
永寧堡
白旗堡
廣寧
海城
蓋平

청동기 문명은 이 땅에 막강한 권력을 가진 지배자를 탄생시켰다. 그들은 강력한 힘을 바탕으로 주변의 부족을 정복하며 세력을 넓혀 갔다. 그 결과 국가가 세워지게 되었다. 고조선은 청동기 문명을 배경으로 하여 우리 조상이 세운 최초의 나라이다. 단군 신화에는 고조선의 건국 과정이 잘 나타나 있다. 그러나 신화는 어디까지나 신화일 뿐, 곧바로 역사적인 사실과 직결되지는 않는다. 신화의 기록과 역사적 진실 사이에는 일정한 거리가 있기 때문이다. 그 틈을 잘 메우는 것이 역사 연구의 중요한 과제이다. 단군 신화에서 비롯된 고조선의 역사는 아직까지 밝혀지지 않은 게 많이 있다. 고조선의 건국 연대는 정확히 언제인지, 도읍지는 어디다 정했는지, 영토의 크기는 어느 정도였는지 등 모두가 의문투성이다. 청동기 문명 자체가 많은 부분 장막에 싸여 있는 데다 남아 있는 기록이 거의 없기 때문이다. 하지만 그렇기 때문에 오히려 파헤치면 파헤칠수록 더욱 흥미를 느낄 수 있는 것이 고조선의 역사이다. 그럼, 고조선 역사의 첫 장을 장식하는 단군 신화 속에 숨어 있는 비밀 이야기부터 시작해 보자. //////////////////////
\\\\\\\\\\\\\\\\\\\\\\\\\\\\\\\\\\\\
//////////////////////

고조선 건국의 X파일, 단군 신화

단군의 나이는 1,908세?

고조선의 역사는 단군 신화에서 시작된다. 단군 신화에는 고조선의 건국에 관한 비밀이 암호문처럼 남아 있다. 이것을 해독하려면 역사적 추리와 상상력을 발휘해야 한다. 그러면 아주 흥미로운 사실을 수없이 발견할 수 있다. 일연이 쓴 『삼국유사』에는 단군 신화에 대해 이렇게 적혀 있다.

옛날 하늘나라의 임금인 환인에게 환웅이라는 아들이 있었다. 그는 늘 하늘 아래를 굽어보며 인간 세상으로 내려가기를 소원했다. 이에 환인은 천부인天符印 세 개를 주어 인간 세상을 다스리도록 허락했다.

환웅은 무리 3,000명을 거느리고 태백산 꼭대기에 있는 신단수 아래로 내려왔다. 그곳을 신시라 불렀으며, 그가 바로 환웅천왕이다. 그는 풍백風伯과 우사雨師와 운사雲師를 거느리고 곡식, 생명, 질병, 형벌, 선악 따위를 비롯한 인간 세상의 360가지 일들을 돌보았다. 이로써 세상을 편안하게 다스리며 인간을 널리 이롭게 했다.

이때 곰과 호랑이가 동굴 속에 같이 살면서 환웅에게 인간이 되게 해 달라고 빌었다. 환웅은 신령스러운 쑥과 마늘을 주면서, 이것을 먹고 100일 동안 햇빛을 보지 않으면 인간이 된다고 가르쳐 주었다. 그러나 호랑이는 이것을 견디지 못해 굴 밖으로 뛰쳐나가 버렸고, 곰은 잘 참아 21일 만에 마침내 여자의 몸으로 변했다. 웅녀는 혼인할 사람이 없어 늘 신단수 밑에

3. 우리의 첫 나라, 고조선 이야기

서 아이를 갖게 해 달라고 기원했다.

이에 환웅이 웅녀와 혼인하여 아들을 낳으니, 그가 바로 단군왕검이다. 단군은 중국의 요임금이 즉위한 지 50년이 되는 해에 아사달에 도읍을 정하고 나라 이름을 조선이라

고구려 벽화 「각저총 씨름도」 씨름꾼 옆의 나무 밑을 잘 살펴보면 짐승이 두 마리 그려져 있다. 왼쪽은 호랑이, 오른쪽은 곰의 형상이다. 단군 신화에 나오는 곰과 호랑이를 그렸다고 보기도 한다.

했다. 1,500년 동안 나라를 다스렸으며, 훗날 아사달로 돌아와 숨어 산신이 되니, 이때 나이가 1,908세였다고 한다.

다들 알다시피 단군은 우리 민족의 시조이다. 대한민국 사람치고 단군 신화를 모르는 사람은 아마 없을 것이다. 단지 신화의 측면에서만 본다면 이것

맛있게 읽는 한국 고대사

은 그냥 재미있고 환상적인 이야기일 뿐이다. 그러나 역사적 관점에서 본다면 얘기는 달라진다. 이 신비로운 기록 속에는 수많은 상징적 의미가 숨어 있다. 그것을 잘 캐내면 고조선의 건국에 관한 역사적 진실을 밝혀낼 수 있을 것이다. 따라서 단군 신화는 건국의 비밀을 담고 있는 X파일인 셈이다.

X파일을 여는 다섯 가지 코드

비밀의 X파일을 여는 첫 번째 코드는 선민의식이다. 단군 신화에서 환인은 하늘신이며, 그의 아들 환웅이 웅녀와 결합해 단군을 낳았다. 따라서 고조선을 세운 단군이야말로 하늘의 혈통을 이은 고귀하고 신성한 분이다. 당시의 지배 세력은 이렇듯 하늘이 내린 자손임을 곧잘 내세웠다. 그래야만 권위가 높아져 피지배 계층이 잘 따랐기 때문이다. 하늘의 혈통이라는 신성한 이미지를 빌려 와 권력을 강화하려 했던 것이다. 단군 신화도 이런 차원에서 이해할 수 있다. 단군 신화뿐 아니라 여러 나라의 건국 신화가 다 마찬가지라고 생각해도 된다.

두 번째 코드는 하늘신의 아들 환웅 천왕이다. 단군 신화에서 환웅은 인간 세상으로 내려올 때 천부인 세 개를 받는다. 천부인은 하늘의 권위를 상징하는 표식을 뜻하는데, 정확히 무엇인지는 밝혀지지 않았다. 추측건대, 당시 지배자들만이 가질 수 있었던 청동 검이나 청동 거울 같은 신성한 물건이 아니었나 생각된다. 환웅은 스스로 고귀한 혈통을 자랑하는 어떤 표식을 가지고, 무리 3,000명과 함께 새로운 터전을 찾아 이동한 것으로 볼 수 있다.

세 번째 코드는 토테미즘이다. 단군 신화에는 환웅이 웅녀곰와 혼인하는 대목이 나온다. 곰이 사람이 된다는 것도 황당한 내용이거니와 환웅과 혼인해 아이를 낳다니, 도대체 이것을 어떻게 역사적으로 해석할 수 있을까? 이미 설명한 것처럼, 고대 부족 사회에서는 어떤 특정한 동식물을 믿고 떠받드는 사상이 있었는데, 이것을 토테미즘이라고 한다. 단군 신화에 토테미즘을 적용하면 이런 해석이 가능할 것이다. 당시 우리나라에는 곰을 믿는 부족과 호랑이를 믿는 부족이 있었는데, 이 중 곰을 믿는 부족이 환웅이라는 외부 세력과 힘을 합쳐 나라를 세운 것이라고 말이다. 단군의 탄생은 환웅으로 상징되는 이주민과 웅녀로 상징되는 토착민, 두 세력을 모두 아우르는 새로운 지배자의 등장으로 해석할 수 있다.

네 번째 코드는 당시의 사회상과 제도이다. 환웅은 하늘에서 내려올 때 풍백과 우사와 운사를 거느렸다. 이것은 각각 바람과 비와 구름을 뜻한다. 모두 농사에 필요한 비를 내리게 한다는 점에서 당시가 농경 사회였음을 엿볼 수 있다. 또한 곡물, 생명, 질병, 형벌, 선악 따위를 비롯해 360가지 일을 다스렸다는 것은 당시에도 사회 제도와 규칙이 제대로 갖춰져 있었다는 얘기이다. 실제로 고조선에선 '사람을 죽인 자는 사형에 처한다', '남에게 해를 입힌 자는 곡물로 갚는다', '도둑질한 자는 그 집의 노비로 삼는다' 등 여덟 가지의 '8조 법금'이란 법률이 있었다.

마지막 코드는 '단군왕검'이란 단어에 들어 있다. 이 말의 역사적 의미를 제대로 파악하려면, 먼저 우리의 머릿속을 지우개로 싹싹 지워 버려야 한다. 다시 말해 우리 민족의 시조는 단군이라는 선입관을 완전히 버려야 한다는 것이다. 청동기 시대의 지배자는 제사장의 위엄과 정치적 실권을 동시에 가지고 있었는데, 단군왕검이란 말 속에는 그 의미가 고스란히 깃들어 있다. '단군'은 하늘에 제사를 지내는 제사장을 뜻하는 말이고, '왕검'은 정치적 군왕을 뜻하

는 우리말 '임금'의 이두식 표현으로 보기도 한다. 이렇게 본다면 단군왕검은 우리가 보통 알고 있듯이 어떤 특정한 인물의 이름이 아니다. 요즘 식으로 말하면 제1대 대통령, 제2대 대통령 하는 것처럼 이것은 고조선의 최고 지배자를 일컫는 칭호였다. 따라서 당시에는 제1대 단군왕검, 제2대 단군왕검, 제3대 단군왕검…… 하는 식으로 여러 단군왕검이 대를 이어 다스렸다고 볼 수 있다. 단군왕검이 1,500년 동안 나라를 다스렸느니, 1,908세까지 살았느니 하는 얘기도 이런 맥락에서 본다면 다소 이해가 될 것이다.

고조선 건국의 미스터리

건국 연대는 과연 언제인가?

지금까지 단군 신화 속에 감춰진 여러 상징적인 의미를 풀어 보았다. 그러나 여전히 풀리지 않는 의문이 많다. 건국 연대도 그중 하나이다. 단군 신화 속에서 고조선의 건국은 아주 단순 명쾌하다. 단군 한 사람이 아사달에 도읍을 정하고 단번에 나라를 세웠다. 그때가 기원전 2333년이다. 이를 근거로 삼아 우리는 반만년에 이르는 긴 역사를 가진 민족이라는 자부심을 가지고 있다.

그런데 세계적으로 국가가 만들어진 것은 청동기 시대이며, 우리나라의 청동기 시대는 기원전 1000년 무렵 시작된 것으로 보고 있다. 따라서 고조선의 건국 연대를 기원전 2333년이라 한다면 신석기 시대에 국가를 세운 것이 된다. 이런 이유 때문에 역사학계에서는 단군 신화의 건국 연대를 인정하지 않는 분위기이다.

물론 반론도 있다. 고조선은 한반도가 아닌 만주 지역에서 먼저 시작되었기 때문에 그 지역의 청동기 사용 연대를 적용해야 한다는 것이다. 최근의 고고학적 발굴 성과에 따르면, 요동 반도의 청동기 문화는 기원전 1500년에서 기원전 1300년까지 올라간다. 앞으로의 발굴 성과에 따라서 그 시기는 더욱 올라갈 수도 있다.

참고로, 북한은 지난 1993년 평양 근처 대박산에서 단군릉이라 부르는 무덤을 발굴했다. 무덤 속에서 기원전 3000년 전의 사람 뼈가 나왔는데, 북한은 이 뼈를 단군 부부의 것이라고 주장한다. 이것이 사실이라면 고조선의 건국 시

기는 단군 신화보다 훨씬 앞당겨지게
된다. 물론 그것이 사실인지 아닌지,
현재 우리는 확인할 길이 없다.

다만 분명한 것은 고조선 연구가
지금도 한창 진행 중이라는 사실이
다. 그렇기 때문에 기원전 2333년이
란 숫자에 다소 무리가 있다손 치더
라도, 미리부터 '그건 절대 아니다'라
고 못 박을 필요는 없다는 것이다. 어
쩌면 신석기 시대 말기부터 차츰 나
라의 기틀을 다지다가 청동기 시대에
완전한 국가를 만들었다고 볼 수도 있
지 않을까?

단군릉 평양 근처 대박산에서 발굴된 무덤

고조선의 도읍지는 어디였는가?

고조선의 역사를 얘기할 때 또 다른 논쟁거리는 영역 문제이다. 이것은 도읍
지가 어디였느냐 하는 것과 밀접한 관련이 있다. 그러나 단군 신화에 나오는
도읍지 아사달의 위치가 어디인지는 아직까지 수수께끼이다. 이 수수께끼를
푸는 길은 여러 문헌의 기록과 청동기 유물을 가지고 추론하는 것인데, 대체
로 세 가지 견해가 있다.

먼저 요동 중심설이 있다. 고조선은 중국의 요동 지역을 중심으로 성장했
으며, 이곳 어디엔가 도읍지가 있었다고 보는 것이다. 이에 반해, 대동강 중심

설을 내세우기도 한다. 대동강 유역을 중심으로 한 평안남도 일대가 고조선의 영역이었으며, 도읍지 아사달이 바로 평양이라는 주장이다. 마지막 세 번째는 두 견해를 반반씩 합친 것이다. 즉 초기에는 요동 지역이 중심지였으나 중국 세력의 확장에 따라 후기에 대동강 유역으로 이동했다고 보는 것이다. 현재 역사학계에서는 이 중심지 이동설이 가장 힘을 얻고 있다.

중심지 이동설에 대한 가설

고조선이란 나라 이름이 역사 기록에 처음 나타나는 것은 『관자』라는 책이다. 여기에는 기원전 7세기 무렵 중국의 제나라와 무역을 했다는 사실이 적혀 있는데, 이 단편적인 기록만으로 고조선의 위치나 중심지를 알아내기는 불가능하다. 따라서 이 무렵이나 그 이전의 고조선에 관한 정보는 유물에 의존하는 수밖에 없다.

비파형 청동 검과 미송리식 토기는 초기 청동기 시대를 대표하는 고조선의 유물이다. 이 유물들은 요동 지방을 중심으로 하여 서쪽으로는 발해만, 동쪽으로는 한반도 서북부에 이르는 넓은 지역에서 출토되고 있다. 그래서 이 지역을 대체로 초기 고조선의 세력 범위로 본다. 이곳을 기반으로 해서 점점 세력을 키워 가던 고조선은 4세기 후반에 이르러 이웃한 연나라와 대립할 만큼 강성해졌다. 당시 연나라는 중국의 전국 시대 7웅 가운데 하나로, 고조선 못지않게 큰 세력을 떨치고 있었다.

두 나라는 국경을 맞대고 패권을 다투다 마침내 서로 충돌하게 된다. 중국의 『위략』이란 책에 따르면, 당시 고조선의 지배자가 왕이란 칭호를 쓰고 연나라를 공격하려 했으나, 대부 벼슬을 하던 '예'의 만류로 그만두었다. 하지

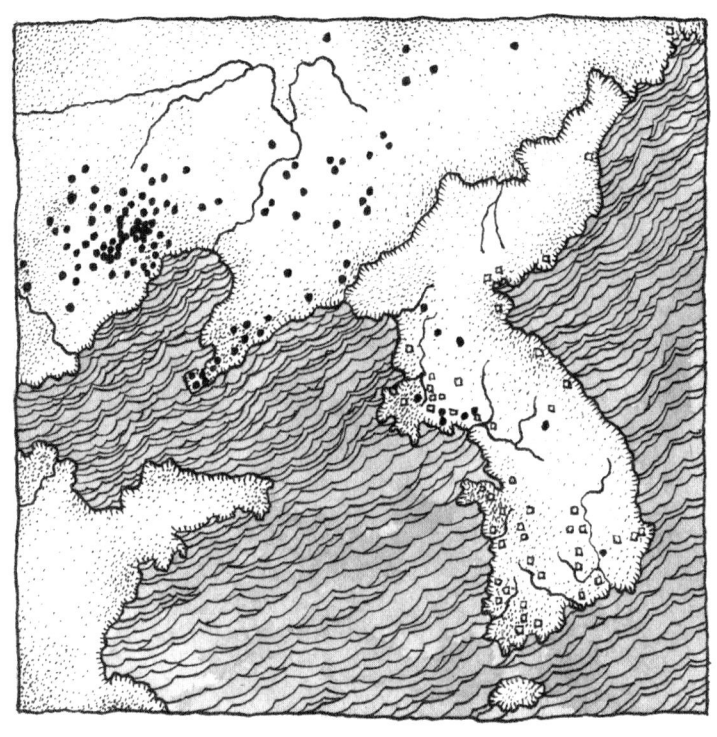

비파형 청동 검과 세형 청동 검 분포도 ●비파형 청동 검, □세형 청동 검

만 한 산에 두 마리의 호랑이가 있을 수는 없는 법! 그 후 3세기 무렵 기어이 전쟁이 터지고 말았다. 전쟁의 과정은 자세히 전하지 않으나, 연나라는 장군 진개를 보내 고조선의 서쪽을 공격했다. 그리하여 2,000여 리의 땅을 빼앗았다고 한다.

고조선은 이때 타격을 받아 중심지를 한반도 지역으로 옮긴 것으로 추측된다. 한반도 지역에서만 발견되는 세형 청동 검이 이를 뒷받침하는 유물이다. 초기 요동 지방을 중심으로 성장한 고조선은 이 무렵부터 대동강 유역을 중심으로 한 독자적 문화를 이룩했다고 보는 것이다.

위만 조선과 왕검성의 혈전

우리나라엔 여러 개의 조선이 있다?

고조선의 본래 이름은 그냥 조선이다. 그런데 왜 고조선이라고 부를까? 고조선이란 명칭은 일연이 『삼국유사』를 쓰면서 처음으로 사용했다. 뒷날의 조선과 구분하기 위해 '옛 고古' 자를 덧붙인 것이다. 뒷날의 조선이라면 아마 대부분 이성계가 세운 조선을 생각할 것이다. 실제 오늘날에는 이성계의 조선과 구별하기 위해서 고조선이란 명칭을 사용하는 게 보통이다. 하지만 곰곰이 따져 보면 뭔가 좀 이상한 것이 있다.

알다시피 일연은 고려 시대 사람이다. 그렇다면 그가 선견지명이 뛰어나 훗날 이성계가 조선을 건국할 줄 미리 알았다는 말인가? 그게 아니다. 그는 처음의 단군 조선과 뒷날의 위만 조선을 구별하기 위해 고조선이란 명칭을 쓴 것이다. 그럼 위만은 과연 어떤 인물이고, 그가 세운 조선은 어떤 역사를 가지고 있을까?

투항한 망명객에서 조선의 왕으로

중국의 전국 시대는 매우 혼란스러웠다. 여러 개의 나라로 나뉘어 서로 다투었기 때문이다. 이 혼란한 정국에 종지부를 찍은 사람이 진나라의 시황제이다. 진시황제는 처음으로 중국 대륙을 통일하고 황제의 자리에 올랐다. 그러나 진나라는 얼마 버티지 못하고 기원전 206년 멸망하고 말았다. 그 후 한나라의 유방이 초패왕 항우를 물리치고 재통일을 이루기까지 중국 대륙은 하루도 전쟁이 끊일 날이 없었다. 이 혼란의 와중에 수많은 사람들이 전쟁을 피해 뿔뿔이 흩어졌다.

이때 위만이란 사람이 연나라에서 1,000여 명의 무리를 이끌고 고조선으로 넘어와 투항했다. 고조선으로 들어올 당시 그는 상투를 틀고 조선인의 옷을 입고 있었다. 그래서 위만을 연나라 사람이 아닌, 그 지역에 살던 동이족 계통의 조선인으로 보기도 한다. 훗날 왕이 된 뒤에도 나라 이름을 바꾸지 않고, 조선이란 이름을 그대로 쓴 것도 이런 추측을 뒷받침한다.

당시 고조선의 왕은 준왕이었다. 그는 기꺼이 위만을 받아들여 박사라는 관직도 주고, 100리의 땅을 주어 서쪽 변경을 지키게 했다. 위만은 이곳을 기반으로 삼아 조금씩 힘을 길렀다. 그런데 시간이 지날수록 세력이 막강해지자, 위만은 도리어 왕의 자리를 노렸다. 위만은 왕궁으로 군사를 몰고 가 거짓 보고를 올렸다.

"지금 중국의 한나라 군대가 열 군데로 쳐들어오고 있으니, 우리가 왕궁에 들어가 지켜드리겠나이다."

준왕은 이 말을 믿고 그에게 왕궁을 맡겼다. 그러나 위만의 군대는 왕궁에 들어오자마자 준왕을 공격했다. 그제야 준왕은 위만의 속임수에 속은 것을 알았지만 이미 때는 늦고 말았다. 손쉽게 준왕을 쫓아낸 위만은 마침내 왕의 자리에 올랐다. 기원전 194년의 일로, 이때부터 '위만 조선'이 시작된 것이다.

투항한 망명객이었던 위만이 끝내 조선의 왕이 되었으니, 어찌 보면 대단히 배은망덕한 짓이라 생각할 수도 있다. 자신을 믿고 받아 준 왕을 몰아내고, 자신이 그 자리를 차지했으니 말이다. 그러나 냉정하게 생각하면 꼭 그렇지만도 않다. 어느 나라를 막론하고 왕조사는 피로 얼룩져 있다. 심지어 핏줄을 나눈 형제끼리 또는 부자간에도 종종 피 튀기는 싸움을 벌이곤 하니까 말이다. 그러니 외부에서 들어온 세력이 힘을 키워 왕위를 빼앗은 것쯤이야! 어쨌거나 권력을 둘러싼 다툼은 이렇듯 비정한 것인가 보다.

중국 한나라와의 충돌

왕위에 오른 위만은 더욱 힘을 키워 주변의 작은 나라들을 정복해 영토를 넓혀 나갔다. 그리하여 위만의 손자인 우거왕 때 이르러 고조선은 중국 한나라에 맞서는 강대국이 되었다. 당시 고조선은 지리적 이점을 이용해 큰 경제적 이득을 취할 수 있었다. 즉 진번이나 남쪽의 진국 등 주변의 여러 나라들이 한나라와 직접 교역하는 것을 가로막고, 그 사이에서 중계무역을 독차지했던 것이다. 고조선은 이런 경제력을 기반으로 군사력을 키워 동북아시아의 강자로 위세를 떨치게 되었다.

그러자 한나라는 은근히 위협을 느꼈다. 고조선의 세력이 점점 커지다 보면 중국을 넘볼 수도 있는 일이기 때문이다. 당시 한나라의 황제였던 무제는 미리 고조선의 기를 꺾어 놓기 위해 섭하를 사신으로 보냈다. 섭하는 무제의 뜻을 전하며 앞으로 한나라를 잘 섬길 것을 요구했다.

고조선의 우거왕은 고분고분 말을 듣지 않았다. 섭하는 아무런 성과 없이 자기 나라로 돌아가게 되자 속으로 앙심을 품었다. 그래서 국경까지 자신을 호위해 준 고조선의 비왕裨王 '장'이란 인물을 찔러 죽이고 강을 건너 도망쳤다. 그리고는 고조선의 장수를 죽였다고 보고했다. 이에 한나라 무제는 섭하에게 요동동부도위라는 벼슬을 내렸다.

고조선으로서는 결코 가만히 보아 넘길 수 없는 일이었다. 섭하를 잡아서 벌을 주어도 시원치 않을 판에 오히려 벼슬을 받았으니, 분노가 하늘을 찔렀던 것이다. 이에 우거왕은 기습 공격을 감행하여 요동으로 쳐들어가 섭하를 죽여 버렸다. 이 소식을 접한 한나라 황제는 기다렸다는 듯이 군사를 일으켰다. 그렇잖아도 고조선을 침략할 트집거리를 찾고 있었는데 마침 잘되었다고 여긴 것이다.

고조선의 1차전 승리

마침내 전쟁이 시작되었다. 한나라는 대대적인 공격을 감행했다. 무제는 누선장군 양복에게 5만의 수군 병력을 거느리고 산둥 반도에서 발해를 건너 고조선을 치게 하는 한편, 좌장군 순체에게는 요동으로 나와 우거왕을 공격하게 했다. 다시 말해 수륙 양면 작전을 펼친 것이다.

한나라 무제

누선장군 양복과 좌장군 순체는 고조선을 얕잡아 보고 서로 공을 세우기 위해 다투었다. 먼저 양복이 7,000명의 선발대를 뽑아 왕검성에 이르렀다. 우거왕은 처음엔 성을 굳게 지켰지만, 몰래 정탐을 내보내 양복의 군사가 얼마 안 되는 것을 알고는 즉시 공격을 퍼부었다. 뜻하지 않은 기습에 양복의 군대는 크게 패하여 뿔뿔이 흩어져 달아났다. 이때 양복은 모든 군사를 잃은 채 홀로 산속으로 도망쳐 겨우 목숨을 건질 수 있었다.

좌장군 순체도 쓰라린 패배를 맛보았다. 순체의 군대가 처음 요동으로 나올 때 고조선의 군사들은 험준한 곳에 요새를 마련하여 그들을 맞았다. 이때 순체의 군사들이 멋모르고 덤볐다가 고조선 군사에게 호되게 당했다. 그 후 순체는 패수 서쪽을 다시 공격했지만 역시 깨뜨리지 못했다. 이리하여 한나라와의 1차전은 일단 고조선의 승리로 돌아갔다.

한나라 무제는 두 장수가 패전을 거듭하자 일시 전쟁을 멈추었다. 그러고는 위산이란 자를 사자로 보내 우거왕에게 협상을 청했다. 우거왕은 이를 순순히 받아들였다. 일단 한나라의 침략을 물리쳐 자신의 위세를 세웠을 뿐만 아니라, 전쟁을 오래 끌면 좋을 것이 없기 때문이었다.

고조선에서는 우거왕의 태자가 협상 대표로 나섰다. 태자는 1만여 명의 군사를 거느리고 패수에 이르러 강을 건너려고 했다. 이때 한나라 사자 위산은 문득 의심이 들었다.

'태자가 혹 딴마음이라도 품는다면 저 많은 군사들이 무슨 변란을 일으킬지도 몰라.'

그래서 태자에게 말했다.

"군사들의 무장을 해제한 후 패수를 건너시오!"

이 말을 들은 태자 또한 위산이 자신을 속이고 함정에 빠뜨리려는 게 아닐까 하는 의심이 생겼다. 그리하여 협상을 포기한 채 그대로 군사를 이끌고 되돌아가 버렸다.

이 사실을 보고받은 한나라 무제는 불같이 화를 내며, 협상이 깨진 책임을

맛있게 읽는 한국 고대사

물어 그 자리에서 위산의 목을 베어 버렸다.

협상이 깨지자 다시 전쟁이 시작되었다. 좌장군 순체는 분발하여 패수 위쪽에 있던 고조선 군사를 깨뜨리고 전진을 계속했다. 마침내 순체는 왕검성 아래 이르러 성의 서북쪽을 포위했다. 누선장군 양복도 군사를 이끌고 합류하여 성 남쪽에 주둔했다. 그러나 우거왕이 성문을 닫고 굳게 지키니, 포위한 지 몇 달이 지나도 함락할 수가 없었다.

그 무렵 한나라 군대 내부에서는 분열이 일어났다. 좌장군 순체는 맹렬히 공격할 것을 주장한 반면, 누선장군 양복은 전날의 패배를 되새기며 신중론을 펼쳤다. 그러는 사이 전쟁은 지지부진하게 끝이 날 줄을 몰랐다. 이에 화가 난 한나라 무제는 더 이상 두 장수를 믿을 수 없다고 여겼는지, 제남태수 공손수에게 모든 권한을 맡겨 전쟁터로 내보냈다. 좌장군 순체는 공손수가 도착하기를 기다렸다가 이렇게 말했다.

"고조선이 응당 오래전에 항복했어야 하는데도 저렇게 버티는 데는 그럴 만한 이유가 있소. 누선장군 양복과 여러 차례 성을 공격하기로 약속했으나 그가 번번이 약속을 어겼소. 이는 양복이 고조선과 내통하고 있기 때문이니, 이참에 그를 체포하지 않으면 틀림없이 고조선 군사와 합세해 우리를 공격할 것이오.”

이 말을 옳게 여긴 공손수는 즉시 양복을 체포하여 본국으로 보내고, 그 군사를 합쳐서 좌장군 순체의 지휘 아래 두게 했다. 그런데 한나라 무제는 이 소식을 듣자, 위산을 죽인 것처럼 공손수도 죽여 버렸다. 일처리가 잘못되었다고 여긴 것이다. 결국 좌장군 순체는 군사 지휘권을 혼자 독차지하게 되었으며, 어떻게든 공을 세우기 위해 격렬한 공격을 퍼부었다.

왕검성 함락과 한사군

한편 전쟁이 계속되자 고조선 내부에서도 분열이 일어났다. 좌장군 순체의 맹렬한 공격에 지배층은 흔들리기 시작했다. 우거왕은 끝까지 싸울 것을 주장했지만, 그 아래의 조선상 ‘노인’과 ‘한음’, 니계상 ‘참’과 장군 ‘왕협’ 등은 달랐다. 더 이상의 전쟁을 반대하고, 한나라와 강화 협정을 맺을 것을 주장했다. 그러나 우거왕이 고집을 꺾지 않자 이들은 결국 우거왕을 죽이고 한나라에 투항해 버렸다.

우거왕은 죽었지만 전쟁은 아직 끝나지 않았다. 신하 가운데 성기라는 인물이 우거왕을 대신해 성을 굳게 지켰기 때문이다. 좌장군 순체는 공격만이 상책이 아님을 알고, 이번에는 우거왕의 아들 ‘장항’과 노인의 아들 ‘최’를 잘 꼬드겨 끝까지 저항하던 성기를 죽이게 했다. 성기의 죽음과 함께 왕검성도 함락되었다. 이때가 기원전 108년으로, 결국 고조선은 멸망하고 말았다.

한나라는 고조선과의 싸움에서 이겼지만, 그들의 승리는 결코 영광스럽지 못했다. 전쟁을 이끈 한나라 장수들은 귀국과 동시에 큰 벌을 받았다. 좌장군 순체는 서로 공을 다투고 시기하여 계획을 그르쳤다는 죄목으로 기시형을 받았다. 기시란 죽은 시신을 길거리에 내다 버려 사람들의 발길에 밟히게 하는 지극히 치욕스러운 형벌이다. 누선장군 양복도 겨우 죽음을 면하기는 했으나 혼자서 왕검성을 공격하려다 실패한 책임을 지게 돼 평민의 지위로 떨어지고 말았다. 비록 승리했다고는 하지만 아무도 전공을 인정받지 못하고 체면만 구긴 누더기 전쟁이었던 것이다.

이렇듯 결과가 참혹했던 탓에 한나라는 전쟁에 승리하고도 고조선을 완전히 장악할 수가 없었다. 전쟁에서 살아남은 고조선 사람들의 저항이 치열했기 때문이다. 한나라는 고조선의 일부 지역에만 낙랑, 진번, 임둔, 현도의 4군을 겨우 설치했다. 하지만 이마저도 오래 버티질 못했다. 고조선 유민의 강력한 반발에 부딪혀 진번, 임둔은 곧 없어졌고, 현도군도 얼마 안 가 서쪽으로 밀려났다. 낙랑군만이 나름의 세력을 형성한 채 오래 버티다가 313년에 고구려의 공격으로 쫓겨남으로써 한사군은 이 땅에서 완전히 소멸하고 말았다.

철기 문화와
고조선의 역사

철기의 가장 큰 장점은 청동기보다 훨씬 단단하다는 것이다. 원료가 되는 철광석 또한 매장량이 풍부해서 많은 양을 생산할 수 있었다. 그래서 청동기와 달리 여러 가지 쓰임새에 따라 세상에 널리 보급할 수 있었다. 다만 구리에 비해 녹는 온도가 1,500도가량으로 매우 높기 때문에 이전보다 더욱 발달한 기술이 필요했다.

철기가 널리 보급되면서 인류의 문명은 한 차원 높이 도약했다. 철제 농기구의 사용으로 농업 생산량이 크게 늘어나 인구가 증가했으며, 사회 규모도 그만큼 커졌다. 아울러 철로 만든 무기가 등장하면서 정복 활동이 가속화되었다. 더욱 날카롭고 단단해진 철제 무기 앞에 청동기는 맥을 못 추었을 것이다. 철기의 도입으로 경제적, 정치적 기반을 다진 나라들은 비약적으로 성장할 수 있었다.

우리나라도 예외는 아니다. 이 땅에 철기 문화가 들어온 것은 기원전 4세기 무렵으로 알려져 있다. 이때는 고조선 시대 말기에 해당한다. 당시 고조선은 중국과 맞설 정도로 막강한 세력을 키웠는데, 이것은 바로 우수

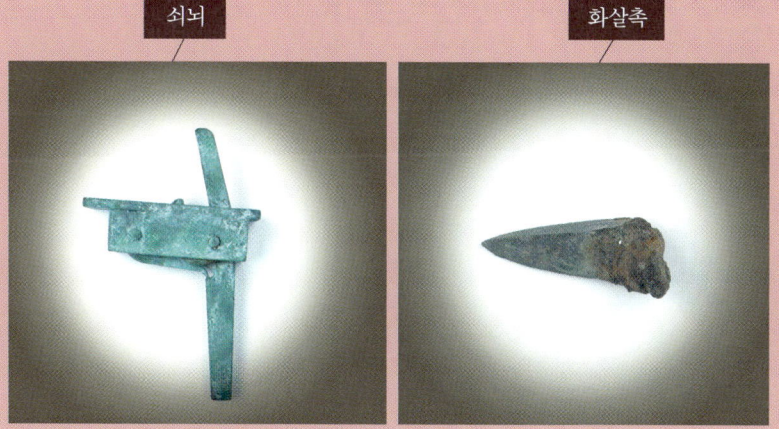

쇠뇌　　　　　화살촉

한 철기 문화의 힘 덕분이었다.

　고조선은 청동기 시대부터 철기 시대에 이르기까지 상당히 긴 시간 동안 존재한 나라이다. 건국 연대는 정확하지 않지만 어림잡아 짧게는 1,000년, 길게는 2,000년이 넘는 역사를 자랑한다. 이렇듯 역사가 길다 보니, 청동기 문화를 배경으로 하여 탄생한 고조선은 철기 문화의 도입으로 크게 성장했다가 중국과의 충돌로 인해 역사의 뒤안길로 사라지게 된 것이다.

고조선 다음의
여러 나라들

4

한 알의 밀알이 땅에 떨어지면 그것이 밑거름이 되어 수많은 이삭을 맺게 된다. 고조선이 역사의 무대에서 사라진 뒤, 이 땅에는 여러 나라들이 새로 일어섰다. 고조선의 세력권 안이나 또는 그 바깥 지역에 있던 정치 세력들이 기지개를 펴고 역사의 새 장을 열었던 것이다. 북쪽 지역에는 부여와 고구려, 동예, 옥저 같은 나라들이 등장했고, 남쪽에는 마한, 진한, 변한의 삼한이 고개를 내밀었다. 어쩌면 이외에도 더 많은 나라들이 있었을 테지만 역사책에 남은 기록이 없으니 더 이상 알 도리가 없다. 위에서 열거한 나라에 대해서도 사실 우리 역사책에는 자세한 기록이 없어 올바른 모습을 알기 어렵다. 그래서 중국의 역사책을 많이 참고할 수밖에 없다. 그중에서 특히 핵심 자료가 되는 것은 『삼국지』 「위서」 '동이전'인데, 앞으로 얘기할 역사적 사실의 대부분은 이 책에 실린 내용이다. 『삼국지』란 우리나라의 삼국이 아니라 유비, 관우, 장비, 조조 등이 활약하는 위, 촉, 오 삼국의 중국 역사를 기록한 책이다. 여기에는 당시 중국 주변 나라에 대해서도 간략하게 적어 놓았는데, 조조의 위나라 역사를 적은 「위서」에 부록처럼 붙어 있는 것이 바로 '동이전'이다. 중국의 처지에서 자기들 입맛에 따라 쓴 것이기 때문에 왜곡되고 그릇된 시각이 배긴 했지만, 이를 통해서라도 우리 고대사의 단면을 엿볼 수 있으니 그나마 다행한 일이라 하겠다.

우리 역사상 두 번째 나라, 부여

해모수 건국 신화

백두산 천지에서 시작된 물줄기는 서쪽으로 흘러 압록강을 이루고, 동쪽으로 흘러 두만강을 이룬다. 또 한 가닥의 물줄기가 북쪽 만주 지역으로 흘러 강을 이루는데, 그것이 바로 송화강이다. 부여는 이곳 만주 송화강 유역의 넓은 평야 지대를 중심으로 일어섰다. 고조선의 뒤를 이어 우리 역사에 등장한 두 번째 나라이다.

정확한 건국 연대는 알 수 없으나 최소한 기원전 3세기쯤에는 국가로 존재했던 것으로 추정한다. 당시는 고조선이 중국과 어깨를 견주며 한창 국력을 떨치고 있을 때다. 부여는 그 무렵 북만주 지역에서 차근차근 나라의 기틀을 다지고 있었던 것이다.

부여는 이렇듯 일찍부터 고조선과 함께 우리 민족사의 주춧돌이 된 고대 국가이지만, 그 역사에 관해서는 알려진 게 거의 없다. 신화적인 이야기로만 단편적으로 남아 있을 따름이다. 『삼국유사』에는 이런 기록이 있다.

옛날 하늘나라 천제가 다섯 마리 용이 끄는 수레를 타고 흘승골성으로 내려왔다. 스스로 이름을 해모수라 일컫고, 도읍을 정하여 나라를 세우니 북부여였다. 그 뒤 해모수왕은 아들을 낳아 이름을 부루라 하고 '해'씨를 성으로 삼았다.

해모수왕을 뒤이어 해부루왕이 북부여를 다스릴 때였다. 하루는 해부루의 대신 아란불의 꿈에 천제가 나타나 말했다.

"장차 내 자손으로 하여금 이곳에 나라를 세울 터이니 너희는 다른 곳으로 피해 가도록 하라. 동해 바닷가에 가섭원이란 곳이 있는데, 땅이 기름지고 살기 좋으니 그곳에 도읍을 세울 만하다."

아란불은 놀라 깨어 왕에게 꿈 이야기를 들려주었다. 해부루왕은 꿈이 예사롭지 않음을 알고 그곳으로 도읍을 옮겨 나라 이름을 동부여라 했다.

해부루왕은 늙도록 아들이 없었다. 어느 날 산천에 나아가 제사를 올리며 아들 하나만 얻게 해 달라고 소원을 빌었다. 그런데 돌아가는 길에 곤연이라는 큰 연못에 이르자, 왕이 탄 말이 커다란 돌을 마주하고는 눈물을 뚝뚝 흘리는 것이었다. 왕이 괴이하게 여기고 신하를 시켜 그 돌을 들추게 했다. 놀랍게도 그 속에서는 아이 하나가 나왔는데, 그 모양이 흡사 황금빛 개구리와 같았다. 왕이 기뻐하며 말했다.

"필경 하늘이 나의 기도를 들으시고, 아들을 내려 주신 것이로다!"

왕은 아이의 생김새를 본떠 금와 金蛙, 금개구리라 이름 짓고 데려와 길렀다. 금와가 차츰 자라매 태자로 삼아 자신의 뒤를 잇게 했다. 해부루왕이 죽자 비로소 금와가 왕이 되었다. 금와왕 이후에는 태자 대소가 뒤를 이었다. 그러나 고구려가 쳐들어와 대소왕을 죽이니, 이로써 나라가 없어지고 말았다.

이 신화에 따르면 부여는 북부여와 동부여로 나누어졌고, 천제인 해모수에서 대소에 이르기까지 4대에 걸쳐 지속되다가 망한 것으로 되어 있다. 그러나 역사적 사실은 이와 다르다.

부여의 왕조사에 대해서는 정확히 밝혀진 것이 없지만, 대략 건국에서 멸망까지 700~800년에 이르는 역사를 가지고 있다. 이 기나긴 역사의 시간을 해모수에서 해부루, 금와, 대소로 이어지는 4대만으로 설명하는 것은 아무래도 납득이 가지 않는다. 그렇다고 해모수 신화를 단지 흥미로운 이야깃거리로만 생각해서는 안 될 것이다. 부여는 훗날 삼국 역사의 큰 축을 차지하는 고구려 왕실의 뿌리이기 때문에 그 중요성이 결코 가볍지 않다.

부여 금와왕 특별우표(2009. 8. 18.)
신화 속 금와왕의 이야기를 묘사한 기념우표이다. 우정사업본부 발행

부여에는 지방 자치제가 있었다?

우리나라에서는 1995년부터 지방 자치제를 실시하고 있다. 그전까지는 강력한 대통령 중심제였다. 이 제도 아래서는 대통령이 권력의 핵심으로, 중앙 정부는 물론이고 지방의 행정권을 모두 장악하고 통제할 수 있다. 각 지방의 주요 행정 기관장을 임명하는 권한이 대통령에게 있기 때문이다.

그러나 지방 자치제는 다르다. 지방의 행정 기관장을 대통령이 임명하는 것이 아니라 선거를 통해 시장이나 도지사 등의 자치 단체장과 지방 의회를 지역민 스스로 선출한다. 그래서 국가적인 정부 시책을 제외한 일들은 지역 자치 단체가 독자적 권한을 가지고 시행할 수 있다. 따라서 대통령 중심제를 중앙 집권 체제라고 한다면, 지방 자치제는 지방 분권 체제라고 할 수 있다.

그 옛날 부여에도 오늘날의 지방 자치제와 비교될 만한 아주 독특하고 흥미로운 정치 제도가 있었던 모양이다. 그것을 '사출도四出道'라고 한다. 이 말은 중앙의 도로에서 네 지역으로 출발한다는 뜻으로, 쉽게 말하자면 사거리란 의미이다. 하지만 이 말의 정치적 의미는 수도를 중심으로 네 곳으로 나눈 지역을 가리킨다. 즉 중심부를 다스리는 왕 이외에 네 지역을 맡아 다스리는 세력이 따로 있었다는 얘기이다. 그 세력이 바로 네 명의 '가'인데, 모두 동물의 이름을 따서 마가, 우가, 저가, 구가라고 불렀다. 마馬는 말, 우牛는 소, 저猪는 돼지, 구狗는 개를 뜻하며, '가加'는 우두머리를 뜻하는 존칭어로 보인다. 호칭이 좀 우스꽝스럽긴 하지만, 당시 부여에는 목축업이 무척 발달했음을 엿볼 수 있다.

따라서 부여의 지배 체제는 왕을 정점으로 하되, 독립성이 강한 정치 세력들이 결합된 연맹 왕국이었을 것으로 추측한다. 아마도 네 명의 가는 부족 집

맛있게 읽는 한국 고대사

단의 우두머리로서 자신이 다스리는 지역에서 거의 왕처럼 행세했을 것이다. 그러다 보니 자연히 왕의 권한은 약할 수밖에 없었으며, 중요한 나랏일 또한 여러 가들이 함께 모인 제가회의에서 결정했던 것으로 보인다. 기록에 따르면, 가뭄이나 장마가 계속되어 곡식이 영글지 않으면 그 허물을 왕에게 돌려 왕을 바꾸거나 죽일 수도 있었다. 연맹 왕국에서 왕이란, 여러 부족 중에 좀 더 힘이 센 부족의 대표자 정도에 불과했기 때문에 충분히 이런 일이 가능했을 것이다.

이렇게 본다면 네 명의 가는 오늘날의 지방 자치제와 비교할 수도 없을 만큼 강력한 권력을 행사했던 것 같다. 부여는 이러한 지방 분권 체제의 연맹 왕국 단계에서 더 이상 대제국으로 성장하지 못한 채 여러 나라의 침략에 시달리다 멸망한 것으로 보인다. 🛡

고구려와 부여, 그 애증의 역사

동명왕 건국 신화의 비밀

고구려의 건국을 이야기할 때면 항상 부여를 거론해야 한다. 고구려의 왕실이 부여에서 갈라져 나왔기 때문이다. 부여에는 해모수 신화 외에 또 다른 건국 신화가 있는데, 그 내용은 이렇다.

옛날 북쪽에 탁리국이란 나라가 있었다. 그 나라의 왕을 모시는 시녀가 왕 몰래 아이를 가졌다. 왕이 화를 내며 죽이려 하자, 시녀가 대답했다.

"하늘에서 달걀만 한 크기의 이상한 기운이 내려와 저절로 임신을 한 것이옵니다."

그 뒤에 시녀가 아들을 낳았다. 왕이 아이를 꼴 보기 싫다며 돼지우리에 버리자, 돼지가 따뜻한 입김을 불어 주어 죽지 않았다. 아이를 또 마구간에 버렸으나, 이번에는 말들이 입김을 따뜻하게 불어 죽지 않았다. 비로소 왕은 이 아이를 하늘나라 황제의 아들로 생각하고, 그 어미에게 돌려주어 기르게 했다.

아이의 이름을 동명이라 했으며, 소나 말을 치게 했다. 동명은 활솜씨가 매우 뛰어났기 때문에 왕은 그에게 왕위를 빼앗길까 봐 두려워했다. 그리하여 몰래 그를 죽이려 했으나 이를 눈치 챈 동명이 남쪽으로 달아났다. 엄체수에 이르러 강물이 가로막자 활로 물을 치니 물고기와 자라가 떠올라 다리를 만들어 주었다. 동명이 다 건너간 뒤에는 물고기와 자라가 흩어져서 추격하던 병사들이 건널 수

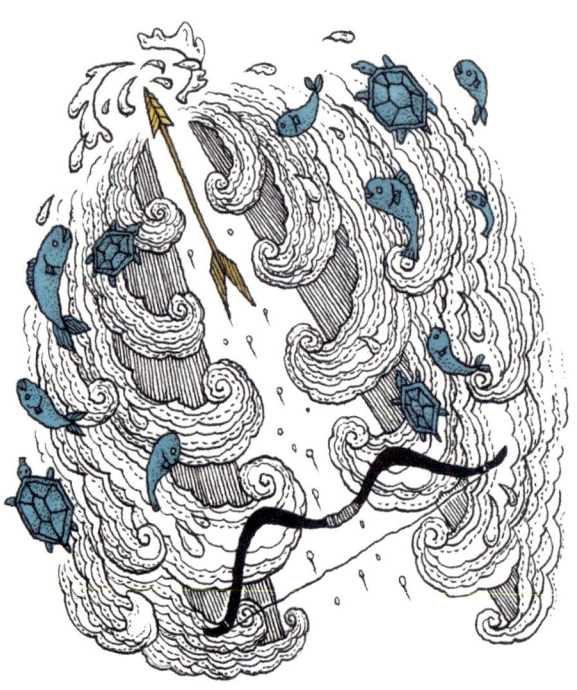

맛있게 읽는 한국 고대사

가 없었다. 이윽고 동명은 부여 지역에 도읍하여 왕이 되었다.

이 이야기는 중국 사람 왕충이 쓴 『논형』이란 책에 실린 것이다. 부여의 동명왕 건국 신화는 널리 알려져 있지 않는데도 왠지 이야기의 구조가 낯이 익다는 느낌이 들 것이다. 어떤 사람은 "이건 고구려의 건국 신화잖아!" 하고 볼멘소리를 할지도 모른다. 그렇다. 동명왕이란 이름부터 시작해서 활을 잘 쏜 것, 동물이 돌봐 준 것, 물고기와 자라의 도움으로 강을 건넌 것 등이 주몽의 고구려 건국 신화와 거의 똑같다고 해도 과언이 아니다. 이게 도대체 어찌 된 노릇일까? 이 의문을 풀기 위해서는 고구려의 건국 신화로 다시 눈길을 돌릴 필요가 있다.

동명왕과 주몽은 같은 인물인가?

김부식의 『삼국사기』에는 고구려의 건국 신화가 실려 있다. 우리가 익히 잘 아는 주몽 신화이다. 신화의 첫머리는 부여의 해모수 건국 신화와 거의 같다. 다만 해모수란 인물의 설정이 조금 다를 뿐이다.

시조 동명성왕의 성은 고씨요, 이름은 주몽이다. 이보다 앞서 부여 왕 해부루가 동부여로 옮겨 가자, 옛 도읍에는 어디서 왔는지 알 수 없는 사람이 스스로를 천제의 아들 해모수라 하면서 그곳에 도읍을 정했다.

해부루가 죽고 금와가 왕위를 이었다. 하루는 금와왕이 태백산 남쪽 우발수에서 한 여자를 만났는데, 사연을 물으니 이렇게 대답했다.

"저는 물의 신 하백의 딸로, 이름은 유화입니다. 여러 동생들과 함께 나들이를 갔다가 우연히 한 남자를 만났습니다. 그는 자신을 천제의 아들 해모수라 하면서 저를 꾀어 웅심산 아래 압록강가로 데려갔습니다. 그러고는 남몰래 정을 통한 뒤 어디론가 훌쩍 떠나서 다시는 돌아오지 않았습니다. 부모님은 이 사실을 알고 중매도 없이 낯선 남자와 정을 통했다며 크게 꾸짖고는 나를 이곳으로 귀양 보냈습니다.”

금와왕은 이상하게 여겨 그녀를 데려와 어두운 방에 가두었다. 그러자 신기하게도 한 줄기 빛이 들어와 그녀를 비추었고, 그녀가 몸을 피하자 햇빛도 따라 움직였다. 그 후로 그녀는 몸에 태기를 느끼고 아이를 낳았다. 그런데 낳고 보니 그것은 다섯 되 크기만 한 커다란 알이었다. 금와왕이 불길하게 여겨 그 알을 개와 돼지에게 던져 주었으나 모두 먹지 않았다. 다시 길 가운데 버렸으나 소와 말이 피하며 밟지 않았다. 나중에는 들판에 내버렸으나 새가 날개로 덮어 주었다. 화가 난 왕이 알을 가져다 쪼개려 했지만 깨뜨릴 수가 없었다. 그제야 하는 수 없이 알을 유화에게 돌려주고 말았다.

어머니 유화는 알을 잘 보듬고 감싸 주었다. 얼마 후 알이 깨지면서 그 속에서 씩씩한 사내아이가 나왔다. 아이는 태어날 때부터 골격과 외모가 남달리 비범했다. 재주가 뛰어나 겨우 일곱 살 나이에 스스로 활과 화살을 만들어 쏘았는데 백발백중이었다. 부여의 풍속에 활 잘 쏘는 사람을 ‘주몽’이라 일컫기 때문에 주몽을 이름으로 삼았다.

금와왕에게는 아들이 일곱 있었다. 그들은 항상 주몽과 함께 놀았으나 재주가 모두 주몽을 따르지 못했다. 하루는 맏아들 대소가 왕에게 말했다.

“주몽은 태어남이 비범할뿐더러 용맹하기 짝이 없으니 일찍 없애 버려야 합니다. 그렇지 않으면 나중에 후환이 될까 두렵습니다.”

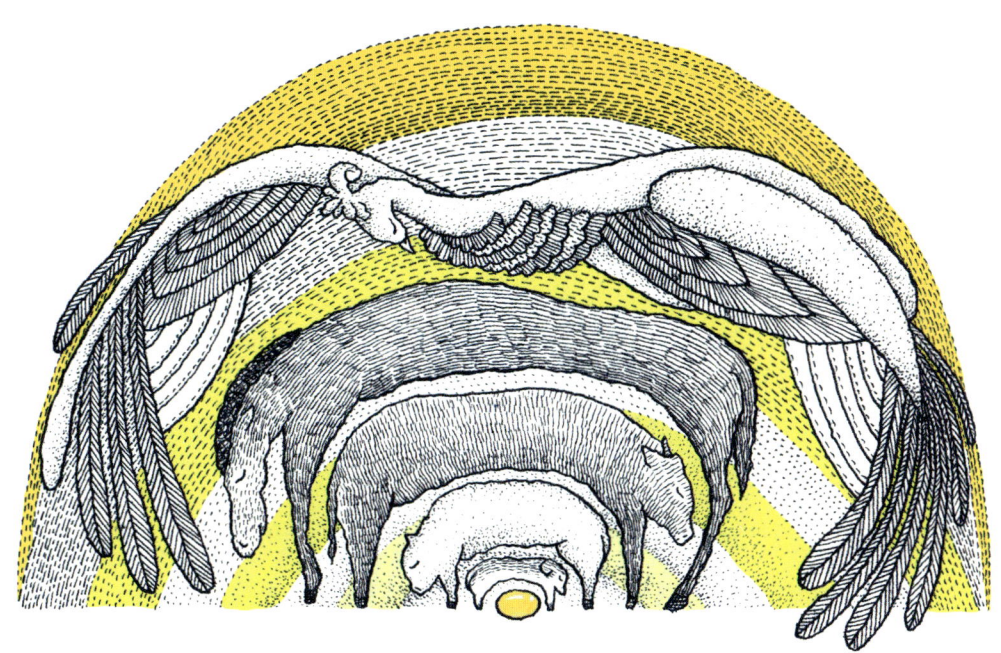

하지만 금와왕은 말을 듣지 않고, 대신에 주몽에게 말 기르는 일을 시켰다. 주몽은 말을 보는 눈이 뛰어나 준마에게는 일부러 먹이를 적게 주어 여위게 하고, 아둔한 말은 잘 먹여 살찌게 만들었다. 그러자 왕은 과연 살찐 말은 자기가 타고, 바짝 여윈 준마는 주몽에게 주었다.

한번은 들에 나가 사냥을 하는데, 주몽은 활을 잘 쏜다 하여 화살을 적게 주었다. 그런데도 잡은 짐승은 훨씬 더 많았다. 이에 여러 왕자와 신하들이 더욱 미워하고 시기하여 마침내 그를 죽이려 했다. 주몽의 어머니가 이 낌새를 알아채고 아들에게 말했다.

"나라 안 사람들이 장차 너를 죽이려 하는구나. 너는 뛰어난 재주와 지략을 갖추었으니 어디 간들 살지 못하겠느냐? 하루 빨리 먼 곳으로 떠나 큰일을 도모하여라."

이에 주몽은 오이, 마리, 협보 세 사람과 벗이 되어 부여를 도망쳤다. 엄

사수에 이르러 강을 건너고자 했으나 다리가 없었다. 아차 잘못하면 추격해 오는 군사들에게 곧 붙잡힐 상황이었다. 다급해진 주몽이 강물을 굽어보며 소리쳤다.

"나는 천제의 아들이요, 물의 신 하백의 외손자이다. 화를 피해 급히 도망치는 길에 추격병이 바짝 뒤쫓아 왔으니 이를 어찌해야 하는가?"

그러자 갑자기 강물 속에서 물고기와 자라가 떠올라 다리를 만들어 주었다. 주몽이 강을 무사히 건너자 물고기와 자라가 곧 흩어져 뒤쫓는 군사들은 건널 수가 없었다. 그리하여 마침내 주몽은 졸본이라는 곳에 다다라 도읍을 정하고, 나라 이름을 고구려라 했다.

앞서 부여의 동명왕 건국 신화를 염두에 두고 주몽 신화를 읽으면 매우 혼란스럽다. 해모수와 해부루, 금와왕, 동명왕, 주몽 등 주요 등장인물들이 두 나라 건국 신화에 얼기설기 얽혀 있기 때문이다. 하지만 매우 복잡해 보이는 이 관계도 실마리를 제대로 잡으면 문제는 의외로 쉽게 풀 수 있다.

두 나라 신화에서 가장 핵심적인 인물은 동명왕이다. 그가 주몽과 같은 인물이라면 고구려의 시조가 틀림없고, 그렇지 않다면 부여 건국 신화의 주인공이 확실하다. 동명왕은 과연 누구일까?

고구려의 건국 신화는 『삼국사기』 외에도 여러 곳에 전한다. 그중 하나가 '광개토대왕릉비문'이다. 비문에 따르면, 고구려의 건국은 북부여 출신의 추모왕이 이룩했다. 추모왕이 바로 활을 잘 쏘았다는 주몽이다. 그러나 추모왕은 『삼국사기』의 기록처럼 동명왕이 결코 아니다. 우리가 보통 알고 있는 것과 달리, 동명왕은 고구려의 시조 추모왕이 아니라 부여를 건국한 인물이다.

두 사람은 엄연히 서로 다른 인물인데도 어느 때부터인가 고구려 사람들에 의해 한 사람의 건국 시조로 둔갑한 것이다. 어떻게 이런 일이 생겨난 것일까?

나라가 망하니 신화마저 빼앗겨

부여와 고구려는 같은 혈통이지만 각각 독립된 나라를 이룬 경쟁자였다. 두 나라는 당시 동북아시아의 패권을 두고 서로 다투는 관계였으며, 이로부터 한 치의 양보도 없는 애증의 역사가 시작되었다.

『삼국사기』에 따르면, 고구려가 처음 부여에서 떨어져 나와 나라를 세운 것은 기원전 37년이다. 이때만 해도 고구려는 세력이 아주 미약했다. 그래서 감히 부여를 상대할 엄두도 내지 못했다. 당시 부여는 연맹 왕국으로서 국가의 기반을 탄탄히 다진 상태였기 때문이다. 그러나 시간이 흐르면서 이러한 관계에 변화가 일어났다.

고구려가 처음 자리를 잡은 곳은 압록강 유역이다. 이 지역은 험준한 산악 지대라 농사지을 땅이 부족할뿐더러 토질도 매우 척박했다. 그래서 아무리 부지런히 일해도 식량이 충분치 못했다. 이런 열악한 환경은 역설적이게도 고구려가 커 가는 데 밑거름이 되었다. 고구려는 식량 문제 때문에 평야 지대로 뻗어 가기 위해 안간힘을 쓰며, 건국 초기부터 활발한 정복 전쟁을 벌였다. 그리하여 세력이 점차 확장되자, 두 나라 사이에는 서서히 전운이 감돌았다. 당시의 상황을 『삼국사기』에는 이렇게 기록했다.

기원전 6년, 부여 왕 대소가 고구려에 사신을 보내 인질을 교환하자고 청했다. 고구려의 2대 유리왕은 부여의 강대함을 두려워하여 태자 도절을 인질로 보내려고 했으나, 도절이 겁을 먹고 가지 않았다. 이에 부여 왕 대소가 크게 노하여 군사 5만 명을 거느리고 고구려 침공에 나섰다.

그러나 이 전쟁은 어이없이 끝나고 말았다. 도중에 큰 눈을 만나 부여 왕은 고구려를 혼내기는커녕 많은 군사만 잃고 돌아와야 했다. 이를 계기로 부여는 크게 위축되었고, 고구려는 더 이상 부여를 두려워하지 않게 되었다.

부여는 이후로도 고구려를 비롯한 주변 세력들과 이따금 전쟁을 벌였으나 별다른 성과를 거두지는 못했다. 그러다가 285년 부여 서북쪽에 있던 선비족의 침략으로 수도가 함락되고, 왕이 자결하는 수난을 겪었다. 그 뒤 346년 또한 차례 선비족의 후예인 전연前燕의 침략을 받아 왕과 수많은 백성들이 포로로 잡혀 가는 참변을 당했다. 두 번의 전란으로 완전히 국력이 기운 부여는 간신히 나라의 명맥만 유지하다가 494년 고구려에 항복함으로써 끝내 멸망하고 말았다.

이때 부여는 자신들의 한 갈래인 고구려에 통합되면서 나라만 빼앗긴 것이 아니라 신화마저 빼앗겼다. 당시 고구려 사람들은 부여의 동명왕 신화에 자신들의 건국 영웅인 추모왕의 이미지를 합성해 버렸다. 물론 이것은 고구려와 부여가 건국 신화를 같이해도 좋을 만큼 동일한 문화적 전통을 가졌기 때문에 가능한 일이었다. 그리하여 동명왕 신화는 승자의 기록인 고구려의 역사에 당당히 건국 신화로 자리매김하여 오늘날 우리에게 전해진 것이다.

고구려가 부여를 이길 수 있었던 까닭은?
두 나라가 한창 힘을 겨룰 당시 서로의 국력은 어느 정도였을까? 부여는 나라

맛있게 읽는 한국 고대사

의 크기가 사방 2,000리에 달하고 8만 가구가 살았다고
한다. 이에 비해 고구려는 국토의 넓이는 비슷했으나 3
만 가구밖에 되지 않았다. 한 가구당 다섯 명으로 잡는
다면 부여의 인구는 40만이나 되고, 고구려는 15만에
불과하다. 당시에는 인구수가 국력의 크기를 가늠하는 잣대였기 때문에 부여
는 고구려보다 세 배 가까이 큰 힘을 가졌다고 볼 수 있다. 그런데도 부여는
고구려에 통합되고 말았다. 이 결과를 어떻게 설명할 수 있을까?

먼저 전투력의 차이를 꼽을 수 있다. 당시 중국의 역사 기록을 보면, 부여
에 대해 "성질이 굳세고 용맹하며, 근엄하고 후덕하여 다른 나라를 쳐들어가
거나 노략질하지 않는다"라고 했다. 반면, 고구려에 대해서는 "사람들의 성품
이 흉악하고 급하여 노략질하기를 좋아한다"라고 적었다. 부여는 평야 지대

에 자리 잡고 있어 식량이 풍부했기 때문에 굳이 다른 곳을 넘볼 필요가 없었다. 그러나 고구려는 생존을 위해 주변 나라들과 끊임없이 정복 전쟁을 벌여야 했다. 따라서 중국과 평화적인 관계를 유지했던 부여와 달리, 고구려에 대해서는 나쁜 평가를 내린 것으로 보인다.

고구려는 척박한 자연 환경 속에서 강한 군사력을 바탕으로 삼아 정복 국가로 발돋움했기 때문에 전투력이 매우 높았다. 기록에 따르면, 고구려 초기에는 좌식자 坐食者가 1만여 명이나 있었고, 하층민들이 먼 곳에서 식량과 고기, 소금을 운반하여 그들에게 공급했다. 여기서 좌식자란 가만히 앉아서 놀고먹는 사람을 뜻하는데, 이들이 단순히 베짱이처럼 밥만 축낸 것은 아니었다. 중세 서양의 기사들처럼 전쟁을 전문으로 책임지는 전투 귀족단이었던 것으로 보인다. 다시 말해 평소에는 일을 하지 않고 놀고먹는 듯하지만, 일단 전쟁이 벌어지면 제일 먼저 달려 나가 적군을 물리치는 역할을 했던 것이다. 고구려는 막강한 전투력을 바탕으로 하여 주변 지역으로 세력을 뻗칠 수 있었다. 부여의 패망에는 이런 전투력의 차이가 한몫을 했을 것이다.

그러나 전투력보다 더 근본적인 요인을 찾자면 정치 체제이다. 고구려도 초기에는 부여와 비슷한 정치 구조를 가지고 있었다. 부여에 여러 '가'들이 있었던 것처럼 고구려에도 관나, 연나, 비류나 등의 여러 독립된 정치 집단이 있었다. 하지만 사회가 발전함에 따라 이들의 독립성은 서서히 약해지고 왕권은 점차 강해지면서 부족의 지배자들은 점차 중앙 귀족화되어 갔다. 그리하여 연맹 왕국에 머물렀던 부여와 달리, 고구려는 그 단계를 벗어나 중앙 집권 체제를 갖춘 국가로 발돋움하게 되었다. 왕을 중심으로 한 지배 권력의 강화는 군사 작전 능력을 더욱 높였다. 이런 까닭에 동북아시아의 패권 다툼에서 부여는 고구려 앞에 무릎을 꿇을 수밖에 없었던 것이다.

옥저와 동예, 고구려에 흡수되다

고구려가 압록강 유역을 중심으로 한창 커 나갈 무렵, 한반도 동북 지역에는 옥저와 동예가 자리를 틀고 있었다. 기록이 많지는 않지만 이 두 나라는 여러 면에서 서로 닮았다.

옥저는 북옥저와 동옥저또는 남옥저로 구분할 수 있다. 대체로 북옥저는 두만강 유역, 동옥저는 함경도 동해안 지역이 근거지였던 것으로 보인다. 옥저는 바닷가에 위치하여 해산물이 풍부했으며, 땅이 기름져 농사도 잘되었다. 그러다 보니 주변 나라의 약탈 대상이 되었다. 기록에는 북쪽으로 국경을 맞댄 읍루 사람들이 노략질하기를 좋아하기 때문에 북옥저 사람들은 그들을 두려워하여, 해마다 여름철에는 산속의 바위 굴에 숨어 살다가, 겨울에 뱃길이 통하지 않을 때가 되어야 산을 내려와 마을에서 살았다고 한다. 이렇듯 힘이 약한 탓에 고구려에 소금이나 생선 등의 해산물을 공물로 바쳤으며, 때론 미인을 바치기도 했다.

한편 옥저의 아래쪽에는 동예가 자리하고 있었다. 현재의 강원도 북부 동해안 지역이 그 중심지였다. 동예 역시 바닷가라 해산물이 풍부하고 농토가 비옥했다. 기록에 따르면, 고구려와 같은 종족으로 말과 예절 및 풍속이 대체로 고구려와 같지만 옷차림은 달랐다. 특산물로는 바다표범의 가죽, 단궁이라는 활, 과하마 등이 유명했다. 과하마는 과일나무 밑을 지날 수 있을 만큼 키가 작은 말을 뜻하는데, 오늘날 제주도의 조랑말과 비슷한 동물이 아니었을까 싶다. 또한 삼베를 생산하며 누에를 쳐서 옷감을 만들었다는 것으로 보아 방직 기술이 꽤 발달했던 것 같다.

그러나 옥저와 동예는 부여나 고구려에 비해 정치 발전 수준이 매우 낮았다. 이들은 통합된 정치 세력을 형성하지 못한 채, 여러 개의 작은 부족 집단으로 쪼개져 있었다. 따라서 국왕이 따로 없이 읍군이나 삼로라 불리는 군장이 자기 부족을 다스렸다. 동해안 변방에 치우쳐 있어 선진 문화의 수용이 더뎠던 것으로 보인다. 그래서 고대 국가로 제대로 성장하기도 전에 고구려의 세력이 커 감에 따라 자연스레 그 일부로 흡수되고 말았다.

한반도 남부 역사의 뿌리, 삼한

진국과 삼한은 어떤 관계였을까?

지금까지 부여와 고구려, 옥저, 동예 등에 대해 알아보았다. 이들 나라는 주로 만주와 한반도 북부 지역을 역사의 무대로 삼았으며, 결국은 모두 고구려에 편입되었다. 그렇다면 한반도 중남부에는 어떤 나라들이 있었을까? 이 지역에는 일찍부터 한족韓族이 삶의 터전을 삼고 있었으며, 그들이 이룬 정치 세력이 바로 삼한이다. 삼한은 마한, 진한, 변한을 통틀어 일컫는다.

중국의 기록에 삼한이 처음 등장하는 때는 기원전 2세기 무렵이다. 고조선의 준왕이 위만에게 패하여 남은 무리 수천을 거느리고 한의 지역으로 들어와 스스로 한왕韓王이 되었다는 내용이다. 그 후 우거왕이 다스릴 당시, 고조선과 한나라가 전쟁을 벌이게 되는데,·그 이유 중의 하나가 진국辰國이 중국에 조공하려는 것을 고조선이 막았다는 것이다.

그런데 여기서 말하는 진국은 삼한의 하나인 진한을 가리키는 게 아니다. 진국과 삼한은 아주 밀접한 관련이 있지만, 그 실체는 아직 명확히 밝혀지지 않았다. 다만 중국의 『후한서』에 이와 관련된 중요한 내용이 실려 있다.

> 한은 세 종류가 있는데 마한, 진한, 변한이다. 마한은 서쪽에 있는데 54개의 작은 나라로 이루어져 있으며, 진한은 동쪽에 있는데 12개의 작은 나라로 구성돼 있다. 그리고 변한은 마한의 남쪽에 있는데 역시 12개의 작은 나라로 이루어졌다. 땅의 크기는 사방 4,000리이며, 동쪽과 서쪽은 바다를 경계로 하는데, 모두 옛 진국이다. 마한이 가장 강대하여 그 종족들이 함께 왕을 세워 진왕으로 삼았다. 목지국을 도읍으로 삼아 전체 삼한 지역의 왕으로 군림했다. 삼한 여러 나라의 왕들은 모두 마한 종족의 사람이다.

이 기록으로 몇 가지 사실을 정리할 수 있다. 첫째, 삼한이 모두 옛 진국이라 했으니, 애초 진국이라는 정치 세력에서 마한, 진한, 변한이 갈라져 나왔다는 사실을 알 수 있다. 둘째, 삼한은 여러 개의 작은 나라들이 결합된 연맹체 국가였다. 마한 54개, 변한과 진한이 각각 12개로 총 78개의 작은 나라로 이루어진 것이다. 셋째, 삼한 중에서 세력이 가장 강성했던 것은 마한이다. 마한이 정치적 주도권을 쥐고 있었기 때문에 삼한의 왕도 마한 종족의 사람이 되었다. 아울러 마한의 종족들이 뽑은 최고의 지배자가 마한 왕 또는 진왕으로 추대되어 전체 삼한 지역의 왕으로 군림했는데, 이때 마한의 여러 소국 가운데 하나인 목지국이 우두머리 노릇을 했다는 걸 알 수 있다.

마한, 진한, 변한 각자 제 갈 길로

삼한이 우리 역사에서 차지하는 비중은 만만찮다. 훗날의 백제, 신라, 가야가 삼한에 속했던 작은 나라에서 비롯했기 때문이다. 그러나 당시 삼한은 여러 소국들이 뭉친 연맹체 국가로, 정치 발전 수준이 높지 않았다.

마한은 지금의 충청도와 전라도, 경기도 일대를 터전으로 삼아 발전했다. 54개의 소국에 총 10만여 가구가 살았으며, 그중 세력이 큰 나라는 1만여 가구, 작은 나라는 수천 가구였다. 이에 비해 진한은 대구, 경주 지역을 중심으로, 변한은 김해, 마산 지역을 중심으로 발전했다. 12개의 소국에 큰 나라는 4,000~5,000호, 작은 나라가 600~700호를 거느려 총 4만~5만 호에 이르렀다.

큰 나라는 제법 규모가 있지만 작은 나라는 1,000호도 안 될 정도로 아주 작았다. 따라서 각 나라의 지배자 가운데 세력이 큰 곳은 신지, 견지 등으로, 세력이 작은 곳은 읍차, 부례 등으로 불렸다. 크고 작은 나라들이 옹기종기 붙어 있으면서, 각자의 지역을 다스리는 우두머리가 있었다는 얘기이다. 오늘날 지방의 중소 도시쯤 되는 나라들이 저마다 독자적 세력을 이루었다고 보면 될 것이다. 사정이 이렇다 보니 삼한의 정치 세력은 그리 대단할 것이 없었다.

하지만 삼한 전체를 한 덩어리로 놓고 보면 상황이 달라진다. 한 가구에 다섯 명씩 계산해도 삼한의 인구는 얼추 80만에서 100만 명이라는 계산이 나온다. 이 정도면 대단히 큰 규모이다. 이 당시의 다른 나라들과 비교해도 꽤 많은 인구가 살았다. 그만큼 먹여 살릴 수 있는 기반이 갖추어져 있었다는 말일

맛있게 읽는 한국 고대사

것이다.

삼한 지역은 평야가 넓어 농업이 발달했고, 특히 벼농사를 많이 지었다. 벼농사에서 가장 필요한 것은 물인데, 당시에 만든 저수지가 오늘날까지 남아 있다. 대표적인 것이 김제의 벽골제이다. 벽골碧骨이란 푸른 뼈를 뜻하는데, 저수지를 만들 때 물막이 둑의 흙을 단단히 다지기 위해 푸른색을 띠는 말 뼛가루를 섞었다고 해서 이런 이름을 얻었다는 이야기가 전한다.

농업 생산력과 관련하여 또 하나 중요한 사항이 있다. 변한 지역에서 철이 특산물로 생산되었다는 것이다. 생산량이 많아 외부로 수출할 정도였으며, 교역을 할 때는 철이 화폐처럼 사용되기도 했다. 이런 까닭에 삼한 지역에 철기가 널리 보급되면서 농업 생산량은 더욱 늘었을 것이다. 아울러 철제 무기를

4. 고조선 다음의 여러 나라들

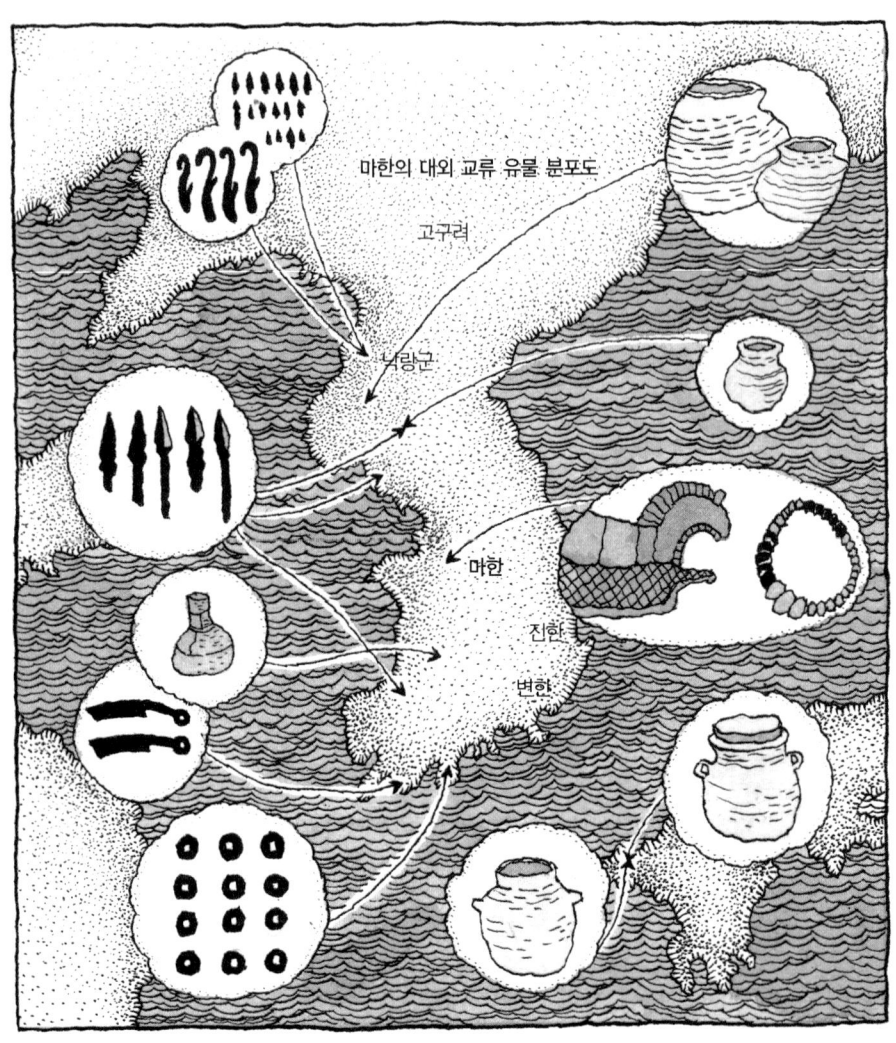

마한의 대외 교류 유물 분포도

고구려

낙랑군

마한

진한

변한

앞세운 정복 사업 또한 활기를 띠었을 것이다.

　이 무렵 만약 삼한이 좋은 환경 조건을 기반으로 해서 정복 활동을 펼쳐 하나의 통일된 정치 세력을 이루었다면 어떻게 되었을까? 100만 명에 가까운 인구를 거느린 삼한은 어느 나라도 쉽게 넘볼 수 없는 강대한 국가로 우뚝 섰을 것이다. 하지만 안타깝게도 그러지 못했다.

사실 삼한에서도 시대가 흐름에 따라 서로 간에 치열한 세력 다툼이 빚어졌고, 그 결과 작은 나라들 사이에서는 서서히 통합이 이루어졌다. 그러나 삼한 땅 전체를 아우를 만한 강력한 구심점이 없었다. 그리하여 마한은 마한대로, 진한은 진한대로, 변한은 변한대로 각자의 길을 걷게 되었다.

마한의 여러 소국 가운데 하나인 백제는 처음엔 작은 나라였지만 차츰 세력이 강성해졌다. 그에 따라 목지국을 누르고 마한의 정치적 주도권을 장악하여 삼국의 하나인 백제로 성장했다. 마찬가지로 진한에서는 경주 지역에 자리하고 있던 사로국이 성장하여 신라가 되었다. 변한에서도 김해 지역의 구야국이 세력을 키워 가야로 발전했다. ▽

재미있는 풍속의 역사

법률을 보면 그 사회가 보인다!
'말 위에서 세계를 정복할 수는 있지만, 말 위에서 세계를 다스릴 수는 없다!'라고 하는 격언이 있다. 나라를 세우고 영토를 확장하는 데는 강력한 군사력이 우선이다. 하지만 나라를 유지하는 데는 여러 가지 제도적 장치가 있어야 한다.

그중에서도 가장 중요한 것이 바로 법률이다. 법률은 사회 질서를 바로잡고, 나라의 기강을 세우기 위해 꼭 필요한 통치 수단이다. 우리나라의 고대 국가에서는 너무하다 싶을 정도로 법률이 매우 엄격했다. 그 시대 각 나라의 법률을 가만히 뜯어보면, 당시 사회의 성격을 엿볼 수가 있다.

부여의 경우 사람을 죽이면 사형에 처하고, 그 가족은 노비로 삼았다. 고조선의 8조 법금에서는 살인자를 사형에 처하는 것에 그쳤지만, 부여에선 가족까지 노비로 삼았으니 훨씬 처벌이 무거웠음을 알 수 있다. 또 도둑질을 하면 훔친 물건 값의 12배를 갚도록 했다. 이를 일컬어 흔히 '1책 12법—責十二法'이라고 하는데, 만약 갚지 못하면 노비가 되었을 것으로 추측된다.

그 밖에 부여에선 좀 특이한 법률이 있었다. 즉 남녀간에 풍기를 어지럽히는 짓을 하거나 아내가 질투를 하면 모두 사형에 처했다. 특히 아내의 질투에 대한 법이 엄해서, 죽이고 난 뒤에는 그 시체를 산 위에 버려서 썩게 했다. 이때 만약 친정집에서 시체를 찾아가려면 소나 말 따위를 바쳐야 했다. 살인이나 도둑질한 자를 혹독하게 다룬 것은 그만큼 생명을 중시하고 사유 재산의 보호가 철저했다는 얘기일 것이다. 그러나 아내의 질투를 사형에 처하는 것도 모자라 시체를 산 위에 버렸으니, 이로 미루어 보건대 당시 부여는 남성 중심의 가부장 사회로, 여성 차별이 매우 심했음을 알 수 있다.

부여 외에 다른 여러 나라에도 갖가지 법 조목이 있었을 것이다. 그러나 지금 기록으로 남은 것은 거의 없다. 다만 고구려와 동예에 대해 단편적인 기록이 남아 있다.

고구려에는 죄인을 가두는 감옥이 없고, 대신 죄를 지은 자는 곧바로 죽이고 그 아내와 자식을 노비로 삼았다. 부여 못지않게 고구려의 법률 또한 매우 엄격했음을 알 수 있다.

한편 동예에는 읍락마다 산과 시냇물을 경계로 구역이 나뉘어 있어서 함부로 다른 구역에 들어갈 수가 없었다. 이를 어기면 노예나 소와 말 등으로 보상해 주는 제도가 있었는데, 이를 '책화責禍'라고 한다. 요즘 식으로 말하면 경기도 사람이 충청도에 함부로 갔다간 큰 벌금을 물어야 하는 제도이다. 같은 나라에 살면서 마음대로 돌아다니지도 못하다니 좀 이상한 법률이긴 하다. 짐작건대, 당시 동예는 각 부족끼리 대단히 폐쇄적인 생활을 한 것 같다. 이런 이유 때문에 동예는 국가적 통합이 매우 어려웠을 것이다. 그리하여 부족 연맹체 수준에서 더 이상 성장하지 못하고 그대로 멸망하지 않았나 싶다.

나라마다 떠들썩한 축제 마당

고대에는 어느 나라를 막론하고 하늘을 섬기고 받들었다. 당시 사람들에게 가장 두려운 존재는 하늘이었다. 새싹이 트고 낙엽이 지고, 장마가 지고 가뭄이 들고, 비가 오고 눈이 오고, 천둥 벼락이 치는 일 따위를 모두 하늘이 관장한다고 여긴 것이다. 농경 사회에서는 하늘의 움직임에 따라서 그해의 풍작과 흉작이 결정되기 때문에 하늘은 공경과 숭배의 대상이 될 수밖에 없었다. 그래서 나라마다 하늘에 제사 지내는 일을 성대하게 벌였다. 이것이 바로 제천행사이다. 이 행사는 나라마다 부르는 이름이 제각각이었는데, 그 의미를 살펴보면 무척 흥미롭다.

부여에서는 영고迎鼓라고 했는데 '북소리를 울려서 맞이한다'는 뜻이다. 이것은 축제를 시작하면서 울리는 북소리로 하늘 신을 맞이한다는 의미이다. 옛날 사람들은 북을 치면 그 소리가 하늘에 전달된다고 생각했던 것이다.

고구려의 동맹東盟은 '동쪽을 향해 맹약한다'는 뜻이다. 하늘의 상징은 태양이고, 태양이 뜨는 곳은 동쪽이니, 그쪽을 향해 나라의 번영이나 안녕을 기원했던 모양이다.

동예의 무천舞天은 '하늘을 향해 춤을 춘다'는 뜻이다. 하늘에 제사를 지내면서 춤을 추었으니, 이 또한 하늘 신에 대한 숭배를 의미하는 말이다.

제천 행사는 이렇듯 이름이 달랐지만 행사의 성격은 비슷했다. 언제나 풍년이 들기를 기원하며 한 해의 풍성한 수확에 감사를 드리는 일종의 추수 감사제였다. 그래서 대부분 가을걷이가 다 끝난 10월에 행사가 열렸다. 삼한에서는 한 번으론 부족했는지, 특별히 두 번씩이나 열었다. 해마다 5월이면 씨 뿌리기를 마친 다음 신에게 제사를 지냈으며, 10월에 농사를 마치고 나서도

이와 같은 의식을 벌였다. 다만 부여의 영고만은 음력 12월에 거행되었는데, 이것은 농사보다는 수렵과 관련이 깊다. 음력 12월은 짐승을 사냥하여 제사를 지내는 달로, 수렵 생활의 전통이 그대로 이어진 것으로 보인다.

하지만 당시의 제천 의식이 단지 추수 감사제의 성격만 지닌 것은 아니었다. 이 무렵 여러 나라들은 사회의 규모가 커지고 복잡해짐에 따라 계급 간의 갈등이나 빈부의 차이가 심해졌다. 제천 행사와 같은 대규모 국가적인 축제는 이런 갈등과 대립을 해결하고, 서로 간의 화합을 다질 수 있는 좋은 기회였다.

행사 때에는 사람들이 밤낮을 가리지 않고 떼 지어 술자리를 벌이고, 노래를 부르고, 춤을 추었다고 한다. 우리 민족은 예로부터 춤과 노래를 즐긴 민족으로 유명한데, 그 전통이 아마 이때부터 시작된 것 같다. 특히 삼한에서는 춤

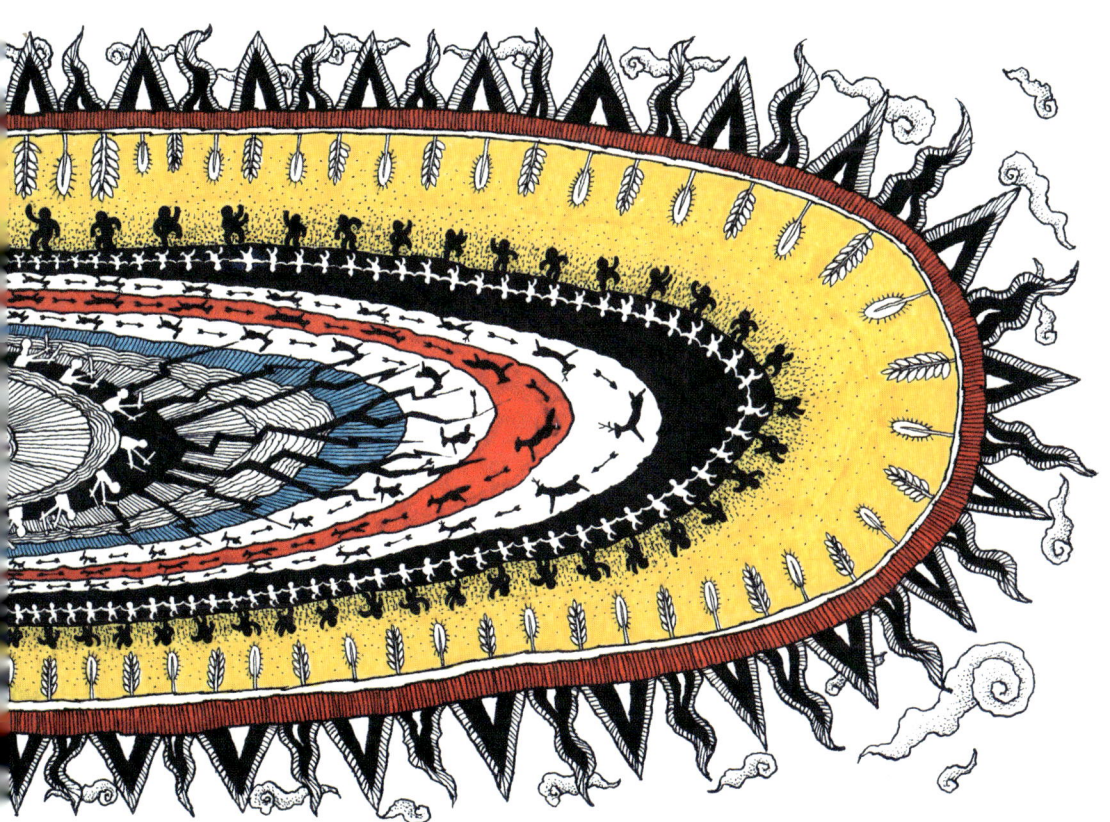

을 출 때 '수십 명이 모두 일어나서 뒤를 따라가며 발로 땅을 구르고, 손을 구부렸다 치켜들었다 하면서 장단을 맞추었다'고 한다. 그들이 흥겹게 노는 모습을 머릿속으로 생생하게 그려 볼 수가 있는데, 아마 당시에도 지금의 강강술래와 비슷한 놀이가 있었나 보다.

또 부여에서는 제천 행사가 있을 때면, 오늘날 국경일에 감옥살이를 하는 사람들에게 특별 사면령을 내리는 것처럼 죄수를 풀어 주어 공동체의 단결을 꾀하기도 했다. 한마디로 이날은 온 나라 사람들이 어우러져서 다 함께 먹고 마시고 즐기는 떠들썩한 잔치 마당이었던 것이다.

하늘에 전하는 솟대의 소망

정기적인 제천 행사 외에도 각 나라에는 색다른 제사 풍습이 있었다. 부여에서는 나라에 전쟁이 있을 때면 하늘에 큰 제사를 올리고 소를 잡아 길흉을 점쳤다. 즉 소를 잡아서 발굽이 갈라져 있으면 흉하고, 발굽이 붙어 있으면 길하다고 여겼다. 지금 생각하면 터무니없는 짓 같지만, 전쟁은 한 나라의 운명을 결정짓는 중대사이기 때문에 이렇게라도 결과를 예측해 보고 싶었을 것이다.

동예에서는 호랑이를 산신으로 섬기며 제사를 지냈다고 한다. 호랑이에 대한 두려움이 오히려 그것을 신비와 위엄을 지닌 존재로 여기도록 만들어 신으로까지 모시지 않았나 생각된다. 호랑이를 산신으로 섬기는 일은 지금까지도 그 맥이 이어져 내려오는 우리나라의 오랜 민간 신앙이다.

삼한에서는 정치권력을 가진 지배자 외에 하늘에 제사를 올리는 일만 맡아 보는 사람이 따로 있었다. 그를 일컬어 천군天君이라 했다. 천군은 소도蘇塗라는 별도의 지역을 관장했는데, 그곳에는 큰 나무를 세우고 방울과 북을 매달아 놓았다. 이것은 신을 모시는 신성한 장소임을 표시한 것으로, 오늘날의 솟대는 여기서 비롯된 것이라고 한다. 솟대 끝에 올려놓은 새는 제사 지낼 때의 소망을 하늘에 전해 달라는 의미이다. 예로부터 새는 인간 세상과 하늘을 이어 주는 영험한 동물이라고 믿었던 것이다.

또한 소도는 워낙 신성하게 여겼기 때문에 나라의 법률조차 통하지 않는 치외 법권 지역이었다. 따라서 죄인이 이곳으로 도망쳐 오더라도 함부로 잡아 갈 수가 없었다. 정치 지배자의 손길이 미치지 못하는 특별 구역이었던 셈이다. 이런 사실로 보아 삼한은 일찍부터 정치와 제사가 따로 나뉜 제정 분리 사회였다는 것을 알 수 있다.

형수를 아내로 맞고, 어린 신부를 데려다 기른다?

인간은 저마다 다른 생활 조건과 환경 속에서 살아간다. 인간 사회의 제도와 풍속이 나라마다 다르고 시대에 따라서도 다른 것은 바로 이 때문이다. 우리나라의 고대 여러 나라에는 지금과는 다른 아주 재미있는 혼인 제도가 있었다.

먼저 부여의 결혼 제도에는 형사취수제라는 것이 있었다. 이것은 형이 죽으면 동생이 형수를 아내로 맞이하는 것인데, 현재 우리의 상식으로는 이해하기 어려운 제도이다. 아마 요즘 이런 일이 있다면 천하에 몹쓸 사람으로 비난의 화살이 쏟아질 것이다. 그러나 당시 이런 제도가 있었던 데는 그럴 만한 까닭이 있다. 주변의 나라들과 끊임없이 전쟁을 치렀기 때문에 남자들은 싸움터에서 수없이 죽었다. 이때 남편을 잃은 여성은 혼자 힘으로 먹고살기가 막막했을 것이다. 따라서 동생이 형수를 아내로 맞아 생계를 책임지게 한 것이 아닌가 생각된다. 아울러 형수가 다른 집안으로 재차 시집감으로써 생기는 노동력 또는 재산상의 손실을 미리 막기 위한 조치로도 볼 수 있다.

이에 반해, 고구려에는 서옥제라는 것이 있었다. 남녀가 혼인을 하면 신부의 집에 따로 조그마한 집을 짓는데, 이것을 서옥婿屋, 사위집이라고 한다. 혼인 절차를 보면 대단히 흥미진진하다. 사위가 될 남자는 저녁 무렵에 신부의 집 문밖에서 자신의 이름을 밝힌 뒤, 무릎을 꿇고 앉아서 따님과 자게 해 달라고 외친다. 그렇게 간청하기를 두세 번 거듭하면, 신부의 부모가 허락을 하고 서옥에서 자게 한다. 이때 신랑은 가져온 돈이나 폐백을 내놓는다. 서옥에서 살다가 자식이 태어나 어느 정도 크면 비로소 신랑의 집으로 오는데, 그동안 신랑은 신부를 데려오는 대가로 처가에 노동력을 제공하는 것이다. 여성의 집안을 지금보다 훨씬 높게 대접해 준 혼인 제도라 하겠다.

한편 옥저에서는 민며느리제라는 아주 독특한 결혼 풍습이 있었다. 여자의 나이가 열 살이 되기 전에 혼인 약속을 하고, 남자의 집에서 데려다 기른다. 그 후 여자가 성인이 되면 친정집으로 되돌아가는데, 이때 친정 부모는 신부의 몸값을 요구한다. 신랑 집에서 요구한 몸값을 지불하면, 그제야 사위집으로 다시 신부를 돌려보내 정식으로 혼인식을 치른다. 결국 신랑은 돈을 주고 신부를 사 온 셈이다. 왜 이런 제도가 생겼는지 궁금하지 않은가? 당시 농사를 짓기 위해서는 많은 노동력이 필요했다. 민며느리는 노동력을 확보하기 위한 방편으로 혼인 제도를 이용한 것으로 이해할 수 있다. 남자의 집에서는 어린 신부를 데려다가 일을 시키고, 여자의 집에서는 그 몸값을 받는 형식이 었으니까 말이다.

우리 눈에는 오늘날과 사뭇 다른 이런 혼인 제도가 무척 낯설게 느껴진다. 그러나 알고 보면 그리 먼 옛날이야기도 아니다. 민며느리제는 고려와 조선 시대를 거쳐 일제 강점기 무렵까지 간간이 그 맥이 이어졌고, 서옥제는 지금 까지도 그 흔적이 남아 있다. 다만 서옥제는 형식이 조금 변하여 데릴사위제 가 되었는데, 이것은 신부의 집으로 장가를 간 신랑이 돌아오지 않고, 장인 장 모와 함께 계속 그곳에 눌러 사는 것을 말한다.

육신은 땅으로, 영혼은 하늘로

장례는 결혼과 함께 사람살이의 가장 중요한 의식 가운데 하나이다. 각 나라 의 장례 풍속 역시 우리의 호기심을 끈다. 장례 풍속을 유심히 뜯어보면, 죽음 을 바라보는 그 시대 사람들의 생각을 읽을 수 있다.

옛날 사람들은 혼백설을 믿었다. 즉 사람의 영혼을 주관하는 것은 '혼魂'이 고, 육체를 주관하는 것은 '백魄'인데, 사람이 죽으면 '백'은 땅속에 묻혀 흙 으로 돌아가지만 '혼'은 하늘로 올라간다고 여겼다. 그래서 장례 의식을 매우 중요하게 생각했다.

부여에서는 사람이 죽으면 무려 5개월에 걸쳐 장례를 치렀다. 그 오랜 기 간 동안 도대체 무엇을 했을까? 아마도 정성껏 무덤을 만들지 않았나 생각된 다. 무덤은 죽은 사람이 사는 집이니까 말이다. 그러나 그 오랜 시간 동안 시 체를 썩지 않게 하는 건 여간 어려운 일이 아니었다. 그래서 여름에 사람이 죽 으면 얼음을 사용하여 부패를 막았다. 또 산 사람을 함께 묻는 순장 풍습이 있었는데, 많을 때는 100여 명에 달할 정도였다.

고구려에서는 결혼을 하고 난 뒤부터 장례식을 조금씩 대비했다고 한다. 이를테면 장례 지낼 때 입을 옷을 장만한다든가, 함께 묻힐 물건을 마련한다든가, 관을 만들 나무를 심는다든가 하는 일 따위를 말이다. 이렇게 준비 기간이 길다 보니 장례식도 화려하고, 무덤 속에 들어갈 꺼묻거리도 많았다. 이런 소문이 널리 퍼져서 당시에도 왕이나 귀족의 무덤은 도굴꾼의 표적이 되었다.

그러나 고구려는 후기로 가면서 이러한 장례 풍속이 변했다. 장례가 끝나면 죽은 사람이 입던 옷이나 노리개, 수레, 말 등을 무덤 옆에 놓아두고, 참석한 사람들이 가져가도록 했다. 귀중한 유품을 무덤 속에 넣는 것보다 살아 있는 사람들에게 베푸는 게 죽은 자를 위해 복이 된다고 여긴 모양이다. 고구려의 장례 풍속에서 특이한 것은 초상을 치를 때는 눈물을 흘리며 곡을 하지만, 장사를 지낼 때는 오히려 풍악을 울리며 춤을 추고 노래를 부른다는 것이다. 이는 죽음으로 모든 것이 끝나는 게 아니라 저세상에서 또 다른 삶이 시작된다고 생각했기 때문일 것이다.

옥저에서는 세골장洗骨葬이라는 아주 이상한 장례 풍속이 있었다. 세골장이란 뼈를 잘 손질해서 장례 지낸다는 뜻인데, 이게 도대체 무슨 말일까? 이는 죽은 사람의 시체를 얕은 땅속에 임시로 묻었다가, 피부와 살이 모두 썩으면 뼈만 추려서 장사 지내는 것을 말한다. 이 뼈는 미리 만들어 놓은 커다란 나무 곽에 넣었다. 이 곽은 개인용이 아니라 가족용이기 때문에 길이가 10여 장丈이나 될 정도로 컸고, 곽의 한쪽 끝에 문을 달아 여닫을 수 있었다. 그리고 가족이 죽을 때마다 차례로 뼈를 안치했다. 이와 함께 나무토막에 죽은 사람의 형상을 숫자대로 새겨서 넣어두었다. 여기서 한 가지 흥미로운 것은 장례를 지낸 다음, 옹기에 쌀을 담아서 곽의 문 곁에 매달아 둔다는 사실이다. 저 승길을 갈 때 배가 고프지 않도록 먹으면서 가라는 의미인 것이다.

영혼 불멸에 대한 믿음은 고대인의 공통된 생각이었나 보다. 삼한에서도 장례식 때 큰 새의 깃털을 썼다고 하는데, 새가 죽은 사람의 영혼을 하늘로 데려다 준다고 믿었기 때문이다. 육체는 죽어 없어지지만 영혼은 하늘나라에서 영원히 산다는 믿음이 나라마다 갖가지 독특한 장례 풍속을 낳았던 것이다.

우리 민족은
어떻게 형성되었을까?

우리는 한 핏줄을 타고난 단일 민족이라고 말하곤 한다. 하지만 이것은 그저 우리 민족의 순수성을 강조하기 위한 이야기일 뿐이지, 실제로 그렇다고 보기는 어렵다. 현재 남북한의 7,000만 겨레가 모두 단군을 조상으로 하여 뻗어 나왔다는 게 사실 말이 안 되는 얘기 아닌가. 그렇다면 우리 민족은 과연 어떻게 형성되었을까?

예로부터 우리 민족은 동이족이라 불렸다. 그런데 동이족이란 명칭은 대단히 범위가 넓다. 옛 문헌에 따르면 동이족에는 구이九夷, 즉 아홉 갈래가 있다고 할 정도로 단순하지가 않다. 동이족은 중국 본토는 물론이고 동북아시아 지역에 널리 퍼져 살았다. 그러다가 시간이 흐르면서 일부는 중국에 동화되고, 또 일부는 중국 세력에 밀려 동쪽으로 계속 이동한 것으로 보인다. 이 동이족의 한 갈래인 예족과 맥족은 발해만을 사이에 두

고 산둥 반도와 요동 반도, 한반도를 잇는 동이 문화권을 만들어 냈다.

이들은 우리의 첫 나라 고조선에서 서로 섞여 융화되면서 예맥족을 이루었다. 고조선이 망한 다음에는 부여, 고구려, 옥저, 동예 등의 주요 종족 구성원이 되었다. 비슷한 시기에 한반도 중남부 지역에서는 한족韓族이 자리를 틀고 마한, 진한, 변한의 정치 세력을 형성했다. 이들은 시대가 흐르면서 자연스럽게 한데 어우러졌다. 삼국 시대와 통일 신라, 고려와 조선 시대를 거치면서 말, 풍속, 문화, 역사를 같이하게 된 것이다.

결론적으로 말해, 북쪽의 예족과 맥족, 남쪽의 한족은 우리 민족의 토대였다. 이들이 역사의 흐름에 따라 오랜 기간 함께 뒤섞이는 과정을 거쳐 오늘날 완전히 하나의 민족으로 통합되었다고 보면 될 것이다.

삼국의 성립과

가야 이야기

5

'우리나라의 삼국을 건국 연대순으로 나열해 보시오' 하는 시험 문제가 나온다면 여러분은 어떻게 답을 할까? 아마 대부분은 고구려, 백제, 신라 순으로 대답할 것이다. 그러나 이는 역사적 사실과 맞지 않는다. 삼국의 역사를 기록한 가장 오래된 책은 김부식의 『삼국사기』이다. 이 책에 따르면, 신라는 기원전 57년 박혁거세, 고구려는 기원전 37년 동명성왕, 백제는 기원전 18년 온조왕이 건국했다. 그런데도 역사 교과서에 고구려, 백제, 신라 순으로 설명이 나오는 것은 무슨 이유일까? 그것은 이 순서대로 중앙 집권 국가를 이루었다고 보기 때문이다. 즉 고구려는 1세기 후반의 태조왕, 백제는 3세기 중엽의 고이왕, 신라는 4세기 후반의 내물왕 때 이르러 중앙 집권 국가의 토대를 마련했다는 것이다. 그런데 문제는 그 이전의 기록을 전혀 역사적 사실로 인정하지 않는다는 데 있다. 『삼국사기』의 초기 기록을 믿지 못하겠다는 것인데, 이런 생각의 밑바탕에는 일제 강점기의 식민 사관이 깔려 있다. 일본은 우리의 고대 역사가 자기 나라보다 앞섰다는 걸 어떡하든 부정하려고 안달이다. 따라서 삼국 초기의 역사를 제대로 파악하는 것은 우리 역사를 지키는 일임과 동시에 일제의 잔재를 청산하는 일이기도 하다. 물론 이런 반론도 가능하다. 삼국의 역사는 사람이 알에서 태어나고 하늘에서 내려오는 건국 신화에서 시작되는데, 그것을 어떻게 곧이곧대로 믿을 수 있느냐고 말이다. 그러나 다시 말하지만, 건국 신화 속에는 역사적 진실이 암호처럼 숨어 있다. 그것을 적극적으로 해석하여 우리 것으로 삼는 것이 역사를 공부하는 사람의 몫이 아닐까? 그럼 지금부터 신화와 역사적 사실이 뒤엉킨 삼국의 초기 역사로 들어가 보자.

고구려의 나라 기틀 다지기

고구려 건국의 주춧돌, 계루부

신화로 보면 고구려를 건국한 사람은 주몽이다. 하지만 역사적으로 볼 때 고구려는 여러 세력들의 정치적 결합으로 탄생했다. 이런 까닭에 건국 초기부터 각 세력 간의 주도권 다툼이 끊이지 않았는데, 이 과정에서 가장 두드러진 것이 바로 계루부 집단이다.

계루부는 초기 고구려 역사의 갖가지 의문점을 풀어 줄 핵심 키워드라 할 만큼 아주 중요하다. 다만 관련 기록이 거의 없기 때문에 그 실체를 제대로 밝혀내기가 어려울 따름이다. 그래도 여러 자료들을 종합해 보면 파악이 전혀 불가능한 것은 아니다. 과연 계루부 집단은 어떻게 형성되었을까?

사실 한 나라를 세운다는 건 걸출한 영웅 혼자만의 힘으로 되는 게 아니다. 고구려의 건국 과정도 마찬가지이다. 주몽이 나라를 세우는 데에는 여러 세력의 도움이 있었다. 첫 번째는 부여에서 갈라져 나올 때 주몽과 함께 손을 잡았던 오이, 마리, 협보이다. 이들의 도움으로 주몽은 추격해 오는 군사들을 따돌리고 무사히 부여를 탈출할 수 있었다. 나중에 이들은 고구려의 권력 핵심부를 차지했다. 두 번째는 주몽이 강을 건너 남쪽으로 향하던 도중 모둔곡이란 곳에 이르러 만난 세 사람이다. 삼베옷을 입은 '재사', 장삼을 걸친 '무골', 수초로 만든 옷을 입은 '묵거'가 그들이다. 이들은 한 개인이라기보다는 어떤 세력을 이끄는 부족장으로 보인다. 삼베옷을 입었다는 재사는 산간 지역에, 수초로 만든 옷을 입었다는 묵거는 물가 주변에, 장삼을 걸친 무골은 토속 신앙을 기반으로 한 종교 세력이 아닐까 싶다. 주몽은 이들에게 성씨를 내리고 각자의 능력을 헤아려 일을 맡겼다. 마지막으로, 졸본 지역의 소서노가 있다. 그녀는 주몽의 아내가 되어 많은 재물로 건국을 도왔다고 한다.

이 세 집단은 주몽을 중심으로 뭉쳐 강력한 정치 세력을 이루었다. 계루부는 여기에서 비롯한 권력 집단이라 볼 수 있다. 즉 주몽이 부여를 탈출할 때 데리고 온 세력과 일부 토착 세력이 손을 잡고 정치 공동체를 형성했다고 보면 될 것이다. 주몽의 직접 통솔 아래 있던 계루부 집단은 고구려의 건국 과정에서 중요한 역할을 했으며, 건국 후에도 핵심 세력이 되어 나라의 기틀을 다질 수 있었다. 그렇다면 계루부는 어떤 과정을 거쳐 고구려 역사의 주춧돌이 되었을까?

주몽과 송양왕의 대결

주몽이 처음 고구려 건국의 터전으로 삼은 곳은 졸본 지역이다. 하지만 주몽이 나라를 세우기 전부터 그곳에는 토착민의 정치 세력이 자리를 잡고 있었다. 새로운 이주 집단인 주몽 세력과 토착 세력 사이에는 자연히 갈등이 생길 수밖에 없었다. 역사 기록에는 이 두 세력 사이의 다툼을 주몽과 비류국 송양왕 간의 도술 대결로 설명한다.

주몽이 막 나라를 세웠을 당시에는 매우 초라한 모습이었다. 미처 궁실도 짓지 못하고 비류수 주변에 초막을 짓고 살았다. 그러던 중 하루는 비류수에 채소가 떠내려 오는 것을 보았다. 주몽은 상류에 사람이 살고 있다는 것을 알고, 사냥을 핑계 삼아 강을 거슬러 올라갔다. 그리하여 마침내 비류국에 이르렀다. 그곳에서 임금 노릇을 하던 송양왕은 은근히 위협을 느끼고 달려 나왔

오녀산성에서 바라본 비류수
고구려의 첫 수도 졸본성으로
추정되는 오녀산성. 산성 안
에 천지, 태극정, 점장대 등이
있다. 사진 왼쪽에 보이는 비
석이 점장대, 아래로 보이는
강물이 비류수이다. ©이찬귀

다. 곧이어 두 사람 사이에는 팽팽한 신경전이 벌어졌
다. 송양왕이 물었다.

"그대는 처음 보는 사람인데, 도대체 누구인가?"

"나는 천제의 아들로, 이곳에 도읍을 정했소."

주몽이 당당하게 대답하자 송양왕이 말했다.

"우리 집안은 이곳에서 여러 대에 걸쳐서 왕 노릇을 했고, 여기는 땅이 비
좁아 두 임금을 세울 수가 없소. 그대는 나라를 만든 지가 얼마 되지 않았으
니, 나의 속국이 되는 것이 어떤가?"

이에 주몽이 발끈 화를 냈다.

"하늘의 핏줄을 타고난 내 앞에서 감히 그대가 억지로 왕이라 우기고 있으
니, 만일 나에게 복종하지 않으면 하늘이 반드시 그대를 죽일 것이다."

"좋다. 정 그대가 천제의 자손이라 한다면 어디 한번 재주를 겨루어 보자."

5. 삼국의 성립과 가야 이야기

129

두 사람은 말다툼을 그만두고 활 쏘기 시합을 벌였다. 먼저 송양왕이 100보 밖에 커다란 노루를 그려 놓고 활을 쏘았다. 하지만 화살이 날아가 명중하지도 못했을 뿐만 아니라 송양왕은 힘에 겨워 헐떡거렸다. 이에 주몽은 손가락에 끼고 있던 작은 옥가락지를 빼서 100보 밖에 걸어 두고 활을 당겼다. 화살이 옥가락지를 뚫고 지나가 기왓장 부서지듯 요란하게 깨졌다. 송양왕이 크게 놀라 더 이상 재주를 겨룰 엄두를 내지 못했다. 그러나 송양왕은 여전히 굴복을 하지 않은 채 계속해서 주몽에게 맞섰다.

그 후 주몽이 사냥을 나갔다가 우연히 눈처럼 흰 사슴 한 마리를 얻었다.

'음…… 아주 귀하고 상서로운 짐승이라 하늘과 통할 수 있겠구나.'

주몽은 사슴을 거꾸로 매달아 놓고 이렇게 겁을 주었다.

"하늘이 비류국에 비를 내려 그 나라를 물에 잠기게 해 다오. 그렇지 않으면 내 너를 놓아 주지 않을 것이다!"

사슴이 슬피 울자, 그 소리가 하늘나라 천제의 귀에 사무쳤다. 이에 장맛비가 이레 동안이나 쉬지 않고 내리니, 마침내 비류국이 물에 잠길 위험에 처했다. 송양왕은 두려움에 떨며 어찌할 바를 몰랐다. 주몽이 이제 됐구나 생각하고, 채찍으로 물을 치니 비가 곧 멈추었다. 송양왕은 그제야 나라를 바치며 항복했다.

주몽은 아량을 베풀어 송양왕을 군장으로 삼아 그곳을 계속 지배하게 했다. 훗날 5나부 중의 하나인 비류나부는 송양왕의 비류국에서 비롯된 것이다.

주몽은 신비한 도술로 결국 송양왕과 대결하여 이겼다. 그러나 이것은 신화 속 이야기일 뿐, 실제로는 어느 정도의 무력 충돌이 있었을 것으로 짐작된다. 활쏘기 시합이나 비류국이 물에 잠길 뻔했다는 내용은 주몽의 공격을 받아 큰 곤경에 빠졌던 상황을 암시하고 있으니까 말이다.

아무튼 이때의 승리는 고구려의 건국에서 중요한 의미를 갖는다. 『삼국지』 「위서」 '동이전'에는 고구려의 왕실이 비류나부에서 계루부로 바뀌었다는 기록이 있는데, 이것은 당시 주몽이 송양왕의 비류국을 굴복시킨 뒤, 고구려의 왕으로서 확실한 지위를 갖게 되었음을 가리키는 것으로 보인다.

유리왕은 진짜 주몽의 아들인가?

유리왕은 주몽의 뒤를 이어 고구려의 제2대 왕이 된 인물이다. 『삼국사기』에는 그의 탄생과 왕위에 오르게 된 과정을 이렇게 기록하고 있다.

주몽이 처음 부여에서 나올 때 예씨라는 부인이 있었다. 부인은 주몽이 떠난 뒤 유리라는 아들을 낳았다. 유리가 어렸을 때의 일이다. 한번은 길거리에서 활을 쏘며 놀다가 실수로 어느 아낙의 물동이를 깨뜨렸다. 아낙은 화를 내며 유리를 꾸짖었다.

"너는 아비 없는 후레자식이라 이렇듯 말썽을 피우는구나!"

아낙의 말을 듣고 마음이 울적해진 유리는 힘없이 집으로 돌아와 어머니에게 물었다.

"아버지는 어떤 사람이며, 도대체 어느 곳에 계신 겁니까?"

어머니가 한숨을 쉬며 대답했다.

"너희 아버지는 비범한 재주를 타고난 분이란다. 이 나라에는 아버지를 해코지하려는 사람들이 많아 남쪽으로 도망쳐 나라를 세우고 왕이 되셨지. 아버지는 떠날 때 이런 말을 남겼단다. '일곱 모난 돌 위에 있는 소나무 아래 귀중한 유물을 숨겨 두었소. 이담에 혹 사내아이를 낳거든 그것을 찾아서 가져오게 하시오. 그러면 내 아들이라 여기겠소' 하고 말이다."

유리는 이 말을 듣고 그날부터 아버지가 남긴 유물을 찾기 위해 온 산천을 헤매고 다녔다. 하지만 아무리 헤매 다녀 봐도 '일곱 모난 돌 위에 있는 소나무'를 찾을 수가 없었다.

그러던 어느 날 유리는 지친 몸을 기둥에 기댄 채 멍하니 마루에 앉아 있었다. 그때 문득 기둥과 주춧돌 사이에서 무슨 소리가 나는 듯했다. 그래서 가만히 살펴보니 주춧돌은 일곱 모난 돌이었고, 그것이 떠받친 기둥은 소나무였다. 아버지가 남긴 수수께끼를 푼 유리는 얼른 기둥 밑을 뒤졌다. 그랬더니 과연 그 아래서 반 토막으로 부러진 칼이 나왔다.

유리는 그것을 가지고 고구려로 아버지를 찾아갔다. 주몽이 유리가 가져온 동강 난 칼을 자신의 것과 맞추어 보니 완전히 하나로 들어맞았다. 주몽이 기뻐하며 유리를 태자로 삼아 왕위를 잇게 했다.

이 기록에선 유리가 왕이 된 사연을 아주 매끄럽게 설명하고 있다. 그러나 실제의 역사적 정황을 되새겨 보면, '정말 그가 주몽의 아들로서 왕위에 올랐을까?' 하는 의심이 드는 대목이 많다.

『삼국사기』에 따르면, 유리가 아버지를 찾아 고 구려로 내려온 것은 동명성왕 19년기원전 19년 4월이다. 그런데 마치 기다리기라도 했다는 듯이, 그해 9월 주몽이 나이 40세에 죽고, 유리왕이 그 뒤를 이었다. 유리가 부여에서 내려오자, 한창 나이인 주

환도산성 남벽 유리왕 21년 국내성으로 천도 후 반원형 산봉우리와 주위 능선을 이용해 만든 산성이다. 현재는 북쪽 화강암 성벽이 남아 있고 계속 복원 작업을 진행하고 있다. ⓒ이찬귀

몽이 5개월 만에 죽고 유리가 왕위에 올랐다는 게 아무래도 석연치 않다. 게다가 주몽의 성은 고씨高氏인데, 유리의 성은 해씨解氏이다. 유리 이후 5대 모본왕까지 해씨 왕계가 쭉 이어진다. 이로 미루어 볼 때 주몽과 유리 사이에는 부자간의 왕위 계승이 아니라, 서로 다른 정치 세력끼리 혁명에 가까운 정권 교체가 이루어진 게 아닐까 추측이 가능하다.

이런 측면에서 본다면 유리왕 22년에 도읍을 졸본성에서 국내성으로 옮기는 것도 예사롭게 보아 넘길 수 없다. 유리왕은 송양왕의 딸을 왕비로 맞았다

5. 삼국의 성립과 가야 이야기

고 하는데, 어쩌면 그는 비류나부와 결합한 또 다른 걸출한 영웅이었는지도 모른다. 따라서 새로운 도읍지에 자신의 세력 기반을 쌓기 위해 계루부의 근거지인 졸본성을 떠났다고 볼 수도 있다.

5나부 체제의 성립

주몽과 유리왕 사이의 왕위 승계가 어딘가 미심쩍다는 것은 당시의 왕권이 확고하지 못했다는 사실을 반증하는 것이다. 왕실의 기반이 이렇듯 불안정했던 데에는 그럴 만한 이유가 있다.

고구려도 처음에는 부족 연맹체 국가로 출발했다. 특히 고구려의 각 부족 세력은 독특한 명칭을 가지고 있었다. 관나 · 연나 · 비류나 또는 소노 · 절노 · 순노 등으로 불렸는데, 이때 '나'나 '노'는 '내川'와 통하는 말이다. 아마도 물가를 근거지로 삼아 세력을 구축했던 모양이다.

고구려는 이들 크고 작은 부족 세력들이 연합하여 만든 나라이다. 따라서 고구려의 왕은 이들 연맹체의 수장에 지나지 않았으며, 언제든 힘이 강한 부족 세력이 치고 올라와 그 자리를 차지할 수 있었다. 그래서 왕이라 하더라도 다른 연맹 세력을 함부로 다루기가 매우 어려웠다. 각 부족은 연맹체의 한 구성원이면서도 상대적으로 독립된 정치 조직으로서 자치권을 가지고 있었으니까 말이다. 주몽이 비류국을 복속하고도 송양왕에게 그곳을 계속 지배하게 한 것도 다 그런 이유 때문이다.

그런데 시대가 내려오면서 이러한 정치 구조에 변동이 생겼다. 연맹체 중에서 힘이 센 집단이 작은 집단을 하나씩 통합하면서 점차 규모가 커진 것이다. 그리하여 초기에 다수 존재하던 정치 집단들이 6대 태조왕 대에 이르면 계루부, 비류나부소노부, 연나부절노부, 환나부순노부, 관나부관노부의 5나부로 정리되었다. 각 나부는 대내적인 자치권이 인정되었기 때문에 부족의 우두머리는 왕과 마찬가지로 사자, 조의, 선인 등의 벼슬아치를 거느릴 수 있었다. 다만 그 명단을 반드시 왕에게 보고해야 했으며, 그들의 지위는 왕이 거느린 사자, 조의, 선인보다 낮았다.

중앙 집권 국가로 탈바꿈하다

5나부 체제를 정비한 태조왕은 고구려의 성장 과정에서 굉장히 중요한 위치를 차지하는 임금이다. 앞서 얘기한 대로 유리왕부터 대무신왕과 민중왕 그리고 모본왕까지 네 명의 임금은 해씨 성이었으나, 6대 태조왕 때 다시 고씨로 바뀌게 된다. '태조'라는 시호는 대개 새로운 왕조를 건국한 인물에게 주어지는 게 보통인데, 이런 정황을 감안해 본다면 이 무렵 또 한 번의 커다란 정치 변혁이 있지 않았을까 짐작된다. 그래서 비류나부에서 계루부로 왕실이 교체되었다는 『삼국지』의 기록이 주몽의 건국 당시를 말하는 게 아니라, 6대 태조왕 때의 일을 얘기했다고 보기도 한다.

어찌 됐든 분명한 것은 태조왕의 즉위와 함께 계루부의 고씨가 고구려의 왕실을 확실하게 장악했다는 사실이다. 이때부터 계루부가 다른 세력 집단을 누르고 왕위를 독차지하게 되었다. 태조왕 시절, 고씨의 왕위 독점과 5나부 체제가 확립됨으로써 중앙 집권화의 기초를 닦았다고 보는 것이다.

그 후 고국천왕 때에는 5나부의 이름을 없애고, 그 대신 방위에 따라 중부를 중심으로 동부, 서부, 남부, 북부 등으로 고쳐 부르게 되었다. 부족 공동체의 성격을 지닌 5나부에서 행정 구역의 성격을 지닌 5부 체제가 바뀐 것이다. 이에 따라 왕권이 더욱 강화되면서, 초기에 주로 형제간에 이루어지던 왕위 상속이 10대 산상왕 이후부터는 부자간 상속으로 변했다. 왕의 지배력이 그만큼 커졌다는 증거이다.

4세기에 접어들면서부터 5부 체제마저 해체의 길을 걷게 되었다. 그리하여 각 부의 지배 조직은 중앙의 통치 체제 안으로 완전히 흡수되었다. 이제 고구려는 부족 연합체의 성격에서 왕을 중심으로 한 중앙 집권 국가로 완전히 탈바꿈하게 된 것이다. 이런 정치적 기반 위에서 고구려는 동북아시아의 최고 강국으로 성장할 수 있었다.

백제의 건국과 성장

비류 백제 대 온조 백제

고구려가 건국한 지 얼마 지나지 않아, 지금의 서울 한강 유역에서도 새로운 나라가 일어섰다. 삼국 중 하나인 백제이다. 백제는 삼국 가운데 가장 역사 기록이 적기 때문에 여러 가지가 풀리지 않는 숙제로 남아 있다. 건국 시조에 관한 것만 해도 그렇다. 『삼국사기』에 따르면, 백제의 건국 과정은 다음과 같다.

백제의 시조 온조왕은 아버지가 주몽이다. 주몽이 고구려를 세운 뒤 새로 왕비를 얻어 아들을 낳으니, 큰아들은 비류요, 둘째 아들은 온조였다. 그런데 갑자기 부여에서 유리 왕자가 내려와 태자가 되자, 비류와 온조는 몹시 마음이 불안했다.

그들은 유리에게 내쫓길 것을 두려워하여 먼저 고구려를 떠나기로 결심했다. 그리하여 오간, 마려 등 열 명의 신하와 함께 남쪽 지방으로 길을 떠났다. 백성들 가운데 그들을 따르는 자가 수없이 많았다.

이윽고 그들은 한강 근처에 있는 위례성에 도착했다. 그곳은 사람이 살기에 아주 좋았다. 그러나 비류는 바닷가를 더 좋게 여겨 자꾸만 더 가기를 원했다. 이에 열 명의 신하가 간곡하게 말했다.

"이곳은 북쪽으로 한강이 흐르고, 동쪽으로는 높은 산에 둘러싸여 있습니다. 또 남쪽으로는 비옥한 들판이 펼쳐져 있고, 서쪽으로는 큰 바다로 막혀 있습니다. 이런 천험의 요새는 다시 얻기 어려우니 여기다 도읍을 정하는 것이 좋지 않겠습니까?"

신하들은 한결같이 입을 모아 말했지만 비류는 이 말을 듣지 않았다. 그는 백성들을 반으로 나누어 기어이 미추홀까지 가서 터를 잡았다.

결국 온조만이 위례성에 남아 도읍을 정하고, 나라 이름을 '십제十濟'라고 했다. 그리고 열 명의 신하로 하여금 자신을 도와 나랏일을 돌보게 했다.

한편 비류는 미추홀에 도읍을 정했다. 그곳은 바닷가라 땅이 거칠고 습한 데다 물이 짜서 사람이 살기에 좋지 못했다. 그제야 지난날의 잘못을 후회하다 죽으니, 비류를 따라간 백성들이 모두 위례성으로 돌아왔다. 이에 백성들이 뒤늦게 기쁜 마음으로 돌아왔다고 해서 국호를 십제에서 백제百濟로 고쳤다. 그 조상은 고구려와 마찬가지로 부여에서 나왔기 때문에 '부여'

를 성씨로 삼았다.

이것은 우리가 흔히 아는 백제의 건국 설화이다. 여기서 주인공은 단연 온조이다. 그러나 『삼국사기』에는 이 기록 말고도 형인 비류를 주인공으로 삼은 건국 설화가 또 하나 실려 있다.

백제의 시조는 비류왕이다. 그의 아버지는 우태로서 북부여 왕 해부루의 서손이다. 어머니는 소서노이니 졸본 사람 연타발의 딸이다. 그녀가 처음 우태에게 시집가서 두 아들을 낳았다. 첫째는 비류요, 둘째는 온조였다. 그러나 우태가 일찍 죽은 뒤, 그녀는 졸본에서 혼자 살았다. 그 후 부여에서 도망쳐 나온 주몽이 졸본에 이르러 도읍을 정하고 나라 이름을 고구려라 했다.
　이 무렵 주몽은 소서노에게 장가들어 그녀를 왕비로 삼았다. 소서노는 처음 나라의 기초를 닦을 때 주몽에게 매우 큰 도움을 주었다. 이 때문에 주몽은 그녀를 극진히 사랑했고, 비류와 온조를 마치 자신의 아들처럼 아꼈다. 그러나 부여에서 예씨가 낳은 아들 유리가 오자, 그를 태자로 삼아 왕위를 잇게 했다. 이때 비류가 침울한 얼굴로 아우 온조를 보며 한탄했다.
　"처음 주몽 왕께서 이곳에 나라를 세울 때 우리 어머니는 집안의 재산을 아끼지 않고 내어 주었다. 어머니의 도움과 공로가 아니었으면 왕업을 이루기가 어려웠을 것이다. 하지만 대왕께서 돌아가시자 나라가 유리의 손에 넘어가고 말았다. 이제 여기 남아 있어 봤자 공연히 헛된 세월만 우울하게 보낼 것이다. 그럴 바엔 차라리 어머니를 모시고 남쪽으로 내려가 좋은 땅을 택하여 따로 도읍을 정하는 게 나을 것이다."

　드디어 비류는 아우와 함께 무리를 이끌고 패수와 대수, 두 강을 건너서
미추홀에 와 살게 되었다.

　편의상 앞의 것을 온조 백제설, 뒤의 것은 비류 백제설이라 부르기로 하자.
대체로 두 이야기는 비슷한 구조를 가지고 있다. 먼저 주요 등장인물인 비류
와 온조가 형제로 나온다. 그들은 주몽의 그늘 아래 있다가, 유리가 내려와 왕
위를 이은 데 불만을 품고 고구려를 떠났다.

　반면에 두 이야기에는 중요한 차이점도 있다. 온조 백제설에서는 주몽이
친아버지로 나오지만, 비류 백제설에서는 우태가 친아버지이고, 주몽은 의붓
아버지이다. 또한 전자에서는 두 형제가 남쪽으로 내려와 각각 위례성과 미추
홀에 도읍을 정했다가 훗날 온조의 위례성으로 통합되었다. 그러나 후자에서
는 형 비류가 온조와 함께 무리를
이끌고 처음부터 미추홀에 도읍을
정하고 나라를 열었다는 것이다.

　결국 백제의 시조를 한편에서
는 온조, 다른 한편에서는 비류라
고 해서 혼란을 부채질하고 있다.
과연 어느 편이 옳을까? 『삼국사
기』의 저자 김부식도 두 개의 시조
설화를 소개하면서 어느 쪽이 옳
은지는 자신도 알 수 없다고 했다.

문학산성 미추홀 고성, 남산성이란 이름으로도 불린다.
『동사강목』과 『여지도서』에 따르면 문학산은 백제 미추왕
의 도읍지로 돌로 만든 산성 터가 있고, 성안에 비류정이
라는 우물이 있었다. ⓒ문화재청

당시에도 서로 다른 두 기록 사이에서 매우 헛갈렸나 보다. 그렇다면 오늘날엔 이 문제를 어떻게 풀 수 있을까?

비류와 온조는 형제간인가?

백제의 건국에 관해서는 학자들마다 내세우는 주장이 조금씩 다르다. 두 개의 건국 설화가 갖가지 역사적 추측을 불러일으키기 때문이다. 그럼에도 대체적인 공통분모를 정리해 낼 수 있는데, 이때 가장 중요하게 부각되는 문제는 두 가지이다.

하나는 백제 왕실의 계통에 관한 것이다. 건국 설화에 따라 백제 왕실은 비류계와 온조계로 나눌 수 있다. 어느 계통을 막론하고 백제는 고구려 왕실과 밀접한 관계를 맺고 있다. 특히 온조 계통의 설화에서는 주몽의 아들이라고 확실하게 못 박고 있다.

그런데 왜 왕실의 성을 고씨로 하지 않고, 따로 부여씨로 정했을까? 여기에 대한 해답은 설화 속에 나와 있지 않다. 하지만 역사적 정황으로 볼 때, 아마 백제는 부여와의 인연을 더 강조하려고 한 것이 아니었을까 싶다. 물론 고구려 왕실도 더 깊이 근원을 캐고 들어가면 부여에 뿌리가 닿지만, 백제는 웬일인지 고구려보다는 부여를 마음의 고향으로 여긴 모양이다. 그래서 성왕은 538년에 사비성으로 도읍을 옮기면서 한때 나라 이름을 '남부여'라 고쳐 부르기도 했다.

다음은 비류와 온조가 과연 형제간이었을까, 하는 것이다. 현재 학계에서는 백제의 건국 세력을 하나의 집단으로 보지 않는다. 그보다는 여러 집단이 독자적 세력을 이루고 있다가 하나로 통합된 것으로 보는 게 일반적이다. 이

맛있게 읽는 한국 고대사

통합 과정에서 서로 경쟁 관계에 있던 것이 바로 비류 집단과 온조 집단이다. 비류 백제설과 온조 백제설이 대등한 관계를 이룬 채 함께 전해진다는 것은 이를 증명한다고 볼 수 있다. 그렇다면 두 사람이 형제 관계였다는 설화의 이야기를 어떻게 받아들여야 할까?

최후의 승리자가 된 온조계

온조가 도읍으로 삼은 한강 유역의 위례성은 농사짓기에 좋은 곳이었다. 이에 반해 비류가 자리한 미추홀은 바닷가라 해외 교역에 유리한 위치였다. 이런 지역적 차이 때문에 비류 집단은 해양 세력으로, 온조 집단은 농업을 기반으로 한 내륙 세력으로 보기도 한다.

입지 조건을 달리한 두 세력은 서로의 필요에 따라 연합하게 되는데, 그 시점이 바로 십제에서 백제로 나라 이름을 바꾸는 단계가 아닌가 싶다. 이때 연합하는 과정에서는 특별한 갈등이나 투쟁 없이 매우 순조로웠던 것 같다. 두 사람이 형제라는 것은 실제로 혈연관계임을 뜻하는 것이 아니라, 그 과정이 평화로웠음을 상징적으로 보여 주는 것이다.

고대 설화에서 두 세력이 연합을 이루었을 때 시조를 형제로 묘사하는 일은 그리 낯설지 않다. 따라서 미추홀의 비류 세력과 위례성의 온조 세력이 연합을 맺자, 이를 합리화하고 서로 간 결속력을 다지기 위한 이데올로기적 장치로 이런 시조 형제 설화가 나오지 않았나 생각된다.

그런데 연합의 초기 단계에서는 비류 집단이 주도권을 장악했던 것 같다. 두 가지 설화 모두 공교롭게도 비류를 형, 온조를 아우로 기록하고 있다는 점이 그렇다. 옛날에 바닷가에서 나는 소금은 금싸라기에 버금가는 가치를 지닌

광주 풍납리 토성 한강변에 남아 있는 초기 백제 시기의 토축 성곽으로, 흔히 풍납토성이라 불린다. 초기 백제의 중요한 성으로 당시의 모습을 살필 수 있다. ⓒ문화재청

귀한 물건이었다. 여기서 얻는 경제적 이익을 바탕으로 처음에는 비류 세력이 훨씬 우월한 지위를 차지했을 것이다.

그러다가 어느 시점에서 온조계가 비류계를 누르고 세력이 역전되자, 백제의 역사는 온조계를 중심으로 새로 짜이게 된 것이다. 그리하여 온조의 혈통이 백제 왕실의 계보가 되고, 비류계는 사라진 채 설화의 형태로 그 존재의 흔적만 남게 되었다. 역사란 냉정한 것이어서 최후의 승리자가 기록한 것만이 살아남는 것이기 때문이다.

마한 멸망의 미스터리

백제의 건국을 거론할 때면 마한과의 관계를 생각지 않을 수가 없다. 온조 세력을 구심점으로 통합된 백제는 더 크게 보면 마한 연맹체의 한 소국에 불과했다. 당시 마한 연맹체의 맹주는 목지국이었다. 다시 말해 세력이 제일 강한 목지국의 지배자가 마한의 왕 노릇을 하며 연맹체를 이끈 것이다. 따라서 백제는 마한 연맹체에 속한 작은 나라로서 맹주를 공손하게 받들었다.

『삼국사기』에는 이를 뒷받침하는 흥미로운 기록이 여럿 보인다. 온조왕 10년에 사냥을 나갔다가 신기한 사슴을 잡자 이것을 마한 왕에게 선물로 바치기도 하고, 그 뒤 말갈의 침입을 격파하여 추장을 생포하자 그를 마한으로 보내

맛있게 읽는 한국 고대사

기도 했다. 또 온조왕 13
년에는 마한에 사신을 보
내 도읍을 옮긴다는 사실
을 미리 알리고, 이듬해
실제 도읍을 옮겼다. 백제
의 초기 도읍인 위례성은
한강을 기준으로 북쪽을
하북 위례성, 남쪽을 하남
위례성이라 일컫는데, 이
때 왕성을 한강 이북에서

몽촌토성 한강의 지류인 성내천 남쪽에 있으며, 둘레가 약 2.7km 되
는 백제 전기의 토성이다. ⓒ문화재청

이남으로 옮긴 것으로 보인다. 지금 서울의 몽촌토성과 풍납토성 일대가 당시
의 하남 위례성 자리가 아니었을까 추정하고 있다.

백제는 처음에 이처럼 마한 왕에게 한껏 몸을 낮추었다. 그러다가 백제의
세력이 점점 커지면서 갈등의 조짐이 일기 시작했다. 온조왕 24년, 백제는 지
금의 공주 금강 지역까지 영역을 넓히고 그곳에 목책을 세웠다. 목책이란 경
계를 표시하거나 적의 침략을 막기 위해 나무 말뚝을 박아 만든 울타리를 말
한다. 이에 마한 왕이 사신을 보내 불만을 표시했다.

"애초에 왕이 남쪽으로 내려와 발붙일 곳이 없었을 때, 나는 동북방의 100
리 땅을 주어 살게 해 주었소. 이 정도면 아주 후한 대접이니 그 은덕을 생각
한다면 마땅히 보답을 해야 할 것이오. 그런데도 지금 나라가 안정되고 백성
들이 많이 불어났다고 해서 함부로 우리 영토를 침범하니, 어찌 의리 있는 짓
이라 할 수 있겠소?"

이에 온조왕은 양심이 찔렸는지 목책을 허물었다. 하지만 이것은 일시적인 행동이었을 뿐, 얼마 지나지 않아 오히려 마한을 합병할 생각을 품게 되었다. 그리하여 2년 뒤 실제 마한 정복에 나섰다. 당시 온조왕은 이런 명분을 내세웠다.

"마한은 점점 힘이 약해져 임금과 신하가 서로 마음을 합하지 못하고 있으니 머지않아 망할 것이다. 우리가 머뭇거리는 사이에 만약 다른 나라가 이를 집어삼킨다면 순망치한이 되어 우리에게 큰 골칫거리가 될 것이다. 차라리 남들보다 먼저 마한을 정복하여 나라의 우환을 미리 막는 게 나을 것이다."

온조왕은 사냥을 핑계 삼아 군사를 일으켜 마한을 기습 공격했다. 힘이 약해질 대로 약해진 마한은 백제의 공격에 쉽게 무너졌다. 오직 두 성만이 끝까지 버티다 이듬해 결국 항복하자, 마침내 마한은 멸망하고 말았다.

이때가 온조왕 27년9년의 일이다. 그러나 이때 실제로 마한이 멸망했는지는 미지수이다. 이후로도 역사 기록에는 마한이라는 이름이 종종 보이니까 말이다. 심지어 같은 『삼국사기』 기록에조차 고개를 갸웃거리게 하는 대목이 있다.

고구려 태조왕 70년122년 조에 보면 "고구려가 마한, 예맥과 힘을 합쳐 요동을 공격했다"라는 기록이 있다. 이게 아무래도 이상했던지 저자인 김부식도 여기에 주를 달아 "마한은 백제 온조왕 27년에 멸망했는데 고구려와 함께 군사 행동을 했다고 하니, 이것은 곧 멸망한 후에 다시 부흥한 것인가?" 하고 스스로 의문을 제기했다. 두 기록 사이에는 100여 년의 시간 차이가 있기 때문이다. 따라서 이것을 제대로 해석하기 위해서는 백제와 마한의 역사를 더욱 꼼꼼하게 살펴볼 필요가 있다.

맛있게 읽는 한국 고대사

백제, 삼국의 하나로 우뚝 서다

백제의 성장은 목지국의 쇠퇴와 반비례 관계에 있다. 백제는 마한의 여러 소국 중 하나였기 때문에 세력이 커질수록 목지국과 충돌하는 것은 피할 수 없는 일이었다. 신흥 세력인 온조 집단의 도전에 마한의 맹주였던 목지국은 운명을 건 한판 승부를 벌일 수밖에 없었다. 어쩌면 온조왕 때의 기록은 이 둘 간의 세력 다툼을 얘기했다고 볼 수도 있다. 그럼 목지국은 과연 어떤 나라였을까?

그 위치는 확실치 않으나, 처음엔 충남 직산, 성환 일대를 중심으로 세력을 뻗치고 있었던 것으로 보인다. 그러다가 백제가 성장함에 따라 남쪽으로 이동하여 전북 익산을 거쳐 마지막에는 전남 나주 부근에 자리를 잡았을 것으로 추정된다. 당시 목지국은 새로운 도전 세력으로 등장한 백제의 공격에 치명적인 타격을 입고 남쪽 지역으로 밀려난 게 아닌가 생각된다. 온조왕 27년에 마한이 멸망했다고 하는 것은 이때의 일을 기록한 것이 아니었을까?

어쨌거나 이를 계기로 해서 마한 지역은 남쪽으로 밀려난 목지국 중심의 토착 세력권과 한강 유역의 백제국을 정점으로 하는 또 하나의 연맹 세력이 나란히 대립하는 상태가 되었다. 백제는 여기에 머물지 않고 영토를 확장하여 지금의 서울을 중심으로 동쪽으로는 춘천, 서쪽으로는 서해, 북쪽으로는 예성강, 남쪽으로는 금강에 이르는 넓은 지역을 차지하게 되었다. 이와 더불어 통치 구조도 고구려와 마찬가지로 5부 체제로 정리했다. 즉 왕도가 있는 중부를 중심으로 하여 남부와 북부가 먼저 생겨나고, 동부와 서부가 만들어졌다. 5부 체제의 성립과 함께 그만큼 백제 왕실의 권력도 강화되었다.

이렇듯 백제의 통치 체제가 정비되는 과정에서 특히 주목할 임금은 8대 고이왕이다. 그는 관료 제도를 새로 마련했는데, 이것을 흔히 '6좌평 16관등제'라고 한다.

6좌평이란 왕명의 출납을 담당하는 내신좌평을 비롯하여 물자와 창고를 담당하는 내두좌평, 예법과 의식을 담당하는 내법좌평, 궁성 수비를 담당하는 위사좌평, 형벌과 송사를 담당하는 조정좌평, 외부 군사 조직을 담당하는 병관좌평을 말한다. 오늘날의 장관급에 해당한다고 보면 된다. 그 아래로는 달솔, 은솔, 덕솔, 한솔, 나솔, 장덕, 시덕, 고덕, 계덕, 대덕, 문독, 무독, 좌군, 진무, 극우 등의 관직을 두었다.

이를 품계별로 정리하면 6좌평은 1품이고, 그다음으로 달솔 2품, 은솔 3품, 이런 식으로 나가서 맨 마지막에 극우가 16품이 되는 것이다. 벼슬자리를 총 16품계로 구분했기 때문에 16관등제라 일컫는 것이다. 품계에 따라 옷 색깔도 달랐는데, 1품에서 6품은 자주색 옷을, 7품에서 11품은 붉은색 옷을, 12품에서 16품은 푸른색 옷을 입었다.

이와 함께 강력한 법령도 뒤따랐다. 무릇 관리로서 뇌물을 받거나 도둑질한 자는 그 세 배를 배상해야 하며, 평생토록 금고형에 처했다. 고이왕 때 이르러 비로소 백제가 중앙 집권 국가의 토대를 마련했다고 보는 것은 이런 관등제의 확립과 법령 반포라는 업적에 힘입은 것이다.

한편 백제에 밀려 중심지를 옮긴 마한 연맹체는 이 무렵 기력을 회복했는지 다소 활발한 움직임을 보인다. 역사 기록을 보면, 247년에 중국의 군현 세력인 대방군을 공격하기도 하고, 중국 서진西晉에 마한의 이름으로 사신을 파견하기도 했다. 중국 군현과의 싸움에서는 대방태수 궁준을 죽이는 등의 전과를 올리기도 했다.

맛있게 읽는 한국 고대사

그러나 이 전쟁은 마한에 참혹한 결과를 안겨 주었다. 멸망에 가까운 패배를 당한 마한은 세력이 크게 위축되어 연맹이 거의 해체되는 지경에 이른 것으로 보인다. 그로 인해 중심을 잃은 채 비틀대던 마한은 4세기 중엽까지 겨우 명맥만 유지하다가 백제의 근초고왕에 의해 완전히 통합되었다. 이로써 백제는 마침내 마한 전 지역을 손아귀에 넣고 삼국의 하나로 우뚝 서게 되었던 것이다.

사로국에서 시작된 신라의 도약

알에서 태어난 아이

신라는 지금의 경주 일대를 중심으로 성장하여 훗날 삼국 통일의 위업을 이룬 나라이다. '신라新羅'라는 나라 이름은 지증왕 때인 503년에 만들어진 것인데, '덕업을 날로 새롭게 하여 사방을 모두 덮는다德業─新 網羅四方'라는 구절에서 각각 한 글자씩 따온 것이라고 한다. 1000년에 가까운 신라의 역사를 생각해 보더라도 아주 늦게 얻은 이름이다.

그러면 그전에는 어떻게 불렀을까? 흔히 '사로국'이라고 알려져 있지만, 그 외에 사라국, 서라벌, 서벌 등 여러 가지로 불렀다. 백제가 처음 마한 연맹체의 한 소국에서 비롯한 것처럼, 사로국 단계의 신라 역시 진한 연맹체의 작은 나라 중 하나에 지나지 않았던 것이다.

　알다시피 신라의 맨 처음 시조는 박혁거세이다. 이것은 곧 사로국의 탄생을 얘기하는 것이다. 시조 신화는 『삼국사기』와 『삼국유사』의 내용이 약간 다른데, 대강 정리하면 이렇다.

　옛날 진한 땅에는 여섯 개의 촌락이 있었다. 첫째는 알천의 양산촌이라 하고, 둘째는 돌산의 고허촌이라 하고, 셋째는 자산의 진지촌이라 하고, 넷째는 무산의 대수촌이라 하고, 다섯째는 금산의 가리촌이라 하고, 여섯째는 명활산의 고야촌이라 했다. 어느 날 이 여섯 촌의 우두머리들이 알천의 언덕 위에 모여 의논했다.

　"지금 우리에게는 임금이 없어 백성들이 예법을 모르고 제멋대로 놀아나고 있소. 어찌 덕 있는 사람을 찾아서 임금을 삼아 나라를 세우고 도읍을 정하지 않을 수 있으리오!"

　이에 여섯 촌장이 높은 곳에 올라가 남쪽을 바라보았다. 그때 마침 양산촌의 나정이란 우물가에 이상한 기운이 번개 빛처럼 어려 있고, 흰 말 한 마리가 무릎을 꿇고 앉아 마치 절을 하는 듯이 보였다. 즉시 달려가 보니 그 자리에는 자줏빛 알이 하나 놓여 있었다. 흰 말은 사람들을 보자 길게 울음소리를 뽑고는 하늘로 올라가 버렸다.

　사람들이 이상하게 여겨 조심스레 알을 깨뜨려 보았다. 놀랍게도 그 속에서는 어린 사내아이가 나왔다. 모두들 신기하게 여기며 동쪽의 샘으로 데려가 목욕을 시키자, 아이의 몸에서는 광채가 뿜어져 나왔다. 이에 새와 짐승들이 모여 춤을 추고, 천지가 진동하며, 해와 달이 청명하게 빛났다. 그래

서 아이의 이름을 혁거세왕赫居世王이
라 했는데, 이는 밝게 세상을 다스
린다는 뜻이다.

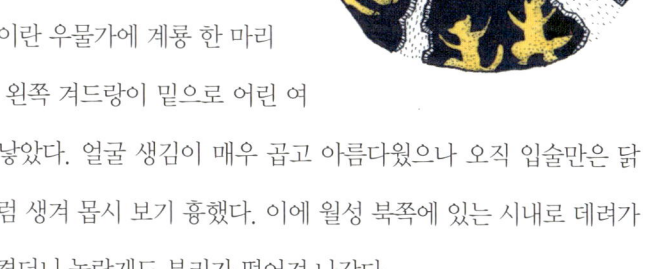

　이때 사람들이 모두 이 일을
기뻐하며 말했다.

　"이제 하늘나라의 아들이
내려왔으니, 마땅히 짝이 될 만
한 좋은 여자를 찾아야겠구나!"

　그런데 바로 그날 신기한 일
이 또 있었다. 고허촌의 사량리에
있는 알영이란 우물가에 계룡 한 마리
가 나타나 왼쪽 겨드랑이 밑으로 어린 여
자아이를 낳았다. 얼굴 생김이 매우 곱고 아름다웠으나 오직 입술만은 닭
의 부리처럼 생겨 몹시 보기 흉했다. 이에 월성 북쪽에 있는 시내로 데려가
목욕을 시켰더니 놀랍게도 부리가 떨어져 나갔다.

　남산 서쪽 기슭에 궁궐을 짓고 신령스러운 두 아이를 모셔다가 길렀다.
사내아이는 알에서 나왔고, 그 알의 모양이 박과 같다고 해서 '박朴'을 성
씨로 삼았다. 또 여자아이는 그녀가 나온 우물 이름을 따서 '알영'이라 이
름 지었다. 두 성스러운 남녀가 자라나 열세 살이 되었을 때, 박혁거세는
왕으로 추대되었고 알영은 왕후가 되었다. 혁거세의 호칭은 '거서간'이었
는데, 진한에서는 왕을 그렇게 불렀다고 한다.

경주 나정 비석 신라 시조 박혁거세가 태어난 전설을 간직한 우물이다. 이곳에 있는 비석은 조선 순조 2년(1802년)에 박혁거세를 기리기 위해 세웠다. ⓒ문화재청

박혁거세를 신라의 시조 왕으로 세운 건 여섯 촌락의 우두머리이다. 『삼국사기』에 따르면, 여섯 촌락을 이룬 사람들은 고조선의 유민이었다. 아마도 그들은 고조선이 망한 뒤 새로운 삶의 터전을 찾아 남쪽으로 내려왔을 것이다. 삼한의 지배자인 마한 왕은 이들에게 진한의 구석진 땅인 경주 일대에 살게 허락했다. 그리하여 그들은 여섯 촌락을 이루었는데, 이것이 훗날 신라의 행정 구역인 6부의 모태가 되었다.

당시 여섯 촌의 우두머리들은 각자 자기 촌락을 다스리며 중요한 일이 있을 때마다 모여서 의논했다. 그러다가 하나의 정치 공동체를 이룰 필요성을 느끼고, 여섯 촌락을 모두 아우를 수 있는 강력한 통치자를 원하게 되었다. 그 결과 시조 임금이 등장하게 된 것이다.

그런데 여기서 눈여겨볼 것은 박혁거세와 알영의 탄생지이다. 혁거세의 탄생지는 양산촌의 나정이란 우물가이고, 알영은 고허촌 사량리의 우물가이다. 우물은 삶의 터전을 이루기 위한 필수 조건이므로 곧 마을의 상징인 셈이다. 이로 미루어 볼 때, 신라는 여섯 씨족 가운데서 양산촌과 고허촌 두 씨족이 주축이 되어 처음 나라를 열었다고 할 수 있다.

맛있게 읽는 한국 고대사

이때부터 신라는 주변 나라에 호락호락 고개 숙이지 않을 만큼 강한 세력으로 커 나가기 시작했다. 이와 관련하여 아주 흥미로운 기록이 있다.

혁거세왕 38년에 호공이란 인물이 사신이 되어 마한으로 갔다. 이때 마한 왕은 호공에게 마구 호통을 쳤다.

"예로부터 진한은 우리의 속국이다. 한데 어찌하여 요즘에는 공물을 보내지 않는 것이냐? 큰 나라를 섬기는 예절이 어찌 이와 같단 말이냐!"

그러나 호공은 눈 하나 깜짝하지 않고 느긋하게 대답했다.

"우리나라는 예전 같지 않소이다. 신령한 기운을 받은 두 분이 나신 뒤부터 나라가 안정되고 부강해져서 주변 나라들이 모두 우리를 두려워하고 있소이다. 그럼에도 우리 임금이 겸손하여 저를 귀국에 보냈으니, 이는 오히려 예절이 넘치면 넘쳤지 모자란다고 할 수 없소이다."

처음에 신라는 진한 연맹체 소속으로 마한에 조공을 바친 모양이다. 하지만 어느 정도 힘이 축적된 뒤부터 조공을 중지하고 사대의 예도 갖추지 않자, 마한 왕이 이를 크게 꾸짖는 대목이다. 이에 대해 호공이 잘못을 빌기는커녕 우리도 힘이 있으니 할 테면 해보자는 식으로 배짱을 부린다. 마한 왕은 불끈 화가 치솟아 당장 호공을 죽이려 했지만 신하들의 만류로 그냥 돌려보내고 말았다. 이것은 함부로 건드릴 수 없을 만큼 신라의 세력이 커졌다는 증거인 것이다.

무당을 뜻하는 차차웅

박혁거세 이후 신라의 역사를 살피다 보면, 좀 특이한 것이 있다. 다름 아닌 왕의 호칭에 관한 것이다. 신라 초기의 왕들은 왕이라 부르지 않았다. 이를테면 혁거세가 왕이 되었을 무렵 그의 호칭은 거서간이었다. 앞서 얘기한 대로 진한에서는 왕을 그렇게 부른 것이다. 따라서 정확히 말하면 혁거세왕이 아니라 혁거세거서간이다.

그런데 재미있는 것은 이 호칭이 다음 왕들로 이어지지 않고 계속 변한다는 사실이다. 호칭의 변화는 단순히 부르는 이름만 변하는 게 아니라, 그 속에 중요한 정치적 의미가 숨어 있다. 그래서 이를 잘 눈여겨보면 신라의 성장 과정을 읽을 수 있다.

박혁거세의 뒤를 이어 왕이 된 사람은 남해왕이다. 남해왕은 혁거세의 맏아들로, 그의 호칭은 차차웅이다. 『삼국유사』에는 차차웅의 뜻이 자세히 나온다. 이에 따르면, 차차웅은 무당을 뜻하는 방언이다. 무당은 귀신을 섬기고 제사를 숭상하는 일을 한다. 세상 사람들이 이런 무당을 두려워하고 공경하는 까닭에 존경받는 어른을 일컬어 차차웅이라 한다는 것이다.

고대 사회에서는 무당이 제사장이면서 동시에 정치적 지배자였다. 그랬기 때문에 두려움과 공경의 대상이었다. 무당을 뜻하는 차차웅을 왕의 호칭으로 썼다는 건 아직까지 제정일치적 정치 풍토가 남아 있었다는 것을 암시한다.

이가 많은 사람이 왕이 된다?

남해왕 다음의 신라 3대 임금은 유리왕이다. 고구려의 유리왕과는 다른 인물로, 호칭은 이사금이다. 이사금이란 호칭을 처음 얻게 된 데에는 아주 흥미로운 사연이 있다.

왜국의 동북쪽 천 리 밖에 다파나국이 있다. 그 나라 왕비가 임신한 지 7년

맛있게 읽는 한국 고대사

만에 큰 알을 낳았다. 왕이 얼굴을 찌푸리며 말했다.

"사람이 알을 낳았으니 상서로운 일이 아니다. 꼴도 보기 싫으니 내다 버리도록 해라."

왕비는 차마 알을 버리지 못하고, 상자를 만들어 알과 보물을 함께 넣고 바다에 띄워 보냈다. 그 상자는 처음에 금관가야의 바닷가에 닿았다. 하지만 그 나라 사람들이 이를 괴상하게 여겨 거두지 않았다. 그 상자는 다시 진한

석탈해왕 탄강 유허 탈해왕이 태어난 곳. 『삼국유사』의 기록에 따르면 '계림동 하서지촌 아진포'라고 되어 있는데, 조선 헌종 11년(1845년)에 유허비와 비각을 세웠다. ⓒ문화재청

땅의 아진포지금의 영일 앞바다에 가 닿았다. 때마침 바닷가에 사는 노파가 상자를 줄로 끌어당겨 속을 열어 보니 사내아이가 있었다. 그 노파는 아이를 데려다 정성껏 길렀다.

아이가 어른으로 자라매 키가 9척이나 되었으며, 기풍이 훌륭했고, 재주가 남보다 뛰어났다. 어떤 사람이 말하길, 이 아이는 성씨를 알 수 없으나 처음 상자가 도착했을 때 까치 한 마리가 울면서 날아왔다. 그러니 '까치 작鵲' 자의 일부분을 따서 '석昔'으로 성을 삼고, 또 상자를 풀고 나왔으니 '벗을 탈脫'과 '풀 해解'로 이름을 짓는 것이 좋겠다고 했다.

이것은 『삼국사기』에 실린 석탈해 신화이다. 남해왕은 그가 비범한 인물이라는 소문을 듣고 맏딸을 시집보내 사위로 삼았다. 그리고 대보라는 높은 관

신라 **탈해왕릉** 소나무로 둘러싸인 탈해왕의 무덤으로, 둥글게 흙을 쌓아 올린 봉토 무덤이다. ©고운기

직을 주어 군사와 정치에 대한 일을 맡겼다.

그 후 남해왕이 죽었다. 아들인 유리가 마땅히 왕위를 이어야 했지만 웬일인지 그는 탈해에게 그 자리를 양보했다. 자신보다 탈해가 더 덕망이 있고 유능하다는 것이 이유였다. 이에 탈해가 말했다.

"임금의 자리는 보통 사람이 감당할 수 없는 것이다. 예로부터 성스럽고 지혜로운 사람은 이가 많다고 하니, 그가 마땅히 임금이 되어야 한다."

두 사람은 시험 삼아 떡을 깨물어 보았다. 그리하여 잇자국이 더 많은 유리가 먼저 왕위에 오르고, 석탈해는 유리의 뒤를 이어 왕이 되었다. 이때부터 신라에서는 왕을 이사금이라 부르게 되었다.

이사금이란 잇금_{잇자국}이 많은 사람이란 뜻이다. 이 말은 나이가 많은 연장

자와도 뜻이 통한다. 따라서 이를 정치적 의미로 해석하면, 서로 대등한 세력 끼리 다툴 경우 연장자가 왕위에 올랐다고 볼 수 있다. 아직까지 최고 지배자가 절대적인 권력을 휘두르지 못했다는 얘기이다. 참고로, 임금이란 호칭은 이사금에서 비롯한 말이라고 한다.

우여곡절 끝에 왕이 된 유리왕은 신라 정치사에서 특별한 의미를 갖는다. 『삼국사기』에 따르면, 유리왕 9년32년에 아주 중요한 조치가 이루어지기 때문이다. 즉 6촌을 6부로 개편하고 그 우두머리에게 성을 하사한 것이다. 급량부는 이씨, 사량부는 최씨, 점량부는 손씨, 본피부는 정씨, 한기부는 배씨, 습비부는 설씨가 그것이다. 기존의 6촌 연맹체가 6부의 행정 조직으로 다시 태어난 것이다. 고구려와 백제가 5부 체제를 만든 것처럼 말이다. 이와 더불어 관등을 정하여, 최고 직위인 '이벌찬'에서 맨 마지막 '조위'에 이르기까지 17등급을 두었다. 이런 조치들을 실시하여 중앙 통치 조직의 강화를 꾀한 것이다.

경주 김씨의 시조 김알지 신화

3대 유리왕 때부터 시작된 이사금이란 호칭은 16대 흘해왕까지 길게 이어진다. 이 사이에 왕위는 박혁거세의 후손인 '박씨'와 석탈해의 후손인 '석씨'가 주거니 받거니 교대로 차지하게 된다. 그런데 여기에 새로 김씨 세력이 끼어들게 되었다.

처음 김씨가 신라 왕실의 계보에 오른 것은 13대 미추왕 때이다. 하지만 그 씨앗은 이미 탈해왕 시절에 시작되는데, 이때 등장하는 또 한 명의 신화적 인물이 바로 김알지이다. 역사의 기록은 이렇다.

御製
山新羅敬順
王金傳始祖
金橫中得之
仍姓金氏者
上其下白鷄
喝故見而取
來金橫苗氏
為新羅昔氏
男子繼首氏
為孫敬順王
其也
入高麗嘉其
來順諡敬順
歲乙亥翌年春
命畫見三國史
史曹判書臣金益熙
奉教書
掌令臣趙涑奉
教謹繪

「금궤도」 조선 시대 화가 조속이 김알지 신화를 묘사한 그림이다.

어느 날 깊은 밤중에 어디선가 닭 우는 소리가 들렸다. 탈해왕이 문득 잠에서 깨어 귀를 기울여 보니, 서라벌 서쪽 '시림始林' 숲에서 나는 소리였다. 이상한 일이라고 생각한 탈해왕은 이튿날 날이 밝자마자 신하를 불러 말했다.

"간밤에 닭 우는 소리가 들렸는데 그 울음이 예사롭지 않았소. 무슨 일인지 어서 알아보고 오시오!"

왕의 명령을 받은 신하는 부리나케 숲으로 달려갔다. 그곳에는 아주 놀라운 광경이 펼쳐져 있었다. 시림 한가운데 서 있는 커다란 나뭇가지에 금빛 나는 궤짝이 걸려 있고, 그 아래에는 흰 닭이 울고 있었던 것이다. 신하는 즉시 돌아와 이 사실을 왕에게 알렸다.

탈해왕은 사람을 보내 궤짝을 가져와 열어 보게 했다. 그러자 다시 한 번 놀라운 일이 일어났다. 궤짝 속에는 어린 사내아이가 들어 있었는데, 그 용모와 자태가 유난히 뛰어났다. 왕이 크게 기뻐하며 말했다.

"하늘이 나를 위해 이 아이를 보냈구려!"

왕은 아이를 거두어 길렀다. 아이는 자라면서 더욱 총명하고 지혜로워졌다. 아이의 이름을 알지라 하고, 금빛이 나는 궤짝에서 나왔다 하여 성을 '김金'씨로 정했다. 또한 시림을 닭이 운 곳이라 하여 '계림鷄林'이라 고쳐 부르고, 이를 나라 이름으로 삼기도 했다.

김알지는 신이한 탄생 신화를 가졌음에도 불구하고 왕위에 오르지 못했다. 그의 7대 후손인 미추왕 때에 이르러서야 비로소 신라 왕실에 족보를 올리게 되었다. 그리하여 박씨, 석씨, 김씨가 교대로 왕의 자리에 오르며 신라의 왕통을 이어 가게 된 것이다.

　사로국 초기 단계에서 이렇듯 왕실의 성씨가 여러 번 교체된다는 것은 무슨 의미일까? 이것은 왕실이 안정되지 못하고 여러 세력 사이에 주도권 다툼이 그만큼 치열했다는 얘기이다. 하지만 이러한 상황은 오래가지 않아 종지부를 찍게 되는데, 그 분기점이 17대 내물왕 때이다.

왕권 강화를 이룬 내물마립간 시대

내물왕 대에 이르면, 더 이상 왕실의 교체가 일어나지 않는다. 이때부터 김씨가 왕위를 독점하여 세습하기 시작했으며, 얼마 후에는 왕실 내의 분쟁을 미리 막기 위하여 왕위의 부자 상속 제도까지 확립했다. 그만큼 왕실이 안정되었음을 뜻한다.

　또한 왕의 호칭도 내물왕 때 이사금에서 마립간으로 다시 바뀌게 된다. 마립이란 말은 '말뚝'을 뜻하는 신라 말이라고 한다. 즉 왕의 말뚝이 중심이 되고, 그 아래 계급에 따라 신하의 말뚝을 죽 늘어놓는데, 여기서 왕의 호칭을 따온 것이다. 조선 시대 궁궐에서 조회를 할 때, 신하들이 서는 자리를 지정하기 위해 품계석을 세운 것처럼 당시에는 말뚝을 세운 모양이다. 물론 다른 한편에선 마립간이 '높다란 마루에 앉은 지배자'를 뜻한다고 풀이하기도 한다. 어쨌거나 마립간이란 호칭은 최고의 우두머리 또는 지배자라는 의미와 연결되기 때문에 종전에 비해 훨씬 강화된 권력의 이미지를 풍긴다.

　이 무렵 신라는 더 이상 진한 지역의 소국에 머물지 않았다. 주변 나라를 대부분 정복하여 진한 땅의 주인 노릇을 하며 당당히 고대 국가로 발돋움했다. 이런 자신감은 외교 관계에서 그대로 드러난다. 내물왕 26년에 위두란 사람이 중국의 전진前秦에 사신으로 갔을 때의 일이다. 전진의 왕이 이렇게 물었다.

"그대가 말한 해동海東, 한반도의 일이 예전과 같지 않다니 무슨 뜻인가?"

그러자 위두는 이렇게 대답했다.

"중국에서 시대가 달라지면 명호名號가 바뀌는 것과 같으니 어찌 같을 수 있겠나이까?"

여기서 명호가 바뀐다는 것은 시대가 흐름에 따라 나라의 이름이 바뀐다는 뜻으로 해석할 수 있다. 중국에서 그동안 여러 나라의 흥망성쇠가 있었던 것과 마찬가지로, 한반도에도 그런 변화가 있었다는 것이다. 다시 말해 신라가 예전 같은 약소국이 아니라, 주변 나라와 당당히 어깨를 견줄 수 있는 고대 국가로 성장했음을 넌지시 자랑하는 말이다.

그렇다면 신라가 내물왕 대에 와서 고대 국가의 체제를 완성하고 중앙 집권 국가로 발전하기 시작한 데에는 어떤 계기가 있었던 것일까? 아마도 백제의 근초고왕이 마한을 정복한 것과 낙동강 유역으로 진출한 것에 크게 자극을 받지 않았을까 추정된다.

당시 백제는 왜와 연합하여 여러 차례에 걸쳐 신라를 침범했다. 여기에 대항하기 위하여 신라는 내부 단결과 통합을 꾀할 필요가 있었으며, 그 결과 국가 체제의 정비가 이루어진 것으로 보인다. 그러나 신라가 혼자 힘만으로 백제와 왜의 연합 세력을 상대하기엔 너무 버거웠다. 그래서 내물왕은 399년에 우호 관계에 있던 고구려에 구원병을 요청하기에 이른다.

이에 고구려의 광개토대왕은 그 이듬해인 400년에 도움의 손길을 뻗었다. 이때의 사정이 광개토대왕릉비문에는 이렇게 기록되어 있다.

왕께서 5만의 기병과 보병을 보내 신라를 도왔다. 신라 땅에는 왜군이 가득했으나 고구려 군이 도착하자 겁을 먹고 모두 퇴각했다. 그 뒤를 급히 추격하여 섬멸했다.

신라는 고구려의 군사 지원으로 나라의 안전을 보장받을 수 있었다. 하지만 이것은 훗날 고구려가 신라의 왕위 계승 등 정치 문제에 개입할 수 있는 빌미가 되기도 했다. 그래서 신라의 자주적 발전을 더디게 만드는 요인이 되었다는 평가를 받기도 한다.

철의 왕국, 가야

거북아, 거북아, 머리를 내밀어라!

가야는 우리 고대 역사의 한 축을 담당했던 나라이다. 500여 년의 유구한 역사를 가진 나라이니만큼 결코 소홀히 다룰 수가 없다. 한창 전성기를 누릴 때에는 백제나 신라와도 힘을 겨룰 정도로 강한 나라였다.

하지만 가야는 우리 고대사에서 그 흔적을 찾아보기가 매우 어렵다. 고구려, 백제, 신라와 달리 왕조사 전체를 써 놓은 정식 역사서가 없기 때문이다. 그래서 여러 역사 문헌들 가운데 단편적으로 언급된 부분을 꿰어 맞추면서 겨우 가야의 존재를 더듬어 보는 수준이다. 그나마 『삼국유사』에 기록된 「가락국기」가 가야의 역사를 설화적으로나마 추적해 볼 수 있는 좋은 자료이다. 가락국이란 가야의 또 다른 이름인데, 건국 신화를 보면 다음과 같다.

구지봉 전경과 구지봉 비석 김수로왕이 하늘에서 탄강하였고, 9간과 백성들이 왕으로 추대했다는 건국 설화가 깃든 곳. 구지봉 정상부에는 기원전 4세기경의 남방식 지석묘가 있으며, 지석묘 상석에는 구지봉이라고 새겨진 비석이 있다. ⓒ문화재청

아직 이곳에는 왕도 없고 나라 이름도 없었다. 오직 아도간, 여도간, 피도간, 오도간, 유수간, 유천간, 신천간, 오천간, 신귀간의 9간이라 불리는 아홉 명의 족장이 있을 따름이었다. 이들은 서로 의논하여 백성을 다스렸다.

어느 날 9간이 백성들과 함께 하늘에 제사를 지냈다. 그때 저쪽 구지봉 산꼭대기에서 이상한 소리가 들렸다.

9간은 백성들과 함께 구지봉으로 달려갔다. 하지만 아무것도 보이지 않고 하늘에서 목소리만 들려왔다.

“여기 누가 있느냐?”

하늘에서 우렁찬 소리가 들리자, 9간은 땅에 엎드려 대답했다.

“여기 아홉 족장이 있사옵니다.”

“지금부터 내 말을 잘 들어라. 이 산봉우리의 흙을 파면서,

'거북아 거북아 머리를 내밀어라 龜何龜何 首其現也

내밀지 않으면 구워서 먹으리라 若不現也 燔灼而喫也'

하고 노래를 부르며 춤을 추어. 그러면 너희들의 왕을 맞이하게 될 것이니라!"

9간과 백성들은 그 말에 따라 노래를 부르고 춤을 추었다. 그러자 이내 하늘에서 자주색 줄이 내려왔다. 그 끝에는 붉은 천에 싸인 황금 상자가 매달려 있었다. 상자를 열자 그 속에서 둥그런 황금빛 알 여섯 개가 나왔다. 사람들은 모두 놀라 입이 쩍 벌어졌다. 9간 중의 우두머리인 아도간이 그 황금 상자를 집으로 가져와 소중하게 보관해 두었다.

열두 시간이 지나고 이튿날 동이 틀 무렵이었다. 사람들이 다시 모여 상자를 여니, 황금빛 알은 어느 새 여섯 명의 사내아이로 변해 있었다. 사람들이 아이들을 모셔 놓고 엎드려 절을 하며 하늘에 감사했다.

여섯 아이는 하루가 다르게 쑥쑥 자라났다. 태어난 지 겨우 10여 일 만에 키가 훤칠하고 용의 얼굴을 지닌 어른이 되었다. 이들 중 제일 처음 세상에 나온 분이 드디어 왕위에 올랐다. 황금 상자에서 나왔으므로 성을 '김金'이라 하고, 알에서 먼저 나왔다고 해서 이름을 '수로首露'라 지었다. 김수로가 금관가야의 왕이 되고, 나머지 다섯 사람도 각각 5가야의 왕이 되었다.

신화에는 보통 두 가지 유형이 있다. 단군 신화처럼 하늘에서 내려왔다는 천강天降 설화와 알에서 태어났다는 난생卵生 설화이다. 김수로왕 신화에는 이 두 가지 유형이 결합되어 있는 까닭에 다른 신화에 비해 더 신비롭고 정교한 맛이 있다. 그럼, 이 신화는 어떤 해석이 가능할까?

먼저 천강 설화 부분을 보면, 처음에 하늘에서 자주색 줄이 내려왔다고 했는데, 이는 아이의 탯줄을 상징한다. 아울러 황금 상자는 어머니의 자궁을 뜻한다. 즉 아이가 어머니의 배 속에서 탄생하는 과정을 신비화했다고 볼 수 있는 것이다.

다음으로, 난생 설화 부분을 보면 여섯 개의 알에서 태어난 아이는 6가야를 세운 시조 임금이 된다. 그중 제일 처음 태어난 김수로왕이 금관가야의 왕이 되었다. 이것은 그가 여러 가야 중에서 우두머리 노릇을 했다고 볼 수 있다. 실제로 금관가야는 신화에 나온 것과 마찬가지로 초기 가야 연맹체를 이끄는 맹주국이 되었다.

결론적으로 하늘에서 내려온 김수로왕을 이주민 세력으로 본다면, 이를 받아들인 9간은 토착 세력으로 볼 수 있다. 따라서 이 두 세력 간의 결합으로 가야가 탄생했다는 역사적 해석이 가능할 것이다.

수로왕과 탈해의 도술 대결

김수로왕은 왕위에 오른 뒤 외부 세력과 두 차례 접촉하게 된다. 첫 번째 접촉은 그에게 커다란 시련으로 다가온다. 다름 아닌 석탈해의 도전이다. 앞에 나온 석탈해 신화의 내용과는 좀 다르지만, 김수로왕 신화의 이야기를 그대로 옮기면 이렇다.

어느 날 배를 타고 바다를 건너온 석탈해가 김수로왕의 궁전에 나타났다. 그는 수로왕을 보고 당돌하게 말했다.

"나는 왕의 자리를 뺏으러 여기에 왔소이다."

수로왕은 조금도 놀라는 기색이 없이 조용히 대답했다.

"내가 하늘의 명을 받아 왕위에 오른 것은 나라를 안정시키고, 백성을 편안케 하기 위한 것이니라. 하늘의 명을 어기고 남에게 함부로 왕위를 내놓을 수도 없거니와, 너에게 내 백성을 맡길 마음은 더더욱 없느니라."

"좋소. 그럼 어디 술법으로 서로의 재주를 한번 겨뤄 봅시다."

수로왕이 좋다고 하자, 탈해는 문득 참새로 변신했다. 이에 수로왕은 매로 변신해 참새를 쫓았다. 탈해가 급히 변하여 날카로운 새매가 되자, 이번에는 수로왕이 변하여 다시 독수리가 되었다. 탈해가 안 되겠다 싶어 본모습으로 돌아와 수로왕 앞에 엎드려 마침내 항복하고 말았다.

탈해는 그 길로 궁궐을 떠나 나루터로 갔다. 수로왕은 혹시나 탈해가 마음이 바뀌어 난리를 일으키지 않을까 염려하여 500척의 배로 뒤쫓게 했다. 그러자 탈해는 배를 몰아 신라 땅으로 도망치고 말았다.

신라의 석탈해 신화에는 이런 기록이 나오지 않는다. 바다를 건너와 처음 닿은 곳이 금관가야일 뿐, 그 나라 사람들이 거두지 않아 곧바로 신라로 갔다고 적혀 있다. 탈해의 도전을 수로왕이 도술 대결로 물리쳤다는 내용은 빠져 있다. 과연 어느 쪽 기록이 옳은지 현재로선 알 길이 없다. 하지만 양쪽 모두 기록을 남긴 것으로 봐서, 그 무렵 두 집단 사이에 어떤 마찰이나 충돌이 있었던 건 사실인 듯 보인다.

우리나라 최초의 국제결혼?

가야가 두 번째로 외부 세력과 접촉한 것은 혼인 관계를 통해서이다. 수로왕이 즉위한 지 7년째, 그때까지 왕에게는 왕비가 없었다. 9간은 걱정이 되어 어느 날 왕에게 아뢰었다.

"대왕께서 이 땅에 오신 지 여러 해가 되었습니다. 하지만 아직도 배필을 구하지 못했으니, 저희들의 딸 중에서 제일 빼어난 아이를 골라 왕의 짝으로 삼으심이 어떻겠습니까?"

수로왕은 이를 점잖게 거절했다.

"내가 여기 내려온 것은 하늘의 명이었소. 배필을 구하는 것도 하늘의 명이 있을 것이니 그대들은 너무 염려 마시오."

수로왕은 유천간을 불러 빠른 배와 날랜 말을 가지고 망산도란 섬에 가서 기다리라고 했다. 얼마 후 붉은 돛을 단 배 한 척이 붉은

망산도 전경과 망산도 비석 ©문화재청

기를 휘날리며 다가왔다. 유천간이 횃불을 들어 신호를 보내자 배에 탄 사람들이 육지로 내렸다. 이 소식을 들은 수로왕은 왕비가 될 사람이 왔다는 것을 알고 매우 기뻐했다. 이윽고 일행이 궁궐에 도착하자 왕비가 말했다.

"저는 아유타국의 공주입니다. 이름은 허황옥이며, 나이는 열여섯입니다. 본국에 있을 때인 금년 5월 부모님이 꿈을 꾸셨습니다. 꿈속에서 하늘나라 상제께서 이르기를, '가락국의 왕 수로는 하늘이 내려 보낸 이로, 성스럽고 신령한 사람이다. 하지만 아직까지 배필을 정하지 못했으니 그대들은 공주를 보내 아내로 삼게 하라'고 말씀하셨답니다. 부모님은 꿈을 깬 뒤에도 그 말이 귀에 생생하여, 저더러 하루 속히 떠나라고 하셨습니다. 그래서 부모님과 작별하고 여기까지 온 것입니다."

수로왕이 대답했다.

"나는 나면서부터 약간의 신통력이 있어서 공주가 올 것을 미리 알고 있었소. 그래서 왕비를 맞으라는 신하들의 청을 듣지 않은 것인데, 이제 정숙하고 아름다운 공주가 왔으니 내게는 다시없는 행운이오."

수로왕은 마침내 허황옥을 왕비로 맞아들였다.

그런데 이 대목에서 흥미를 끄는 것은 허황옥이 왔다는 아유타국이다. 여기에 대해서는 논란이 많다. 그중에 아유타국의 위치가 현재 인도 갠지스 강 중류의 아요디아 지방이라는 주장이 있다. 그 근거로 김수로왕 무덤의 정문 현판에 새겨진 문양을 든다. 물고기 두 마리가 마주 보는 문양과 태양 무늬 등이 우리나라의 다른 곳에서는 찾아볼 수 없지만, 인도 아요디아 지방의 힌두 사원에서는 흔히 볼 수 있다는 것이다. 참고로 가야 또는 가락이란 말은 고대 인도어로 '물고기'라는 뜻이라고 한다.

여기에 또 하나 덧붙일 수 있는 것이 파사석탑이다. 이 탑의 유래에 대해 『삼국유사』에는 이렇게 기록되어 있다.

파사석탑은 아유타국에서 가져온 것이다. 처음 공주가 어버이의 분부를 받고 배를 띄워 동쪽으로 나올 때 바다의 신이 노한 탓으로 파도에 가로막혀 되돌아갔다. 이 일을 부왕에게 아뢰었더니, 왕은 이 탑을 싣게 하여 바다를 아무 탈 없이 건너왔다. 탑은 4면으로 모가 나고 5층으로 되어 있는데, 조각 기법이 매우 기묘하다. 돌에는 희미한 붉은 반점이 있다. 석질이 매우 부드럽고 특이해서 이 지방에서 구할 수 있는 돌이 아니다.

파사석탑 수로왕의 왕비 허황옥이 서역 아유타국에서 머나먼 바다를 건너올 때 신의 노여움을 잠재우기 위해 함께 싣고 왔다고 전해진다. ⓒ문화재청

이 탑은 현재 허왕후의 무덤 앞에 놓여 있다. 기록에서와 마찬가지로 우리나라에서는 나지 않는 돌로 된 탑이며, 이 돌은 인도와 중국의 남해 연안에서

주로 산출된다고 한다. 그래서 『삼국유사』에 기록된 허황옥 설화를 사실로 받아들이는 사람들도 있다. 만약 그녀가 인도의 한 왕국에서 건너온 게 사실이라면, 수로왕과 허황옥은 우리나라 최초로 국제결혼을 한 셈이다.

물론 이에 대한 반론도 만만찮다. 먼저 일차적인 의문은 당시 어떻게 그 먼 거리를 배를 타고 올 수 있었느냐 하는 것이다. 당시의 항해술을 감안해 볼 때 매우 어려운 일이라는 것이다. 따라서 『삼국유사』의 기록은 왕실을 더 신비롭게 꾸미기 위해 후세에 지어낸 것이며, 문양도 설화를 바탕으로 해서 나중에 그린 것이라는 주장이다. 어느 쪽이 사실인지는 앞으로 더 밝혀내야 할 과제이지만, 당시 가야가 해상 무역의 중심지로서 여러 나라들과 활발한 교류를 가진 것만은 분명해 보인다.

금관가야와 전기 가야 연맹

지금까지 가야에 대해 주로 신화적 측면에서 살펴봤다. 이제부터는 역사적 관점에서 더욱 꼼꼼히 들여다볼 차례이다.

김수로왕 신화에 따르면, 가야의 건국 연대는 서기 42년이다. 하지만 역사학계에서는 이것을 사실로 인정하지 않는다. 여러 가지 정황으로 볼 때 그럴 수 없다는 것이다. 시조 김수로왕에서 시작된 금관가야는 532년 10대 구형왕에 이르러 신라에 항복하게 되는데, 500여 년에 이르는 긴 역사를 겨우 10대만으로 설명하기에는 무리가 따른다는 것이다. 그래서 대체로 2세기 후반 또는 3세기 후반에 가야가 성립했다고 보는 게 일반적이다. 그렇다면 그전에는 어떤 세력이 그곳에 존재했을까?

가야가 있던 곳은 낙동강 유역이다. 낙동강이란 이름은 가야에서 비롯했는데, 가락駕洛, 즉 가야의 동쪽을 흐르는 강이란 뜻에서 낙동강洛東江이라 부르게 되었다. 이 지역에는 원래 가야가 들어서기 전, 변한 12국으로 일컬어지는 작은 나라들이 자리를 틀고 있었다.

사회가 발전하면서 이들 사이에서는 서서히 통합이 진행되었다. 그 결과, 김해 지역에는 변한 12국 중 하나인 구야국이 세력을 떨치며 금관가야로 발전했다. 이 무렵 나머지 지역에도 여러 가야가 일어나면서 이제 변한 땅은 가야국이란 이름으로 통하게 되었다. 그리하여 금관가야를 중심으로 하여 고령 지역의 대가야, 함안 지역의 아라가야, 함창 지역의 고령가야, 성주 지역의 성산가야, 고성 지역의 소가야 등이 뭉쳐 가야 연맹체를 형성했던 것이다. 이를 전기 가야 연맹이라고 한다.

금관가야가 전기 가야 연맹을 주도할 수 있었던 것은 지리적 이점이 한몫을 했다. 금관가야가 들어선 김해 지역은 낙동강 하류에 위치하여 해상과 내륙을 연결하는 교통의 요지였다. 그래서 이미 1세기경부터 해상 교역의 중심지 역할을 한 것으로 보인다. 『삼국지』「위서」 '동이전'에는 이런 기록이 있다.

변한에서는 철이 생산되기 때문에 중국, 동예, 왜의 사람들이 와서 사 간다. 시장에서는 철로 물건을 사고파는데, 마치 중국에서 돈을 쓰는 것과 같다. 낙랑과 대방 두 군에도 철을 공급했다.

알다시피 철은 무기나 농기구의 재료로, 사회 발전의 중요한 원동력이다. 김해는 일찍부터 우수한 철이 많이 생산되는 지역이었다. 금관가야는 이 지역에 자리를 잡고 중국과 일본 등지에 철을 판매하는 중계 무역지로 발전하여 해상 왕국으로 번영을 누렸다. 이런 경제력이 밑바탕이 되어 금관가야는 가야 연맹의 맹주국이 될 수 있었던 것이다.

그러나 고구려, 백제, 신라 삼국의 영토 싸움이 본격화하자 가야는 위축되기 시작했다. 특히 가야는 백제와 신라의 틈바구니에서 큰 곤욕을 치렀다. 이 과정에서 지금까지 맹주로 위세를 떨치던 금관가야가 쇠퇴하면서 가야 연맹체의 결속력은 급격히 약화되었다. 그 직접적인 계기는 400년에 있었던 고구려 광개토대왕의 군사 공격이었다.

당시 백제와 왜의 연합군이 신라를 침범하자, 내물왕은 고구려에 구원을 요청했다. 이에 따라 광개토대왕은 5만의 보병과 기병을 파견하여 침략군을 크게 격파했다. 이때 고구려 군대는 백제와 왜의 연합군만 쳐부순 게 아니었다. 낙동강 하류까지 진군을 계속하여 당시 신라와 대립하던 금관가야에까지 크나큰 타격을 입히고 돌아갔다. 전기 가야 연맹은 이때의 타격을 회복하지 못하고 해체의 길을 걷게 된 것이다.

후기 가야 연맹의 맹주가 된 대가야

잠시 주춤하던 가야는 5세기 무렵 대가야를 중심으로 다시 소국 연맹체를 이루게 된다. 이를 후기 가야 연맹이라고 부른다. 금관가야 중심의 전기 가야 연맹과 구분한 것이다.

그럼 후기 가야 연맹의 맹주국이 된 대가야는 어떤 나라였을까? 금관가야처럼 화려하지는 않지만 『동국여지승람』에 이런 짧막한 시조 신화가 전한다.

대가야의 시조는 이진아시왕 伊珍阿豉王인데, 그로부터 도설지왕까지 대략

맛있게 읽는 한국 고대사

16대 520년간 이어졌다. 가야의 산신이 천신과 서로 통하여 대가야 왕 뇌

질주일惱窒朱日과 뇌질청예惱窒靑裔 두 사람을 낳았다. 뇌질주일은 이진아시

왕의 또 다른 이름이고, 뇌질청예는 수로왕의 또 다른 이름이다.

여기서 눈길을 끄는 것은 김수로왕과 대가야의 시조를 같은 배 속에서 나온 형제로 묘사하고 있다는 점이다. 대가야와 금관가야가 형제의 나라임을 강조함으로써 후기 가야 연맹의 주도권을 인정받으려 한 것이 아닌가 싶다. 금관가야의 정통성을 이어받았다는 것은 연맹체의 중심이 될 수 있는 충분한 명분이 되기 때문이다.

그런데 대가야가 자리한 고령 지역은 낙동강 서쪽 내륙 깊숙한 곳에 있었다. 주변이 산맥으로 둘러싸인 협소한 산간 지대라 중심 세력이 되기에는 지리적 조건이 좀 불리했다. 다시 말해 사방이 탁 트이고 해양과 내륙이 맞닿는 김해에 비해 여러 모로 모자란 점이 많았다. 그런데도 대가야가 후기 가야 연맹의 중심 세력이 된 비결은 바로 철이었다.

철은 당시 아주 귀중한 물건이었다. 철제 무기는 전쟁에서 위력적인 힘을 발휘했고, 철제 농기구를 이용하면 농업 생산력을 크게 높일 수 있었다. 가야는 '철의 나라'로 불릴 만큼 이 중요한 금속이 풍부하게 생산되었다. 연맹 초기부터 다른 나라에 수출할 정도로 말이다. 금관가야가 성장하는 데 밑거름이 된 것도 철을 매개로 한 대외 교역 덕분이었다. 따라서 가야의 맹주가 되기 위해서는 철의 확보가 필수적이었을 것이다.

『세종실록』「지리지」에 따르면, 고령과 그 인근 지역의 야로현, 산음현, 삼가현 등에서 철이 많이 났다. 특히 야로현은 조선 시대 3대 철 생산지로 꼽힐

정도였는데, 지명 자체가 철 가공을 뜻하는 '야로冶爐'에서 비롯된 것만 보아도 가히 짐작이 간다. 대가야는 상대적으로 많은 철 생산을 기반으로 하여 지리적 약점을 극복하고, 금관가야를 대신하여 후기 가야 연맹의 주도권을 장악한 것이다.

그 뒤 후기 가야 연맹은 소백산맥과 낙동강 유역에 확고한 자신들의 세력권을 구축했다. 국제 사회에도 등장하여, 479년에는 대가야의 하지왕이 중국 남제南齊에 사신을 보내 '보국장군본국왕輔國將軍本國王'의 작호를 받았고, 481년에는 백제, 신라와 동맹하여 고구려, 말갈의 신라 침입에 맞서 구원병을 보낼 정도로 성장했다.

그러나 6세기 초 신라의 영토 확장에 따라 가야 연맹은 그 세력이 급격히 약화되었다. 532년 금관가야의 구형왕이 신라의 법흥왕에게 항복한 뒤로 가야의 여러 나라들이 하나 둘씩 신라에 편입되었다. 가야는 세력을 회복하기 위해 554년 백제와 연합하여 신라의 관산성을 공격했으나, 백제의 성왕이 전사하는 등 크게 패했다. 결국 562년 신라 장군 이사부가 이끄는 군대에 대가야가 항복함으로써, 마침내 가야는 역사의 무대에서 사라지고 말았다.

가야의 유산은 신라로

철의 왕국 가야가 망한 것에 대해서는 여러 가지 아쉬운 점이 많다. 애초 변한 지역에 가야 연맹이 들어설 때만 해도 고대 국가로 크게 발전할 가능성이 높았다. 신라의 5대 임금인 파사이사금 23년 조의 기록을 보면 김수로왕과 관련된 재미있는 내용이 있다.

맛있게 읽는 한국 고대사

음즙벌국과 실직곡국 사이에 나라의 경계를 둘러싸고 약간의 다툼이 일었다. 두 나라는 결론이 나지 않자 신라 왕에게 공정한 판결을 요구했다. 하지만 의외로 문제가 복잡하여 쉽게 해결을 내리지 못했다. 그러다가 금관가야의 수로왕이 나이도 많고 지혜롭다고 여겨 그를 불러와 물었다.

수로왕은 의견을 들은 뒤에, 다툼이 일어난 땅을 음즙벌국에 주게 했다. 일이 잘 해결되자, 신라 왕과 6부의 지도자들은 감사의 표시로 수로왕을 위해 큰 잔치를 베풀었다. 그런데 다른 부에서는 신분이 높은 자에게 수로왕을 접대하게 했건만, 오직 한기부만이 신분이 낮은 자를 보냈다. 이에 크게 노한 수로왕은 부하를 시켜 한기부의 우두머리를 죽이고 자기 나라로 돌아가 버렸다.

이 기록을 얼마나 믿을 수 있을지는 미지수이다. 그러나 분명한 것은 초기 가야의 위상이 결코 신라에 비해 뒤떨어지지 않았다는 것이다. 아니, 오히려 정치적으로 민감한 문제의 해결을 부탁할 정도로 우월한 위치에 있었다는 인상을 지울 수가 없다.

후기 가야 또한 이와 다르지 않다. 앞서 479년 대가야의 하지왕이 남제 왕에게 받은 보국장군본국왕이란 칭호는 제3품에 해당하는 것으로 표기대장군, 진동대장군 등 제2품을 받은 고구려와 백제, 왜보다 단 한 등급 낮았다. 그런데 이보다 10여 년 뒤에 백제의 동성왕이 새로운 작호를 요구하자, 이번에는 남제가 관군장군도한왕, 건위장군불사후 등 제3품 내지 제4품에 해당하는 작호를 내렸다. 이로 미루어 볼 때, 가야가 국제 무대에서 백제와 동등하거나 한 등급 위의 대접을 받기도 했다는 것을 알 수 있다.

탄금대 충북 충주시 대문산에 있는 명승지. 가야의 악사 우륵이 가야금을 연주하던 곳이라 하여 탄금대란 이름이 붙었다. 임진왜란 때 신립 장군이 왜장 고니시와 맞서 싸우다 패전한 뒤 이곳에서 투신했다는 전설이 전한다. ⓒ문화재청

이처럼 가야는 우리 고대사에 역사적 실체로서 뚜렷한 흔적을 남겼다. 더구나 한때는 백제나 신라와도 거의 대등한 관계를 이룰 정도로 만만찮은 세력이었다. 따라서 고구려, 백제, 신라와 함께 가야를 한국 고대사의 한 부분으로 포함해 '사국 시대'라 하지 않고, 삼국 시대라 이르는 것은 문제가 있다는 지적도 있다. 하지만 가야가 백제나 신라에 가려서 빛을 보지 못한 데에는 나름대로 이유가 있다.

가야는 건국에서부터 562년 멸망할 때까지 줄곧 연맹 왕국이었다. 고구려, 백제, 신라도 처음에는 가야와 같은 수준이었다. 그래서 왕국의 출발 단계에서는 사국이 거의 비슷한 힘의 세기를 가졌을 것이다. 하지만 가야는 결국 삼국과의 경쟁에서 뒤처지고 말았다.

그 원인은 우선 정치 체제에서 찾을 수 있다. 삼국은 후대로 내려오면서 연맹체 단계에서 벗어나 강력한 중앙 집권 체제를 갖춘 고대 국가로 발돋움하는 데 성공했다. 이에 반해 가야는 여러 소국들이 정치적 통합을 이루지 못한 채 마지막까지 독자성을 유지했다. 따라서 삼국이 강력한 왕권을 바탕으로 주변국을 정복하며 세력을 뻗어 나갈 때, 가야는 연맹체의 주도 세력만 바뀌었을 뿐 늘 제자리 수준에 머물 수밖에 없었다. 그리하여 약육강식의 삼국 간 다툼에서 결국 패배하고 만 것이다.

500여 년에 걸친 가야의 역사는 결국 자취를 감추었지만, 그 유산마저 완전히 소멸하지는 않았다. 가야의 문화유산과 후예들은 고스란히 신라에 흡수되었다. 악사 우륵은 가야금과 가야의 궁정 음악을 신라에 전했고, 가야의 왕족은 신라의 귀족으로 편입되어 신라의 삼국 통일에 큰 역할을 맡았다. 금관가야의 마지막 왕인 구형왕의 아들 김무력은 관산성 전투 당시 백제를 대파했으며, 그의 손자는 다름 아닌 삼국 통일의 주역인 김유신이다. 또한 김유신의 누이가 태종무열왕 김춘추와 혼인하여 그 핏줄이 신라 중대 이후 왕실을 장악하게 되었던 것이다. ▷

임나일본부설과
광개토대왕릉비를 둘러싼 의문

'임나'란 그 옛날 일본에서 가야를 일컫던 말로, 대체로 낙동강 서쪽의 김해 일대를 가리킨다. 임나일본부설은 일본의 대표적인 역사 왜곡 중 하나이다. 이는 고대 일본이 4세기 중엽에 가야 지역을 정벌하여 임나일본부라는 통치 기관을 설치하고, 6세기 중엽까지 약 200년간 그곳을 지배했으며, 그 영향력이 백제와 신라에까지 미쳤다는 주장이다.

이것이 사실인지 아닌지는 역사를 연구하여 가려내면 될 일이다. 그러나 과거 일제의 조선 침략과 지배를 역사적으로 정당화하기 위해 이 논리가 이용되었다는 데 문제의 심각성이 있다. 즉 옛날에도 일본의 지배를 받았으니 조선이 식민지 통치를 받는 게 당연하다는 얘기이다.

일본은 이를 뒷받침하는 근거 중 하나로 광개토대왕릉비문을 든다. 비문을 둘러싸고 아직도 뜨거운 논쟁이 계속되고 있는데, 그 불씨가 되는 구절이 바로 유명한 '신묘년 기사'이다.

왜이신묘년래도해파백잔○○신라이위신민倭以辛卯年來渡海破百殘○○新羅
以爲臣民

여기서 '도해파渡海破'를 어떻게 해석하느냐에 따라 한일 고대사의 관계는 크게 달라진다. 일본에서는 으레 이 구절을 '왜일본가 신묘년391년에 바다를 건너와서 백제와 ○○, 신라를 격파하고 신하로 삼았다'라고 자기들 입맛에 맞게 풀이한다. 그러나 당시 일본에는 바다를 건너와 백제나 신라를 칠 만한 강력한 정치 세력이 존재하지 않았다고 보는 게 일반적이다. 그래서 해석을 달리하여 '왜가 신묘년에 오니, 고구려가 바다를 건너가 왜를 격파했'고 풀기도 한다. 원래 비문은 광개토대왕의 업적을 칭송하기 위해 세운 것이므로 도해파, 즉 바다를 건너 격파한 주체를 일본이 아닌 고구려로 봐야 한다는 시각이다.

하지만 이 모든 해석을 송두리째 부정하는 주장도 있다. 일제가 역사 왜곡을 위해 비문의 일부를 변조했다는 것이다. 애초 비문을 쓸 때, 글자의 행을 맞추기 위해 아래로 길게 윤곽선을 그었는데, 바다 해海 자의 경우 줄을 이탈하여 왼쪽으로 한참 삐져나왔다. 여기에는 분명히 변조를 의심할 만한 혐의가 있다는 것이다. 따라서 글자가 정확히 판독되기 전에는 어떤 섣부른 해석도 위험하다는 의견이 적잖다.

동북아시아를 호령한
고구려의 힘

고구려는 우리 역사상 가장 넓은 영토를 다스리며 대륙을 호령하던 나라이다. 『삼국사기』에 따르면, 고구려의 시조 주몽은 기원전 37년에 나라를 세웠다. 이때까지만 해도 고구려는 힘이 약한 조그만 나라에 불과했다. 그러나 시간이 지나면서 조금씩 땅을 넓힌 고구려는 주위의 어떤 나라도 함부로 넘보지 못할 만큼 강성한 나라로 발전했다. 최고 전성기였던 광개토대왕과 장수왕 때는 서쪽으로 요동반도, 북으로 시베리아 지방과 북만주 일대, 남으로 강원도와 경기도, 충청도 일부 지역까지 차지하는 대제국이 되었다. 이런 힘을 바탕으로 하여 고구려는 동아시아의 패권을 두고 거대한 중국과도 한바탕 승부를 겨루었다. 이 대결에서 고구려는 중국의 콧대를 보기 좋게 꺾어 놓았다. 을지문덕 장군이 중국을 통일한 수나라의 대군을 살수에서 완전히 섬멸했을 뿐만 아니라, 그 후 당나라가 침입했을 때에도 안시성 전투에서 통쾌하게 물리쳤다. 고구려와 대결한 중국은 철저히 망신만 당하고 물러섰던 것이다. 그렇다면 압록강 유역에서 비롯한 작은 나라가 어떤 과정을 거쳐 이렇듯 강대국으로 우뚝 설 수 있었을까? 지금부터 고구려의 성장과 좌절, 새로운 도약에 대해 알아보자. ///////////////////////////////
\\
///////////////////////////////

정복 국가로의 발돋움

호동왕자의 아버지, 대무신왕

고구려는 건국 초기부터 활발한 정복 사업을 벌였다. 시조 주몽과 유리왕에
이어 3대 임금이 된 대무신왕_{재위 18~44년}은 27년 동안 나라를 다스리면서 고
구려가 뻗어 나가는 데 큰 공헌을 했다.

그는 왕자 시절부터 용맹이 뛰어나 혁혁한 무공을 세웠다. 서기 13년에 부
여가 침범해 오자, 어린 나이에도 군사를 지휘하여 학반령 전투에서 부여 군
사를 크게 물리쳤다. 왕위에 오른 뒤에는 부여를 먼저 공격하여 부여 왕을 죽
이는 전과를 올렸으며, 압록강 상류 쪽의 개마국을 정복하고, 이어 이웃 나라
인 구다국의 항복을 받아 냈다.

그 후 한나라 요동태수가 침략해 왔을 때에는 꾀를 써서 이를 물리치기도
했다. 당시 한나라 침략군은 수도인 국내성까지 쳐들어와 오랫동안 포위를 풀
지 않았다. 성이 산악 지대라 바위만 많고 샘물이 적어 곧 항복하리라 여긴 것
이다. 위기에 몰린 고구려는 정면으로 맞서기보다는 지략을 썼다. 즉 연못의
잉어를 잡아 물풀로 싸서 적에게 보낸 것이다. 성 안에 물이 많다고 여긴 한나
라는 역습을 당할까 두려워 즉시 철수하고 말았다.

대무신왕의 정복 사업 가운데 가장 관심을 끄는 것은 낙랑국 정복이다. 우
리에게 너무도 잘 알려진 호동왕자와 낙랑공주의 비극적 사랑 이야기도 이때
만들어진 것이다. 그 유명한 자명고 전설이 바로 그것이다. 『삼국사기』에 전
하는 이야기를 옮겨 보면 다음과 같다.

대무신왕 15년, 왕자 호동이 옥저 땅을 유람하고 있었다. 그때 낙랑 왕 최리가 우연히 지나다가 그를 보고 말했다.

"그대의 용모와 차림새를 보니 보통 사람이 아니구려. 어찌 고구려 왕의 아들이 아니리오!"

낙랑 왕 최리는 마침내 그를 데리고 자기 나라로 돌아왔다. 그리고 딸인 낙랑공주를 시집보내 아내로 삼게 했다. 그 후 고구려로 돌아온 호동이 남몰래 아내에게 사람을 보내 말했다.

"당신의 나라 무기고에 들어가 북과 뿔피리를 부수어 주길 바라오. 그러면 고구려에서 예를 갖추어 당신을 맞아들일 것이나, 만약 그렇지 않다면 당신을 맞아들일 수 없을 것이오."

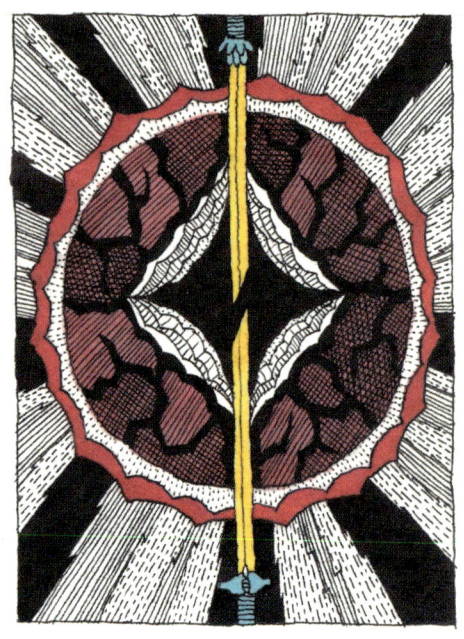

예로부터 낙랑에는 신비한 북과 뿔피리가 있었다. 적병이 쳐들어오면 저절로 소리를 냈기 때문에 공주를 시켜 이를 부수어 버리게 한 것이다. 공주는 오랜 고민 끝에, 몰래 무기고에 들어가 칼로 북을 찢고 뿔피리를 망가뜨렸다. 호동왕자는 즉시 아버지 대무신왕에게 권하여 낙랑국을 습격하게 했다.

한편 낙랑 왕 최리는 북과 뿔피리만 믿고 방어를 허술하게 했다. 그러다가 고구려 군사들이 성 아래에까지

맛있게 읽는 한국 고대사

이른 다음에야 북과 뿔피리가 파괴된 사실을 알았다. 화가 난 최리는 딸을 죽이고 마침내 고구려에 항복하고 말았다.

『삼국사기』에는 낙랑의 멸망에 대해 또 다른 설을 함께 기록해 놓았다. 즉 대무신왕이 낙랑을 없애기 위해 일부러 낙랑공주를 데려와 호동과 정략결혼을 시킨 다음, 낙랑공주에게 본국으로 돌아가 북과 뿔피리를 부수게 했다는 것이다.

어쨌거나 왕자 호동의 눈부신 활약으로 고구려는 낙랑을 멸망시키고 그 땅을 차지했다. 하지만 호동에게는 사랑하는 공주를 잃어야 하는 슬픔과 함께 또 다른 불행한 운명이 기다리고 있었다.

원래 호동은 대무신왕의 둘째 왕비의 몸에서 태어났다. 그는 어려서부터 얼굴이 수려하여 왕의 사랑을 듬뿍 받으며 자랐다. 그런데 낙랑과의 싸움에서 큰 공까지 세우자 첫째 왕비는 몹시 불안했다. 왕이 자기가 낳은 아들을 제쳐 두고 호동에게 왕위를 물려주지 않을까 싶어 걱정했던 것이다. 그래서 호동을 모함하는 얘기를 퍼뜨리고 다녔다. 호동이 무례하게 굴며 자신에게 욕을 보이려 한다고 말이다. 호동은 무척 억울했지만 결국 변명 한마디 하지 않고 스스로 목숨을 끊고 말았다. 호동왕자와 낙랑공주의 애틋한 사랑, 그리고 두 사람의 비극적 죽음은 지금도 많은 사람의 입에 오르내리며 심금을 울리고 있다.

낙랑국과 낙랑군이 따로 있었다?

대무신왕의 낙랑 정벌에 관해서는 분명히 짚어 봐야 할 중대한 문제가 있다. 즉 당시의 낙랑이 과연 한사군의 하나인 낙랑군인가 하는 점이다. 일반인들의 역사 상식으로는 그런 것으로 알고 있다.

하지만 낙랑군이 이 땅에서 쫓겨난 것은 313년 미천왕 때이다. 대무신왕 때와는 시간상으로도 300년 가까이 차이가 날 뿐 아니라, 한 나라가 두 번씩이나 망한다는 게 상식적으로 납득할 수 없는 일이다. 따라서 한사군의 '낙랑군'과 구별되는 또 다른 '낙랑국'이 당시에 독자적인 정치 세력으로 존재했다고 보는 게 역사학계의 일반적 시각이다.

그렇다면 한사군의 낙랑군과 최리를 국왕으로 하는 낙랑국은 어떤 관계일까? 이 의문의 실마리를 풀기 위해서는 『삼국사기』의 대무신왕 27년 기록을 눈여겨볼 필요가 있다.

그해 9월 한나라 광무제가 보낸 군사가 바다를 건너와서 낙랑을 쳤다. 그러고는 그 땅을 빼앗아 군현을 만들었다. 이에 따라 살수 이남은 한나라에 속하게 되었다.

이것은 앞서 대무신왕 15년 고구려가 낙랑을 멸망시키고, 그 뒤 12년 만에 다시 한나라가 그 땅을 빼앗아 군현으로 삼았다는 내용이다. 이것에 근거해 본다면 다음과 같은 추론이 가능하다.

애초 고조선이 멸망했을 당시 평안도 지역에는 한사군의 하나인 '낙랑군'이 들어섰다. 하지만 고조선 유민의 저항을 받아 무너지고, 그 자리에 새로운 독립 세력인 '낙랑국'이 자리 잡게 된다. 이 낙랑국이 대무신왕 때 호동왕자의 활약으로 망하자, 한나라 광무제가 그 땅을 빼앗아 다시 낙랑군을 세웠다. 이 낙랑군이 훗날 미천왕 때 쫓겨나는 바로 그 낙랑인 것이다.

맛있게 읽는 한국 고대사

하지만 이와 전혀 다른 의견을 제시하는 학자도 있다. 한사군의 낙랑군과 낙랑국이 시간 순으로 존재했던 것이 아니라, 동시대에 각기 다른 지역에 자리하고 있었다는 주장이다. 즉 한사군의 낙랑군은 만주 지역에, 낙랑국은 평안도 지역에 서로 떨어져 있었다는 것이다. 이 주장의 근거는 대략 이렇다.

평양 석암리 금제 띠고리 평양 부근 석암리 9호분에서 출토된 금제 교구. 허리띠를 연결해 주는 금제 장식이다. 금실을 이용한 세공 수법이 매우 정교하고 뛰어난 작품이다. ⓒ국립중앙박물관

먼저 대동강 유역에서 출토되는 중국 유물을 주목해 볼 필요가 있다. 이 유물은 지금까지도 낙랑군이 평안도 지역에 설치되었다는 주장을 뒷받침하는 강력한 증거가 되기 때문이다. 그런데 문제는 그 유물이 전한 시대의 것은 없고, 후한 시대의 것만 있다는 사실이다. 이를 대무신왕 27년의 기록과 비교해 보면 중대한 사실을 이끌어 낼 수 있다.

즉 중국 한나라는 8년부터 23년까지 16년간 왕망이란 자에게 잠시 나라를 빼앗긴 적이 있는데, 이때를 기점으로 전한과 후한 시대로 나뉜다. 후한 시대를 처음 연 사람이 바로 광무제이다. 따라서 대동강 유역에서 출토된 중국 유물은 대무신왕 때 낙랑국이 망한 후 광무제가 그 땅을 빼앗아 얼마간 군현으로 삼았다는 증거일 뿐, 전한 시대에 설치된 한사군의 낙랑은 애초 한반도 지역에 존재하지 않았다는 얘기이다.

중국의 『후한서』 기록 역시 이를 증명한다고 한다. 이 책에는 111년, 부여 왕

이 낙랑을 공격하고 돌아갔다는 기록이 있다. 만약 한사군의 낙랑이 평안도 지역에 있었다면 남쪽으로 고구려 영토를 통과해야 하는데 그건 불가능한 일이라는 것이다. 따라서 한사군의 낙랑은 평안도 지역이 아닌, 부여와 군사적 충돌이 가능한 만주 지역에 있었다고 결론지을 수 있다.

두 가지 팽팽한 주장 중 어느 쪽이 옳다고 단정할 수는 없지만, 한 가지 분명한 것은 우리 역사에 두 개의 낙랑이 있었다는 사실이다.

태조왕과 고국천왕 그리고 을파소의 등용

대무신왕 이후 고구려를 반석 위에 올려놓은 사람은 6대 태조왕^{재위 53~146년}이다. 그는 대무신왕 못지않은 활발한 정복 사업을 펼쳤다. 먼저 농산물과 해산물 등 물자가 풍부한 동옥저를 손아귀에 넣어 나라의 경제 기반을 튼튼히 했다. 이어서 두만강 유역의 갈사국을 정벌하고, 주나와 조나 등의 정치 세력들을 공격했다. 그리하여 주변의 여러 작은 나라들을 완전히 통합했다. 이 무렵 고구려 동쪽 지역 정벌을 마무리하여 그 영토가 동쪽으로는 동해에 닿았고, 남쪽으로는 살수에 이르렀다고 한다.

아울러 태조왕은 왕권의 기반을 확고하게 다지는 데 큰 업적을 남겼다. 이미 언급한 것처럼 고구려는 태조왕 때에 이르러 고씨의 왕위 독점과 5나부 체제의 구축으로 중앙 집권 국가의 기초를 닦았다. 그런데 5나부 체제에서 대외적인 무역이나 외교권, 군사 통솔권은 고구려 왕의 손에 달렸으나, 여전히 각 부의 우두머리에겐 자신의 백성을 다스릴 수 있는 권한이 있었다.

따라서 고구려가 왕권을 강화하여 더욱 강한 나라로 커 나가기 위해서는 두 가지 과제를 해결해야 했다. 하나는 각 부족 우두머리들의 힘을 약화하는 것이고, 또 하나는 그들을 통한 간접 지배 방식에서 왕의 직접 통치 방식으로 전환하는 문제였다.

이 문제를 해결하기 위해 적극 나선 이가 9대 고국천왕재위 179~197년이다. 그는 외모에서 이미 사람을 압도하는 위엄이 뿜어져 나왔다고 한다. 키가 9척이나 되고, 몸집이 우람하며, 큰 가마솥을 번쩍 들 만큼 힘이 장사였다. 또한 일처리를 할 때에도 너그러움과 과단성을 알맞게 겸비했다.

이런 걸출함이 있었기에 즉위 6년, 한나라 요동 태수가 쳐들어왔을 때에는 직접 군사를 이끌고 전쟁터로 나아가 큰 승리를 거둘 수 있었다. 하지만 국내 정치를 바로잡는 과정에서는 커다란 시련을 겪기도 했다. 5부 중 하나인 연나부의 반란이 그것인데, 이에 대해『삼국사기』에는 이렇게 전한다.

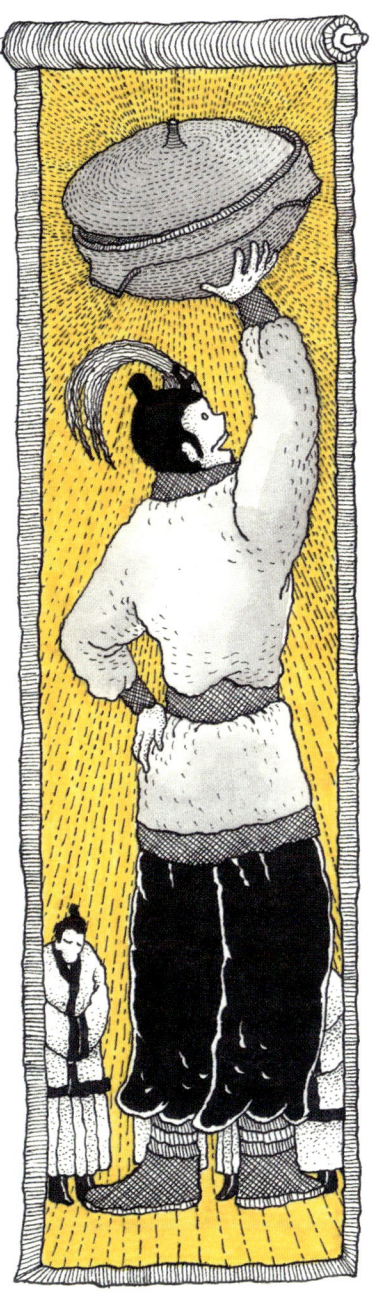

어지류와 좌가려라는 사람은 왕후의 친척으로서 권력을 잡고 있었다. 그들의 자제들이 모두 그 세력을 믿고 교만하고 사치했으며, 다른 사람의 딸을 겁탈하고 남의 집과 토지를 갈취했다. 이에 백성들의 분노와 원망이 커지자, 왕이 그 소문을 듣고 그들을 처형하려 했다. 그러자 4연나와 더불어 반란을 일으켰다.

여기서 4연나가 무엇인지는 분명치 않으나, 연나부 내에서 큰 세력을 가진 네 집안이 아닌가 짐작된다. 반란군들은 도성으로 쳐들어왔지만 고국천왕은 이들을 물리쳤다.

반란을 진압한 뒤 고국천왕은 일대 정치적 혁신을 꾀했다. 이를 위해 을파소라는 파격적인 인물을 등용했다. 을파소는 압록곡 좌물촌이란 마을에서 농사를 지으며 살던 사람이었다. 고국천왕은 쟁쟁한 세력가들을 제쳐 두고 그를 국상 자리에 앉히고 모든 나랏일을 맡겼다.

을파소가 왕의 기대에 부응하여 만든 대표적인 제도가 바로 진대법이다. 이것은 백성들이 굶주림에 시달리는 3월에서 7월 사이에 나라의 곡식을 풀어 백성들에게 빌려 주었다가 10월에 다시 되돌려 받는 일종의 빈민 구제책이다. 고국천왕 때 진대법을 실시하게 된 데에는 이런 일화도 있다.

어느 날 왕이 사냥을 나갔다가 우연히 길가에서 우는 자를 보게 되었다. 왕이 우는 까닭을 묻자 그가 대답했다.

"저는 집이 가난하여 항상 품팔이로 어머님을 봉양했습니다. 그런데 올해는 흉년이 들어 품팔이할 곳도 없으니, 먹고살 길이 너무 막막해 이렇듯 울고 있는 것입니다."

왕이 그 말을 듣고 길게 한탄했다.

"아아! 백성의 부모 된 자로서 제 백성을 이 지경에 이르도록 했으니, 이는 내 죄로구나!"

왕은 그에게 옷과 음식을 주어 위로했다. 이어서 도성과 지방의 관청에 명령하여 홀아비, 과부, 고아, 자식 없는 늙은이, 병들고 가난하여 혼자 힘으로 살 수 없는 자들을 널리 수소문하여 도와주게 했다. 그리고 백성들을 위하여 진대법을 실시하니 모두들 크게 기뻐했다.

진대법은 왕의 지배력을 확대하는 계기가 되었다. 가난한 백성들이 몰락하면 세력 있는 귀족의 노예가 될 수밖에 없고, 노예를 많이 가질수록 귀족의 세력은 더욱 커지게 마련이니까 말이다. 진대법은 이런 일을 미리 '차단하는 효과가 있었다. 그뿐만 아니라 각 나부의 우두머리를 통한 간접 지배 방식에서 벗어나, 국왕이 백성을 일대일로 직접 다스리는 계기를 마련한 것이다.

이에 따른 국가 체제의 변화도 일어났다. 즉 5나부의 이름을 바꾸어 동부, 서부, 남부, 북부 등 방위에 따라 5부를 구분했다. 5나부가 부족 공동체적 색채를 잃고, 국가의 행정 구역적 성격으로 바뀐 것이다. 이에 따라 각 부족의

고구려 해뚫음 무늬 금동 장식품
금동 장식 한가운데 둥근 태양이 있고, 그 속에 삼족오가 새겨져 있다. 삼족오는 태양을 상징하는 전설의 새이며, 이런 장신구는 태양과 같은 권위를 가진 왕이 사용했을 것이다.

6. 동북아시아를 호령한 고구려의 힘

우두머리들이 중앙 귀족화하면서 왕권이 강화되었으며, 그리하여 고구려는 나라의 힘을 더욱 강하게 키울 수 있었다.

팽창 정책의 시련과 좌절

태조왕 시절 이미 동쪽 지역의 정복 사업을 일단락 지은 고구려는 이제 서쪽 지역을 넘보게 되었다. 이를 처음으로 시도한 사람은 동천왕 재위 227~248년이다. 당시 중국은 한나라가 망한 뒤 위, 촉, 오 삼국으로 분열돼 있었다. 이 틈을 노려 동천왕 16년242년 요동 지방의 서안평을 공격했다. 그러나 동천왕의 시도는 뜻대로 이루어지지 않았다. 위나라 관구검의 역습을 받아 수도 환도성이 함락되고, 이 때문에 동천왕이 남옥저로 몸을 피하는 큰 수모를 당하기도 했으니 말이다.

이 여파로 잠시 주춤거리던 고구려가 다시 서쪽으로 팽창 정책을 펼친 것은 미천왕 재위 300~331년 때이다. 그가 왕위에 오른 것은 한 편의 드라마를 보듯 아주 극적이다.

미천왕의 아버지 돌고는 왕권 다툼의 희생양이 되어 봉상왕에게 죽임을 당했다. 그러자 미천왕은 자신에게도 화가 미칠까 두려워 신분을 감추고 떠돌이 생활을 했다. 그는 이곳저곳을 떠돌며 온갖 고생을 했는데, 『삼국사기』의 이야기를 대략 옮겨 보면 이렇다.

미천왕의 원래 이름은 을불이다. 그는 처음에 어느 마을의 부잣집에서 머슴살이를 했다. 주인은 그가 어떤 사람인지 모르고 아주 힘든 일을 시켰다. 낮이면 산에 가 나무를 하게 했고, 밤이면 연못에서 개구리가 시끄럽게 울

맛있게 읽는 한국 고대사

지 못하도록 기와 조각과 돌을 던지게 했다. 고약한 주인의 등쌀에 을불은 잠시도 쉴 틈이 없었다. 너무 힘든 나머지 1년 만에 그 집을 나오고 말았다.

　그 후 을불은 소금 장사를 했다. 무거운 소금을 지고 다니다가 압록강가의 한 집에 머물게 되었다. 그 집 노파가 소금을 좀 달라고 하자, 을불은 한 말가량을 건네주었다. 욕심 많은 노파는 더 달라며 투정을 했다. 을불은 더 줄 수가 없어 이를 거절했다. 이에 앙심을 품은 노파는 몰래 자신의 신발을 소금 가마니 속에 묻었다. 을불은 이런 사실을 까맣게 모른 채 소금을 지고 길을 떠났다.

　노파는 압록성주를 찾아가 을불이 자신의 신발을 훔쳐 갔다며 거짓으

호산장성 고구려 천리장성의 일부인 박작성으로 추정되는 곳. 단동 시내에서 압록강변을 따라 북쪽으로 30km 정도에 위치한다. 1990년대에 중국에서 성곽을 중국 성 형태로 새로 축조한 뒤 지금은 중국 만리장성의 동단이라 왜곡된 주장을 하는 곳이다. ⓒ이찬귀

로 고발했다. 소금 가마니에서 신발이 나오자 을불은 꼼짝없이 신발 도둑으로 몰리게 되었다. 이에 성주는 신발 값으로 소금을 빼앗아 노파에게 주었고, 을불은 매를 맞은 뒤 겨우 풀려날 수 있었다. 을불은 얼굴이 야위고 의복이 남루하여 거지꼴이 되었다. 그리하여 그가 왕손이라는 걸 아무도 알아보지 못하게 되었다.

그 무렵 봉상왕은 백성을 돌보지 않고 사치와 향락만 일삼고 있었다. 재상으로 있던 창조리가 그를 폐위하고 대신 을불을 왕으로 세울 계획을 세웠다. 그래서 은밀히 사람을 풀어 을불을 찾게 했다. 사람들이 어렵게 수소문한 끝에 을불을 찾았지만, 그는 손사래를 치며 말했다.

"아니오! 나는 왕손이 결코 아니오. 그저 평범한 백성일 뿐이니 다른 데로 가 보시오."

그를 찾아간 사람들이 간절하게 말했다.

"저희를 의심하지 마십시오. 지금 왕이 인심을 잃은 지 오래여서 새로 나라의 주인이 되실 분을 찾고 있습니다. 여러 신하들이 왕손을 간절하게 기다리고 있으니, 부디 저희와 같이 가시지요."

을불은 그들의 진심을 알고 따라나섰다. 을불이 돌아오자, 재상 창조리가 혁명을 일으켜 봉상왕을 몰아내고 을불을 새로운 왕으로 세웠다.

이렇게 하여 소금 장수 을불이 마침내 왕위에 오른 것이다. 임금의 자리에 오른 미천왕은 적극적인 대외 정복 활동을 펼쳤다. 313년미천왕 14년에는 낙랑군을 공격하여 멸하고, 이듬해 다시 대방군을 공격하여 한반도 내에서 중국 세력을 완전히 몰아냈다. 또 서쪽으로 팽창을 꾀하여 요동과 현도군을 공격하

맛있게 읽는 한국 고대사

여 영토를 넓혔다.

그러나 이후 고구려의 팽창 정책은 그리 순조롭지 않았다. 서쪽으로 팽창하는 과정에서 고구려는 요동 지역의 지배권을 놓고 선비족의 모용씨가 세운 전연前燕과 날카롭게 대립했다. 그리하여 고국원왕재위 331~371년 때에는 두 차례나 전연의 침입을 받았으며, 한때는 수도가 함락되는 위기를 맞기도 했다.

북방 진출이 어려워지자 고구려는 다시 남쪽으로 눈을 돌려 백제와 겨루었다. 그러나 371년 평양성 전투에서 고국원왕이 전사하는 타격을 입었다. 계속되는 국가 위기를 맞아 고구려는 잠시 대외 정복 활동을 멈추고, 국가 체제의 정비와 새로운 지배 질서를 다지는 데 온 힘을 기울였다.

소수림왕재위 371~384년 때 이루어진 갖가지 제도 개혁이 바로 그것이다. 그중 가장 주목할 것은 율령의 반포이다. 율律은 범죄와 형벌을 규정한 성문법이며, 영令은 왕이 때에 따라 통치에 필요한 조치를 취한 관습법이라 할 수 있다. 율령의 내용은 전해지지 않으나, 이를 반포함으로써 법률에 의한 국가 통치 기반을 마련했으며, 귀족이나 평민 가릴 것 없이 공평한 법령의 지배를 받게 되어 사회 질서를 바로잡을 수 있었다.

또한 중앙의 국립 학교인 태학도 설립했다. 태학은 아무나 들어갈 수 없고 상류층 자제들만 입학하는 귀족 학교였으나 국가의 인재를 양성하는 역할을 했다. 아울러 불교를 수입하여 새로운 국가 통치의 이데올로기로 삼았다. 이런 여러 가지 노력이 밑거름이 되어, 이후 광개토대왕과 장수왕 대에 이르러 고구려는 비약적인 도약을 할 수 있었던 것이다.

고구려의 전성기, 광개토대왕과 장수왕 시대

국강상광개토경평안호태왕!

고구려의 대외 팽창 정책이 가장 큰 성과를 거둔 시기는 광개토대왕 때이다. 그의 정식 시호는 '국강상광개토경평안호태왕'인데, 이를 줄여서 광개토왕이라고 부른다. 시호란 그 왕의 생전 업적에 따라 죽은 뒤에 붙이는 이름이다. 따라서 시호의 의미를 풀어 보면 당시 고구려 사람들이 광개토왕을 어떻게 여겼는지를 알 수 있다. 다소 길고 거창한 시호 속에는 그의 업적이 간결하게 압축되어 있다.

먼저 맨 앞의 '국강상國岡上'은 왕이 묻힌 곳의 지명인 듯싶다. 고구려의 왕들은 무덤이 있는 곳의 지명을 따서 시호로 삼은 경우가 많다. 미천왕은 미천美川이란 언덕에 묻혀서 미천왕이란 호칭을 얻었고, 소수림왕은 소수림小獸林이란 숲에 묻혀서 소수림왕이라 불리게 되었다. 이와 마찬가지로 국강상도 무덤의 위치를 가리키는 말이 아닐까 생각된다.

다음으로 가장 중요한 '광개토경廣開土境'이다. 이것은 말 그대로 넓은 땅을 새로 개척했다는 의미이다. 대제국을 건설한 최고의 정복왕에게 어울릴 만한 칭호이다. 그 뒤에 붙은 '평안平安'이란 말은 국내 정치를 표현한 것이다. 광개토왕의 치세가 평안했다는 뜻으로, 대외적인 정복 활동 못지않게 국내 정치가 안정되었다는 말이다.

마지막으로 '호태왕好太王'이다. 왕의 칭호 앞에 좋을 호好, 클 태太를 썼으니, 최고로 위대한 왕이라는 의미가 깃들어 있다. 그의 호태왕다운 면모는 연

맛있게 읽는 한국 고대사

광개토대왕릉 ⓒ이찬귀

호의 사용에서 그대로 드러난다. 연호란 연대를 표시하는 용
어이다. 오늘날 우리가 서력기원을 기준으로 서기 몇 년, 단군 조선의 창업을
기준으로 단기 몇 년 하는 식으로, 옛날에는 새로 나라를 세우거나 왕이 즉위
하면 새로운 연호를 사용하곤 했다.

　광개토왕은 우리 역사상 처음으로 영락永樂이란 연호를 썼다. 그래서 광개
토왕을 영락대왕이라 부르기도 한다. 알다시피 우리나라의 역대 왕조는 중국
왕조의 연호를 빌려 쓰곤 했다. 우리가 따로 연호를 썼다간 중국으로부터 강
력한 제재를 받기 일쑤였다. 당시 고구려가 독자적인 연호를 썼다는 것은 대
단한 자신감의 표현이 아닐 수 없다. 국강상광개토경평안호태왕, 그는 고구려
시대, 아니 우리 역사를 통틀어 가장 위대한 업적을 남긴 인물 중의 하나이다.
그럼, 지금부터 그가 열어 간 고구려의 빛나는 역사에 대해 알아보자.

6. 동북아시아를 호령한 고구려의 힘

백제를 응징한 남방 정벌

광개토대왕은 고국양왕의 아들로, 391년 처음 왕위에 올랐다. 그때 나이 18세, 요즘으로 치면 고등학교 2학년쯤에 해당하는 청년이었다. 그 나이에 어떻게 한 나라의 최고 권력자로서 왕 노릇을 했을까 의아할 수도 있다.

하지만 그는 태어나면서부터 남다른 영웅의 기질을 가지고 있었다. 기골이 장대했을 뿐 아니라 마음에 품은 뜻도 웅대했다. 그리하여 즉위와 함께 활발한 정복 활동에 나섰다.

제일 먼저 타깃이 된 것은 백제였다. 백제가 첫 번째 공격 목표가 된 데에는 이유가 있다. 광개토대왕릉비문을 보면 백제를 '백제百濟'라 하지 않고 '백잔百殘'으로 적었다. 제濟 자 대신 '해치다, 죽이다, 잔혹하다'는 뜻의 잔殘 자를 쓴 것이다. 백제에 대해 극도의 적대감을 드러낸 것인데, 이는 지난날 고국원왕이 평양성 전투에서 백제 군에게 죽임을 당했기 때문이다. 고구려는 오랫동안 원한을 품고 있다가 마침내 보복 공격을 감행했던 것이다.

광개토대왕은 즉위한 이듬해 두 차례에 걸쳐 백제를 공격했다. 고구려는 싸움에서 승리한 결과 10여 개의 성을 점령하고, 관미성을 함락했다. 관미성은 한강 하류에 있었던 것으로 추정되는데, 사면이 가파른 절벽인 데다 바닷물이 성 둘레를 감싼 천연의 요새였다. 광개토대왕은 이 요새를 일곱 방면으로 군사를 나누어 공격한 지 불과 20일 만에 점령했다. 전략 요충지를 잃어버린 백제로서는 큰 타격이 아닐 수 없었다.

백제는 이를 만회하기 위해 이후 여러 차례 고구려를 공격했다. 하지만 그때마다 번번이 광개토대왕의 고구려 군에 참패를 당하고 말았다. 거듭된 패전에도 굴하지 않고 백제가 침공을 계속하자, 광개토대왕은 대대적인 백제 정벌

에 나섰다. 광개토대왕릉비문에는 그 일을 이렇게 기록했다.

영락 6년396년, 왕이 친히 군대를 이끌고 가서 백제를 토벌했다. 백제의 군대를 물리치고 일팔성, 구천성 등의 성을 빼앗았다. 하지만 백제가 끝내 굴복하지 않고 감히 병력을 내어 전쟁을 일으키니, 왕께서 크게 노여워하며 정예 병력을 보내 한강을 건너가 도성을 포위 공격했다. 그러자 백제 왕은 다급한 나머지 남녀 포로 1,000명과 좋은 베 1,000필을 바치고, 머리를 조아리며 맹세하기를 "앞으로는 영원히 고구려의 노객신하이 되겠습니다"라고 말했다.

통구 12호 무덤 벽화 고구려 시대의 전투 상황을 보여 주는 장면이다. 완전 무장한 철갑 기병이 창을 잡고 적을 향해 달려 나가고 있고, 뒤쪽에는 말에서 내린 무사가 바닥에 엎어진 적을 칼로 내려치려 하고 있다. 싸움에서 패하면 이런 운명을 맞았을 것이다.

고구려는 백제를 철저히 응징하여 왕으로부터 항복 선언을 받아 낸 것이다. 이 승리의 결과, 고구려는 58개의 성과 700개의 촌락을 빼앗고, 백제 왕의 아우와 신하 열 명을 볼모로 잡아가는 전과를 올렸다. 이때부터 고구려는 서해안 지역을 포함하여 한강 이북의 땅을 대부분 차지하게 되었다.

하지만 고구려의 남방 정벌은 이것으로 끝나지 않았다.

> 영락 9년399년, 백제가 맹약을 어기고 왜와 서로 통했다. 왕께서 평양에 순시차 내려가니, 신라 사신이 와서 이렇게 고했다. "왜인들이 신라 영토에 가득 들어와서 성곽을 파괴하고 있습니다. 저희 신라를 고구려의 백성이라 여기시고 대왕께서 구원하여 주시길 바랍니다."

당시 신라는 고구려의 속국 노릇을 하고 있었다. 따라서 신라를 공격한다는 것은 고구려에 대한 공격이나 다름없었다. 이에 광개토대왕은 이듬해400년 5만의 군사를 보내 백제와 왜의 연합군을 격파하고, 내친 김에 가야 지역에까지 쳐들어갔다. 이로써 고구려는 백제와 신라, 왜, 가야 등의 세력을 완전히 제압하고 남방 정벌을 마무리 지었다.

5호 16국 시대와 북방 정벌

광개토대왕의 정복 활동은 크게 두 갈래이다. 하나는 앞서 얘기한 남방 정벌이고, 다른 하나는 고구려 서북쪽 지역의 여러 세력에 대한 북방 정벌이다. 광개토대왕의 북방 정벌이야말로 그의 여러 업적 가운데 최고로 빛나는 대목이라고 할 수 있다.

맛있게 읽는 한국 고대사

그런데 당시 북방 정벌이 큰 성과를 올릴 수 있었던 것은 광개토대왕의 탁월한 능력 못지않게 국제 정세가 한몫 거들었다. 그 무렵 중국은 후한이 멸망한 뒤 위, 촉, 오 삼국이 겨루던 시대를 지나 5호 16국 시대의 혼란기로 접어들었다. 5호란 흉노족, 갈족, 선비족, 저족, 강족을 가리키는데, 모두 중국에서 오랑캐로 취급하는 민족이다. 이 다섯 민족이 중국 땅에서 흥망성쇠를 거듭하며 열여섯 나라를 세웠다. 이를 일컬어 5호 16국 시대라고 한다. 연대기적으로 보면, 304년 흉노족이 전조前趙라는 나라를 세운 때로부터 선비족의 탁발씨가 세운 북위北魏가 중국 북부 지역의 패권자가 된 439년까지를 말한다. 당시 중국 북부는 이렇듯 5호가 맹위를 떨쳤고, 중국 남부에는 한족漢族이 쫓겨 내려가 동진東晉을 세웠다. 드넓은 중국 대륙에 강력한 통일 왕조가 없는 상태였다.

광개토대왕은 중국의 이런 혼란을 틈타 대대적인 정복 사업을 펼쳤다. 『삼국사기』에 따르면, 즉위 첫해에 거란을 정벌하여 남녀 500명의 포로를 데려오고, 그곳에 옮겨 가 살던 고구려인 1만 명을 설득하여 귀순시켰다. 하지만 비문에는 이를 영락 5년의 일로 기록했다. 비문에는 당시 고구려가 거란족의 하나인 비려를 공격하여 세 부락을 깨뜨렸는데, 소와 말, 양 등 사로잡은 가축이 이루 헤아릴 수 없이 많았다고 한다. 기록이 조금 다르긴 하지만, 거란 정벌에 나서서 큰 전과를 올린 것은 분명해 보인다.

거란에 이어 숙신 정벌에도 나섰다. 숙신은 읍루, 물길, 말갈로도 불리며 두만강 북동쪽 지역에 살던 민족이다. 영락 8년, 광개토대왕은 이곳에 군대를 파견하여 남녀 300여 명을 포로로 잡았고, 이때부터 숙신은 조공을 바치며 고구려에 복속했다.

영락 10년부터는 5호 16국의 하나였던 후연과의 질긴 싸움이 시작된다.

후연은 선비족 모용씨가 세운 전연이 멸망한 뒤, 그 일족인 모용수가 세운 나라이다. 당시 고구려는 후연에 사신을 보내 화친을 청했으나 후연에서는 고구려가 거만하다는 이유를 내세워 3만 명의 군사로 쳐들어왔다. 그리하여 신성과 남소성을 빼앗고, 700여 리의 땅을 점령하여 자기네 백성 5,000여 호를 이주시켰다. 당시 고구려는 신라의 요청으로 백제와 왜의 연합군을 쳐부수느라 후방에 대한 방어가 소홀할 때였다.

광개토대왕은 남방 정벌을 끝내자 곧바로 반격에 나섰다. 영락 12년, 후연에 대한 공격이 시작되었다. 이때 고구려는 빼앗긴 땅을 완전히 회복했을 뿐만 아니라 후연의 왕성 턱밑까지 쳐들어가 전략 요충지인 숙군성을 점령하는 큰 타격을 입혔다. 그 후 고구려는 영락 14년에 다시 한 번 후연을 공격하여 승리를 거두었다. 후연은 패배를 만회하기 위해 고구려를 공격했지만, 한 번도 성공하지 못하고 도리어 멸망하고 말았다. 고국원왕 때부터 고구려를 끊임없이 괴롭히던 선비족 모용씨의 나라는 광개토대왕에 의해 마침내 역사의 무대에서 사라지게 된 것이다.

마지막으로 북방 정벌에서 빼놓을 수 없는 것이 동부여 정벌이다. 비문의 영락 20년 기록에 따르면, 동부여는 옛날 추모왕의 속민屬民이었는데, 중간에 배신하고 조공을 바치지 않자 대왕이 직접 군대를 거느리고 토벌에 나섰다. 이때 고구려 군이 공격하여 격파한 성이 64개이고, 촌락의 수가 1,400개나 될 정도로 큰 승리를 거두었다.

동부여 정벌을 끝으로 광개토대왕은 영락 22년413년, 안타깝게도 39세의 한창 나이에 갑자기 세상을 떠나고 말았다. 그는 정복왕으로서 남방 정벌과 북방 정벌에 성공해 고구려의 중흥을 이루었으나, 그 후의 과제는 아들인 장수왕의 몫으로 넘어가게 되었다.

달라진 국제 정세와 장수왕의 양면 외교

한 나라가 대제국으로 커 나가기 위해서는 광활한 영토를 개척하는 것 못지않게 이를 잘 지켜 내는 것도 중요하다. 광개토대왕이 적극적인 정복 사업으로 영토를 크게 넓혔다면, 장수왕은 이를 지키고 가꾼 임금이다. 장수왕은 광개토대왕의 맏아들로서 왕위에 올랐으며, 아버지와 달리 98세까지 장수를 누렸다. 재위 기간만도 79년이나 된다. 장수長壽란 칭호가 붙은 것도 이런 까닭이다.

그는 아버지의 업적에 힘입어 고구려의 전성기를 이어 갔다. 북방의 유목 세

장수왕릉 고구려의 옛 도읍지였던 중국 길림성 집안현에 있는 무덤이다. 돌을 쌓아 만든 것으로 흔히 장군총이라 불린다. ⓒ이찬귀

력인 유연柔然과 함께 지두우地豆于족을 분할 점령하고, 후연을 뒤이어 들어선 북연北燕을 멸하여 그 땅을 차지하고, 거란의 8부 연맹 체제를 붕괴시키는 등 동북아시아 지역에서 고구려의 위세를 크게 떨쳤다. 하지만 장수왕 시기의 북방 정책은 대체로 활발한 정복 활동보다는, 국경을 안정시키는 일에 더 힘을 기울이는 것이었다. 이런 정책 변화는 당시의 국제 정세와도 관련이 있다.

439년, 북위가 흉노족이 세운 북량北凉을 멸망시켜 북중국을 통일하면서 5호 16국의 혼란이 수습되기 시작했다. 이 무렵 남중국에서는 동진이 망한 뒤 송宋→남제南齊→양梁→진陳의 한족 정권이 계속해서 흥망을 되풀이했다. 이렇듯 중국의 북쪽은 선비족이 세운 북위가, 남쪽은 한족 정권이 각각 독자

맛있게 읽는 한국 고대사

적 세력을 형성한 채 서로 대립했는데, 이때를 '남북조 시대'라고 한다. 남북조 시대는 589년 수나라가 중국을 완전히 통일할 때까지 계속된다.

이 시기에 중국은 혼란기를 벗어나 어느 정도 안정을 되찾았기 때문에 고구려의 팽창 정책은 한계에 부딪힐 수밖에 없었다. 서쪽으로 계속 팽창해 나갈 경우 북위와

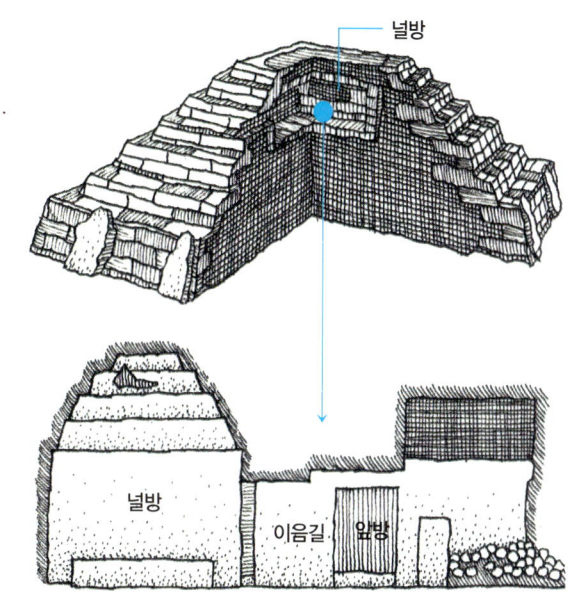

장수왕릉 널방 구조

충돌하는 일이 불가피했다. 당시 고구려의 국력으로 볼 때는 북위와 중원 대륙을 두고 자웅을 겨룰 수도 있었지만, 그러자면 두 나라는 존망이 달린 무모한 전쟁을 벌여야 했다.

장수왕은 그런 위험을 피하는 대신 지혜롭게 양면 외교 전술을 폈다. 즉 고구려와 국경을 접한 북위와 사신 왕래를 하며 평화를 유지하면서도, 다른 한편으로 남조의 국가들과 은밀히 외교 관계를 맺어 북위를 견제한 것이다. 이런 정책을 통해 고구려는 북쪽 변경 지역의 안정을 꾀할 수 있었다.

평양 천도와 남진 정책

고구려의 북방 정책이 외교를 통한 평화 노선이었다면, 남방 정책은 이와 사뭇 달랐다. 장수왕 대에 들어서서 어느 때보다 적극적인 남진 정책이 이루어

졌다. 고구려는 427년장수왕 15년에 도읍을 평양으로 옮겼다. 천도의 기본 목적은 남진을 위한 사전 포석이었으나, 한편으론 국내성 지역을 기반으로 삼은 옛 귀족 세력을 약화시키고, 평양 출신의 새로운 신진 관료를 등용함으로써 왕권의 강화를 노린 조치이기도 했다.

장수왕 42년에 마침내 공격이 시작되었다. 먼저 신라의 북쪽 변경을 침범하고, 이듬해에는 백제의 변경도 침입했다. 두 나라는 공동의 위기의식을 느끼고, 이때부터 동맹 관계를 맺어 고구려의 남진에 대처했다.

하지만 고구려의 남진을 막기에는 역부족이었다. 장수왕 56년, 고구려는 1만의 병사를 보내 신라의 실직주성현재의 삼척 지방을 공격해 빼앗았다. 계속해서 장수왕 63년475년에는 고구려 군 3만이 한강을 건너 백제를 공격했다. 다급해진 백제의 개로왕은 신라에 구원병을 요청했으나 미처 구원병이 도착하기

맛있게 읽는 한국 고대사

도 전에 승패가 결정 났다. 고구려 군의 거센 공격에 백제의 도읍인 한성이 불과 7일 만에 함락된 것이다. 이때 고구려는 개로왕을 죽이고 남녀 8,000명을 포로로 잡는 대승을 거두었다. 지난날 백제가 평양성 전투에서 고국원왕을 죽인 것에 대해 앙갚음을 했다고 볼 수 있다.

승리를 거둔 고구려는 한강 유역을 손에 넣었지만 남진의 고삐를 늦추지 않았다. 백제를 완전히 쳐부순 고구려는 다음 공격 목표로 신라를 잡았다. 장수왕 69년481년에 신라를 침략하여 수도 금성 바로 북쪽인 미질부까지 쳐들어 갔다. 곤경에 빠진 신라는 백제와 가야의 도움을 받아 겨우 고구려를 막아 냈다. 하지만 고구려는 장수왕 77년에 다시 신라의 북쪽 변경을 침략하여 일부 땅을 빼앗았다. 이 무렵 고구려의 영토는 남쪽으로 지금의 아산만과 영덕을 잇는 선까지 확장되었다. 광개토대왕과 장수왕 대의 고구려는 최고의 전성기를 이루며 우리 역사상 전에 없는 대제국을 건설한 것이다. 〉

수나라, 당나라와 벌인 대전쟁

고구려 대 중국, 두 천하관이 충돌하다

6세기 후반에 이르러 국제 정세는 다시 한 번 요동치기 시작했다. 수나라가 일어나 남북조 시대의 한 축인 북위를 멸망시키고, 그 여세를 몰아 589년에

통구 다섯 무덤의 4호 무덤 「해신과 달신」 해와 달을 상징하는 하늘 신의 모습이다. 해신은 남자, 달신은 여자의 얼굴인데, 이들이 마주 달려드는 듯한 모습이 박진감 있게 표현되어 있다. 대륙으로 뻗어 나가던 고구려의 힘과 하늘의 자손이라는 민족적 자부심을 함께 느낄 수 있는 장면이다.

남쪽의 진나라마저 무너뜨린 것이다. 그리하여 후한 멸망 후 위, 촉, 오의 삼국 시대와 5호 16국 시대, 남북조 시대에 이르는 약 400년 동안의 혼란과 분열에 종지부를 찍고, 마침내 중국에 통일 왕조를 세웠던 것이다. 이와 함께 고구려와 수나라 사이에는 서서히 전쟁의 기운이 무르익었다.

예로부터 중국은 자신들이 세상의 중심이라 여겼다. 그래서 주변의 모든 나라와 민족을 오랑캐라고 불렀으며, 그 오랑캐들은 중국을 본받고 떠받들어야 하는 존재였다. 중국의 입장에서 보자면, 우리나라 역시 동이족東夷族, 즉 동쪽 오랑캐에 지나지 않았다.

맛있게 읽는 한국 고대사

그렇다면 이런 중국식 천하관을 고구려인도 받아들였을까? 천만의 말씀이다. 중국에서 황제를 천자天子, 하늘의 아들라 불렀듯이, 고구려인도 스스로를 선택받은 신의 자손이라 생각했다. 주몽의 건국 신화에서 보듯 고구려는 하늘이 내린 임금의 자손이라는 의식이 뚜렷했다. 광개토대왕의 비문을 보면, 주몽을 일컬어 '하늘나라 황제의 아들天帝之子'이라 했고, 그의 신하였던 모두루의 무덤 글에서도 주몽을 '해와 달의 아들日月之子'로 분명하게 못 박아 놓았다. 따라서 고구려가 천하의 중심이며, 백제와 신라를 포함하여 거란, 숙신 등 동북방의 여러 민족은 고구려를 받들어야 한다고 믿었다.

이런 독자적인 천하관은 아마도 광개토대왕과 장수왕 대에 고구려가 동북아시아의 최강자로 군림하며 확고하게 다져졌을 것이다. 그래서 주변의 다른 나라와 민족들이 중국에 허리를 굽힐 때에도 고구려만은 호락호락 고개를 숙이지 않은 것이다. 중국은 이런 고구려를 굴복시키기 위해 엄청난 물량을 쏟아 부으며 전쟁을 벌였다. 그것이 바로 고구려와 수나라, 고구려와 당나라 간의 대전쟁이다. 수, 당과 벌인 전쟁은 서로 힘의 세기만을 겨룬 것이 아니라, 중국 중심의 천하관과 고구려의 독자적 천하관이 정면충돌한 것이라고 할 수 있다.

수나라의 1차 침입

수나라의 등장은 고구려를 바짝 긴장시켰다. 수나라의 침략을 예상한 고구려는 전쟁 준비를 서둘렀다. 무기를 새로 손질하고 군사를 훈련하는 한편, 전쟁에 필요한 식량을 차곡차곡 비축했다. 수나라는 이 같은 고구려의 움직임을 염탐하기 위해 사신을 보냈다. 하지만 이를 눈치 챈 고구려에서는 그들을 빈

수나라 문제

관사에 앉혀 놓고 꼼짝도 못하게 하여 아무런 사정도 살필 수가 없었다. 당시 수나라 황제였던 문제文帝는 이에 격분한 나머지 국서를 보내 '장수 하나만 보내도 충분히 응징할 수 있다'며 으름장을 놓았다. 그러나 고구려는 눈도 꿈쩍하지 않았다.

이제 전쟁은 더 이상 피할 수 없는 상황이 되었다. 고구려는 기선을 제압하기 위해 먼저 공격을 가했다. 영양왕 9년598년 2월, 고구려는 1만의 군사를 이끌고 요서 지방의 요충지인 영주로 쳐들어갔다. 당시 영주 총관으로 있던 위충이란 자의 저항에 부딪혀 고구려는 별다른 성과 없이 퇴각하고 말았으나, 이 싸움은 두 나라의 운명을 결정짓는 전쟁의 도화선이 되었다.

수나라 문제는 고구려의 선제공격에 자극을 받아, 마침내 그해 6월에 군사를 일으켰다. 육군은 임유관을 나와 요동 지방을 공격하고, 수군은 산동 반도에서 서해를 건너 평양성으로 쳐들어갈 계획이었다. 수륙 양면 작전에 동원

맛있게 읽는 한국 고대사

된 군사는 30만에 이르는 대군이었다.

하지만 고구려와 수나라의 1차 전쟁은 매우 싱겁게 끝났다. 수나라는 싸움다운 싸움 한 번 못 해보고 그해 9월 군대를 돌리고 말았다. 중국 쪽 기록을 보면, 장마를 만나 군량미 수송이 끊겨 군사들이 굶주림에 시달렸으며, 엎친 데 덮친 격으로 전염병까지 돌았다고 한다. 또 수군은 바다를 건너 평양성으로 오다가 풍랑을 만나 배를 거의 잃어버렸으며, 이때 열 명 중 여덟아홉 명이 죽었다.

그러나 역사가들 사이에는 이 기록을 곧이곧대로 믿을 수 없다는 분위기가 팽배하다. 30만의 대군이 자연재해를 만나 3개월여 만에 그냥 되돌아갔다는 게 어딘지 미심쩍기 때문이다. 어쩌면 당시 고구려 군에 대패한 수나라가 이 수치스러운 사실을 숨기기 위해 일부러 자연재해를 핑계로 삼은 것이 아닐까 추측하고 있다. 일제 강점기의 민족사학자인 단재 신채호의 주장에 따르면, 이 전쟁에서 큰 공을 세운 장수의 이름은 강이식姜以式이며, 당시 고구려 군은 수나라 군사의 출발지인 임유관 유역에서 맞붙어 큰 승리를 거두었다. 하지만 안타깝게도 다른 역사책에 이런 사실이 전하지 않아 아직까지 인정을 받지 못하는 실정이다.

청야 전술을 펼쳐라!

1차 전쟁 이후 고구려와 수나라 사이에는 10여 년간 평화가 지속되었다. 그러나 수 문제가 죽고, 그 아들 양제가 즉위하면서 다시 전운이 감돌기 시작했다. 그는 아버지 때의 실패를 거울삼아 5년 가까이 철저히 전쟁 준비를 했다.

그리하여 611년 2월, 고구려 정벌을 선포하고 전국에 동원령을 내렸다. 당

수나라 양제

시 수나라 백성들 사이에서는 이 전쟁에 대해 적잖은 반발이 있었던 모양이다. '요동에 가서 개죽음을 당하지 말자'는 노래가 유행할 정도로 말이다. 하지만 양제는 이를 무시한 채 전쟁을 강행했다. 사정이 이렇다 보니, 각지의 군사들과 병장기를 고구려 원정의 전진 기지였던 탁군으로 끌어모으는 데 꽤 오랜 시간이 소요되었다.

우여곡절 끝에 612년 정월, 수나라 원정군은 탁군을 출발하여 드디어 본격적인 고구려 침략에 나섰다. 이때 수나라 군사의 규모는 실로 어마어마했다. 총 병력이 113만 3,800명으로, 보통 200만 대군이라 일컫는다. 여기에 군량이나 군수 물자를 운반하는 보급 부대를 합치면 300만~400만을 헤아리는 엄청난 규모였다. 수 양제는 자신이 직접 거느리는 군대를 빼고 좌, 우 각기 12군씩 24군을 편성하여 우문술, 우중문을 대장군으로 삼아 군대를 지휘하게 했다. 이 군사들이 고구려를 향해 출발하는 데만도 40일이나 걸렸으며, 총 대열의 길이가 960리에 이를 정도였다고 한다. 역사책에는 이를 두고 "예나 지금이나 이처럼 장대한 출정은 없었다"라고 기록하고 있다.

수나라의 작전은 1차 전쟁 때와 마찬가지로 수륙 양면 공격이었다. 육군은 속전속결로 요동을 지나 평양으로 온 다음, 바다를 건너온 수군과 힘을 합쳐 왕성을 무너뜨린다는 계획이었다. 그러나 이 계획은 처음부터 차질을 빚었다. 수나라 군대는 요하를 건널 때부터 고구려 군의 반격으로 여러 명의 장수가

맛있게 읽는 한국 고대사

전사하는 타격을 입었으며, 가까스로 요하를 건너 요동성을 포위했지만 결국 여기서 발목이 묶이고 말았다. 고구려 군이 전략 거점인 요동성에 웅크린 채 시종일관 수성전을 펼쳤기 때문이다. 수나라 군은 양제의 직접 지휘 아래 계속해서 공격을 퍼부었지만 성은 꼼짝도 하지 않았다.

　　당시 고구려의 방어 전략은 청야淸野 전술이었다. 말 그대로 풀이하면 들판을 깨끗이 한다는 뜻이다. 쉽게 말해, 적군이 쳐들어오기 전에 곡식 한 알 남김없이 들판을 말끔히 비워 놓는 것이다. 그러면 멀리서 온 적의 군대와 말이 굶주림에 허덕이게 되기 때문이다. 그사이 고구려 군사는 험한 산성에 틀어박혀 수나라 군사들이 지치기만을 기다렸다가, 이윽고 그들이 물러나기 시작하면 총공세를 퍼붓는 것이다. 수나라의 대군을 무력화시키기 위해 벌판에서의 정면 대결을 피했던 것이다.

을지문덕 장군의 살수대첩

한편 이 무렵 내호아가 이끄는 수군은 대동강 어귀에 닿아 있었다. 육군이 요동 지역에서 더 이상 전진을 못하자, 수군이 단독 작전에 들어간 것이다. 내호아는 4만의 정예 부대를 이끌고 평양성으로 진격해 들어갔다. 그러나 고건무뒷날의 영류왕가 이끄는 고구려 군에 대패하고 말았다. 이 패배로 수군은 거의 궤멸 상태에 이르렀다.

　　수 양제는 몹시 초조했다. 석 달이 지나도록 요동성에서 한 발짝도 더 나아가지 못한 데다 수군마저 패하자 전략을 수정할 수밖에 없었다. 요동성을 계속 공략하되, 30만 대군의 별동 부대를 따로 조직하여 곧바로 평양성으로 진격하게 한 것이다. 우문술, 우중문이 이끄는 별동 부대가 평양을 향해 육박해 들어

오자 고구려는 상황이 다급해졌다.

　고구려의 명장 을지문덕은 압록강을 사이에 두고 수나라 대군을 맞았다. 그는 수나라 군영으로 몸소 들어가 거짓으로 항복하는 체하며, 적의 규모와 허점을 몰래 살폈다. 그런 다음 재빨리 그곳을 탈출하는 데 성공했다.

　수나라 별동 부대는 큰 문제를 안고 있었다. 청야 전술로 고구려 땅에서 식량을 구할 수 없게 되자, 수나라 군사들은 출발 당시 100일분의 식량과 무기 등을 각자 지고 가야 했다. 하지만 이때는 무더운 여름이라 맨몸으로 걷기도

맛있게 읽는 한국 고대사

힘든 판에 무거운 짐까지 지게 되자, 행군 도중 식량을 버리는 일이 속출했다. 식량을 버리면 참형에 처한다는 군령을 내렸지만 막을 수가 없었다. 시간이 흐를수록 병사들은 굶주림에 시달렸다.

　다급해진 수나라의 별동 부대는 압록강을 건너 을지문덕의 뒤를 쫓았다. 을지문덕은 적을 유인하는 작전을 펼치며 싸울 때마다 번번이 패해 달아났다. 하루에 일곱 번을 싸워 일곱 번을 져 주며 계속 적을 끌어들였다. 그러는 한편 수나라 군대가 쳐들어오는 길목마다 백성들을 모두 성안으로 옮기고, 가축이나 식량을 감추었다. 심지어 먹는 우물마저 메워 버렸다. 수나라 군은 곧 승리할 것처럼 고구려 군을 뒤쫓았지만 그럴수록 점점 지쳐 갈 따름이었다.

이윽고 수나라 군대는 평양성 근처 30리 지점까지 깊숙이 쳐들어왔다. 이 때 을지문덕 장군은 우중문에게 시 한 수를 써서 보냈다. 시를 본 우중문은 기겁을 하고 놀랐다.

그대의 귀신같은 책략은 하늘의 이치를 꿰뚫었고 神策究天文

신묘한 꾀는 땅의 이치를 다했도다. 妙算窮地理

지금까지 싸움마다 이긴 공이 이미 높으니 戰勝功旣高

이제 만족함을 알고 돌아가길 바라노라! 知足願云止

언뜻 시를 보면 한껏 칭찬하는 것 같다. 그러나 그 뜻을 곰곰 뜯어보면 우중문을 은근히 조롱하고 비꼬는 내용이다. 한마디로 '네 실력으로 그 정도면 잘 싸웠으니, 나한테 크게 한 방 먹기 전에 어서 돌아가시지!' 하는 말이다.

그제야 우중문은 을지문덕의 꼬임에 빠졌다는 것을 깨닫고, 허겁지겁 군사를 뒤로 물리기 시작했다. 하지만 이미 때는 늦었다. 고구려 군은 후퇴하는 수나라 군대를 향해 총공격을 퍼부었다.

마침내 수나라 군대가 살수지금의 청천강에 이르렀다. 강을 반쯤 건넜을 때 을지문덕은 미리 막아 두었던 강둑을 터뜨렸다. 그 바람에 수나라 군사들은 거센 물살에 휩쓸렸다. 겨우 물살을 피해 도망한 군사들은 고구려 군의 칼과 화살에 목숨을 잃었다. 이 싸움에서 수나라의 30만 별동 부대는 거의 전멸하고 말았다. 30만 중에 살아 돌아온 자가 2,700여 명이었다고 하니, 100명 중 겨

맛있게 읽는 한국 고대사

우 한 명이 살아남은 꼴이다. 용감무쌍한 고구려 군대와 뛰어난 전술이 빚어 낸 빛나는 승리였다.

수 양제는 처참한 패배에도 고구려 정벌의 야욕을 버리지 못한 채 613년과 614년 연거푸 3차, 4차 침입을 시도했지만 모두 실패하고 말았다. 그뿐 아니라 잇단 전쟁으로 백성들의 불만이 높아지고 각지에서 반란이 일어났다. 결국 수나라는 고구려와의 싸움에 너무 힘을 낭비한 나머지, 민심의 이탈과 내부의 반란으로 당나라에 의해 멸망하고 말았다.

당 태종과 연개소문의 대립

당나라가 들어선 뒤, 두 나라 사이에는 평화가 찾아들었다. 여기에는 그럴 만한 이유가 있다. 당 고조 이연은 건국 후 나라의 안정이 필요했으며, 수나라의 패망을 교훈 삼아 섣불리 고구려를 넘볼 생각이 없었다. 고구려 역시 비록 승리를 거두긴 했지만 오랜 전쟁으로 몹시 지친 터라 숨을 돌릴 틈이 필요했다. 그리하여 두 나라는 우호 관계를 맺고 화친을 도모했으며, 이에 따라 수나라와의 전쟁 당시 생겨난 포로를 서로 교환하기도 했다.

하지만 양국의 우호 관계는 그리 오래 지속되지 않았다. 당나라를 세운 이연이 죽고, 그의 아들 태종이 왕위에 오르자 사정이 달라진 것이다. 태종 이세민은 원래 둘째 아들이었으나 태자였던 형과 아우를 죽이고 왕이 된 사람이다. 자신의 야망을 채우기 위해 형제를 죽였으니 비난을 받기에 충분한 인물이다. 하지만 그가 다스린 시기를 '정관의 치貞觀之治'라고 하여 중국 역사상 대단히 훌륭한 치세를 이룬 것으로 칭송하고 있다. 태종은 국내 정치를 안정시키는 한편, 북쪽의 강력한 세력이던 돌궐을 완전히 제압하고, 서역의 토번과

당나라 태종

고창국을 정벌하여 세력을 크게 확대했다.

고구려는 크게 긴장하지 않을 수 없었다. 장차 닥칠지 모를 전쟁에 대비하여, 고구려는 16년간에 걸쳐 동북의 부여성에서 시작하여 동남의 발해만을 잇는 천리장성을 쌓았다.

양국의 긴장이 높아지는 가운데, 고구려 내부에선 당에 대한 온건파와 강경파 사이에 적잖은 갈등이 일어났다. 당시 고구려를 다스리던 임금은 영류왕이었다. 그의 기본 노선은 외교적 타협을 통해 당과의 전쟁을 피하자는 쪽이었다. 그러다 보니 당나라의 환심을 사기 위해 다소 굴욕적인 모습을 보였다. 최고의 군사 기밀이라 할 수 있는 고구려 강역을 그린 지도를 바치는가 하면, 수나라를 이긴 전승 기념탑 성격의 시설물인 '경관京觀'을 당의 요청에 의해 헐어 버리기도 하고, 왕위를 이을 태자를 직접 당나라에 사신으로 보내 조공을 바치기도 했던 것이다. 강경파는 이런 일련의 조치들을 매우 치욕스럽게 여겼다. 그 대표적인 인물이 바로 연개소문이다. 그는 영류왕을 중심으로 한 온건파의 태도에 큰 불만을 품었다.

그러던 차에, 영류왕 25년642년 연개소문은 천리장성 축조의 감독을 맡게 되었다. 이때 연개소문은 왕과 온건파 대신들이 자신을 비밀리에 죽이려 한다는 사실을 알아채고, 오히려 한발 먼저 손을 써 군사 쿠데타를 일으켰다. 그는 자신의 세력을 모아 군대 사열식을 한다는 핑계를 대고 손님을 불러들여 그

맛있게 읽는 한국 고대사

자리에서 100여 명의 대신을 죽이고, 궁궐로 들어가 영류왕마저 살해했다. 그러고는 보장왕을 새 왕으로 앉힌 다음 완전히 정권을 장악했다. 그 후 고구려와 당의 대립은 더욱 날카로워졌다. 연개소문이 당에 대해 노골적인 강경 노선을 취했기 때문이다.

침략의 명분과 초기의 승승장구

당 태종은 마침내 군사를 일으켜 고구려 침략에 나섰다. 당시 내건 명분은 두 가지였다. 첫 번째는 임금을 시해한 연개소문을 단죄한다는 것이었다. 하지만 이것은 천하가 비웃을 억지 소리였다. 형과 아우를 죽이고 왕위에 오른 당 태종이 이런 말을 한다는 것 자체가 어불성설이니 말이다. 두 번째는 신라에 대한 공격을 멈추라는 것이었다. 그 무렵 고구려는 신라를 적대시하여 여러 차례 공격을 가했다. 수와의 전쟁 당시 백제가 중립을 지킨 것과 달리, 신라는 고구려를 후방에서 괴롭혔기 때문에 이에 대한 보복 공격이었다. 궁지에 몰린 신라가 당나라에 도움을 청하자, 당나라가 이에 응하여 고구려에 공격 중지를 요구한 것이다.

그러나 당 태종이 겉으로 내세운 명분 외에 실제 침략 이유는 따로 있었다. 고구려 정벌에 나서면서 그가 신하들에게 한 말이 바로 그것이다.

"고구려가 차지한 요동 지역은 본래 중국 땅인데, 수나라가 네 번이나 군사를 출동시켰지만 이를 되찾지 못했다. 내가 지금 정벌에 나서는 것은 수나라의 원수를 갚고, 억울하게 죽은 고구려 임금영류왕의 원한을 씻어 주기 위한 것이다. 또 사방의 오랑캐들이 크게 평정되었는데, 오직 고구려만이 굴복하지 않으니, 내가 늙기 전에 이를 취하려는 것이다."

한마디로 고구려의 기세를 꺾어 중국의 자존심을 세우겠다는 말이다.

당 태종은 이런 야심을 품고 645년 고구려로 침략해 들어왔다. 당시의 병력이 얼마였는지는 기록에 나오지 않지만 수나라의 대군 못지않게 큰 규모였을 것으로 짐작된다. 당 태종은 전 왕조인 수나라의 처참한 패배를 익히 알고 있는 터라, 교묘한 기습 작전을 썼다. 『삼국사기』에는 이때의 진격 방향에 대해 이렇게 기록하고 있다.

이세적이 이끄는 선발 부대는 유성을 출발하면서 깃발을 나부끼고 형세를 과장하여 마치 회원진으로 향하는 것처럼 위장했다. 그러고는 비밀리에 북쪽 샛길로 빠져 통정진에서 요하를 건넜다. 당나라 군대가 미처 예상치 못한 곳으로 진군해 오자, 고구려는 크게 놀라 성읍마다 성문을 굳게 닫고 수비 태세에 들어갔다.

당나라 군은 수나라와 달리 군대의 규모만 믿고 무턱대고 쳐들어간 것이 아니라, 우회 작전을 펼친 것이다. 고구려가 이에 당황하는 사이, 4월 초순 당나라 군은 고구려 서북쪽 신성에 도착하여 성을 포위했다. 하지만 고구려 군의 거센 저항에 부딪혀 별다른 승리를 거두지는 못했다. 그러자 당나라 군은 진로를 바꾸어 더 남쪽의 개모성 공격에 나섰다. 고구려 군은 성을 지키기 위해 안간힘을 썼지만 함락되고 말았다. 이 싸움에서 당나라 군은 1만 명의 포로와 10만 석의 곡식을 빼앗는 전과를 올렸다.

승리의 여세를 몰아 이번에는 고구려 서북방 최대의 요충지인 요동성을 포위 공격했다. 이때는 당 태종이 이끄는 주력 부대가 합류하여 당나라 군은

맛있게 읽는 한국 고대사

더욱 기세가 올랐다. 고구려는 위기에 빠진 요
동성을 구하기 위해 신성과 국내성에서 차출한
군사 4만을 급히 보냈다. 하지만 당나라 군은
이를 물리치고 요동성을 향해 더욱 세찬 공격
을 퍼부었다. 고구려 군은 죽을힘을 다해 당나

삼실총 벽화 「성곽 전투」 성곽을 둘러싸고 벌어진 전투 장면을 묘사한 고구려 벽화이다. 그림 왼쪽에 지그재그 형태의 성곽이 보이고, 오른쪽에는 갑옷으로 무장한 두 기마병이 창을 겨누며 싸우고 있다.

라 군에 맞서 싸웠지만 5월 하순 요동성은 결국 함락되고 말았다. 이 싸움에서 고구려는 1만 명의 군사가 전사하는 피해를 입었다.

한편 당나라 군은 1만의 군대와 남녀 백성 4만 명을 포로로 잡고, 50만 석의 군량을 빼앗았다. 전쟁을 시작한 이래 최고의 전과를 올린 것이다. 요동성 함락의 여파로 백암성이 스스로 당나라 군에 항복했으며, 요동 반도 남단의 비사성도 당나라 수군에 점령되었다.

안시성의 마지막 혈투

당 태종은 연이은 승리에 고무되어 마지막 운명의 결전지인 안시성으로 육박해 들어갔다. 고구려는 다급해졌다. 안시성을 빼앗기면 요동 반도가 거의 당나라의 손아귀에 들어갈 판이었다. 그래서 고연수와 고혜진에게 명하여 급히 15만 명을 거느리고 가서 안시성을 구원하게 했다. 이때 고구려 군 내에서 전투 경험이 많은 장수 하나가, '지구전을 펴면서 적의 보급로를 끊어 군량이 떨어지면 공격하자'고 제안했다. 하지만 고연수가 이를 무시한 채 정면 승부를 펼치다 참패하고 말았다.

당나라 군은 고립무원에 빠진 안시성을 향해 본격적인 공격에 들어갔다. 안시성에서는 군사들과 백성들이 힘을 똘똘 뭉쳐 당나라 군사에 대항해 용감하게 싸웠다. 당나라 군의 줄기찬 공격에도 성이 호락호락 넘어가지 않자 당 태종은 마음이 조급해졌다. 그래서 이번에는 작전을 바꾸어, 성안을 굽어볼 수 있는 높은 흙산을 쌓게 했다. 무려 두 달에 걸쳐 50만 명을 동원한 엄청난 공사였다. 흙산이 완성되자 안시성에는 크나큰 위협이 아닐 수 없었다.

이때 뜻하지 않은 사태가 일어났다. 높은 흙산이 무게를 견디지 못해 무너지면서 성의 일부를 덮친 것이다. 그 바람에 성 한쪽이 허물어졌으나 고구려 군은 오히려 이 틈을 놓치지 않고 재빨리 돌진하여 흙산을 점령해 버렸다. 당나라 군은 이 흙산을 다시 빼앗기 위해 3일간 총공세를 펼쳤으나 끝내 실패하고 말았다. 당 태종은 결국 안시성을 포기한 채 9월 18일 철군을 결정했다.

그런데 당시의 철군 이유에 대해서는 다소 미심쩍은 부분이 있다. 역사 기록에는 "요동 지방은 일찍 추워지므로 풀이 마르고 물이 얼어 병마가 오래 머물 수 없고, 또한 양식이 다 떨어져 갔기 때문에 군사를 거두었다"라고 했다.

그러나 양식이 부족했다는 것은 앞서 당나라 군이 개모성과 요동성에서 무려 60만 석이라는 엄청난 군량을 빼앗은 걸 감안할 때 잘 이해가 되지 않는 대목이다. 아마도 당시의 승전 기록이 크게 과장되었거나, 기록에는 없지만 고구려 군에 패하여 다시 빼앗겼다고 볼 수밖에 없다.

그렇다면 당나라 군대가 철수할 수밖에 없었던 진짜 이유는 무엇일까? 단재 신채호는 『조선상고사』에서 색다른 주장을 폈다. 즉 이 무렵 연개소문이 오늘날의 북경 북쪽에 있는 상곡 지방을 공격했다는 것이다. 이 주장은 상당히 타당성이 있는 것으로 보인다. 당나라 군이 안시성에 발목이 잡혀 있는 동안 고구려 군이 중국 내부를 공격했다면, 당 태종은 허를 찔린 꼴이라 부랴부라 퇴각할 수밖에 없었을 테니까 말이다.

어쨌거나 당나라 군은 안시성 패전을 계기로 퇴각하기 시작했다. 이때 당 태종은 안시성주 양만춘에게 비단 100필을 보내 그의 용맹함을 치하했고, 연개소문에게는 활과 옷을 보냈다고 한다. 중국 황제로서 마지막 자존심과 위엄을 보이려는 의도였을 것이다. 그러나 그의 후퇴 과정을 보면 이런 여유를 부린 것이 사치다 싶을 정도로 처참했다.

당 태종이 선택한 길은 요하 하류였는데, 이곳은 늪지대가 많아 사람이나 말이 지나기에 아주 힘들었다. 그래서 길을 만들기 위해 풀과 나무를 베어 진흙을 메우고, 물이 깊은 곳에서는 수레를 이어 다리로 삼았다. 그런 가운데 바람과 눈보라가 몰아쳐 수많은 군사들이 얼어 죽었다. 황제인 당 태종 스스로 일을 돕기 위해 직접 말채찍 끈을 풀어 섶나무를 묶었다고 하니, 일개 사졸들의 고초야 더 말할 것도 없었을 것이다.

아마도 당 태종은 이런 험한 길을 택해 후퇴할 수밖에 없을 만큼 급박한 상황에 몰렸던 것 같다. 하지만 이것에 관한 기록은 어디에도 보이지 않는다. 당나라가 패전의 치욕을 감추기 위해 일부러 역사 기록을 왜곡하여 자신들의 작은 승리는 크게 부풀리고, 반대로 패배한 사실이나 고구려 군의 활약상은 거의 기록하지 않았다는 의심을 받는 것은 이 때문이다.

그 후 당 태종은 패전의 한을 씻기 위해 여러 차례 군사를 보내 요동을 공격했고, 또다시 전면전을 준비하다가 끝내 죽음을 맞고 말았다. 전쟁을 치른 지 4년 만의 일이다. 그는 죽으면서 다음 황제에 오를 아들에게 고구려 정벌을 중지하라는 유언을 남겼다. 평소에도 그는 고구려 정벌을 후회하면서 "만약 위징이 살아 있었다면 나에게 이 원정을 하지 못하게 했으리라" 하고 탄식했다고 한다. 위징은 옳은 소리를 잘하던 훌륭한 신하로 이 무렵에는 죽고 없었다. 결국 불세출의 영웅으로 칭송받던 당 태종마저도 고구려 앞에서는 기세가 꺾이고 만 것이다.

전쟁의 두 영웅,
을지문덕과 양만춘

살수대첩은 강감찬의 귀주대첩, 이순신의 한산도대첩과 더불어 외적의 침략으로부터 나라를 지켜낸 3대 대첩 중 하나이다.

그런데 살수대첩의 주인공 을지문덕은 철저히 장막에 싸여 있다. 태어난 곳이 어디인지도 정확지 않다. 평양의 석다산 사람이라는 기록이 있지만, 믿을 수가 없다. 그뿐만 아니라 성이 '을'인지, '을지'인지도 확실치 않다. 중국 쪽 기록에는 을지乙支가 아니라 '울지尉支문덕'으로 나오는데, '울지'는 북방 민족인 선비족의 성씨이다. 이 때문에 을지문덕이 원래 선비족이었다가 나중에 고구려로 넘어온 사람이 아닐까 짐작하기도 하지만 알 수 없는 일이다.

또한 을지문덕은 살수대첩 이후 역사 기록에 전혀 등장하지 않는다. 전쟁 뒤에 갑자기 죽었거나 정치적으로 숙청되었기 때문이라는 추측이 있지만, 이 역시 알 수 없는 노릇이다.

이런 점에서는 안시성 전투의 영웅인 양만춘도 마찬가지이다. 아니, 양만춘은 심지어 역사책에 이름조차 나오지 않는다. 안시성 전투를 기록한 『삼국사기』에는 그 성주의 이름을 모른다고 쓰여 있다. 다만 조선 중기에 송준길이 쓴 『동춘당 선생 별집』과 조선 후기에 박지원이 쓴 『열하일기』에 안시성주의 이름이 양만춘이라고 나올 뿐이다.

　　어째서 그런 큰 전쟁을 치른 주인공의 이름이 역사책에 실리지 않은 것일까? 아마도 당나라는 역사를 기록하면서 자신들에게 커다란 치욕을 안겨 준 고구려의 명장 양만춘의 이름을 일부러 누락했을 가능성이 높다. 김부식이 『삼국사기』를 쓸 때에도 대부분 중국 쪽의 역사 자료를 참고하여 전쟁을 기록했기 때문에 당연히 그 이름을 알지 못했을 것이다. 그래서 양만춘의 이름은 입에서 입으로 전해졌던 것이다. 이런 차원에서 본다면, 당 태종이 양만춘이 쏜 화살에 한쪽 눈이 멀었다는 얘기가 비록 기록에는 나오지 않지만 진정한 역사적 사실일 수도 있다.

해상 왕국 백제의 영광과 좌절

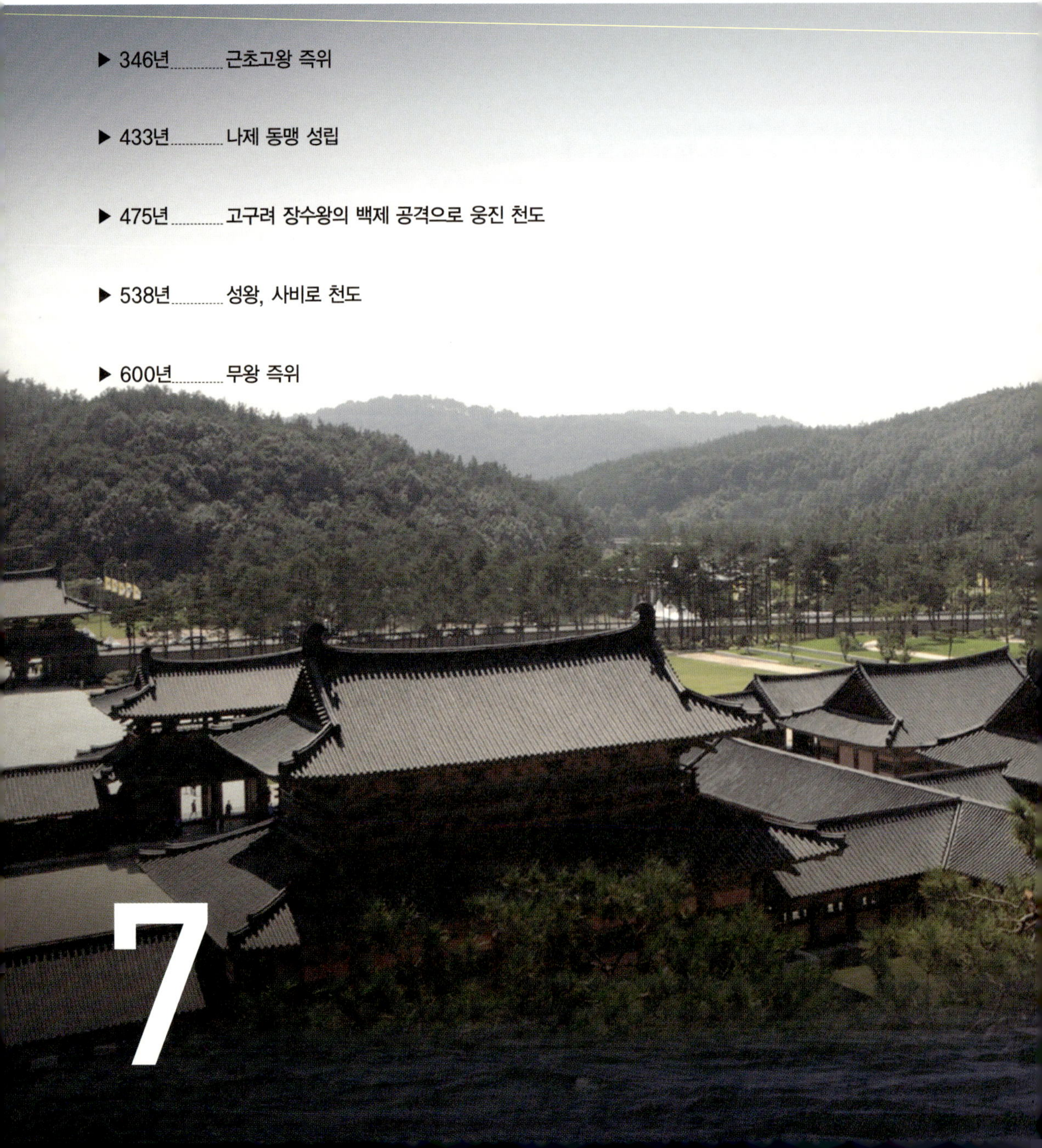

▶ 346년........ 근초고왕 즉위

▶ 433년........ 나제 동맹 성립

▶ 475년........ 고구려 장수왕의 백제 공격으로 웅진 천도

▶ 538년........ 성왕, 사비로 천도

▶ 600년........ 무왕 즉위

7

백제가 위치한 곳은 한반도 서남부 지역이다. 이곳은 굴곡이 많은 해안을 끼고 있어서 해상 진출이 쉬웠다. 백제는 이런 유리한 조건을 바탕으로 하여 일찍부터 해양 국가로 발돋움했다. 초기 백제의 해상 활동은 중국 대륙과 일본 열도를 양대 축으로 전개되었다. 하지만 6세기 무렵에는 백제−북규슈−오키나와−대만 해협−필리핀 군도에 이르는 항로를 개척했으며, 여기서 다시 인도차이나를 거쳐 인도에까지 갈 정도로 발달한 항해술을 가지게 되었다. 이런 해상 능력은 백제의 대륙 진출로까지 이어졌다. 비록 아직까지 풀리지 않은 수수께끼로 남아 있지만, 백제의 요서 경략설은 이런 힘의 밑바탕 위에서 가능했다고 볼 수 있다. 그러나 해상 왕국 백제의 역사는 그리 평탄치 않았다. 백제는 삼국 가운데 유난히 도읍을 많이 옮겼다. 처음의 한성에서 웅진으로, 다시 웅진에서 사비로 말이다. 게다가 실패로 끝난 마지막 익산 지역으로의 천도 계획까지 합치면 무려 네 차례나 된다. 이것은 백제가 그만큼 역사의 시험대 위에 많이 올랐다는 얘기이다. 도읍을 옮길 때마다 백제의 역사는 심하게 요동쳤으니까 말이다. 그럼, 각 도읍기에는 어떤 영광과 좌절이 있었는지 살펴보자. //////////////////////////////
\\
///

근초고왕과 한성 도읍기의 영광

고구려와의 대결

백제는 처음 한강 유역의 위례성에 도읍을 정했다. 이때부터 웅진으로 천도하기까지 약 500년간이 한성 도읍기에 해당한다. 물론 그사이 왕성의 위치는 약간씩 변했다. 온조왕 13년에 하북 위례성에서 하남 위례성으로 옮겼고, 근초고왕 26년에 다시 한산으로 옮겼다는 기록이 있다. 비록 위치 변동이 있긴 했지만, 왕성이 오늘날 서울 지역인 한성의 범위를 크게 벗어나지 않았기 때문에 이를 통틀어 한성 도읍기라고 하는 것이다.

백제의 13대 왕인 근초고왕 재위 346~375년은 한성 시대를 가장 화려하게 빛낸 임금이다. 그는 고이왕 이후 국가적 과제였던 중앙 집권 국가의 기반을 확고히 다졌다. 북부의 유력 집단인 진씨 세력과 손잡고 왕실을 더욱 강화하는 한편, 담로제를 실시하여 지방을 직접 지배하기 시작했다. 담로란 읍邑을 뜻하는 백제 말로, 지방 행정 구역의 단위인 셈이다. 당시 백제는 22담로의 지방 통치 조직을 두고 왕자나 왕족을 보내 다스렸다.

근초고왕은 이런 내부의 체제 정비를 바탕으로 하여 그 힘을 밖으로 분출했다. 고구려에 광개토대왕이 있다면, 백제에는 근초고왕이 있다고 할 만큼 그는 정복 군주로서 혁혁한 공적을 남겼다.

근초고왕의 정복 활동은 크게 세 방향으로 전개되었다. 첫 번째는 남쪽으로 마한의 나머지 세력을 병합하여 전라도 지역까지 지배 영역을 확대했고, 두 번째는 동남쪽의 낙동강 유역까지 진출하여 가야 세력을 영향권 아래 두었으며, 세 번째는 북으로 고구려와의 대결에서 승리하면서 지금의 황해도 지역까지 세력을 뻗쳤다. 이 중 근초고왕의 정복 사업으로 특히 돋보이는 것은 세 번째이다.

백제와 고구려가 대결하기 시작한 것은 4세기 중엽부터이다. 두 나라 사이에 완충 지대로 존재하던 중국의 군현 세력인 낙랑군과 대방군이 쫓겨나면서 국경을 접하게 되었기 때문이다. 당시 고구려가 북방의 강자라면, 백제는 남방의 강자인 터라 두 나라 간의 싸움은 피할 수 없었다. 싸움의 주된 무대는 황해도와 경기도 일대였다. 이곳은 한반도에서 가장 비옥한 땅일 뿐 아니라, 좋은 항구를 끼고 있어서 해상 교통의 요지였다. 따라서 한반도와 서해 바다의 지배권을 동시에 장악하기 위한 싸움이 치열할 수밖에 없었다.

두 나라의 첫 충돌은 근초고왕 24년369년, 당시 고구려 임금이던 고국원왕이 보병과 기병 2만을 거느리고 치양에 와서 주둔하면서 시작되었다. 치양은 지금의 황해도 배천으로 추정되는 지역인데, 고구려 군이 이곳에 진을 치고 민가를 약탈하자, 근초고왕은 태자에게 군사를 이끌고 가서 이들을 물리치게 했다. 명령을 받은 태자는 지름길로 치양에 이르러 불시에 공격을 퍼부어, 방심하고 있던 고구려 군을 크게 무찔렀다. 백제 군은 이 싸움에서 5,000여 명의 머리를 베는 큰 전과를 올렸다.

그로부터 2년 후인 371년, 고구려 군대가 보복을 위해 다시 쳐들어왔다. 이 소식을 들은 근초고왕은 고구려 군이 내려오는 길목에 미리 군사를 숨겨 두었다가 불시에 습격하여 다시 승리를 거두었다. 두 차례의 전투에서 백제는 기습과 매복 작전으로 고구려의 남진에 큰 타격을 입혔다.

자신감을 얻은 백제는 이번엔 거꾸로 고구려를 향해 북진해 들어갔다. 그해 겨울, 근초고왕이 태자와 함께 친히 정예 군사 3만을 거느리고 고구려의 평양성까지 진격했다. 이에 맞서 고구려에서도 고국원왕이 직접 전투를 지휘했다. 백제 군의 거센 공격에 고국원왕은 필사적으로 항전하다가 결국 날아온 화살에 맞아 전사하고 말았다. 평양성 전투는 고구려에는 참담한 패배를 안겨 주었지만, 근초고왕에게는 두고두고 되새길 정복 무용담이 되었다. 고구려와 벌인 첫 대결은 이렇듯 일단 백제의 승리로 끝이 났다.

백제의 해상 진출과 요서 경략설

백제의 정복 활동은 앞서 본 것처럼 4세기 중반 근초고왕 대에 이르러 절정을 이루었다. 그 결과 백제는 오늘날의 경기, 충청 지역을 중심으로 전라도와 낙동강 중류 지방, 황해도와 강원 일부 지역을 포함하는 넓은 영토를 차지하게 되었다.

그런데 놀라운 사실은 백제의 활동 영역이 단지 한반도에만 머물지 않았다는 것이다. 백제는 한반도 서해안의 지리적 이점을 이용하여 적극적인 대외 해상 활동을 벌여 나갔다. 이 시기를 기록한 역사책을 보면, 당시 백제의 세력이 중국의 요서 지역과 산동 반도 일부, 그리고 일본의 규슈 지방에까지 뻗어 있었음을 암시하고 있다.

특히 백제의 요서 지역 진출과 관련해서는 아직까지 논란이 뜨거운데, 이를 두고 '백제의 요서 경략설'이라고 한다. 논란의 불씨가 되는 중국의 역사책 『송서』와 『양서』를 차례로 인용하면 다음과 같다.

백제는 본래 고구려와 함께 요동의 동쪽 1,000리에 있다. 그 후 고구려가

요동을 점령하자 백제는 요서를 공략하여 차지했다. 백제가 다스린 곳을
진평군 진평현이라 한다. -『송서』

　진晉나라 때 고구려가 이미 요동을 공략하여 차지하자, 백제 역시 요서
와 진평 두 군의 땅을 점령하여 백제 군을 두었다. -『양서』

비록 두 기록 사이에 약간의 차이는 있지만, 중요한 것은 둘 다 백제의 요
서 지역 진출을 증언한다는 사실이다. 과연 이 파격적인 기록의 내용이 사실
일까? 일제 강점기의 식민사학자들은 이 기록이 터무니없다며 잘못된 것으로
애써 부정했으나, 연구가 깊어질수록 신빙성이 높은 것으로 드러나고 있다.
이와 관련하여 눈여겨볼 것은 『삼국사기』의 기록이다.

　고구려와 백제는 전성기에 강병 100만을 거느렸다. 남으로는 오吳·월越을
　침범하고, 북으로는 유幽·연燕·제齊·노魯 지역을 뒤흔들어 중국의 커다
　란 고민거리가 되었다.

여기서 오·월은 중국의 양자강 이남 지역이고, 북쪽의 유·연은 지금의
북경 일대에서 만주 지역까지, 제·노는 산둥 성 일대를 가리킨다. 백제는 세
력이 한창 강성할 때 고구려와 어깨를 견주었으며, 군대 100만을 보유한 강대
국으로 중국 대륙으로의 팽창을 꿈꾸었다는 얘기이다.
　그렇다면 백제의 요서 진출은 언제 이루어졌을까? 『송서』에는 그 시기를
밝히지 않았으나, 『양서』에는 진나라 때라고 적고 있다. 이를 근거로 하여 대
충 그 시기를 가늠해 보면, 여러 정황상 근초고왕에서 동성왕 무렵일 것으로

학자들은 추정한다. 당시는 중국이 5호 16국의 혼란을 겪을 때라, 이 틈을 탄 백제가 활발한 해상 진출로 대륙을 공략했다고 볼 수 있을 것이다.

한일 고대사의 미스터리, 칠지도

백제의 해상 활동에서 빼놓을 수 없는 것이 일본과의 관계이다. 당시 두 나라가 어떤 관계를 맺었는지는 오래전부터 한일 고대사의 중요한 쟁점이 되고 있는데, 그 쟁점의 한가운데 칠지도가 있다. 칠지도는 약 75센티미터 길이의 칼로, 보통 칼과 달리 모양이 아주 특이하다. 칼의 몸통에 좌우로 엇갈린 가지가 세 개씩 붙어 있어서 이를 모두 합치면 일곱 개의 칼날을 이루기 때문에 칠지도七支刀라는 이름이 붙었다.

이 칼은 일본 나라 현의 한 신궁에서 처음 발견되었다. 그런데 『일본서기』

에 이 칼의 존재에 대한 기록이 있다. 신공왕후 52년372년에 백제의 근초고왕이 사신을 보내 칠지도 한 자루를 바쳤다는 기록이 그것이다. 일본은 이를 근거로 들어 왜국이 369년에 가야 지역을 평정하고 그 일부를 백제에 떼어 주자 이에 대한 보답으로 백제가 칠지도를 바쳤으며, 이것이 임나일본부설을 뒷받침하는 증거물이라고 주장하는 것이다.

하지만 이 주장은 전적으로 일본의 고대 역사를 미화하고 조작한 『일본서기』를 근거로 삼았다는 점에서 액면 그대로 받아들이기 어렵다. 다만 이 칼의 몸통 앞뒷면에 61개의 글자가 새겨져 있는데, 여기에 고대사의 비밀을 풀어 줄 중요한 정보가 담겨 있다.

현재 글자의 해석을 둘러싸고 한국과 일본은 날카롭게 맞서고 있다. 한국은 백제가 제후인 왜 왕에게 하사한 물건이라 하고, 일본은 거꾸로 제후인 백제 왕이 일본 천황에게 바친 것이라고 말이다. 과연 어느 것이 사실일까? 글자의 윤곽이 흐려 판독이 쉽지 않지만 앞면의 내용은 대략 다음과 같다.

칠지도

태○ 4년 5월 16일 병오날 정오에 100번 단련한 쇠로 칠지도를 만들었다. 전쟁에 나아가 많은 병사를 물리칠 수 있으므로 마땅히 후왕에게 보내노라. ○○○○ 만들다.

泰○四年五月十六日丙午正陽造百練銕七支刀出辟百兵宜○供侯王○○○○作

맛있게 읽는 한국 고대사

일본의 고대 역사책 『부상략기』
당시 15대 오진(應神)왕이 일본왕 최초로 한복(백제 조복)을 입었으며, 그 후 대대로 일본 왕들이 입었고, 33대 스이코(推古) 여왕 등극 때에는 참여한 만조백관 모두가 백제 옷을 입었다고 전한다.

맨 앞 글자를 보면, '태○ 4년'이라고 제작 연대를 밝히고 있다. 문제는 한 글자가 보이지 않는 것인데, 대체로 동진의 태화泰和 4년으로 보는 것이 일반적이다. 이때는 369년으로 근초고왕 24년에 해당하는데, 연도상으로 보면 『일본서기』의 기록과 비슷하게 맞아떨어진다. 그러나 이해는 백제가 고구려와 첫 대결하여 대승을 거둔 해이다. 『삼국사기』에 따르면, 근초고왕은 승리를 거둔 후 자신의 위엄을 뽐내기 위해 한강 남쪽에서 대규모의 군대 사열식을 벌였다. 당시 사열식에는 황색의 깃발을 사용했다고 하는데, 황색은 음양오행 사상에서 중앙의 색이며, 또한 황제를 상징하는 색이다.

이런 관점에서 문장 끝부분의 '후왕侯王'이란 표현을 주목할 필요가 있다. 여기서 후왕, 즉 제후왕은 왜 왕을 지칭하는 것이다. 백제가 왜 왕을 제후왕으로 거느렸다는 의미로 해석할 수도 있는 대목이다. 이런 맥락에서 칼의 뒷면을 해석하면 흥미로운 결론이 나온다.

예로부터 이런 칼이 없었으나 백제의 왕세자가 기이하게 태어나 성스러운 덕이 있기 때문에 왜 왕을 위하여 일부러 만들었으니 후세에 전하여 보일지어다.

先世以來未有此刀百濟王世○奇生聖音故爲倭王旨造傳示後世

칠지도의 제작 동기를 적은 글인데, 마지막 부분에 '후세에 전하여 보일지어다傳示後世'라는 문장이 있다. 이것은 제왕이 신하에게 할 법한 사뭇 명령조의 말투이다. 게다가 원문에 황제를 뜻하는 표현인 '성聖'이나 교지敎旨의 어감을 풍기는 '지旨' 자가 보이는 것도 예사롭게 넘길 일이 아니다. 따라서 아직도 많은 부분이 의문에 싸여 있지만, 백제가 훨씬 우월한 지위에서 왜 왕에게 하사한 물품임을 미루어 짐작할 수 있다.

고구려 앞에 무릎을 꿇다

백제는 근초고왕 당시 적극적인 대외 팽창 정책으로 한반도 남부의 강자로 우뚝 섰다. 여기에 힘입어 해상 무역권을 장악한 백제는 중국 대륙과 일본 열도를 잇는 교역로의 중심지로서 전에 없는 번영을 누렸다. 이런 영광의 역사는 근초고왕의 뒤를 이은 근구수왕 때에도 계속되었다. 광개토대왕과 장수왕이 고구려에서 그랬던 것처럼, 근초고왕과 근구수왕 부자 대에 백제는 해상 왕국으로서 최고의 전성기를 이룬 것이다.

그러나 다음 시기에 상황은 아주 딴판이 되었다. 백제는 안팎의 시련에 부딪히게 되었다. 과거 평양성 전투에서 고국원왕이 전사한 사건은 백제로서는 자랑스러운 일이었지만, 고구려에겐 크나큰 치욕이 아닐 수 없었다. 고구려에서 볼 때 백제는 응징의 대상이었고, 그로 인해 두 나라의 싸움은 갈수록 격렬해졌다.

이런 가운데 백제는 왕위 계승을 둘러싼 분쟁에 휘말렸다. 근구수왕의 뒤를 이은 침류왕이 2년 만에 죽자 극심한 왕권 다툼이 일어났다. 『삼국사기』는 진사왕의 왕위 계승에 대해 이렇게 기록한다.

진사는 침류왕의 아우로, 사람됨이 굳세고 용감하며, 지략이 많고 총명했다. 침류가 죽은 뒤 태자 아신이 아직 나이가 어렸기 때문에 숙부인 진사가 대신 왕위에 올랐다.

이 기록에는 태자가 나이가 어려 진사가 왕이 되었다고 점잖게 말한다. 하지만 사실은 용감하고 지략이 많은 진사가 어린 조카 아신의 왕위를 힘으로 빼앗았다고 보는 게 맞을 것이다. 이런 까닭에 진사왕의 즉위가 그리 순탄치만은 않았을 것이다.

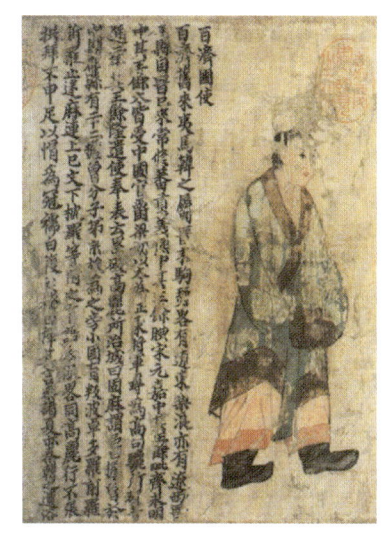

「양직공도」의 백제 사신 「양직공도」는 중국 남북조 시대 양나라에 온 여러 외국 사신들의 형상이나 복장, 풍속 등을 그린 그림이다. 그중 백제 사신의 모습이다.

왕위 계승을 둘러싼 왕족 사이의 갈등은 여기서 그치지 않았다. 진사왕 8년 392년은 고구려의 광개토대왕이 처음으로 백제를 공격한 해이면서, 동시에 진사왕이 사망한 해이다. 『삼국사기』의 기록에 따르면, 당시 진사왕은 광개토대왕의 용병술이 대단히 능하다는 말을 듣고 감히 나가서 싸워 보지도 못한 채 천연 요새인 관미성을 비롯하여 10여 성을 고구려에 빼앗겼다.

이 전투에서 패배한 후 백제에서는 진사왕이 죽고, 과거 태자 시절 왕위를 빼앗겼던 아신왕이 즉위했다. 당시 진사왕의 죽음은 자연스러운 것이 아니라, 패전으로 권위가 실추된 틈을 타 일부 지배 세력이 혁명을 일으켜 그를 살해하고 아신왕을 세웠을 것으로 추측된다.

아신왕은 고구려에 대항하기 위해 여러 차례 군사 작전을 벌였다. 그러나 번번이 실패했을 뿐 아니라, 오히려 그것이 큰 화를 불러일으켰다. 잦은 군사 작전에 자극을 받은 광개토대왕이 대대적인 공격을 해 온 것이다. 앞서 광개토대왕 부분에서 이야기한 396년아신왕 5년과 400년아신왕 9년의 남방 정벌이 바로 그것이다. 특히 396년 도성이 포위 공격을 당했을 때에는 아신왕이 스스로 나아가 '영원히 고구려의 노객이 되겠다'는 항복 선언을 한 뒤에야 풀려나는 수모를 당하기도 했

중국제 청동 초두 한성 도읍기의 유적지인 풍납토성에서 출토. 초두는 주로 술이나 음식, 약 등을 끓이는 데 쓰던 도구이다. 중국의 동진(東晉)에서 제작된 청동 초두로, 3세기 무렵 백제와 동진의 교류를 보여 주는 중요한 유물이다. ⓒ국립중앙박물관

다. 이 무렵 삼국 간 전쟁의 주도권은 완전히 고구려로 넘어갔던 것이다.

웅진 도읍기의 백제 중흥

개로왕의 죽음과 웅진 천도

아신왕이 광개토대왕의 정복 사업으로 호된 시련을 겪었다면, 개로왕은 장수왕의 남진 정책에 희생양이 된 인물이다.

맛있게 읽는 한국 고대사

백제는 아신왕이 광개토대왕의 군대에 큰 봉변을 당한 이후 70년 가까이 감히 고구려를 공격할 엄두를 내지 못했다. 그러다가 개로왕 15년469년에 처음으로 반격을 시도했다. 당시 백제는 장수왕의 남진 정책으로 상당한 압박감에 시달리고 있었다. 따라서 이때의 군사 행동은 고구려를 침략한 것이라기보다는 방어적인 성격이 강했다.

어쨌거나 백제의 공격을 받은 장수왕은 6년간 치밀한 준비 끝에 대대적인 공격을 감행했다. 『삼국사기』에는 이때의 사정을 보여 주는 두 가지 이야기가 실려 있다. 하나는 백제가 북위에 보낸 국서이고, 또 하나는 고구려의 첩자 도림에 관한 것이다.

개로왕 18년, 백제는 오늘날의 외교 문서에 해당하는 국서를 북위로 보내는데, 그 내용을 간추리면 대략 이렇다.

백제가 북위에 사신을 보내고 싶어도 승냥이 같은 고구려가 길을 막는 까닭에 마음대로 보낼 수가 없다. 그 옛날 백제가 고국천왕을 죽인 후로 고구려는 함부로 우리를 넘보지 못했다. 그런데 점차 힘이 강해져 이제는 백제를 업신여기며 침략을 일삼고 있다. 지금 고구려는 겉으로 북위와 잘 지내는 척하지만, 다른 한편으론 남쪽의 송나라, 북쪽의 유연과 동맹을 맺어 은근히 북위를 견제하고 있다. 작게 흐르는 물도 일찍 막아야 하는 것이니, 지금 고구려를 치지 않는다면 앞으로 후회하게 될 것이다. 고구려 수군이 북위의 사신을 죽인 흔적도 있다. 북위의 황제께서 고구려를 친다면 우리도 군사를 움직여 힘껏 도울 것이다.

백제는 북위와 함께 고구려 공격에 나서기를 희망했다. 하지만 그 대답은 매우 실망스러웠다.

지금 백제가 여러 번 고구려의 침략에 곤욕을 치르고 있지만, 진실로 정의를 따르고 어진 마음을 가진다면 원수를 근심할 일이 있겠는가? 또 고구려가 북위의 사신을 죽였다는 확실한 증거도 없다. 백제는 고구려를 비방하며 함께 토벌할 것을 요청했으나 아무리 따져 봐도 그럴 이유가 없으니 우리는 거절한다.

북위는 백제의 요청을 거절했을 뿐 아니라 두 나라의 교류 사실마저 고구려에 알렸다. 은근히 고구려를 두려워하던 북위는 섣불리 백제와 손을 잡는 것보다 고구려와 우호 관계를 더 튼튼히 하기를 원했던 것이다. 이에 고구려는 백제의 사신이 북위로 왕래하는 것을 중간에서 막아 버렸다. 그리고 백제를 공격하기 위한 사전 준비에 들어갔다. 승려 도림을 백제로 보내 첩자 노릇을 하게 한 것이다.

도림은 거짓으로 죄를 지어 도망하는 체하며 백제로 건너왔다. 당시 개로왕은 바둑을 무척 좋아했다고 한다. 도림은 이를 알고 찾아가 개로왕의 마음을 사로잡았다. 도림은 시시때때로 왕과 함께 바둑을 즐기면서 이렇게 꼬드겼다.

"대왕의 나라는 사방이 산과 강과 바다로 둘러싸여 있으니 하늘이 만든 요새입니다. 그래서 이웃 나라들이 받들어 섬기기만 원할 뿐 감히 엿볼 엄두를 내지 못합니다. 그런데 대왕의 성곽과 궁궐이 너무 초라해 위엄이 서지 않으니 안타까울 따름입니다."

맛있게 읽는 한국 고대사

개로왕은 이 말에 현혹되어 많은 백성을 징발해 대규모 공사를 벌였다. 역사학계에서는 이를 도림의 간언 때문이 아니라, 원래 개로왕이 추진하던 왕권 확립의 일환으로 보기도 한다. 그때까지 백제는 수차례의 왕위 다툼과 계속되는 패전으로 왕실의 권위가 땅에 떨어져 있었다. 이를 회복하기 위한 조치의 하나로, 궁궐을 장엄하게 꾸미는 등 대규모 공사가 필요했던 것이다.

사정이야 어찌 되었든 간에, 이로 말미암아 나라의 재정은 고갈되고 백성들의 삶은 도탄에 빠졌다. 도림은 고구려로 도망쳐 이 사실을 알렸다. 장수왕은 기뻐하며 마침내 대대적인 공략에 나섰다.

공산성 백제의 수도가 웅진(지금의 공주)이었을 때 웅진을 지키던 백제의 산성이다. ©문화재청

475년, 장수왕이 이끄는 3만의 고구려 군은 파죽지세로 백제로 쳐들어가 도성을 에워쌌다. 개로왕의 아들 문주는 급히 구원을 청하기 위해 신라로 떠났으나, 백제는 구원군이 도착할 때까지도 버티질 못했다. 공격을 받은 지 불과 7일 만에 도성이 함락되고, 개로왕은 사로잡혀 죽음을 맞고 말았다.

이 소식을 들은 문주는 곧장 남쪽으로 발길을 돌려 웅진에 새로 도읍을 정했다. 이때부터 백제의 역사는 웅진 도읍기로 접어들게 된다.

동성왕, 백제 부흥을 위해 힘쓰다

문주왕은 웅진에서 백제를 다시 일으켜 세우기 위해 노력했다. 그러나 그의

맛있게 읽는 한국 고대사

바람은 실현되지 못했다. 왕실의 힘이 크게 약해진 상태에서 한성에서 내려온 전통 귀족 세력들이 마음대로 권력을 휘두르며 서로 대립했기 때문이다. 이 과정에서 문주왕이 해씨 세력에게 살해되고, 13세의 어린 아들 삼근왕이 뒤를 이었다. 비록 왕이라고 해도 그는 허수아비에 지나지 않았으며, 게다가 불과 2년 만에 세상을 떠나고 말았다.

이런 어수선한 상황에서 왕위를 물려받은 이가 24대 동성왕_{재위 479~501년}이다. 그는 구렁텅이에 빠진 백제를 구하기 위해 온 힘을 쏟았다. 먼저 국제적인 고립을 피하기 위해 밖으로 적극적인 외교에 나섰다. 중국의 남제와 신라에 사신을 보내 우호 관계를 다졌다. 특히 신라의 왕족인 이찬 비지의 딸을 아내로 맞이하여 가까운 신라와의 동맹 체제를 강화했다. 이 동맹은 실제로 고구려의 침입으로부터 나라의 안위를 지키는 데 큰 힘을 발휘했다. 또 남쪽의 섬나라인 탐라국에 대한 지배권도 확고히 했다.

그러는 한편 안으로는 새로운 정치 세력을 등용했다. 한성 도읍기부터 해씨와 진씨는 왕비를 배출한 전통적인 귀족 세력이었다. 이들을 억누르기 위하여 동성왕은 사씨, 연씨, 백씨 등 신진 지방 세력들을 과감히 중앙 정치에 끌어들였다. 귀족 세력들 간에 견제와 균형을 이루게 하여 자연스레 왕권 강화를 꾀한 것이다.

이런 노력에 힘입어 백제는 점차 안정을 되찾는 듯했다. 그런데 왕권 강화에 대한 동성왕의 의지가 후기로 갈수록 좀 과도했던 모양이다. 동성왕 21년과 22년의 『삼국사기』 기록은 이러한 사정을 잘 보여 준다.

여름에 큰 가뭄이 들어 백성들이 굶주려서 서로 잡아먹고, 도적이 곳곳에서 들끓었다. 신하들이 나라의 창고를 풀어 백성을 구제하고자 했으나 왕이 듣지 않았다.

이듬해 봄에는 대궐 동쪽에 화려한 누각을 세웠는데, 높이가 다섯 길이나 되었다. 거기에 연못을 파고 진기한 꽃과 새들을 길렀다. 신하들이 잘못에 항의하는 글을 올렸으나 듣지 않고, 다시 간하는 자가 있을까 염려하여 아예 대궐 문을 닫아 버렸다. 왕이 누각에서 잔치를 베풀며 밤새도록 실컷 즐겼다.

이 기록대로라면 동성왕은 폭군이나 다름없다. 하지만 역사학계에서는 다른 의미로 해석하기도 한다. 즉 나라의 창고를 열지 않은 것은 전쟁을 위해 곡식을 비축해 두려는 의도가 숨어 있을 수 있고, 대궐을 장엄하게 꾸미는 것 역시 왕의 위엄을 과시하려는 욕심에서 나온 일이라고 볼 수 있으니까 말이다.

하여튼 왕과 귀족 사이의 갈등이 깊어지는 가운데, 동성왕 23년 정월부터 해괴한 일이 잇따랐다. 도성에 사는 노파가 여우로 둔갑하여 사라지는가 하면, 남산에서 싸우던 호랑이 두 마리를 놓치는 사건도 일어났다고 한다. 이런 일들은 앞으

임류각 동성왕 22년(500년)에 지은 건물로 왕과 신하들의 연회 장소였을 것으로 추정된다. 현재의 건물은 1993년에 새로 복원한 것이다.

맛있게 읽는 한국 고대사

로 불길한 일이 생길 것을 암시한다고 하겠다. 결국 그해 겨울 동성왕은 사냥을 나갔다가, 이전부터 원한을 품고 있던 백가라는 신하의 손에 죽임을 당하고 말았다.

백제 중흥의 대군주, 무령왕

동성왕이 죽자 그 뒤를 이은 임금이 무령왕이다. 『삼국사기』에는 동성왕의 둘째 아들로 기록되어 있지만, 실제로는 동성왕의 이복형이라는 설이 우세하다. 그는 6세기에 백제의 중흥을 이끈 것으로 평가받는 중요한 인물이다. 기록에는 키가 8척이나 되고, 눈매가 그림 같았으며, 성품이 인자하고 너그러워 민심이 그를 따랐다고 적혀 있다.

무령왕은 왕위에 오르자마자 반란 세력인 백가를 처단하는 일에 나섰다. 그는 친히 군사를 이끌고 반란군의 거점인 가림성을 공격했다. 백가의 항복을 받은 무령왕은 그의 목을 베어 백마강에 던져 버리는 가혹한 형벌을 내렸다.

반란군 진압에 성공한 뒤 무령왕은 즉각 고구려 공격에 나섰다. 그 옛날 백제가 잃어버린 땅을 되찾겠다는 의지가 그만큼 강했던 것이다. 즉위 첫해부터 군사 5,000명을 동원하여 고구려의 수곡성을 습격했고, 이듬해에 또 군대를 출동시켜 고구려의 남쪽 변경을 침공했다. 아울러 고구려의 앞잡이 노릇을 하는 말갈의 침입에 대비하기 위해 성을 쌓는 등 방어 시설을 튼튼히 했다. 그 덕분에 무령왕 7년, 고구려와 말갈의 연합군

무령왕릉 출토 용무늬 장식 고리자루칼
ⓒ국립중앙박물관

이 한성을 노리고 쳐들어왔을 때 이를 간단히 물리칠 수 있었다.

　무령왕은 밖으로는 고구려를 향해 공격의 창을 겨누는 한편, 안으로는 백성들을 보살피는 일에 관심을 기울였다. 전대의 동성왕과 달리 가뭄이 들어 백성들이 굶주림에 시달리면 창고의 곡식을 풀어 이들을 구제했다. 그뿐만 아니라 좀 더 근본적인 문제를 해결하기 위해 제방을 튼튼히 쌓는 등 수리 시설을 정비하고, 도성과 지방에서 놀고먹는 자들을 내몰아 농사를 짓게 했다.

　이런 노력이 뒷받침되어 백제는 512년 고구려와의 싸움에서 큰 승리를 거

두었다. 당시 고구려는 대군을 이끌고 가불성을 습격하여 빼앗은 뒤, 다시 원산성을 쳐서 무너뜨렸다. 이로 인해 많은 사람이 죽고 재물을 약탈당하자, 무령왕은 날랜 기병 3,000명을 거느리고 급히 달려갔다. 고구려 군은 백제 왕의 군사가 적은 것을 얕잡아 보고는 아예 진조차

무령왕릉 출토 관 꾸미개 ⓒ국립중앙박물관

갖추지 않았다. 이에 무령왕은 기발한 작전을 써서 고구려 군을 크게 무찌른 것이다.

이런 거듭된 승리에 고무된 백제는 중국 남조의 양나라에 사신을 보내 전공을 자랑하기도 했다. 『양서』에는 "지난날 백제는 고구려의 공격을 받아 오랫동안 쇠약해 있더니, 이때에 이르러 고구려를 여러 차례 이겼고, 다시금 강한 나라가 되었다"라고 기록되어 있다.

여기서 백제가 다시 강국이 되었다는 말은 빈말이 아니었다. 앞서 무령왕 7년에 고구려와 말갈의 연합군이 한성을 치기 위해 공격해 온 것을 보면, 고구려와 백제의 전쟁터가 한강 일대였던 것을 알 수 있다. 또 무령왕 23년 기록에는 한성 북쪽 지역에서 15세 이상 되는 백성을 징발하여 쌍현성을 쌓았다고 한다. 이로 미루어 보건대, 이 무렵 백제는 한강 일대에 있던 옛 도읍지의 땅을 상당 부분 되찾았던 것 같다.

사비 도읍기의 희망과 좌절

웅진에서 사비로

성왕은 무령왕의 아들로, 백제의 26대 임금이 되었다. 『삼국사기』에 따르면, 그는 지혜와 식견이 뛰어나고 일처리에 결단력이 있었으며, 그가 새로 왕위에 오르자 나라 사람들이 성왕聖王이라 일컬었다고 한다. 왕 앞에 거룩할 성聖 자를 붙였으니, 성인군자처럼 훌륭한 임금이란 뜻이다. 그만큼 백성들의 신망이 두터웠다는 얘기이다.

성왕은 그 이름에 걸맞게 백제 역사에 빼어난 업적을 남겼다. 그는 동성왕에서 무령왕 대로 이어지는 정치적 안정의 기반 위에서 백제의 중흥을 꿈꾸었다. 이를 위해 538년성왕 16년, 도읍을 사비로 옮기는 일을 단행했다. 백제가 처음 웅진에 자리를 잡을 때에는 고구려에 쫓겨 허겁지겁 도망쳐 온 터라 입지 조건을 따질 겨를이 없었다. 웅진은 도읍지로서 땅이 협소하다는 단점이 있었다. 게다가 두 명의 국왕이 웅진 천도 후 살해되었기 때문에 성왕 개인적으로도 그리 정감 있는 곳이 아니었을 것이다.

그에 비해 사비는 비교적 넓은 평야를 끼고 있고, 교통의 이점이 있는 곳이었다. 성왕은 오랜 준비 끝에 사비 지역의 신진 사씨 세력과 손을 잡고 도읍을 옮겼다. 그와 더불어 나라의 이름을 '남부여'로 고쳤다. 부여가 고구려에 의해 망한 것에 대한 반발심과, 같은 부여 계통으로서 고구려에 대한 경쟁의식이 작용하지 않았나 생각된다.

성왕은 천도와 함께 왕권 강화를 위한 통치 제도 정비 작업에 들어갔다. 중

앙의 16관등제 외에 왕의 직속 관서인 22부를 새로 두고, 이를 중심으로 정치를 운영함으로써 좌평 중심의 귀족 세력을 약화시켰다. 아울러 '방方-군郡'의 지방 통치 체제를 갖추었다. 즉 전국을 다섯 구역으로 나누어 5방이라 했고, 각 방에 속한 군은 많게는 10개, 적게는 6~7개 정도였다. 그리하여 성왕은 중앙과 지방의 정치를 장악했는데, 그 핵심 기능을 한 것은 왕명을 받드는 22부였다.

성왕은 국내 정치의 탄탄한 기반 위에서 고구려의 장수왕에게 빼앗긴 한강 유역 회복에 나섰다. 무령왕 시절 고구려를 물리치고 한강 유역까지 잠시 세력을 확장하기도 했던 백제는 다시 고구려 안장왕에게 밀려 한강 유역의 지배권을 잃어버린 상태였다. 성왕은 목적을 효과적으로 달성하기 위해 신라와 연합군을 형성하여 고구려 공격에 나섰다.

그 결과 백제는 한강 하류의 6개 성을, 신라는 한강 상류의 10개 성을 각각 점령하는 데 성공했다. 이때가 551년성왕 29년이었다. 한강 유역의 회복이야말로 성왕의 업적 가운데 가장 두드러진 것이라 할 만큼 감격적인 승리였다. 하

백제 금동대향로 백제 나성과 능산리 무덤들 사이 절터 서쪽의 한 구덩이에서 450여 점의 유물과 함께 발견된 백제의 향로이다. ⓒ국립중앙박물관

지만 감격의 순간은 그리 오래가지 않았다. 2년 후 신라가 기습 공격을 하여 백제를 몰아내고 한강 유역을 독차지해 버린 것이다.

이에 격분한 성왕은 신라를 향해 보복 공격을 단행했다. 이듬해, 성왕이 이끄는 백제 군은 지금의 옥천 지역인 관산성에서 신라 군과 맞부딪쳐 나라의 운명을 판가름 짓는 일전을 벌였다. 백제는 초기에 우세를 보였으나, 신라의 매복 함정에 빠져 성왕이 전사하면서 대세는 기울어지고 말았다. 뒤늦게 합류한 김무력의 신라 군에게 백제는 왕과 네 명의 좌평, 그리고 3만의 대군이 전사하는 참패를 당했다. 백제는 큰 충격에 빠졌고, 이후 급속히 국력이 약해지기 시작했다.

선화공주를 아내로 맞은 서동왕자, 무왕

관산성 전투의 패전은 백제의 정국에 커다란 파문을 던졌다. 애초 귀족들은 신라에 대한 보복 공격을 반대했다. 그런데도 전쟁을 강행하여 참담하게 패했기 때문에 왕실의 권위는 크게 떨어지고, 귀족들의 입김은 세졌다.

그 결과 위덕왕 즉위 이후에는 귀족들이 정치 일선에 나서게 되면서 이른

바 대성팔족大姓八族이 성립되었다. 대성팔족이란 백제의 귀족 가운데 가장 세력이 큰 여덟 가문을 일컫는데 사씨, 연씨, 협씨, 해씨, 진씨, 목씨, 국씨, 백씨가 그들이다. 귀족 중심의 6좌평 체제가 힘을 얻게 된 것도 이 무렵이다. 국가 운영의 실권이

궁남지 부여 남쪽에 위치한 백제의 별궁 연못이다. 백제 무왕 때 만들어진 것으로 추정되며, '궁궐의 남쪽에 연못을 팠다'는 『삼국사기』의 기록을 근거로 궁남지라 부른다.

그동안 소외되었던 귀족들의 손으로 넘어간 것이다.

이러한 상황에서 귀족 중심의 정치 운영 체제에 제동을 걸고 위축된 왕권을 회복하고자 시도한 이가 30대 왕인 무왕이다. 『삼국사기』는 무왕이 법왕의 아들이라고 했다. 그러나 이와 달리 『삼국유사』는 그의 출생과 성장 그리고 즉위 과정에 대해 아주 흥미로운 이야기를 전하고 있다. 그 유명한 서동과 선화공주의 사랑 이야기가 바로 그것이다.

무왕의 이름은 장璋이다. 그의 어머니는 과부로 부여 남쪽의 연못가에 집을 짓고 살았는데, 못 속의 용과 관계를 맺어 장을 낳았다. 그의 어릴 때 이름은 서동이었다. 항상 마薯를 캐다가 파는 것으로 어려운 살림을 이어 갔으므로 서동薯童이라고 불린 것이다. 그는 어릴 적부터 재주와 도량이 넓어 헤아리기가 어려웠다.

그 무렵 신라 진평왕의 셋째 딸 선화공주가 매우 아름답다는 소문이 자자했다. 이에 서동은 서라벌로 가 마을 아이들에게 마를 주면서 꾀어 이런 노래를 퍼뜨렸다.

"선화공주님은 善化公主主隱

남 몰래 사귀어 두고 他 密只 嫁良 置古

서동 도련님을 薯童 房乙

밤에 몰래 안고 간다. 夜矣 卯乙 抱遣 去如"

노래가 서라벌 가득 퍼지자 마침내 대궐 안에까지 소문이 들어갔다. 이

에 왕이 노발대발 화를 내며 공주를 먼 곳으로 귀양 보냈다. 장차 길을 떠나려 하자, 왕비가 그녀를 위해 금 한 덩이를 주며 노잣돈으로 삼게 했다.

귀양길에 선화공주는 미리 기다리고 있던 서동과 길동무가 되어 백제로 넘어와 살게 되었다. 공주가 금덩이를 내놓으며 살림에 보태라고 하자, 서동이 크게 웃으며 말했다.

"내가 어려서부터 마를 캐던 곳에는 이런 것이 흙더미처럼 잔뜩 쌓여 있소."

공주는 그 말이 정말인지 서동에게 함께 가 보자고 했다. 그랬더니 과연 황금이 산더미처럼 쌓여 있었다. 선화공주는 한 스님의 도술을 빌려 하룻밤 사이 금덩이를 모두 부모님이 계신 신라의 궁궐로 옮겨 놓았다.

이 신비한 일이 있고부터 진평왕은 서동을 우러러보며 사윗감으로 삼았다. 서동은 이때부터 인심을 얻어 훗날 왕의 자리에 올랐으니, 그가 바로 백제의 무왕이다.

이것은 역사적 사실이라기보다 하나의 설화적 상징을 보여 주는 이야기이다. 아마도 무왕은 궁궐에서 곱게 자란 것이 아니라, 어려서 아주 불우한 시절을 보낸 모양이다.

무왕은 고난과 시련을 극복하고 왕이 된 인물답게 정치, 군사, 외교 면에서 탁월한 능력을 발휘했다. 특히 눈여겨볼 것은 군사 전략이다. 당시 무왕의 군사 전략에서 중요한 특징은 신라와 고구려에 대해 다른 방식을 취했다는 것이다.

백제는 그동안 신라와 동맹 관계를 맺고 주로 고구려를 공략했다. 하지만 이 시기에 오면 공격의 칼날이 신라를 향하게 된다. 지난날 성왕이 관산성 전투에서 신라에 패해 전사한 것이 그 배경으로 작용했을 것이다. 무왕은 그 원한을 씻기라도 하려는 듯 신라에 대한 공세를 한층 강화했다. 전쟁의 주도권을 쥐고 계속 군사적 압박을 가하여 신라를 몹시 곤혹스럽게 만든 것이다.

이렇듯 백제는 신라에 직접적인 군사 공격을 취한 것과 달리, 고구려에 대해서는 외교적인 수단을 동원했다. 즉 고구려와 대립 관계에 있는 중국을 이용하여 고구려를 견제한 것이다. 이를 위해 무왕 8년607년 백제는 수나라에 사신을 보내 고구려를 치자고 요청하고, 611년에는 수나라가 고구려를 공격한

미륵사 모형도

↑ 미륵사 판축　　　↑ 당간지주　　　↑ 금동향로

다는 사실을 알고 급히 사신을 파견하여 출병 날짜를 상의하기까지 했다.

그런데 이듬해 막상 수나라가 고구려를 침공하자 무왕은 국경 지대에 군사를 배치하여 금방이라도 쳐들어갈 것처럼 큰소리를 쳤으나, 정작 아무런 행동도 취하지 않았다. 이런 양면 작전 덕분에 백제는 아무런 피해도 입지 않았다.

수나라에 이어 당나라가 건국되자 무왕은 역시 사신을 파견하여 두 나라의 외교 관계를 긴밀히 했다. 그러면서 고구려가 길을 막아 사신 왕래를 방해한다

맛있게 읽는 한국 고대사

며, 고구려와 당나라 사이를 이간질하여 싸움을 부추기기도 했다. 이런 지혜로운 외교 전략은 무왕의 업적 가운데 가장 훌륭한 것으로 평가받고 있다.

한편 무왕은 왕권을 확립하기 위한 노력도 했다. 이를 위해 자신이 마를 캐서 팔던 곳인 익산 지역에 새로운 왕궁을 세우고 천도를 시도했다. 또 그 지역에 거대한 규모의 미륵사를 창건하고, 불교 이념으로 백성을 평안하게 다스리고자 희망했다. 그러나 귀족 세력의 반대로 익산 천도 계획이 무산되면서 그의 꿈은 물거품이 되고 말았다.

위나라 기병과 싸운
백제 군의 비밀은?

삼국 중 백제의 역사에는 유난히 수수께끼 같은 기록이 많다. 『삼국사기』
에 실린 동성왕 10년488년 조의 기록도 그중 하나인데, 내용은 이렇다.

위魏나라가 군사를 보내 침입했으나 백제 군사에게 패했다.

얼핏 보면 아무것도 아닌 것 같지만, 쉽게 납득하기 어려운 대목이다.
여기서 위나라는 남북조 시대의 북위를 말한다. 북위와 백제 사이에는 고
구려라는 거대한 세력이 자리하고 있기 때문에 이곳을 건너뛰어 두 나라
가 싸운다는 것은 상식적으로 이해가 되지 않는다.

그런데 문제는 중국 측 자료인 『자치통감』에도 이와 똑같은 기록이 있
다는 사실이다. 즉 "영명 6년488년에 위나라 군대가 백제를 침략했으나 백
제에 패했다"라는 기록이 바로 그것이다. 이뿐만이 아니다. 당시 북위와
경쟁 관계에 있던 남제의 역사를 기록한 『남제서』에는 또 다른 전쟁 기록
이 더 구체적으로 서술되어 있다.

이해490년에 위나라가 다시 기병 수십만 명을 일으켜 백제를 공격하여 그 영역에 들어가니, 백제의 동성왕이 장군 사법명, 찬수류, 해례곤, 목간나를 보내 기습 공격하여 크게 격파했다.

이것은 488년에 이어 490년에 북위가 또다시 쳐들어왔다는 내용이다. 좀 미심쩍은 데가 없는 건 아니지만, 우리와 중국 쪽 기록이 함께 있다는 점에서 두 나라의 전쟁은 사실이었던 것으로 보인다.

그렇다면 도대체 어디서 전쟁을 벌인 것일까? 앞서 말한 대로 당시 고구려의 장수왕이 고구려 땅을 전쟁터로 빌려 줬을 리는 만무하다. 일부에서는 북위가 바다를 건너 쳐들어왔다는 견해를 내놓기도 한다. 그러나 북위는 기마 민족인 선비족이 세운 나라이다. 이들이 기병 수십만을 배에 싣고 서해를 건너온다는 것 자체가 난센스이다.

그래서 이것을 백제의 요서 경략설과 연결하여 해석하기도 한다. 다시 말해 당시 위나라가 침략한 백제는 한반도 서남부의 백제가 아니라, 요서 지역의 백제 세력이라는 것이다.

신라의 도약과
통일 전쟁

8

삼국 시대는 고려나 조선 시대와 달리 왕이라고 해서 정치에만 전념할 수 없었다. 왕으로서의 권위와 위엄을 가지고 제대로 정치를 해 나가기 위해서는 왕 스스로 싸움터에 나가 용맹함을 보여 주어야 했다. 이 과정에서 고국원왕과 개로왕 같은 희생자가 생겨나기도 했다. 그러다 보니 갈수록 싸움이 치열해졌다. 삼국의 역사는 전쟁의 역사라고 해도 과언이 아닐 만큼 잠시도 전쟁이 끊일 날이 없었다. 서로 살아남기 위해 물고 물리는 싸움을 계속한 것이다. 삼국 간의 항쟁에는 일정한 흐름이 있다. 처음에는 주로 고구려와 백제의 힘겨루기 양상으로 전개되었다. 4세기 무렵의 이 대결에서는 백제가 근초고왕의 활약에 힘입어 우세를 보였다. 하지만 다음 시기에는 전세가 역전되었다. 5세기는 고구려가 최고 전성기를 누리던 시기이다. 광개토대왕과 장수왕 시대의 고구려는 동북아시아의 최강국으로 떠올랐다. 이 위세에 밀려 백제는 도성마저 빼앗기고 남쪽으로 밀려났다. 그런데 6세기에 들어서면서 삼국의 항쟁은 새로운 국면을 맞이했다. 삼국 가운데 가장 뒤늦게 발전하기 시작한 신라가 서서히 기지개를 펴면서 항쟁의 주도권을 쥐게 되었다. 그리고 그것은 삼국 통일로 이어져, 마침내 삼국 간의 항쟁에 종지부를 찍게 되었던 것이다.////////////////////////////////////
\\
/////////////////////////////////////

약소국 신라의 성장 과정

삼국 속의 신라

신라는 알다시피 사로국 단계의 작은 소국에서 출발했다. 당시만 해도 한반도 동남쪽에 치우친 채 겨우 몸을 지탱하고 있는 형편이었다. 그러나 점차 세력을 키운 신라는 한반도 서남부의 강자로 군림하던 백제와 다툼을 벌이게 되었다. 국경을 맞댄 두 나라는 일찍부터 잦은 충돌이 불가피했다. 전쟁 초기엔 주로 백제가 우세를 보였으나, 시간이 지나면서 어느 정도 힘의 균형이 이루어지자 일진일퇴의 공방전이 전개되었다. 하지만 이렇듯 서로 으르렁거리던 두 나라가 화해의 손길을 뻗게 되는데, 그것은 고구려와의 관계 때문이다.

신라의 발전 과정에서 고구려와의 관계는 매우 중요하다. 신라가 처음 고구려와 접촉한 것은 조분왕 16년245년의 일이다. 『삼국사기』에는 그해 10월 고구려가 북쪽 변경을 침범했다고 기록되어 있다. 그러나 이것은 국경 지대에서 흔히 있는 가벼운 충돌이었을 뿐, 본격적인 전쟁으로 이어지지는 않았다. 신라는 아직 강국 고구려에 정면으로 맞설 만한 상대가 되지 못했기 때문이다.

그래서 신라는 고구려와 친밀한 관계를 유지하며 외교적으로 도움을 받기도 했다. 내물왕 26년381년에 중국으로 사신을 파견했을 때가 좋은 예이다. 당시 신라 사신은 전진前秦에 다녀왔는데, 이때 고구려 사신의 안내를 받았다. 먼 중국까지 독자적으로 사신을 보낼 만한 국력이 되지 못한 까닭에 고구려의 힘을 빌린 것이다.

이 무렵 두 나라의 관계는 단지 외교적 도움을 주고받는 데에만 그치지 않

신라 고분 출토 청동 그릇 경주시의 신라 고분 노서동 140호에서 출토된 청동 그릇인데, 아랫면 바닥에 글이 새겨져 있다. 이 글에 광개토대왕이 언급되어 있어 당시 고구려와 신라의 위계 관계를 짐작해 볼 수 있다.

앉다. 내물왕 37년의 기록을 보면, "고구려에서 사신을 보내니, 왕이 고구려가 강성한 까닭으로 왕족 가운데 하나인 실성을 볼모로 보냈다"라고 적혀 있다. 양국 간의 위계질서를 확실하게 보여 주는 기록이다. 이런 가운데 신라는 고구려의 군사 지원을 받아 국가 위기를 극복하기도 한다. 백제와 왜의 연합군이 신라를 공격하자 광개토대왕이 내물왕 45년400년에 5만의 군사를 보내서 대신 물리쳐 준 것이다.

이후 두 나라 사이의 질서는 더욱 분명해졌다. 즉 고구려가 위에 서고 신라가 아래에 서서 고구려를 종주국으로 떠받들게 된 것이다. 이에 따라 신라에 대한 고구려의 정치적 영향력은 매우 강해졌다. 그리하여 고구려는 내물왕이 죽은 뒤 신라의 왕위 계승 문제에까지 관여했다. 내물왕에게 아들이 있는데도 고구려에서 돌아온 실성으로 하여금 왕위를 잇게 했다. 이는 고구려의 입김이 강하게 작용한 결과라 하겠다.

이어서 실성왕 11년에는 내물왕의 셋째 아들인 복호를 다시 고구려에 볼모로 보내는 등 속국으로서 계속 몸을 낮추었다. 심지어 신라 영토 안에 고구려의 군사가 주둔했던 것으로 추정하고 있다. 결국 신라는 고구려의 힘에 기대어 나라의 안위를 보장받았지만, 이것은 거꾸로 신라의 자주적 발전을 가로막는 장애 요인이 되기도 했다. 그래서 눌지왕 때부터 신라의 정치적 과제는 고구려의 내정 간섭과 압력에서 벗어나 독자적 발전을 꾀하는 것이었다. 이

맛있게 읽는 한국 고대사

과정에서 신라는 백제와 손을 잡고 동맹 관계를 맺게 되었다.

나제 동맹의 결성

신라와 백제의 군사 동맹, 즉 나제 동맹은 427년 장수왕의 평양 천도가 결정적 계기가 되었다. 고구려의 남진 정책에 위협을 느낀 백제가 신라에 손을 내밀자, 신라가 선뜻 손을 잡은 것이다. 신라 역시 고구려의 영향력을 차단하고 국가의 독립성을 지켜 내기 위해서는 백제의 힘이 필요했던 것이다.

두 나라는 평양 천도 직후인 433년 처음 우호 관계를 맺었다. 『삼국사기』에는 백제가 사신을 파견하여 화친을 요청하였으므로 신라의 눌지왕이 이에 응했다고 기록되어 있다.

그러나 두 나라가 함께 군사 행동을 취하며 본격적인 동맹 관계를 보인 것은 455년경이다. 이때 고구려가 백제를 공격하자 눌지왕이 구원병을 파견했다. 하지만 이 무렵의 나제 동맹은 그리 큰 위력을 발휘하지 못했다. 고구려의 남진 정책이 워낙 거셌기 때문에 백제와 신라의 동맹만으로 이를 막아 내기에는 역부족이었던 것이다.

475년에는 장수왕이 이끄는 3만의 군대가 한성으로 쳐들어와 백제를 궁지로 몰아넣자, 당시 신라의 자비왕은 급히 구원군을 보냈다. 그러나 이미 한성은 함락되고 개로왕은 전사한 뒤였다. 이때부터 백제는 웅진 도읍기로 접어들었다. 고구려는 여기서 멈추지 않고 신라와 백제를 계속 몰아붙여 지금의 아산만과 영덕을 잇는 선까지 밀고 내려왔다.

위기의식을 느낀 두 나라는 동맹의 손길을 더욱 단단히 쥐었다. 그리하여 시간이 갈수록 그 효과가 나타나면서 고구려의 남진에 제동이 걸리게 되었다.

고구려가 신라를 공격할 때에는 백제가 구원군을 보냈고, 반대로 백제가 공격을 받을 때에는 신라가 도와주었다. 두 나라는 동맹 관계를 더욱 튼튼히 하기 위해 왕실끼리 혼인을 맺기도 했다.

이 무렵 고구려의 장수왕이 죽자 삼국 간의 항쟁은 새로운 국면으로 접어들었다. 당시 고구려의 왕위는 장수왕의 손자인 문자명왕재위 491~519년이 이어받았다. 장수왕이 79년의 긴 세월 동안 왕위에 있었던 까닭에 왕위가 아들이 아닌 손자에게 바로 넘어간 것이다. 문자명왕 대까지만 해도 고구려는 전성기의 국력을 그런대로 유지했다. 그러나 그다음 임금인 안장왕이 살해되고, 동생인 안원왕이 즉위하면서 고구려는 극심한 혼란에 휩싸이게 되었다.

544년에 안원왕이 병들어 죽을 날이 가까워지자 귀족들 간에 대규모 분쟁이 일어났다. 안원왕에겐 세 명의 부인이 있었는데, 정부인에겐 아들이 없고 중부인과 소부인에게 각각 왕자가 있었다. 중부인 측과 소부인 측은 왕위 계승을 둘러싸고 궁궐 문 앞에서 사흘 동안 크게 싸움을 벌였다. 이 싸움에서 소부인 측이 패했는데, 희생자가 무려 2,000여 명이나 되었다. 귀족 세력들이 각자 자신의 외손자를 왕위에 앉히기 위해 살벌한 싸움을 벌인 것이다.

이 와중에 안원왕이 죽고 중부인 측의 왕자가 8세의 나이로 즉위하니, 그가 양원왕이다. 양측의 무력 대결은 그의 즉위와 함께 일단락되었지만, 그 뒤에도 혼란은 그치지 않았다. 내란 후 7년째인 551년, 지방에 거주하던 법사 혜량이 "지금 우리나라의 정치가 어지러워 언제 망할지 모를 지경이다"라며 신라 군에 투항한 것에서 알 수 있듯, 귀족 간의 분쟁은 오랜 기간 계속되었다. 이런 사태를 거치면서 국가 운영의 실권은 국왕의 손을 떠나 자연스레 귀족들에게 넘어갔다. 그리하여 일종의 귀족 연립 정권 체제를 형성하게 되는데, 그 최고 우두머리가 대대로였다. 이 자리를 놓고 귀족 간의 다툼이 또다시 치열하게 전개되었다.

6세기 고구려의 사회상을 알려 주는 중국 역사책 『주서周書』에는, 고구려의 최고 관등이며 귀족 회의 의장인 대대로는 왕이 임명하는 것이 아니라 귀족들 간에 무력으로 경쟁해 승자가 스스로 취임하는 것이라고 적혀 있다. 『한원翰苑』에도 대대로는 3년마다 선임하는데, 만약 그것이 여의치 않으면 귀족들이 각자 실력으로 대결하게 되고, 이때 왕은 궁문을 닫아걸고 스스로를 지키는 데 급급할 뿐 이를 막지 못했다고 적혀 있다. 이는 안장왕의 죽음 이후 약해지기 시작한 왕권을 대신하여 강성해진 귀족 세력 간의 내부 분열상을 보여 준다고 하겠다. 상황이 이렇다 보니 고구려는 대외 문제에 힘을 쏟을 수가 없었다.

따라서 백제와 신라에겐 더없이 좋은 기회였다. 두 나라는 고구려가 장기간에 걸친 혼란과 다툼으로 힘이 빠진 틈을 타 적극적인 공략에 나섰다. 이 시기에 백제는 동성왕, 무령왕, 성왕을 거치면서 국력을 회복하여 다시 강국이라 불릴 정도가 되었고, 신라 역시 지증왕과 법흥왕 그리고 진흥왕을 거치면서 놀랄 만한 발전을 거듭했다.

신라 발전의 주춧돌이 된 지증왕과 법흥왕

신라는 진흥왕 때 비약적인 도약을 하는데, 그 토대는 이미 지증왕과 법흥왕 시절에 마련되었다고 할 수 있다.

지증왕은 서기 500년에 마지막 마립간으로 왕위에 올랐다. 지증왕 4년503년부터는 마립간이란 호칭을 없애고 왕이라 부르기 시작했다. 이때 나라 이름도 새로 바꾸었다. 그동안 써온 '사로'나 '사라' 대신에 '신라'를 정식 국호로 사

독도 화산섬으로, 울릉도의 새끼 섬처럼 달려 있는 모습이다.

용하게 되었다. 이와 함께 지방 통치 제도도 정비했다. 주州－군郡－현縣의 행정 구역을 정하여 지방에 대한 왕의 지배력을 강화했다.

그뿐 아니라 나라 살림을 살찌우는 일에도 힘을 기울였다. 경제의 기반이 되는 농업을 장려하기 위해 국가 시책으로 우경牛耕을 널리 보급했다. 우경이란 논밭을 갈 때 소에 쟁기를 매어 끌게 하는 것이다. 이렇게 하면 사람의 힘으로만 하는 것보다 수십 배의 능률을 올릴 수 있다. 아울러 수리 사업을 벌이고 논을 개간하여 농업 생산력을 높였다. 수도인 서라벌 동쪽에는 시장을 열어 물품 교환이 활발히 이루어지게 했다. 한 나라의 국력이 경제력에 따라 좌우된다는 점에서 이런 일련의 사업은 매우 의미가 있는 것이었다.

나라의 면모를 새롭게 갖춘 지증왕은 대외 교류에도 힘썼다. 502년과 508년 두 차례에 걸쳐 북위에 사신을 보냄으로써 381년 전진에 다녀온 이래 120년

맛있게 읽는 한국 고대사

가까이 단절되었던 중국과의 교섭을 다시 열었다.

마지막으로 지증왕의 업적과 관련하여 빼놓을 수 없는 것이, 독도를 새끼 섬으로 달고 있는 울릉도에 관한 것이다. 당시 울릉도는 우산국이라고 불렸다. 지증왕 13년에 우산국 정벌이 이루어졌는데, 이때 재미난 일화가 있다.

신라 군을 이끄는 이사부는 우산국 사람들이 사납고 우직하여 힘으로 굴복시키기가 어렵다고 판단했다. 그래서 계략을 쓰기로 했다. 나무로 만든 허수아비 사자를 배에 가득 싣고 가서 이렇게 으름장을 놓은 것이다.

"만약 항복하지 않으면 이 맹수들을 풀어 너희들을 밟아 죽이게 하겠다!"

그러자 우산국 사람들은 모두 두려워하며 신라에 항복했다고 한다.

지증왕이 이렇듯 15년간 통치하면서 신라 부흥의 주춧돌을 마련했다고 한다면, 그 뒤를 이은 법흥왕은 더욱 확실하게 제도 개혁을 단행했다.

먼저 법흥왕 4년517년에 병부를 새로 설치하여 군사 문제를 담당하게 했다. 이어서 법흥왕 7년에는 율령을 반포하여 법률의 원칙에 따라 나라를 다스릴 수 있게 했다. 당시 율령의 구체적인 내용은 알 길이 없지만, 이때 처음 벼슬아치들의 관복을 제정하여 벼슬의 높낮이에 따라 옷 색깔을 달리하는 공복제公服制를 실시했다고 하니, 전반적인 통치 제도의 틀을 제시했다고 볼 수 있다. 그 뒤 법흥왕 18년531년에는 진골 귀족 회의를 주관하는 상대등 제도를 채택했다. 상대등이라는 벼슬은 이때 처음 시작되었으며,

영일 냉수리 신라비 신라 때의 비석 가운데 가장 오래된 것으로, 당시 재산 분배를 확인해 주는 증명서의 성격을 띠고 있다. 신라의 왕명을 다룬 초기 율령 체제의 형태를 보여 주어 당시 사회를 이해하는 데 귀중한 자료이다. ⓒ문화재청

법흥왕릉 법흥왕은 신라를 중앙 집권적 고대 국가 체제로 완성한 왕이다. ⓒ문화재청

오늘날의 총리에 해당한다.

하지만 법흥왕 대의 가장 중요한 개혁은 뭐니 뭐니 해도 불교의 공인527년이다. 이차돈의 순교에 힘입어 토속 신앙의 저항을 뿌리치고 불교를 받아들임으로써, 사상의 통일을 꾀하는 데 초석을 놓았다. 법흥法興이라는 왕의 시호는 불법을 일으켰다는 뜻을 담고 있다.

갖가지 개혁 조치 덕분이었는지 법흥왕 19년532년에는 호박이 넝쿨째 굴러 들어오는 횡재를 얻기도 한다. 즉 금관가야의 구해왕이 신라의 군사적 압박을 견디지 못하고 왕비와 아들 셋 그리고 여러 가지 보물을 가지고 항복해 온 것이다. 신라에서는 예에 맞게 이들을 맞아들여 구해왕에게는 다시 그 땅을 다스리게 했고, 그의 셋째 아들 김무력에겐 각간이라는 높은 벼슬을 내렸다.

이런 자신감을 바탕으로 하여 법흥왕 23년536년에는 건원建元이라는 독자적 연호를 쓰기에 이르렀다. 통치 체제의 확립과 국력의 신장에 힘입어 대외적으로 중국과도 어깨를 나란히 하는 국가라는 사실을 만천하에 알린 것이다. 이후 진흥왕 대의 폭발적인 대외 팽창은 이와 같은 앞선 두 임금의 체제 정비와 제도 개혁이 밑거름이 된 것이다. ⌇

맛있게 읽는 한국 고대사

신라의 도약과 새로운 위기

진흥왕의 영토 확장과 네 개의 순수비

백제에 근초고왕이 있고 고구려에 광개토대왕이 있다면, 신라에는 진흥왕이 있다고 할 수 있다. 『삼국사기』에 따르면, 진흥왕은 540년에 겨우 7세의 나이로 왕위에 올랐다. 왕의 나이가 너무 어려서 처음에는 왕태후가 대신 정치를 맡아 보는 섭정에 들어갔다. 출발은 이렇듯 다소 불안했지만, 그는 삼국의 혼란기를 잘 헤쳐 나가는 탁월한 지도력을 보였다.

진흥왕의 정복 사업 가운데 먼저 주목할 것은 역시 한강 유역의 점령이다. 이 사업은 550년 백제와 고구려, 두 나라가 도살성과 금현성을 둘러싸고 불꽃 튀는 공방전을 벌이는 틈을 타, 신라가 그 두 성을 기습적으로 빼앗으면서 시작되었다. 그 이듬해 진흥왕은 18세의 나이로 오랜 섭정기를 끝내고 친히 정치 일선에 나서면서 연호를 개국開國이라 고쳤다. 그리고 백제 중흥의 군주인 성왕과 공동 작전을 펴서 고구려가 차지하고 있던 한강 유역을 빼앗았다. 신라는 처음에 한강 상류 지역의 10군을 점령했으나 2년 뒤인 553년에는 백제군이 점령하고 있던 한강 하류 지역을 기습 공격하여 그들을 몰아내고 한강 유역 전부를 독차지했다. 이때 중국과의 교통 요지인 당항성도 확보했다.

이어서 554년에는 신라의 약속 위반에 분격하여 관산성으로 쳐들어온 성왕을 죽이고, 백제의 3만 대군을 섬멸했다. 이것이 그 유명한 관산성 전투이다. 이로써 신라와 백제의 오랜 동맹 관계는 깨지고 말았다.

한강 유역의 점령은 한반도 동남부에 치우쳐 있던 신라에게 더없이 중요

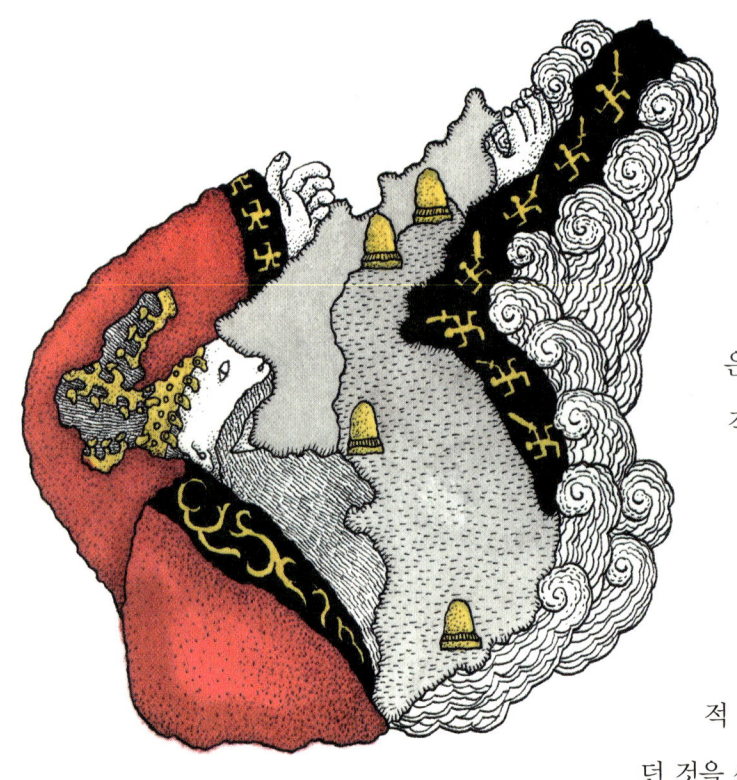

한 의미를 갖는
다. 이 지역의
비옥한 평야가 가
져다주는 물적, 인
적 자원을 얻게 됨
은 물론이고, 중국과
직접 통할 수 있는 서
해 바닷길이 트였
기 때문이다. 훗날
신라의 삼국 통일
이 당나라와의 외교
적 성공에 크게 힘입었
던 것을 생각하면, 한강 유역
의 점령이야말로 통일 사업의 밑거름이라 하지 않을 수 없다.

삼국 항쟁의 주도권을 쥐게 된 신라는 눈길을 돌려 가야에 군사적 압력을
가했다. 가야의 한 축이었던 김해의 금관가야는 이미 법흥왕 시절 신라에 항
복했다. 여기에 위기의식을 느낀 가야의 여러 나라는 대가야를 중심으로 뭉쳐
명맥을 유지했으며, 관산성 전투 때는 백제와 동맹하여 신라에 맞서기도 했
다. 하지만 결과는 참담한 패배로 끝나고 말았다. 당시 백제와 가야의 연합군
을 격파한 주인공은 다름 아닌 금관가야 출신의 김무력이었으니, 가야인의 손
으로 가야의 멸망을 앞당기는 비극적인 역사의 아이러니를 연출하게 된 것이
다. 결국 신라는 함안의 아라가야, 창녕의 비화가야를 차례로 정복한 다음, 진

맛있게 읽는 한국 고대사

흥왕 23년562년에는 이사부가 고령의 대가야를 공략해 멸망시킴으로써 기름진 낙동강 유역을 송두리째 차지하게 되었다.

이 전투에서 영웅적 활약을 펼친 인물이 바로 화랑 사다함이다. 『삼국사기』에 실린 「사다함 열전」의 내용을 간추리면 다음과 같다.

> 사다함은 어린 나이에 화랑이 되어 1,000여 명의 낭도를 거느렸다. 이사부의 대가야 정벌 당시 열대여섯 살의 나이로 참전하기를 원했다. 왕이 처음엔 나이가 어리다 하여 허락하지 않았으나, 그의 요청이 하도 간절하여 허락하고 말았다. 전쟁이 시작되자 맨 먼저 무리를 이끌고 성문을 치고 들어가니, 가야국 사람들이 우왕좌왕 어쩔 줄을 몰랐다. 신라는 그 틈에 대군을 몰고 들어가 손쉽게 가야를 멸하였다.
>
> 나중에 전공을 따져 보니 그가 으뜸이었다. 이에 왕은 노비 300명과 많은 토지를 내렸으나, 모두 사양했다. 왕이 억지로 받게 하니, 노비는 받는 즉시 풀어 주고 땅은 알천의 불모지만을 받았기 때문에 모두 그의 덕을 칭송했다. 어릴 때부터 무관랑과 함께 죽기를 맹세하고 벗이 되었는데, 그가 병들어 죽자 7일간 통곡하다가 열일곱의 젊은 나이에 세상을 떠났다.

진흥왕은 한강 유역과 가야 지역을 정벌한 데 이어, 동해안을 따라 계속 북상하면서 영토를 확장했다. 568년 이전의 어느 시기에는 함흥평야에까지 진출했다.

진흥왕은 새로운 땅을 개척한 뒤에 행정 구역을 새로 두었다. 즉 한강 유역에는 북한산주, 가야 지역에는 대야주, 동해안의 안변 지역에는 비열홀주를

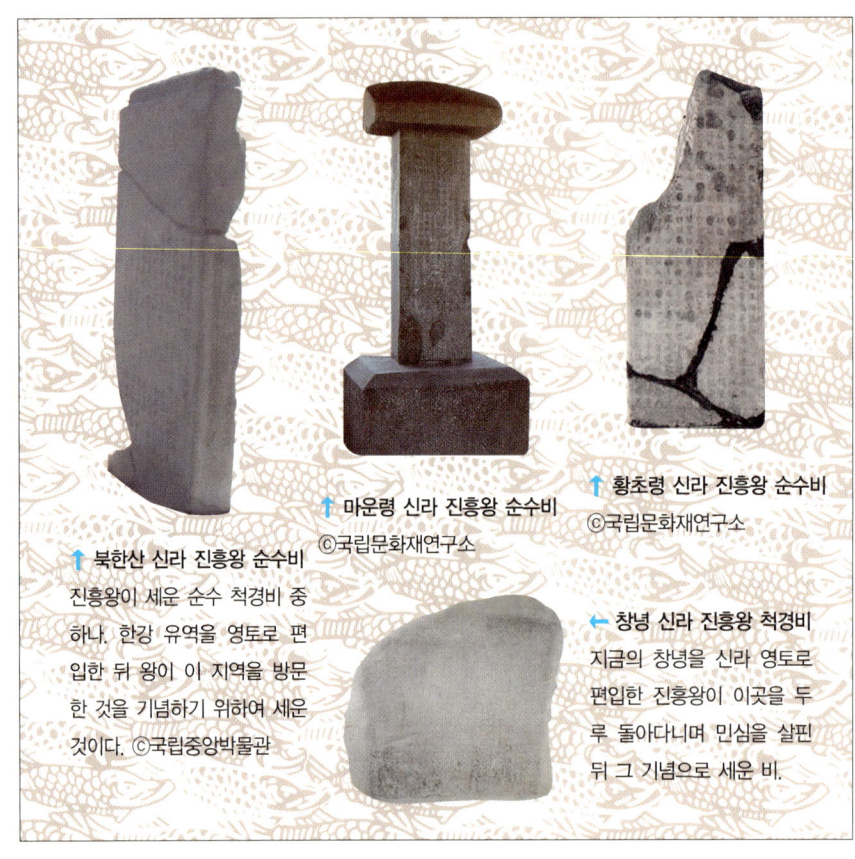

↑ **마운령 신라 진흥왕 순수비**
ⓒ국립문화재연구소

↑ **황초령 신라 진흥왕 순수비**
ⓒ국립문화재연구소

↑ **북한산 신라 진흥왕 순수비**
진흥왕이 세운 순수 척경비 중
하나. 한강 유역을 영토로 편
입한 뒤 왕이 이 지역을 방문
한 것을 기념하기 위하여 세운
것이다. ⓒ국립중앙박물관

← **창녕 신라 진흥왕 척경비**
지금의 창녕을 신라 영토로
편입한 진흥왕이 이곳을 두
루 돌아다니며 민심을 살핀
뒤 그 기념으로 세운 비.

설치하여 정복지에 대한 지배력을 강화했다. 그리고 발길이 닿는 곳마다 비석
을 세워 신라의 영토임을 확인했다. 한강 유역의 북한산비를 비롯하여 가야
지역의 창녕비, 함경도 지역의 황초령비와 마운령비의 네 개의 순수비는 진흥
왕의 위대한 정복 활동을 알려 주는 표석인 셈이다.

백제와 고구려의 반격이 시작되다

진흥왕 대의 활발한 정복 사업으로 신라는 역사상 최대의 판도를 누리게 되었다. 그러나 다른 한편으로 이것은 신라의 험난한 앞길을 예고하는 것이기도 했다. 고구려와 백제가 빼앗긴 땅을 되찾기 위해 번갈아 신라에 쳐들어왔기 때문이다.

애초에 고구려가 신라와 백제의 연합군에게 한강 유역을 빼앗긴 데에는 그럴 만한 이유가 있었다. 당시 고구려는 안팎으로 어려움을 겪고 있었다. 안장왕 이후 왕위 계승을 둘러싼 귀족들 간의 피비린내 나는 싸움이 거듭되는 가운데, 밖으로는 서북방에서 새로 일어난 돌궐과 전쟁을 치르느라 하루도 편할 날이 없었다. 이 틈을 이용하여 신라와 백제의 연합군이 공격해 오자, 미처 손쓸 겨를도 없이 한강 유역을 내주고 만 것이다. 서북방의 돌궐을 상대하면서 남쪽의 나제 동맹군을 함께 막아 내기에는 너무도 힘에 버거웠던 것이다.

고구려로서는 매우 불리한 상황이었다. 눈앞의 위기를 벗어나기 위해 당시 고구려는 신라와 비밀리에 타협을 했던 것으로 보인다. 『삼국유사』의 진흥왕 기록에는 이런 상황을 짐작해 볼 수 있는 대목이 실려 있다.

백제가 신라와 군사를 합쳐서 고구려를 치려고 했다. 이때 진흥왕이 말하기를 "나라가 흥하고 망하는 것은 하늘에 달린 것이니, 만일 하늘이 고구려를 버리지 않는다면 우리들이 어찌 감히 고구려를 망하게 하리오?" 하고 거절했다. 그리고 이 말을 고구려에 전하니, 고구려가 기뻐하며 신라와 평화롭게 지냈다. 이 때문에 백제가 신라를 원망하여 침범한 것이다.

이것은 나제 동맹군이 한강 유역을 빼앗은 직후의 상황인 것 같다. 백제가 다시 고구려를 함께 공격하고자 했으나, 진흥왕은 이를 거절한 뒤 곧바로 이 사실을 고구려에 일러바쳤다. 평화의 신호를 은밀하게 보낸 것이다. 고구려에서는 이에 화답하여 휴전의 대가로 신라가 한강 전 지역을 차지하도록 눈감아 주겠다는 응답을 하지 않았나 생각된다. 이에 신라는 곧바로 백제를 공격하여 한강 유역을 독식하고, 이것이 빌미가 되어 관산성 전투가 벌어진 것이다. 결국 100년 넘게 지속된 나제 동맹이 깨지면서 백제는 신라를 향해 보복 공격을 시작했다. 그 후 두 나라는 해를 거듭할수록 더 치열한 전쟁을 되풀이하게 된다.

한편 그 사이 고구려는 국력을 서북부 국경선에 집중하여 돌궐 세력에 대응할 수 있었다. 돌궐은 한때 요동의 신성과 백암성 등 고구려 영토 깊숙이 쳐들어오기도 했지만, 두 나라의 분쟁은 주로 요서 지역의 거란족에 대한 지배권을 둘러싸고 치열하게 펼쳐졌다. 돌궐과 치른 대결에서 승리를 거둔 고구려는 서북쪽 국경이 안정되자, 서서히 남쪽으로 예봉을 돌려 신라와 다시 전쟁을 시작했다.

평원왕 시대의 전설적 영웅인 온달 장군 이야기는 이러한 시대 배경에서 나온 것이다. 그가 정말 바보였는지는 알 수 없지만, 설화상으로는 평강공주의 도움을 받아 명장이 되어 큰 공을 세웠다. 『삼국사기』의 「온달 열전」에는 신라와의 마지막 전투 장면이 한 편의 드라마처럼 감동적으로 기록되어 있다.

평원왕이 죽고 영양왕이 즉위했을 무렵 온달이 아뢰었다.

"지금 신라가 우리의 한강 이북을 빼앗아 자기네 땅으로 만들었습니다. 바라옵건대, 대왕께서 저를 어리석다 하지 마시고 군사를 주신다면 단번에 우리 땅을 도로 찾아오겠나이다."

왕이 흔쾌히 허락하자 온달이 길을 떠나면서 맹세했다.

'계립현과 죽령 서쪽의 땅을 우리 것으로 만들지 못하 면 살아서 돌아오지 않겠노라!'

온달이 군사를 이끌고 진격하여 아단성_{지금의 아차산성} 아래에서 신라 군 과 싸우다가 날아오는 화살에 맞아 전사했다. 그를 장사지내려 했으나 상여 가 움직이지 않았다. 공주가 와서 관을 어루만지며 "삶과 죽음이 이미 결정 났으니, 아아! 그만 돌아가소서!" 하고 말하자, 마침내 상여가 움직였다.

온달의 마지막 죽음을 통해서 당시 잃어버린 땅을 되찾고자 하는 고구려 인의 열망이 얼마나 강했는지를 읽을 수 있다.

삼국의 항쟁이 국제전 양상으로

고구려와 백제의 공격은 날이 갈수록 거세졌다. 두 나라의 줄기찬 공격에 고립된 신라는 점점 궁지에 몰렸다. 살길을 찾기 위해서는 새로운 동맹 세력을 얻어야 했다. 양측의 협공에 시달리던 신라는 마침내 중국의 통일 제국인 수나라와 당나라에 도움의 손길을 청했다. 삼국의 항쟁은 이제 동아시아의 국제전으로 점차 확장되는 양상을 띠게 되었다.

진평왕 30년608년, 고구려의 잦은 침략에 골치를 앓던 신라는 수나라에 군사를 청하는 걸사표乞師表를 원광 법사에게 지어 올리게 했다. 여기서 그치지 않고 3년 뒤인 611년에는 거듭 수나라에 사신을 보내 고구려 정벌을 위해 군대를 동원하자는 글을 바쳤다. 그리고 그해 실제로 수 문제는 군사 동원령을 내리고, 대대적인 고구려 원정길에 나서게 되었다. 결국 이 전쟁에서 수나라는 치욕적인 패배를 맛보았지만, 신라는 그 틈을 이용해 고구려 남쪽을 공략하여 500리의 땅을 빼앗기도 했다.

수나라와의 전쟁이 끝난 뒤 국제 정세는 새로운 국면을 맞이했다. 중국에는 수나라가 망하고 당나라가 들어서서 점점 강성해졌다. 삼국은 적어도 겉으로는 똑같이 당나라와 평화로운 관계를 유지했지만, 저마다 잇속은 달랐다.

고구려는 당나라와 우호적인 관계를 유지하면서도, 한편으로 당나라의 침략에 대비했다. 아울러 수나라와 전쟁을 벌이는 동안 남쪽에서 세력을 키운 백제와 신라를 견제하기 시작했다.

이에 신라와 백제는 똑같이 당에 사신을 보내 고구려를 견제해 달라고 요청하면서도, 둘 사이에는 서로 물고 물리는 싸움이 계속되었다. 특히 백제의 무왕은 공세를 강화하여 신라를 거세게 몰아붙였다. 두 나라의 싸움은 갈수록 치열해졌다.

위기에 빠진 신라

삼국의 항쟁에 중국까지 끼어들면서 서로의 관계는 더욱 복잡하게 얽혀 들었다. 이런 가운데 운명의 642년선덕여왕 11년이 밝았다. 이해는 삼국의 항쟁에서 대단히 중요하다. 이때부터 삼국의 정세가 매우 급박하게 돌아가기 때문이다.

고구려에서는 이해에 연개소문이 쿠데타를 일으켜 정권을 잡고 보장왕을 새로 앉혔다. 그와 함께 당나라에 강경한 자세를 취하면서 서서히 전운이 감돌기 시작했다.

한편 백제에서는 무왕의 뒤를 이어 의자왕이 즉위한 지 2년째가 되었다. 의자왕은 삼국의 항쟁에서 문제 인물로 꼽히는 임금이다. 『삼국사기』에 따르면, 그는 무왕의 맏아들로서 용감하고 대담하며 결단성이 있을 뿐만 아니라, 부모에게 효도하고 형제간에 우애가 있어 해동증자라고 불렸다. 기록상으로 볼 때 의자왕은 훌륭한 품성을 가졌던 것으로 보이며, 이런 칭송에 걸맞게 즉위 초에는 어느 임금 못지않은 공적을 쌓았다.

그는 즉위하자마자 과단성 있는 군주의 모습을 보였다. 힘 있는 귀족 40여 명을 숙청하여 강력한 왕권을 확립하는 동시에, 지방을 순시하면서 백성들의 생활을 살피고 많은 죄수를 석방하여 민심을 안정시켰다.

그런 다음 신라를 무섭게 공격해 들어갔다. 그해 7월 의자왕이 직접 군사를 거느리고 신라를 공략하여 미후성 등 40여 성을 빼앗았다. 이어서 8월에는 고구려와 협공 작전을 펼쳐 당나라와의 교섭 창구인 당항성을 공격하는 한편, 장군 윤충을 보내 신라 서남부의 전략 요충지인 대야성지금의 합천을 함락했다.

합천(대야성) 항공 사진
ⓒ합천군 문화공보과

그리하여 신라의 서부 국경선은 합천에서 낙동강 동쪽의 경산 지방으로 후퇴하지 않을 수 없었다. 백제의 위협적인 공격에 신라는 일찍이 경험하지 못한 국가적 위기에 빠진 것이다.

적국 고구려에 도움을 청하다

상황이 다급해지자 신라에서는 모험을 감행했다. 위험을 무릅쓰고 김춘추가 또 다른 적대국인 고구려에 구원병을 청하러 가기에 이른 것이다. 이때의 사정을 간략히 설명하면 이렇다.

애초 대야성이 함락되었을 때 성주인 김품석과 그의 아내 고타소낭이 함께 죽었다. 고타소낭은 김춘추가 몹시 아끼고 사랑하는 딸이었다. 소식을 들

맛있게 읽는 한국 고대사

은 김춘추는 온종일 기둥에 멍하니 기대선 채 눈도 한번 깜빡이지 않았고, 사람이나 물건이 그 앞을 지나가도 알지 못할 정도로 큰 충격에 빠졌다. 그리고 얼마 후 혼자 탄식하기를, "아아! 대장부가 되어 어찌 원수 백제를 씹어 삼키지 못하랴!" 하고는 선덕여왕에게 고구려에 사신으로 가기를 청했다. 왕

대야성 경남 합천군 해발 90m의 매봉산 정상을 둘러싼 대야성은 흙과 돌을 이용하여 쌓은 성이다. 신라와 백제 서부의 접경지대로 신라가 백제의 침공을 막기 위해 쌓았다 한다. ⓒ합천군 문화공보과

이 허락하자, 김춘추는 비장한 각오로 고구려로 향했다. 길을 떠나기 전에 그는 김유신에게 말했다.

"나와 그대는 한 몸으로 나라의 기둥이오. 이번에 내가 만약 고구려에 들어가 저들에게 해를 입게 된다면 그대는 어찌하겠소?"

김유신이 결연한 목소리로 대답했다.

"공이 돌아오지 못한다면 우리의 말발굽이 반드시 고구려와 백제의 궁궐을 짓밟을 것이오. 진실로 이렇게 하지 못한다면 장차 무슨 낯으로 나라 사람들을 대하겠소?"

김춘추는 60일 안에 돌아올 것을 기약하고 고구려로 떠났다. 그리고 보장왕을 만나 구원병을 간곡하게 요청했다. 하지만 고구려에서 그 요청을 고분고분 들어줄 리가 없었다. 보장왕은 마목현과 죽령이 본래 고구려의 땅이니, 이곳을 돌려주면 군사를 보내 주겠다고 대답했다. 김춘추는 그런 일은 신하가

마음대로 할 수 없는 일이라며 맞섰다. 이에 보장왕은 그가 공손하지 않다면서 그를 감옥에 가두어 버렸다.

곤경에 빠진 김춘추는 고구려의 벼슬아치인 선도해에게 가지고 있던 뇌물을 몰래 바쳤다. 그러자 선도해가 찾아와 넌지시 이야기 하나를 들려주었는데, 『별주부전』의 원형인 「구토지설龜兔之說」이 바로 그것이다. 거북을 따라왔다가 용궁에 갇힌 토끼가 꾀를 써서 도망친 것처럼, 일단 고구려에 땅을 돌려주겠다고 약속한 뒤 풀려나서는 딴청을 부리면 된다는 암시인 것이다. 김춘추는 그 뜻을 알아차리고 보장왕에게 글을 올려 땅을 돌려주겠다는 거짓 약속을 했다.

한편 이 무렵 김유신은 60일이 지나도록 김춘추가 돌아오지 않자 용맹한 군사 3,000명을 뽑아 고구려로 쳐들어갈 준비를 마쳤다. 고구려 왕은 별로 싸우고 싶은 생각도 없고, 김춘추의 약속을 받은 터라 더 이상 말썽거리가 되는 게 싫었다. 그리하여 김춘추에게 후한 대접을 한 다음 신라로 돌려보냈다.

김춘추는 무사히 살아 돌아왔지만 고구려를 상대로 한 청병 외교는 결국 실패로 돌아갔다. 이제 신라는 당나라와의 외교에 사활을 걸 수밖에 없었다. 🐦

신라의 통일 전쟁

김춘추와 김유신의 만남

김춘추는 익히 알다시피 김유신 장군과 더불어 삼국 통일을 이끈 주인공이다. 두 사람이 힘을 합치게 된 것은 결코 우연이 아니다.

김춘추는 신라의 정통 왕족 출신이긴 하지만 조부인 진지왕이 귀족들에게 쫓겨나면서 그의 집안은 성골 계보에서 제외되어 왕위에 오르기 어려웠다. 어려서부터 큰 야심을 품었던 김춘추에게 이것은 견디기 힘든 일이었을 것이다.

이에 비해 김유신은 금관가야 왕족의 후손으로, 관산성 전투에서 공을 세운 김무력이 할아버지였다. 그의 집안은 신라의 조정에서 벼슬을 살며 큰 공을 세우긴 했으나, 정치적으로 큰 영향력을 행사할 수는 없었다. 따라서 정치적 재기를 노리는 김춘추와 군사적 능력을 가졌으면서도 운신의 폭이 좁았던 김유신은 서로 힘을 합칠 필요가 있었다. 『삼국유사』에서는 두 사람이 손을 잡는 과정을 꿈 이야기를 통해 아주 재미있게 보여 주고 있다.

태종무열왕 김춘추의 왕비는 문명황후이다. 문명황후의 원래 이름은 문희이며, 장군 김유신의 누이동생이다. 두 사람이 혼인하게 된 것은 김유신의 꾀였다.

김유신에게는 보희와 문희라는 누이동생이 있었다. 어느 날 언니 보희가 이상야릇한 꿈을 꾸었다. 서악산 꼭대기에 올라가 오줌을 누었는데 서라벌이 온통 오줌으로 가득 찼던 것이다. 아침에 일어난 보희는 동생 문희에

신라 태종무열왕릉비 무열왕의 공적을 기록했던 비의 몸체 부분은 사라지고 현재는 귀부와 이수만 남았다. ⓒ문화재청

게 꿈 이야기를 들려주었다. 문희는 얘기를 다 듣고 나자 대뜸 이렇게 말했다.

"언니, 그 꿈 나한테 팔아라. 그 대신 내가 가장 아끼는 비단 치마를 줄 테니까."

"정말이야? 그렇다면 팔고말고. 자, 내 꿈 받아라!"

보희는 두 손으로 무언가를 던지는 시늉을 했다. 동시에 문희는 치마를 펼쳐 그것을 받았다.

그런 일이 있고서 열흘쯤 지난 정월 보름날이었다. 김유신이 김춘추와 더불어 집 앞에서 공놀이를 하며 놀았다. 그때 유신은 일부러 춘추 공의 옷고름을 밟아 떨어뜨렸다.

"허허, 이거 미안하오. 우리 집에 들어가서 옷고름을 꿰매고 술이나 한 잔하는 게 어떻겠소?"

유신은 춘추 공을 집으로 데려와 가만히 보희를 불렀다. 바느질을 핑계로 보희와 김춘추를 맺어 주려는 속셈이었다. 그러나 보희는 김유신의 깊은 뜻을 모른 채 그런 사소한 일로 귀공자를 가까이 할 수 없다며 거절했다. 이에 문희가 대신 나가 옷고름을 달아 주고, 이 일로 김춘추와 매우 가

맛있게 읽는 한국 고대사

까워졌다. 그러다가 마침내 문희가 춘추 공의 아이를 임신하게 되었다. 이 사실을 안 유신은 짐짓 크게 화를 냈다.

"네가 처녀의 몸으로 아이를 가졌으니 집안을 크게 욕되게 했구나. 내 너를 불에 태워 죽임으로써 집안의 명예를 되찾아야겠다!"

김유신은 이 소문을 퍼뜨려 서라벌에 모르는 사람이 없게 되었다.

하루는 선덕여왕이 궁궐 밖으로 나와 남산으로 행차했다. 유신이 이 사실을 미리 알고 일부러 그날을 잡아 문희를 화형에 처하겠다며, 마당에 장작을 쌓아 놓고 불을 질렀다. 남산에 올라가 있던 여왕은 유신의 집에서 연기가 나는 것을 보며 그 까닭을 물었다. 좌우의 신하가 그간의 사정을 이야기하자, 여왕은 노기 띤 음성으로 말했다.

"도대체 문희에게 아이를 임신시킨 남자가 누구란 말이오?"

그러자 옆에서 선덕여왕을 모시고 있던 김춘추가 얼굴색이 변하면서 안절부절못했다. 여왕이 이를 눈치 채고 김춘추를 나무랐다.

"누군가 했더니 바로 춘추 공의 소행이었구려. 그렇다면 빨리 가서 그녀의 목숨을 구하지 않고 어째서 여기 있단 말이오!"

김춘추는 그제야 김유신의 집으로 황급히 달려갔다. 그러고는 여왕의 명령을 전한 뒤 문희의 목숨을 살렸다. 이리하여 김춘추와 문희는 드디어 혼례를 올리게 되었다.

김유신이 자신의 누이동생 문희를 김춘추에게 시집보내면서 두 집안은 마침내 결탁하게 되었다. 둘의 결합은 신라 역사에서 일대 사건이라 할 만큼 중요하다. 이렇게 손을 잡은 두 사람은 국가의 위기를 구하는 데 큰 힘을 발휘했다.

내부의 반란을 잠재우다

642년 대야성 함락 이후 전쟁의 회오리는 삼국을 뒤흔들기 시작했다. 당시 신라에 닥친 커다란 위기 상황은 역설적으로 통일 전쟁의 시발점이 되었다. 고구려의 도움을 끌어내는 데 실패한 신라는 당나라에 모든 것을 걸고 외교에 총력을 기울였다.

그 후 645년 당나라는 마침내 군사를 일으켜 고구려로 쳐들어갔다. 당 태종 이세민과 고구려의 연개소문은 요동 벌판에서 일대 격전을 벌였다. 이때 신라에서는 당나라를 돕기 위해 3만의 군사를 내어 고구려의 남쪽을 공략했다. 그러나 당나라의 참담한 패배로 전쟁이 마무리되면서 신라는 별 소득을 얻지 못했다. 오히려 신라의 빈틈을 노리고 기습 공격을 해 온 백제에게 일곱 개의 성을 빼앗기는 손해만 입었다.

이런 가운데 신라는 심각한 내분에 휩싸이게 되었다. 상대등 비담과 염종이 난을 일으킨 것이다. 실제로 난이 일어난 것은 647년이지만, 그 불씨가 된 것은 643년으로 거슬러 올라간다. 당시 신라는 당나라에 사신을 보내, 고구려와 백제의 연합군이 공격하려 한다며 지원군 파견을 요청했다. 이때 당 태종은 선덕여왕에 대해 이런 모욕적인 말을 내뱉었다.

"너희 나라는 여자를 임금으로 삼아 이웃 나라로부터 업신여김을 당하고, 도적이 들끓어 하루도 편할 날이 없다. 우리 당나라에서 황족 한 사람을 보내 줄 테니, 너희 나라의 임금으로 삼으면 어떻겠느냐?"

신라는 이런 굴욕을 참으면서도 당나라에 계속 사신을 보냈다. 고구려와 백제의 협공을 받는 처지라 당나라가 등을 돌리면 나라가 위태로웠기 때문이다. 이 즈음부터 신라 내부에서는 여왕을 반대하는 서라벌 중심의 귀족 세력이

맛있게 읽는 한국 고대사

불만을 품게 되었다. 그러다가 마침내 비담과 염종이 '여왕이 정치를 잘하지 못한다'는 명분을 내걸고 반란을 일으켰던 것이다.

이에 맞서 김유신과 김춘추가 주축이 된 여왕 지지파가 반란의 진압에 나섰다. 반란군의 거점은 명활성이었고, 김유신이 이끄는 진압군은 월성에 진을 쳤다. 이

명활산성 경주의 동쪽 명활산 꼭대기에 쌓은 신라 산성. 진흥왕 15년에 다시 쌓았고, 진평왕 15년에 성을 확장했다. 지금은 성벽 대부분이 무너져 겨우 몇 군데에서만 옛 모습을 볼 수 있다. 선덕여왕 때는 비담이 이곳을 근거지로 하여 반란을 일으켰다. ⓒ문화재청

들은 10일 동안 공방전을 벌였으나 싸움은 쉽게 끝나지 않았다. 그러던 어느 한밤중에 김유신이 진을 친 월성 쪽으로 큰 별이 떨어졌다. 비담 등은 이를 보고 군사들에게 말했다.

"별이 떨어진 곳에는 피가 흐른다는 말이 있으니, 이는 여왕의 군대가 패할 징조다!"

갑자기 반란군의 사기가 높아져 그 함성이 천지를 뒤흔들었다. 이에 진압 군사들은 두려움에 떨었다.

곤경에 처한 김유신은 황급히 사태 수습에 나섰다. 그는 고민 끝에 기발한 꾀를 생각해 냈다. 허수아비를 만들어 불을 붙인 다음 연에 매달아 하늘로 띄워 보낸 것이다. 그러자 마치 큰 별이 하늘로 솟구치는 것 같았다. 김유신은 사람들을 시켜 어젯밤에 별이 떨어졌다가 다시 하늘로 올라갔다는 소문을 퍼

뜨렸다. 그리하여 전세는 곧바로 역전되었다. 김유신은 군사들의 사기가 오른 틈을 놓치지 않고 공격을 가하여 반란군의 토벌에 성공할 수 있었다.

김춘추와 당 태종 사이의 비밀 협정

내란의 와중에 선덕여왕이 죽자 진덕여왕이 뒤를 이었다. 김춘추와 김유신의 연합 세력은 옛 귀족들을 누르고 신라의 정치 군사적 실권을 장악했다. 이런 신라 사회의 내부 변화는 삼국 간의 세력 관계에도 새로운 파장을 불러일으켰다.

신라의 실권자로 떠오른 김춘추는 648년 당나라로 건너가 태종과 군사 동맹을 맺었다. 이때 당 태종은 김춘추에게 '두 나라를 평정하면 평양의 남쪽과 백제의 땅은 모두 신라에게 주어 길이 편안하게 살게 하겠다'고 말했다. 신라와 당나라 사이에 맺은 일종의 비밀 협정이었던 셈이다.

당나라와의 성공적인 외교에 힘입어 김춘추의 정치적 입지는 더욱 강해졌다. 이런 가운데 진덕여왕이 즉위 8년째 되는 해에 죽자, 귀족 회의에서는 일단 상대등인 알천을 왕으로 추대했다. 그러나 김춘추와 김유신의 위세에 눌린 알천은 왕위를 양보하고 말았다. 그리하여 김춘추가 마침내 654년 왕위에 오르니, 그가 바로 태종무열왕이다.

무열왕은 즉위한 이듬해655년부터 혹독한 신고식을 치렀다. 고구려와 백제가 연합하여 신라의 성 33개를 함락한 것이다. 신라에서는 즉시 당나라에 사신을 보내 구원을 요청했다. 당나라는 이에 응하여 고구려를 공격했다. 두 나라 간의 군사 동맹 덕을 톡톡히 본 셈이다. 그 후 김춘추의 강력한 정치적 지도력에 뛰어난 지략을 갖춘 김유신의 군사적 능력이 더해지면서 신라는 삼국 간 항쟁의 주도권을 완전히 틀어쥐게 되었다.

맛있게 읽는 한국 고대사

의자왕의 타락과 잇따른 변괴들

신라가 점차 역사의 전면에 떠오르는 사이, 백제의 사정은 심상치 않게 돌아 갔다. 의자왕은 처음엔 왕권을 확립하고 정복 군주로서 뛰어난 역량을 과시했 다. 하지만 후기로 갈수록 즉위 초의 총명함과 결단력을 잃어버리고 나랏일을 그르치기 시작했다.

그 분기점이 되는 것이 의자왕 15년 즈음이다. 그해에 궁을 사치스럽고 화 려하게 수리하고, 이듬해에는 궁녀들을 데리고 음란과 향락에 빠져서 술 마시 기를 그치지 않았다. 이를 보다 못해 좌평 성충이 나서서 말리자, 의자왕은 노 하여 그를 감옥에 가두었다. 이로 말미 암아 더 이상 간하려는 자가 없었다. 결국 성충은 옥에서 죽었는데, 죽기에 앞서 왕에게 이런 글을 올렸다.

"충신은 죽어도 임금을 잊지 않으 니 한마디만 남기겠습니다. 신이 세상 의 움직임을 살펴보니 조만간 틀림없 이 전쟁이 있을 것입니다. 무릇 싸움 에서 이기기 위해서는 그 지형을 잘 골라야 합니다. 만약 적군이 백제로 쳐들어오면 육지로는 탄현을 통과하 지 못하게 하고, 바다로는 기벌포를 통과하지 못하게 해야 합니다. 반드시 그 험준한 곳에서 적을 막아야 나라를

목화자단기국 고대 일본의 최고 공예품 중 하나 로 평가받는 바둑판, 바둑알, 바둑통이다. 이것 은 백제 의자왕이 일본 쇼무 천황에게 선물한 것으로 알려져 있다. '목화'는 상감 기법, '자단' 은 붉은박달나무, '기국'은 바둑판을 의미한다.

보전할 수 있습니다."

　물론 의자왕은 이 말을 귀담아 듣지 않았고, 이후 불길한 징조가 줄을 이었다. 궁중으로 여우 떼가 몰려와 그중 흰 여우 한 마리가 상좌평의 책상 위에 올라앉는가 하면, 태자궁에서는 암탉이 참새와 짝짓기를 하고, 도성의 우물물이 핏빛으로 변하는 등 해괴한 일들이 속출했다. 이 중에서도 최고의 결정판은 다음과 같은 내용이다.

귀신 하나가 궁궐에 들어와서 "백제가 망한다! 백제가 망한다!" 하고 크게 외치다가 곧 땅속으로 들어갔다. 왕이 이상하게 여기며 땅속을 파게 하니 거북 한 마리가 나왔다. 그 등에 이렇게 적혀 있었다. "백제는 보름달이요, 신라는 초승달이다." 왕이 무당을 불러 물어보자 대답하기를, "보름달은 꽉 찬 것이니 차면 기울기 마련이고, 초승달은 아직 차지 않았으니 점점 차게 마련이다!"라고 했다. 그 뜻풀이가 백제는 망하고 신라는 일어선다는 말이라, 왕이 노하여 무당을 죽여 버렸다.

　백제의 멸망을 알리는 이런 조짐들은 당시 백제의 정치적 불안정이 원인이었다. 의자왕은 그즈음 지나치게 무리한 왕권 행사로 인해 귀족 지배층과

맛있게 읽는 한국 고대사

심한 갈등을 겪었던 것으로 보인다. 의자왕 17년 기록에는 왕이 서자 41명을 좌평으로 임명하고 모두에게 식읍을 내렸다고 실려 있다.

　좌평은 백제에서 최고의 벼슬자리로, 이른바 대성팔족의 귀족들 중에서도 이 자리에 오르기란 쉽지 않았다. 그러니 지배 귀족층의 반발은 불을 보듯 뻔한 일이었다. 막말로, '니들 왕족끼리 북 치고 장구 치고 잘해 봐라!' 하고 등을 돌렸을지도 모른다. 게다가 6좌평제에서 41명의 좌평이 추가되었으니 체제상의 혼란도 적지 않았을 것이다. 그럼에도 아랑곳없이 의자왕은 사치와 방탕에 빠져 지냈으니, 멸망을 암시하는 갖가지 변괴가 잇따랐던 것이다.

낙화암의 슬픈 전설

백제가 이렇듯 스스로 붕괴해 가는 사이 운명의 660년이 다가왔다. 그해 여름, 신라와 당나라의 연합군이 백제를 향해 밀려들었다. 당나라의 13만 대군이 서해를 건넜고, 신라에서는 김유신이 이끄는 5만의 병력이 백제의 국경을 넘었다.

　의자왕은 뒤늦게 방어 대책을 세우기 위해 회의를 열었다. 좌평 의직은 먼 뱃길에 피곤한 당나라 군을 먼저 공격해야 한다고 주장한 반면,

의자왕 가묘 의자왕은 백제 멸망 후 당나라의 수도로 압송되어 그해 병으로 죽었다. 그래서 그의 넋을 기리기 위해 가묘를 쓴 것이다.
ⓒ문화재청

낙화암 삼천궁녀가 떨어져 죽었다는 슬픈 전설이 어린 곳이다. ⓒ문화재청

달솔 상영 등은 신라 군을 먼저 꺾어야 한다고 맞섰다. 두 주장이 팽팽히 대립하자, 의자왕은 장흥 땅으로 귀양 보낸 좌평 흥수에게 사람을 보내 의견을 물었다. 그도 전날의 성충과 거의 같은 견해를 내놓았지만, 반대가 심해 채택되지 못했다. 이렇듯 결론을 내리지 못하고 우물쭈물하는 사이, 나당 연합군은 이미 전략 요충지였던 탄현을 넘고 기벌포를 통과했다.

상황이 어려워지자 백제의 지배층은 제 살길 찾기에 바빴다. 이제 남은 것은 계백 장군과 5,000명의 결사대뿐이었다. 이들은 결사 항전의 자세로 황산벌에서 신라 군을 맞았다. 계백은 싸움에 나서기 전에 이미 제 손으로 아내와 자식들의 목을 베었다. 나라의 존망을 알 수 없으니 살아서 치욕을 당하는 것보다 깨끗하게 죽는 게 낫다고 생각했기 때문이다. 계백은 이렇듯 비장하고 결연한 각오로 전투에 임했지만 5,000명의 결사대와 함께 장렬하게 전사했다.

나당 연합군이 파죽지세로 사비성으로 육박해 들어갔다. 다급해진 의자왕은 태자와 더불어 허겁지겁 웅진성으로 피난을 떠났다. 그러나 사비성을 지키면서 스스로 왕위에 올랐던 왕자 태가 항복하면서 의자왕도 더 이상 버티지 못

맛있게 읽는 한국 고대사

하고 항복하고 말았다. 그리하여 백제는 삼천궁녀가 꽃처럼 몸을 던졌다는 낙화암의 슬픈 전설을 남기고 역사의 뒤안길로 사라졌다.

임존성에서 타오른 마지막 횃불

나당 연합군은 사비성에서 전쟁의 승리를 기념하는 큰 잔치를 열었다. 신라의 태종무열왕과 당나라 군대를 이끈 소정방이 단상 위에 높이 앉았고, 전쟁에서 패한 의자왕과 아들 부여융은 계단 아래 초라히 앉았다. 이때 한 장수가 의자왕에게 명령하듯 말했다.

"백제의 왕은 단상 위의 무열왕과 소정방 장군에게 술잔을 돌리라!"

의자왕은 마지못한 듯 일어나 술을 따르기 시작했다. 이 모습을 본 백제인들은 억장이 무너지는 심정이었다. 울분을 참다못한 백제의 한 장수는 10여 명의 부하를 이끌고 그 자리를 뛰쳐나왔다. 그는 곧바로 임존성으로 들어가 백제 부흥 운동을 꾀했다. 이 사람이 바로 7척 장신의 늠름한 체구를 가진 흑

임존성 전경 백제가 멸망한 뒤에 주류성과 함께 백제 부흥군이 활동했던 곳으로 사비성을 되찾기 위한 부흥군의 마지막 근거지였다. 이 성에서 흑치상지를 중심으로 백제의 부흥을 꾀하였으나 실패하였다. ⓒ문화재청

치상지 장군이다.

부흥 운동의 횃불을 올린 지 열흘이 못 되어 3만 명이나 되는 백성이 임존성으로 몰려들었다. 이때 임존성에서 함께 부흥 운동의 깃발을 올린 사람이 복신이다. 복신은 의자왕과 사촌 사이로, 백제 유민들의 열렬한 환영과 존경을 받은 인물이다.

흑치상지와 복신이 임존성을 근거지로 삼아 일으킨 부흥 운동은 다른 지역으로 순식간에 번져 갔다. 승려인 도침이 주류성에서 일어나고, 부여자진은 웅진성을 근거지로 궐기했다. 이어 전국에서 200여 성이 이에 호응했다.

이 같은 부흥 운동은 처음엔 구심점도 없이 산발적으로 일어났으나, 가장 많은 병력을 이끌던 흑치상지와 복신, 도침을 중심으로 점차 통합되어 갔다. 이들은 또 일본에 가 있던 왕자 부여풍을 데려와 왕으로 앉히고, 새로운 국가의 기틀도 마련했다.

당시 백제는 비록 수도 사비성이 함락되었지만, 지방에는 여전히 군사력을 가진 백제 세력들이 버티고 있었다. 백제 멸망 후 소정방은 의자왕과 네 명

맛있게 읽는 한국 고대사

의 왕자 및 여러 대신들과 함께 1만 2,000여 명의 주민을 이끌고 당나라로 돌아가고, 김유신도 경주로 군사를 되돌렸다. 대신 사비성은 당나라 장수 유인원과 신라의 김인문에게 지키게 했다. 그러나 백제 부흥군의 반격이 워낙 거세 사비성은 여러 번 함락 위기에 처하기도 했다.

백제 부흥군은 이렇듯 엄청난 기세를 올리며 나당 연합군에 타격을 가했지만, 안타깝게도 심각한 내분에 휩싸이게 되었다. 함께 부흥 운동을 꾀하던 복신이 도침을 죽이고 전권을 장악했으나, 곧이어 복신과 부여풍 간에도 사이가 벌어져 부여풍이 복신을 죽이는 사태가 일어난 것이다. 이러한 내부 다툼으로 힘이 약해진 부흥군은 백강 전투에서 나당 연합군에 크게 패했다. 이 싸움을 끝으로 부여풍은 고구려로 망명하고, 용감무쌍하던 흑치상지 장군도 당나라에 항복하고 말았다. 이리하여 4년간 지속되던 부흥 운동은 막을 내렸다.

지배층의 분열로 무너진 고구려

고구려는 660년 백제가 멸망한 뒤로도 굳건히 버티고 있었다. 나당 연합군이 여러 차례 고구려를 넘보았지만 별다른 성과 없이 물러났다. 지난날 당 태종의 침략을 물리친 연개소문이 버티고 있는 한, 고구려는 그리 만만한 상대가 아니었던 것이다.

그런데 666년이 되면서 상황은 급변했다. 막강한 권력을 휘두르던 연개소문이 죽자 형제간에 싸움이 일어났다. 아버지가 누리던 권력을 독차지하기 위해서 서로 다투게 된 것이다.

연개소문에게는 남생, 남건, 남산이라는 세 아들이 있었다. 처음에는 맏아들 남생이 아버지의 권력을 이어받았다. 남생은 연개소문이 일찌감치 후계자

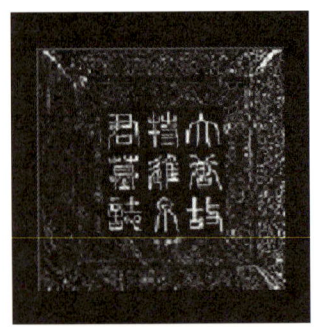

연개소문의 맏아들 남생의 묘지명
중국 허난 성 뤄양(洛陽) 근처에서 출토.

로 지목하여 9세에 이미 선인이란 벼슬에 임명되었으며, 아버지가 죽은 뒤에는 33세의 나이에 막리지 겸 3군대장군의 자리에 올랐다.

처음 권력을 장악한 남생은 지방의 여러 성을 순행하기 위해 자리를 비우면서 두 동생에게 잠시 나랏일을 맡겼다. 이때 남건은 남생이 없는 틈을 타 남산과 손을 잡고 형의 자리를 가로챘다. 그러고는 군사를 일으켜 남생을 공격했다.

동생들의 배신에 분개한 남생은 아들 헌성과 함께 당나라에 투항했다. 지배층의 내부 분열은 고구려 사회를 급속도로 붕괴시켰다. 연개소문의 동생 연정토는 이즈음 조카들의 권력 다툼에 염증을 느끼고 12개의 성을 들어 신라에 투항했다. 신라와 손을 잡고 백제를 멸한 뒤, 호시탐탐 고구려를 넘보던 당나라로서는 더없이 좋은 기회였다.

당은 마침내 남생을 길잡이로 삼아 고구려로 쳐들어왔다. 고구려의 최고 집권자였던 인물이 적국인 당의 길잡이가 되었으니, 전쟁의 승패는 이미 갈린 것이나 다름없었다.

667년, 이적이 이끄는 당나라 군은 16개의 성을 함락하고 요동 지방을 손에 넣었다. 고구려 군사들은 가까스로 이를 막아 냈지만, 당나라 군은 이듬해인 668년 다시 쳐들어왔다. 힘이 약해진 고구려 군은 더 이상 당나라 군을 막을 수가 없었다. 당나라 군은 부여성을 비롯한 40여 개 성을 무너뜨린 다음,

맛있게 읽는 한국 고대사

평양성으로 향했다. 이때 김인문이 이끄는 신라 군도 북상하여 평양성 공격에 합류했다.

평양성은 포위된 채 한 달 남짓 버티다가 남산이 먼저 수령 98명을 거느리고 항복했다. 항복을 거부한 남건은 결사 항전을 다짐했다. 하지만 얼마 버티

요동성 고구려가 중국과 대립할 때 중요한 전략적 요충지의 역할을 하던 성이다.

지 못하고 결국 9월 21일 평양성은 함락되었다. 보장왕을 비롯하여 남건, 남산 형제가 모두 당나라의 포로가 되면서, 우리 역사상 가장 넓은 영토를 다스리며 대륙을 호령하던 고구려는 멸망하고 만 것이다. 700여 년의 역사를 이어온 고구려는 마지막 순간 지배층의 내부 분열로 이렇듯 싸움 한번 제대로 못하고 어이없이 무너져 버렸다.

당나라와의 마지막 싸움

백제에 이어 고구려도 멸망했지만, 전쟁은 이것으로 끝나지 않았다. 신라는 당나라를 이 땅에서 몰아내기 위해 다시 힘겨운 싸움을 벌여야 했다. 애초 당나라는 신라와 군사 동맹을 맺을 때부터 딴마음을 품고 있었다. 그런데 백제가 망한 다음부터 노골적으로 그 속셈을 드러내기 시작한 것이다.

원래 김춘추와 비밀 협약을 맺을 때, 당나라는 대동강 이남의 땅을 신라에

떼어 주기로 약속했다. 그러나 막상 백제가 멸망하자 태도가 달라졌다. 당은 그 땅에 웅진도독부를 설치하고 계속 군대를 주둔시켜 백제의 영토를 직접 지배하려 들었던 것이다. 결국 무열왕 김춘추는 당나라를 끌어들여 백제를 무너뜨리는 데는 성공했지만, 그 땅을 차지하지 못한 채 이듬해 세상을 떠났다.

그의 못다 이룬 꿈은 아들인 문무왕의 몫으로 넘어갔다. 661년 왕위에 오른 문무왕은 계속 당나라와 연합하여 고구려를 멸망시켰다. 당나라는 백제에 이어 평양에도 안동도호부를 설치하고, 고구려 영토마저 지배하려 들었다. 그뿐 아니라 한발 더 나아가 신라의 영토마저 넘보았다. 당나라는 이미 문무왕 3년663년에 신라를 계림도독부로 칭하며, 문무왕을 계림도독으로 삼는다는 조서를 내렸다. 마치 신라를 당나라의 한 행정 구역인 것처럼 여긴 것이다.

백제와 고구려가 무너지자, 이제 신라는 공격의 화살을 당나라로 돌렸다. 한반도의 지배권을 둘러싼 8년간의 긴 싸움이 시작된 것이다.

당나라와의 싸움에서는 신라와 고구려의 부흥군이 함께 손을 잡았다. 당나라는 그들 모두에게 공동의 적이었기 때문이다. 고구려에서는 백제 못지않은 거센 저항이 일어났다. 검모잠은 고구려가 멸망한 이듬해에 왕족인 안승을 고구려 왕으로 추대하고 본격적인 항전에 들어갔다. 이때 신라는 부흥군의 활동을 뒤에서 은근히 도왔다. 그리하여 670년에는 고구려의 장수 고연무와 신라의 장군 설오유가 이끄는 연합군이 압록강을 건너 당나라 군대와 겨루기도 했다.

하지만 신라가 도왔는데도 안승과 검모잠이 중심이 된 부흥 운동은 당나라 세력을 꺾지 못하고 1년 만에 실패로 돌아갔다. 안승은 상황이 불리해지자 4,000여 호의 백성을 거느리고 신라에 귀순했다. 신라는 안승을 금마저지금의 익산에 정착시켰으며, 이후 고구려 부흥군은 계속해서 신라를 도왔다.

고구려 부흥군과 힘을 합친 신라는 이 무렵 본격적인 백제 통합에 나서서 당나라와 치열한 싸움을 전개했다. 거듭된 전투에서 신라는 당나라 군을 격파하고 82개의 성을 빼앗았으며, 671년에는 웅진도독부가 있는 사비성에서 당나라 군을 완전히 몰아내는 데 성공했다. 옛 백제 영토의 지배권을 거머쥔 신라는 계속 당나라 군을 몰아붙여 거듭 승리를 거두었다. 이에 당나라는 674년 신라의 분열을 노리고 그 무렵 당나라에 머물던 문무왕의 동생 김인문을 신라 왕으로 삼아 공격을 가해 왔지만, 역시 실패로 돌아갔다.

당나라와의 지리한 싸움은 이윽고 막바지에 이르렀다. 675년 매소성_{양주 부근} 전투에서 이근행이 이끄는 당나라 군을 신라가 크게 격파하고, 그 여세를 몰아 676년 설인귀가 이끄는 당나라의 해군을 기벌포_{금강 하구}에서 무찌르면서 끝이 났다. 두 번의 큰 승리로 당나라는 완전히 기세가 꺾여 군대를 서서히 뒤로 물리기 시작했다. 이 무렵 평야에 설치된 안동도호부도 요동성으로 옮겨 갔다. 이로써 신라는 통일 전쟁을 마무리 지었다. 그러나 아쉽게도 완전한 통일을 이루지는 못했다. 신라는 대동강과 원산만을 잇는 선의 남쪽 지역만 차지했을 뿐, 북쪽의 고구려 영토는 대부분 잃어버렸기 때문이다.

신라가 통일을 이룰 수 있었던 힘은?

신라는 처음 삼국 가운데 가장 힘이 약한 나라였다. 그런데도 백제와 고구려를 차례로 무너뜨리고 마침내 통일을 이루었다. 그 이유는 여러 가지가 있겠지만, 가장 중요하게 꼽을 수 있는 것은 내부의 단결과 지배층의 자기희생이 아닐까 싶다.

현대 사회에서 간혹 이야기되는 '노블레스 오블리주'가 바로 그것이다. 이

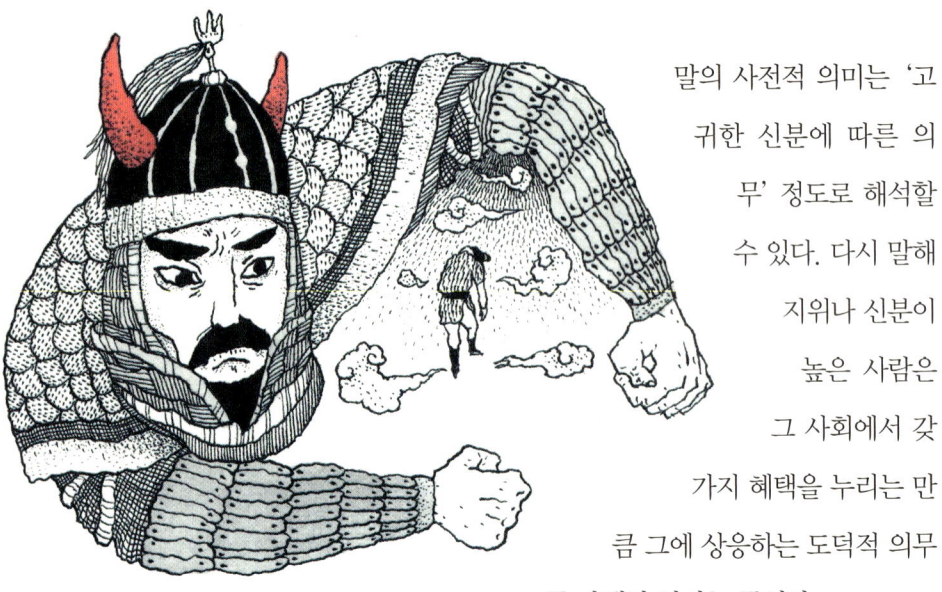

말의 사전적 의미는 '고귀한 신분에 따른 의무' 정도로 해석할 수 있다. 다시 말해 지위나 신분이 높은 사람은 그 사회에서 갖가지 혜택을 누리는 만큼 그에 상응하는 도덕적 의무를 다해야 한다는 뜻이다.

이것은 고대 로마 시대의 왕과 귀족들이 보여 준 투철한 도덕의식과 봉사 정신에서 비롯됐다. 일례로 로마가 카르타고와 벌인 제2차 포에니 전쟁 중에 최고 지도자인 집정관의 전사자 수가 열세 명에 이르렀다고 한다. 귀족층의 이런 희생과 솔선수범에 힘입어 로마는 세계 제국으로 커 나갈 수 있었다. 삼국 항쟁 당시 신라에도 로마인 못지않은 노블레스 오블리주 정신이 있었다.

그 유명한 황산벌 전투 당시 김유신이 이끄는 신라 군은 처음엔 전세가 매우 불리했다. 계백의 백제 군과 네 번을 싸웠으나 번번이 패하고 말았다. 죽음을 각오하고 덤비는 백제 군에 기세가 꺾였던 것이다. 이때 장군 김흠순이 희생양으로 삼은 것이 아들 반굴이었다. 그는 아들을 불러 말했다.

"신하가 되어서는 충성이 으뜸이요, 아들이 되어서는 효도가 으뜸이다. 나라가 위태로운 이때 목숨을 바친다면 충성과 효도를 모두 다하는 것이니라."

반굴은 이 말을 듣고 즉시 적진으로 달려들어 싸우다 전사했다. 이를 본

맛있게 읽는 한국 고대사

좌장군 품일도 아들 관창에게 똑같은 요구를 했는데, 『삼국사기』의 기록은 이렇다.

김유신 생가 충북 진천에 있는 김유신 탄생지에 복원해 놓은 생가의 모습이다.

품일이 관창을 불러 말 앞에 세워 두고 말했다.

"너는 비록 열여섯 어린 나이지만, 오늘 전투에서 용맹과 기개를 보여 줄 수 있겠느냐?"

관창이 "예!" 하고 대답하고는, 창 한 자루를 비껴 든 채 말을 타고 적진으로 달려 들어갔다. 그러나 백제 군에 사로잡혀 계백 앞에 서게 되었다. 계백이 갑옷을 벗겨 보니 나이가 너무 어려 차마 죽이지 못하고 탄식하며 말했다.

"아, 신라를 당해 낼 수 없겠구나. 소년도 이렇거늘 하물며 장정들이야 어떠하겠는가!"

계백이 그를 살려 보내니 관창이 돌아와 말했다.

"내가 적진에 들어가 장수를 베고 깃발을 빼앗지 못한 것이 심히 부끄러울 따름이다!"

관창은 물 한 모금을 떠 마시고 다시 적진으로 돌진하여 용감하게 싸웠다. 계백이 그를 붙잡아 머리를 베고는 말안장에 묶어 돌려보냈다. 품일이 아들의 머리를 잡고 소매로 피를 씻으며 말했다.

"내 아들의 얼굴이 마치 살아 있는 것 같구나. 나라를 위해 죽었으니 다행한 일이로다!"

이를 본 신라 군사들이 모두 떨쳐 일어서니 백제 군이 크게 패하고 말았다.

신라는 이렇듯 목숨을 던진 희생 덕분에 전세를 뒤집을 수 있었다. 그렇다고 젊은 화랑들에게만 희생을 강요한 건 아니었다.

애초 나당 동맹을 맺을 당시 태종무열왕 김춘추는 직접 사신이 되어 당나라로 떠났다. 이 무렵의 뱃길은 매우 위험했다. 실제로 김춘추는 협약에 성공한 뒤, 귀국하는 도중 고구려의 순라선을 만나 죽을 뻔했다. 이때 시종 하나가 김춘추로 변장하여 싸우는 틈에 작은 배를 타고 도망쳐 겨우 죽음을 면할 수 있었다. 김춘추는 귀한 신분이었는데도 궁지에 몰린 신라를 구하기 위해 이렇듯 스스로 위험을 감수한 것이다. 김춘추와 함께 통일의 주역인 김유신도 다르지 않았다.

선덕여왕 14년 정월, 김유신이 백제를 치고 막 돌아왔다. 그때 백제의 대군이 다시 변경을 침범했다는 소식이 들려왔다. 왕이 김유신에게 출정을 명하자, 그는 집에 가 보지도 못한 채 말머리를 돌려 백제 군을 격파하고 2,000명의 목을 베었다. 3월에 유신이 돌아와 왕에게 이 사실을 보고한 뒤, 미처 집에 돌아가기 전이었다. 백제가 다시 침공했다는 급한 소식이 날아들었다. 왕이 유신에게 말했다.

"나라의 존망이 오직 공의 한 몸에 달렸으니, 노고를 마다하지 말고 침략을 막아 주시오!"

유신이 전쟁터로 나가는 도중 자기 집 앞을 지나게 되었다. 온 집안 식구들이 나와 그를 바라보며 눈물지었다. 유신은 곁눈질 한번 하지 않고 집 앞을 지나쳤다. 얼마쯤 가다 말을 멈추고 자기 집의 물을 떠 오게 했다. 그는 물을 마시면서 말했다.

"우리 집 물맛은 아직도 옛 맛 그대로구나!"

군사들이 이를 보고 말했다.

"대장군도 이러한데, 우리가 어찌 가족과 헤어져 못 만나는 것을 원망하겠는가!"

신라 군이 국경에 이르자, 백제 군은 감히 덤벼들지 못하고 물러갔다.

김유신은 자신에게 이렇듯 엄격했던 만큼 아들에게도 마찬가지였다. 나당 전쟁 당시, 김유신의 아들 원술이 당나라 군과 싸우다 패했다. 원술은 이를 부끄럽게 여겨 적진으로 뛰어들어 싸우다 전사하려고 했다. 이때 부하 담릉이 만류하기를, "대장부는 죽기가 어려운 것이 아니라 죽을 자리를 가리는 것이 어려운 것입니다. 죽더라도 공을 이루지 못한다면 차라리 살아서 훗날

을 도모함만 같지 못합니다" 하고 말고삐를 놓지 않았다. 원술이 살아 돌아오자 김유신이 문무왕에게 말했다.

"내 아들 원술은 왕명을 욕되게 했을 뿐 아니라 가훈마저 저버렸으니, 마땅히 목을 베어야 합니다."

문무왕은 유독 원술만 중형을 내릴 수 없다며 벌을 주지 않았다. 그러나 원술은 끝내 부모의 버림을 받고 말았다. 김유신이 죽은 뒤에 원술이 어머니를 만나려고 하자 그의 어머니는 "네가 이미 돌아가신 아버지에게 아들 노릇을 못했으니, 내가 어찌 네 어미가 될 수 있겠느냐?" 하고 거절했다. 원술이 통곡하며 가슴을 치고 발을 구르면서 떠나지 않았으나, 어머니는 끝내 그를 만나 주지 않았다.

맛있게 읽는 한국 고대사

그 후 원술은 문무왕 15년675년 매초성 전투에서 용감하게 싸워 큰 공을 세웠다. 하지만 부모에게 용납되지 못한 것을 한으로 여겨 죽을 때까지 벼슬을 하지 않고 숨어 살았다. 국가적 위기 상황에서 제 한 몸 아끼지 않고 목숨을 헌신짝처럼 내던진 신라 지배층의 이런 희생정신이야말로 삼국 통일의 밑거름이 되었을 것이다. ☞

고구려는 왜
삼국을 통일하지 못했을까?

우리 역사상 가장 큰 세력을 떨치던 나라는 어느 나라일까? 그것은 두말할 것도 없이 드넓은 만주 벌판을 호령했던 고구려이다. 그러나 안타깝게도 고구려가 나당 연합군에 의해 멸망한 뒤로 대륙의 역사는 우리에게서 멀어졌다. 만약 고구려가 삼국을 통일했다면 우리의 역사 무대는 지금보다 훨씬 넓어졌을 것이다. 역사에는 '만약'이란 단어를 쓸 수 없다고 하지만, 이런 이유로 고구려가 삼국을 통일하지 못한 것을 아쉬워하는 사람이 많다.

고구려는 연개소문이 사망한 뒤 권력층의 내부 분열로 순식간에 멸망하고 말았다. 그렇다면 과연 고구려가 분열하지 않고 사회적으로 단결했다면 삼국을 통일할 수 있었을까? 이 물음에 많은 역사학자들은 고개를 가로젓는다. 당시 고구려의 지배 세력은 삼국 통일에 대한 염원이 그다지 강하지 않았다. 그저 백제와 신라를 신하처럼 복종하는 속국쯤으로 여기는 데 만족했다.

설령 고구려가 세 나라를 통합하려는 마음이 있었다 하더라도 이 또한 쉽지 않았을 것이다. 백제와 신라가 힘이 약하긴 했지만 군사 동맹을 맺어 대항한다면 고구려의 남하를 충분히 저지할 수 있었다. 게다가 고구려가 삼국을 통일하여 강대국이 되는 것을 중국이

삼족오

가만두지 않았을 것이다. 남으로 신라와 백제가 손을 잡아 대항하고, 북에서 중국이 침략한다면 고구려는 큰 위기에 빠졌을 것이다. 따라서 당시의 여러 조건으로 볼 때 고구려의 삼국 통일은 오늘날 우리의 바람일 뿐, 실제로 이루어지기 어려운 문제였는지도 모른다.

삼국의 문화와
예술 세계

9

문화는 국력의 크기에 비례한다는 말이 있다. 바꿔 말하면 문화가 국력을 가늠하는 잣대가 된다는 얘기이다. 문화가 융성하기 위해서는 정치적 안정과 번영이 뒷받침돼야 한다는 뜻으로 이해할 수 있다. 삼국은 모두 600년 이상의 유구한 역사를 자랑하며, 저마다 최고의 전성기를 누렸다. 그런 만큼 풍성한 문화의 꽃을 피웠다. 그 찬란했던 문화는 오랜 세월이 흐르는 동안 대부분 훼손되었지만, 아직도 우리 곁에는 적잖은 문화유산이 남아 있다. 그것들을 통해 우리는 삼국 시대 사람들의 생활상과 정신세계를 들여다볼 수 있다. 특히 불교는 삼국의 문화를 얘기할 때 빼놓을 수 없는 뜨거운 화두이다. 오늘날 불교는 여러 종교 가운데 하나로 그저 신앙의 대상일 뿐이지만, 처음 불교가 이 땅에 들어올 때만 해도 사정은 달랐다. 당시 불교의 수입은 단순히 종교의 차원을 넘어서는 아주 중요한 의미를 갖고 있다. 불교와 함께 새로운 문물이 들어와 고대 삼국의 문화 발전에 지대한 공헌을 했기 때문이다. 따라서 당시의 불교와 승려들은 문화의 전령사 역할을 했다고 볼 수 있다.

\\

//

삼국 문화 최고의 화두, 불교

불교는 지배 이데올로기인가?

우리나라에 처음 불교가 전래된 것은 삼국 시대이다. 그 이전까지 삼국 사회를 지배하는 정신적 토대는 부족 중심의 토속 신앙이나 무속 신앙이었다. 저마다 하늘의 자손임을 내세우면서 그 신성함과 권위로 백성들의 마음을 사로잡았던 것이다.

그러나 정복 전쟁이 활발해지고 국가의 규모가 커지면서 전체 백성들을 통합할 수 있는 새로운 사상이 필요했다. 불교는 그러한 역할을 수행하기에 안성맞춤이었다. 부족적 전통의 무속 신앙과 비교할 수 없을 만큼 훨씬 체계적이고 고차원적인 철학을 담고 있었기 때문이다. 당시 불교를 받아들이는 데는 왕실이 적극 나섰는데, 여기에는 그럴 만한 이유가 있다.

불교의 핵심 사상 가운데 하나는 윤회 사상이다. 이에 따르면 인간의 삶은 한 번 죽는다고 끝이 아니라 전생과 현생과 내생이 있어서 태어나고 죽기를 반복하는데, 그 반복의 과정에는 인과응보의 원리가 작용한다. 다시 말해 전생에 지은 죄나 공덕에 따라 현생의 삶이 결정되고, 현생의 업보에 따라 다음 세상에 무엇으로 태어날지가 결정된다는 논리이다. 우리의 옛날이야기 가운데 남에게 몹쓸 짓을 많이 한 부자는 죽어서 구렁이로 태어나고, 비록 짐승이지만 좋은 일을 많이 한 동물은 죽어서 다시 사람으로 태어난다는 전설 등은 다 윤회 사상에서 비롯된 것이다.

이 논리는 왕이나 귀족 지배층의 입맛에 잘 들어맞았다. 그들이 현재 누리

산신도 산신각에 모셔진 산신은 대개 호랑이를 신격화한 것이다.

는 높은 지위나 특권은 전생에 쌓은 공덕 때문이고, 반대로 일반 백성이나 천민들의 비천한 삶 역시 전생의 업보에 따른 것이라는 설명이 가능하기 때문이다. 이는 통치 계층의 지배 이데올로기로 아주 매력적이었다. 상층 지배 계급의 특권적 지위를 정당화해 주는 동시에, 다른 한편으론 피지배 계층의 불만을 잠재울 수 있었으니까 말이다.

인과응보에 따른 윤회의 논리는 현실 정치와 결합하면서 '왕이 곧 부처다'라는 왕즉불王卽佛 사상을 낳았다. 부처와 견줄 수 있는 왕의 힘과 권위, 이것은 왕권 강화와 중앙 집권 체제의 확립을 위해 골몰하던 상황에서 지배층의 호감을 끌기에 충분했다. 그래서 왕실이 앞장서 불교를 받아들여 나라를 다스리는 지배 이념으로 삼은 것이다.

불교는 재래의 토속적 무속 신앙과도 잘 융합되었다. 요즘도 절에 가면 북두칠성을 신격화해서 모시는 칠성각이나 호랑이를 산신으로 받드는 산신각을

맛있게 읽는 한국 고대사

볼 수 있다. 이것은 불교와는 아무 상관이 없는 것으로, 당시 불교가 토속 신앙과 잘 어우러진 흔적이라 생각하면 된다. 다만 칠성님이나 산신님께 복을 빌던 것이 불교가 수용된 후로는 부처님께 비는 것으로 바뀐 것이다. 따라서 초기의 불교는 재래의 샤머니즘과 결합하여 병을 고치거나 소원을 비는 등 기복 신앙의 성격이 강했다. 그러나 시간이 흐를수록 불교에 대한 이해가 깊어지면서 불교의 심오한 철학과 사상에 대한 연구가 활기를 띠었다. 그에 따라 유명한 고승들이 나와서 불교 발전에 크게 이바지했다.

삼국의 불교 수용

고구려는 삼국 가운데 가장 먼저 불교를 받아들였다. 소수림왕 2년372년에 전진前秦의 왕 부견이 순도라는 승려에게 불상과 경전을 고구려에 전하게 함으로써 공식적인 첫발을 내딛었다. 당시 불교는 왕실로부터 크게 환영을 받았으며, 국가의 통치 체제 확립에도 도움을 주었다. 391년에 고국양왕이 불교를 숭상하라는 영을 내리고 죽자, 새로 즉위한 광개토대왕은 이듬해 평양에 아홉 개의 절을 창건하기도 했다.

그 후 불교는 순조로운 발전을 거듭했으나, 27대 영류왕 때 도교가 들어오면서 사정이 좀 달라졌다. 특히 연개소문이 집권하면서 도교는 급격히 세력이 커졌으며, 이에 따라 불교는 서서히 빛을 잃었다. 이 무렵 불교를 심하게 박대하자 견디다 못한 승려들이 다른 나라로 망명하는 사태가 벌어졌고, 그 뒤 고구려는 멸망하고 말았다.

백제는 고구려보다 12년 뒤인 침류왕 원년384년에 불교가 수입되었다. 이때 동진東晉에서 마라난타라는 승려가 와서 불법을 전했다고 한다. 그런데 어

미륵사지 석탑(왼쪽)과 복원된 미륵사지 탑(오른쪽) ⓒ문화재청

찌 된 영문인지 그 뒤 150년가량 불교와 관련한 특별한 기록이 없다가, 성왕 4년526년에 겸익이 인도에서 불법을 배우고 귀국한 뒤로 크게 융성했다.

　법왕 원년599년에는 불교의 가르침에 따라 왕이 살생을 금하는 명령을 내려 집에서 기르는 조류를 놓아 주고 수렵 도구를 모두 불태우기도 했다. 그 이듬해에는 왕흥사라는 큰 절을 짓기 시작하여 아들인 무왕이 즉위 35년 만에 완공하였다. 물가에 세워진 이 절은 무척 웅장하고 화려하여 마지막 왕인 의자왕이 이곳에서 즐겨 놀았다고 한다.

　무왕 때에는 익산에 미륵사를 창건한 것으로 유명하다. 전설에 따르면, 무

맛있게 읽는 한국 고대사

왕이 아내인 선화공주와 함께 용화산으로 가던 도중 연못 속에서 미륵 삼존이 솟아오르는 것을 보았는데, 왕비가 감동하여 절을 세워 달라고 소원하자 못을 메운 뒤 절을 세웠다고 한다. 지금 그 자리에는 우리나라 최대의 석탑이 허물어진 채 남아 지난날의 영광을 증언하고 있다. 백제의 불교는 이렇듯 크게 번성했으나 멸망과 함께 명맥이 끊어졌다. 다만 일본에 큰 영향을 미쳐 불교 문화를 꽃피우는 데 밑거름이 되었다.

마지막으로 신라는 삼국 중 가장 늦게 불교를 받아들였다. 고구려나 백제보다 한 세기 반이나 늦은 법흥왕 14년527년에 비로소 불교를 공인했다. 비록 가장 늦긴 했지만 신라는 불교를 국가 발전의 힘으로 삼아 마침내 삼국 통일의 위업을 달성했다. 그러나 처음 불교를 받아들일 때에는 두 나라와 달리 대단히 큰 진통을 겪었다. 이차돈의 순교가 바로 그것이다.

이차돈의 순교와 불교의 발전

신라 왕실은 불교가 공인되기 전부터 불교를 접하고 있었다. 눌지왕 때 이미 묵호자라는 승려가 고구려에서 들어왔다. 당시 공주가 병을 앓고 있었는데, 묵호자가 향을 피우며 소원을 빌자 병이 곧 나았다고 한다. 신라 왕실은 이 무렵부터 불교를 가까이 한 것으로 보인다. 그러나 국가 차원에서 불교를 공인하기는 어려웠다. 귀족 세력의 반발이 만만찮았기 때문이다.

법흥왕은 시호에서 보듯 불교 진흥에 노력을 기울인 왕이었다. 그의 고민은 어떻게 하면 부족적 전통의 토속 신앙에 기반을 둔 귀족들의 반발을 누그러뜨리고 불교를 받아들일 수 있을까 하는 것이었다. 이때 희생을 자처하고 나선 인물이 이차돈이다. 『삼국사기』에 전하는 설화의 내용은 이렇다.

법흥왕 15년, 왕이 불교를 일으키려 했으나 여러 신하들의 반대가 많았다. 이차돈이 시름에 잠긴 왕을 찾아가 말했다.

"청컨대, 소신의 목을 베어 여러 사람들의 갈라진 의견을 하나로 모으소서."

"본래 내 뜻은 불교를 흥하게 하려는 것이지, 무고한 사람을 죽이려는 게 아니다."

"소신은 비록 죽더라도 불법이 널리 시행된다면 아무런 여한이 없사옵니다."

이차돈의 간곡한 청을 듣고 왕은 마침내 여러 신하들을 불러 의견을 물었다. 예상대로 신하들은 승려의 무리들이 머리를 박박 깎고 이상야릇한 복장을 한 채 기괴한 말을 퍼뜨리고 다닌다며, 결코 불교를 받아들일 수 없다고 반대했다. 이때 이차돈이 홀로 나서서 신하들의 말이 옳지 않다며, 불교의 가르침이 깊고 오묘하니 받아들여야 한다고 주장했다. 왕이 짐짓 화를 내면서, "여러 사람들이 모두 반대를 하는데 오직 너만 생각이 다르구나!" 하고는 이차돈의 목을 베게 했다. 죽음을 앞두고 이차돈이 말했다.

"만약 부처께서 신통력이 있다면 내가 죽고 나서 반드시 신비한 일이 있을 것입니다."

이차돈 순교비 이차돈이 순교한 지 300년이 지난 헌덕왕 10년(818년)에 세워진 비이다. 화강암 한쪽 면에 이차돈의 목이 잘려 피가 솟구치는 장면을 돋을새김하였다. ⓒ국립경주박물관

맛있게 읽는 한국 고대사

이차돈의 목을 베자 우윳빛처럼 흰 피가 한 길이나 솟구치고 꽃비가 내렸다. 사람들이 모두 괴이하게 여겨 다시는 불교를 헐뜯지 못했다.

설화에서 보듯 신라의 불교 수용 과정은 그리 순탄치 않았다. 그러나 일단 수용된 뒤로는 가장 놀라운 발전을 거듭했다. 불교를 받아들이는 데 앞장을 섰던 신라 왕실은 불교가 흥성하는 데에도 적극적으로 지원했다.

법흥왕의 뒤를 이은 진흥왕은 국가의 진흥뿐 아니라 불교의 진흥에도 큰 몫을 한 임금이다. 그는 스스로 전륜성왕이라 자처하며 불교의 힘을 빌려 왕의 권위를 높이고자 했다. 고대의 인도 신화에서 유래한 전륜성왕은 온 세계를 통치하는 아주 존엄한 존재로 금륜왕, 은륜왕, 동륜왕, 철륜왕의 네 왕을 일컫는 말이다. 진흥왕은 왕자의 이름을 금륜 훗날 진지왕과 동륜이라 지었는데, 이는 불교의 권위를 빌려 와 자신의 위상을 높이고 강력한 왕권을 구축하려 했던 것으로 이해할 수 있다. 그는 말년에 머리를 깎고 법운法雲이라는 이름으로 승려가 되었으며, 왕비 역시 그 뒤를 따라 비구니가 되었다.

왕실의 불교 밀착은 여기서 그치지 않았다. 동륜태자의 아들인 진평왕은 이름이 백정白淨이었고, 그의 왕비는 마야부인이라 불렸다. 이 호칭은 모두 석가모니 부모의 이름에서 따온 것이다. 그뿐 아니라 선덕여왕의 이름 덕만과 그 뒤를 이은 진덕여왕의 이름 승만도 다 불교에 뿌리를 둔 것이다. 법흥왕부터 진덕여왕까지 여섯 왕이 불교에서 왕명을 따오는 불교 왕명 시대를 이루었는데, 이것은 곧 왕즉불 사상의 표현이라 하겠다.

호국 신앙으로서의 불교와 화랑도

우리나라 불교의 특성을 얘기할 때 흔히 호국 불교라는 말을 한다. 불교의 호국적 성격은 삼국 시대에 불교가 들어오면서부터 이미 예견되었다. 왕이 곧 부처라는 사상은 자연스레 호국 신앙으로 연결되었다. 부처에 비견되는 왕이 다스리는 나라를 지키는 게 곧 불법을 지키는 것이기 때문이다. 따라서 당시 불교는 나라의 안녕과 번영을 기원하는 호국 신앙의 성격이 강했다. 불교의 힘을 빌려 외적의 침입을 물리치거나 전쟁의 승리를 기원하기도 했으니까 말이다.

이에 따라 사찰을 지을 때도 호국의 염원을 담았다. 백제의 무왕 때 완성된 왕흥사나 신라의 황룡사 같은 절이 그런 이유에서 건축되었다. 불법을 전하는 승려 역시 국가의 중대사에 적극 나섰다. 그들은 종교적 수행자였을 뿐만 아니라, 당대 최고의 지식인으로서 외교 문서를 작성하거나 나라를 위해 정보를 수집하는 등 왕의 참모 역할까지 수행했다. 원광법사가 중국에 군사적 도움을 요청하는 걸사표를 작성한 일이나, 도림이 장수왕의 한성 공격을 돕기 위해 백제로 들어가 첩자 노릇을 한 것 등이 대표적이다.

하지만 불교의 호국적 성격이 가장 극대화된 것은 뭐

왕흥사지 부소산성과 낙화암, 고란사, 구드래 나루터가 한눈에 들어오는 경관이 아주 빼어난 곳에 위치한 절터이다. 백제 때 창건되었다가 그 후에 폐사된 것으로 추정된다. ⓒ문화재청

맛있게 읽는 한국 고대사

황룡사 복원도

니 뭐니 해도 신라의 화랑도이다. 화랑도는 일종의 청소년 수련 단체인데, 불교를 현실 정치에 적극 활용하여 제도화한 것이라 할 수 있다.

화랑도가 처음 만들어진 것은 삼국 간의 항쟁이 치열하던 진흥왕 때이다. 화랑花郎이란 말은 원래 '꽃처럼 아름다운 남성'이란 뜻이며 화판, 국선, 풍월주 등 다른 이름으로도 불렸다. 조직을 보면, 화랑 한 명과 승려 한 명 그리고 화랑을 따르는 수많은 낭도로 이루어졌다. 화랑은 조직의 중심이기 때문에 아무나 될 수 없고, 진골 귀족 가운데 뛰어난 용모와 지도력을 갖춘 자가 낭도들의 추대를 받아야 가능했다. 승려 또한 화랑을 정신적으로 보좌하는 역할을 했으므로 학문적 교양이 풍부한 자가 뽑혔다.

화랑도는 그 무리 속에 승려가 끼여 있는 데에서 볼 수 있듯 불교와 밀접한 관련을 맺고 있다. 특히 불교의 미륵 신앙이 화랑도의 정신적 구심점이었다. 미륵불은 불교의 여러 부처 가운데 먼 미래에 인간 세상을 구원하러 올 부처를 일컫는 말이다. 당시 낭도들은 자신이 따르는 화랑을 미륵의 화신처럼 받들었을 것으로 짐작된다. 이를테면 삼국 통일의 중추 역할을 한 화랑 김유신을 따르는 무리는 용화향도龍華香徒라 불렸는데, 용화수는 미륵불이 출현할 때 그 밑에서 설법을 한다는 나무의 이름이다.

당시 화랑도의 수련 방법은 경주의 남산을 비롯하여 멀리 금강산이나 지리산 같은 명산대천을 두루 돌아다니며 호연지기를 기르는 것이었다. 화랑도 운동이 제일 번성했던 진평왕 때 원광법사는 이른바 '세속오계'를 마련하여 화랑들의 정신적 지표로 삼게 했다. 나라에 충성하고事君以忠, 부모에 효도하고事親以孝, 친구를 믿음으로 사귀며交友以信, 살생은 가려서 하고殺生有擇, 싸움에 나가서는 절대 물러서지 말라臨戰無退는 가르침이 바로 그것이다. 이 중 살생유택을 제외하곤 거의 불교적 색채를 느낄 수 없다고 해도 과언이 아니다. 충성심을 강조하는 사군이충이나 동료끼리의 집단의식을 강조하는 교우이신, 그리고 임전무퇴의 정신은 그들이 수련하는 궁극적 목적이 어디에 있는지를 단적으로 보여 준다. 호국 불교에 밑바탕을 둔 화랑 제도는 삼국 항쟁 기간 동안 수많은 인재를 배출했고, 이것은 결국 신라가 통일의 대업을 달성하는 데 큰 힘이 되었다.

신라에는 나라를 지키는 보물이 있었다?

신라에는 호국의 상징물이 세 가지 있었다. 이른바 '신라 삼보'라 일컫는 보물이 바로 그것이다. 『삼국유사』에 따르면, 고구려 왕이 신라를 칠 계획을 세우며 좌우의 신하들에게 물었다.

"신라에는 세 가지 보물이 있어서 침범할 수 없다고 하는데, 도대체 그 세 가지가 무엇이냐?"

맛있게 읽는 한국 고대사

"세 가지 보물이란 황룡사의 장륙존상이라는 거대한 불상이 첫 번째요, 황룡사 9층탑이 두 번째요, 하늘에서 내려줬다는 진평왕의 천사옥대허리띠가 세 번째입니다."

이 말을 듣고 고구려 왕은 신라를 공격할 계획을 즉각 중단했다고 한다.

그런데 세 가지 보물 가운데서 호국의 상징물로 가장 중요한 의미를 갖는 것은 황룡사 9층탑이다. 황룡사는 삼국 시대 최대의 절이었다. 그 크기가 불국사의 여덟 배였다고 하니 얼마나 컸는지 짐작이 갈 것이다. 이 황룡사의 중심이 되는 건축물이 9층탑이었는데, 여기에 얽힌 재미난 이야기가 있다.

자장율사가 중국에서 우연히 신령스러운 사람을 만나 나라에 도움이 될 방법을 묻자, 그가 이렇게 대답했다.

"신라에 돌아가 황룡사에 9층 목탑을 세우시오. 그러면 이웃 나라들이 모두 항복하고 아홉 한韓이 조공을 바쳐 나라가 평안할 것이외다."

자장율사는 귀국하여 선덕여왕에게 9층탑 건립을 제안했다. 선덕여왕은 곧바로 이 일을 대신들에게 의논했다. 대신들은

탑을 세우는 건 좋지만, 신라에는 그런 큰 탑을 세울 만한 기술자가 없으니 백제에서 솜씨 좋은 장인을 데려오자고 의견을 모았다. 이에 따라 신라에서는 금은보화와 비단 등 후한 예물을 가지고 백제의 장인을 초청했다. 백제에서는 그 청을 받아들여 아비지라는 뛰어난 기술자를 보내 주었다.

마침내 9층탑을 세우는 공사가 시작되었다. 신라에서는 아비지를 돕기 위해 200명의 일꾼을 따로 붙여 주었다. 그런데 처음 탑의 기둥을 세우기로 한 날 밤에 아비지는 이상한 꿈을 꾸었다. 자신의 조국인 백제가 멸망하는 악몽이었다.

아비지는 아무래도 이 공사가 백제에 해를 끼치는 것이 아닌가 하는 의심이 들었다. 그래서 잠시 일손을 놓고 고민에 휩싸였다. 그때 돌연 천지가 진동하고 사방이 어두워지더니, 어디선가 노승 하나가 기골이 장대한 장사 한 명을 데리고 나타나 눈 깜짝할 사이에 탑 기둥을 세우고는 사라져 버렸다. 아비지는 그제야 이 공사가 부처의 뜻임을 깨닫고 다시 일을 시작해 9층탑을 완성했다.

이 탑은 맨 아래층부터 일본, 중국, 오월, 탁라, 응유, 말갈, 거란, 여진, 예맥 이렇게 아홉 나라를 상징하고 있다. 이들의 침략을 막고 신라를 지키겠다는 뜻이 담겨 있는 것이다.

9층탑은 나무로 만들었는데, 그 높이가 자그마치 80미터에 달했다고 한다. 정말 보기에도 아찔할 만큼 어마어마한 높이이다. 지금 남아 있다면 인도의 타지마할이나 이집트의 스핑크스 못지않은 세계 문화유산이 됐을 것이다. 하지만 안타깝게도 훗날 고려 때 몽골의 침략으로 절이 불타 버리는 바람에 9층탑 역시 영영 잿더미에 묻히고 말았다.

그림과 춤과 음악과 놀이

고구려 시대의 기록 사진, 고분 벽화

삼국 시대 사람들은 어떻게 살았을까? 우리는 역사의 기록을 통해 그 시대의 생활상을 떠올려 보지만 어디까지나 상상일 뿐이다. 하지만 당시 사람들의 삶을 기록 사진처럼 생생하게 보여 주는 자료가 있다. 다름 아닌 고구려의 고분 벽화이다.

지금까지 알려진 고구려의 벽화 무덤은 90개 정도이다. 주로 고구려의 활동 무대였던 압록강 일대와 평양 근처에서 발견되었는데, 거기에는 당시의 풍속과 사회상을 엿볼 수 있는 그림들이 벽면을 가득 장식하고 있다. 사냥하는 장면을 비롯하여 여러 사람들이 춤추는 장면, 수많은 군사를 거느리고 행진하는 모습, 씨름이나 태껸 같은 무술을 하는 장면, 부엌에서 살림하는 모습 그리고 고구려인들이 믿던 여러 신

쌍영총 벽화의 한 장면 소가 끄는 멋진 수레, 무장을 한 기마병, 곱게 꾸민 여인들이 한 화면에 담겨 있다.

의 형상에 이르기까지 온갖 것들이 실감 나게 그려져 있다. 이 벽화들은 당시의 옷이나 집, 무기, 놀이, 도구, 신앙 등 생활상이 어떠했는지 짐작해 볼 수 있는 좋은 자료가 되고 있다.

무용총 「수렵도」 고구려의 무사가 사냥을 즐기는 장면이다. 평소 이처럼 사냥으로 몸과 마음을 단련한 고구려인들은 전쟁터에서 그만큼 날쌔고 용맹하게 싸울 수 있었을 것이다.

그렇다면 고구려인들은 도대체 무슨 이유로 무덤 속 주인공이 살아 있을 때와 똑같은 실생활의 모습을 벽마다 빼곡히 그려 놓았을까? 이 비밀을 풀기

맛있게 읽는 한국 고대사

위해서는 벽화 곳곳에 그려진 구름무늬를 눈여겨볼 필요가 있다.

옛날 사람들에게 죽음은 영원한 종말이 아니었다. 씨앗을 땅에 뿌리면 봄에 새싹이 돋아나듯이, 사람을 땅에 묻으면 육체는 썩어 없어지지만 영혼은 하늘나라로 간다고 여겼다. 그래서 고구려에서는 사람이 죽으면 눈물을 흘리며 곡을 하기도 하지만, 장사를 지낼 때는 오히려 풍악을 울리며 춤을 추었다고 한다. 이는 죽음으로써 모든 게 끝나는 것이 아니라, 저세상에서 또 다른 삶이 시작된다고 믿었기 때문이다. 따라서 죽은 사람이 하늘나라에 가서도 살았을 때와 다름없이 영화로운 삶을 누리길 바라는 마음에서 벽화를 그린 것이다. 아울러 구름무늬를 통해 그림 속 모습이 하늘나라의 삶이라는 것을 표시한 것이다.

예컨대 우리에게 낯익은 「수렵도」를 보면 위쪽에 구름무늬가 있다. 이는 현실 세계가 아닌 저승 세계를 나타낸 것이며, 결국 벽화를 통해 죽은 사람의 무덤 속에 또 하나의 세상을 마련했던 것이다.

이런 차원에서 고구려의 벽화는 보통의 미술 작품과는 성격이 좀 다르다. 다시 말해 죽은 자를 위해 무덤 속에 꾸며 놓은 신앙적 예술이라는 얘기이다. 그러나 벽화 중에는 감상을 위해 만든 미술 작품보다 훨씬 뛰어난 예술적 아름다움을 가진 걸작도 수두룩하다. 특히 청룡과 백호, 주작, 현무 등의 신비한 동물 그림에서는 화려한 색채와 더불어 살아 움직이는 듯한 생동감을 느낄 수 있다. 이 그림을 보고 있노라면, 자신도 모르게 입이 쩍 벌어지며 저절로 감탄사를 내뱉게 될 것이다. 그뿐만 아니라 하늘 세계를 나타낸 천장의 해와 달, 별자리 그림에서는 치밀한 구성이 돋보이고, 당시의 생활 풍속과 갖가지 신들을 묘사한 그림에서는 신비스러움과 짜임새 있는 구도가 눈길을 잡아당긴다.

중국에도 고분 벽화가 있지만 고구려와 비교하면 턱없이 낮은 수준에 머물고 있다.

고분 벽화에서 특색 있게 봐야 할 또 한 가지는 표현 기법이다. 벽화는 서양의 그림과 달리 원근법을 무시한 채 사물의 크기를 제멋대로 그려 놓았다. 가령 「수렵도」의 경우, 가운데 파도 무늬처럼 산을 그려 놓았는데, 그 크기가 사람의 키보다도 작다. 왜 이렇게 그렸을까?

당시 화가들은 그림을 그릴 때 사물의 실제 크기에는 별로 신경을 쓰지 않았다. 오직 그림에서 중요하게 다룰 것과 그렇지 않은 것에 따라 크기를 달리했을 뿐이다. 이를테면 같은 사람을 그리더라도 무덤의 주인공은 크게 그리고, 하인이나 여타의 인물들은 난쟁이처럼 작게 그리는 것이다. 따라서 「수렵도」에서 산이 작은 것은 사냥하는 장면을 돋보이도록 하기 위한 것이다. 이런 표현 기법은 비단 고구려뿐 아니라 전 세계적인 현상으로, 고대 이집트의 무덤 벽화에서도 쉽게 찾아볼 수 있다.

솔거의 그림은 사실주의 경향이었다?

고구려의 고분 벽화가 죽은 자를 위한 장식품이라면, 전설의 화가 솔거는 그야말로 예술을 위한 작품을 그렸다. 기록에 따르면, 그는 황룡사의 「노송도」를 비롯하여 경주 분황사의 「관음보살도」, 진주 단속사의 「유마거사상」을 그렸다. 그러나 안타깝게도 남아 있는 작품이 하나도 없다. 그의 삶 역시 철저히 장막에 가려져 있다. 심지어 그가 태어나고 죽은 해가 언제인지도 수수께끼이다. 다만 그가 그림을 그렸다는 황룡사나 단속사의 완공 시기로 미루어 통일신라 시대의 화가일 것이라고 추측할 따름이다.

그렇다면 솔거가 어떤 경향의 그림을 그린 화가였는지 알기는 불가능한 것일까? 그렇지는 않다. 비록 그림이 남아 있진 않지만, 어떤 경향의 그림을 즐겨 그렸는지는 충분히 짐작해 볼 수 있다. 『삼국사기』의 「솔거 열전」에는 이런 짧은 기록이 있다.

진피리 1호 무덤 고구려 고분 벽화에 그려진 소나무 그림이다. 이 그림을 통해 솔거의 그림을 추정해 볼 수 있다.

솔거는 타고난 그림 솜씨를 가지고 있었다. 일찍이 황룡사의 벽에 노송을 그린 적이 있는데, 꾸불꾸불한 줄기며 뾰족뾰족한 솔잎이 너무도 진짜 같아 마치 살아 있는 듯했다. 간혹 멀리서 참새, 까마귀, 제비 등이 날아와 진짜 소나무인 줄 알고 앉으려다 벽에 부딪혀 비틀거리다 떨어지곤 했다. 오랜 세월이 지나자 그림의 색깔이 바랬다. 스님들은 이를 안타깝게 여겨, 그 위에 덧칠을 했다. 그 후로 다시는 새들이 벽에 날아와 죽는 일이 없었다고 한다.

　전설 속의 이야기를 한번 꼼꼼히 되짚어 보면 솔거의 그림이 매우 사실적이었다는 것을 알 수 있다. 새들이 진짜 소나무로 착각할 정도였으니 말이다.

　하지만 그림을 평가할 때는 사진보다 세밀한 사실화라고 해서 무조건 훌륭한 작품이라고 보진 않는다. 현대 미술에서는 때로 뭘 그렸는지도 알 수 없는 추상화가 걸작으로 대접받기도 한다. 따라서 솔거가 살던 시대는 사실적인 그림을 높게 평가하는 분위기였으며, 이 때문에 「노송도」를 그린 솔거야말로 최고의 화가로서 전설이 되어 남은 것이다.

우리의 전통 악기, 거문고와 가야금

우리 민족은 낙천적이라 예로부터 춤과 노래를 즐겼다. 이때 흥을 더하는 것이 바로 악기다. 거문고와 가야금은 우리나라의 대표적인 전통 현악기인데, 두 악기 모두 삼국 시대의 유물이다.

　먼저 거문고에 관해 『삼국사기』에는 이런 재미있는 기록이 남아 있다. 처

맛있게 읽는 한국 고대사

통구 다섯 무덤의 5호 무덤「악기 연주」
악기를 연주하는 하늘나라 신들이다. 왼쪽의 신은 요고라는 악기를 치고 있고, 오른쪽의 신은 거문고를 타고 있다.

음에 중국 진나라에서 칠현금을 고구려에 보내 왔다. 하지만 고구려에는 그것을 연주할 줄 아는 사람이 아무도 없었다. 큰 상을 걸고 사람을 수소문하자 왕산악이 나섰다. 그는 이 악기를 새로 고쳐 여섯 줄로 만들고 100여 곡을 지어 연주했는데, 이때 검은 학이 날아와 그 소리에 맞춰 춤을 추었다고 한다. 그래서 이 악기를 현학금玄鶴琴이라 부르기도 했다.

한편 가야금은 이름에서도 알 수 있듯이 원래 가야국에서 만든 악기이다. 그러나 그것이 빛을 본 것은 신라 때였다. 『삼국사기』에는 그 사연이 이렇게 기록되어 있다.

진흥왕 12년, 왕은 지방을 순시하다가 우륵이 음악에 능하다는 소문을 듣고 그를 초청하여 연주를 들었다. 이에 앞서 가야국의 가실왕이 열두 달을 음률로 상징하는 12현금을 만들고, 우륵에게 이에 맞는 악곡을 짓게 했다.

9. 삼국의 문화와 예술 세계

그러나 가야국이 혼란스러워지자 우륵은 악기를 가지고 신라로 귀순했다. 이에 따라 그 악기의 이름을 가야금이라고 했다.

이듬해 왕은 계고, 법지, 만덕 세 사람에게 일러 우륵에게 음악을 배우게 했다. 우륵은 각각의 재능에 따라 계고에게는 가야금을, 법지에게는 노래를, 만덕에게는 춤을 가르쳤다. 배움을 마치자 왕은 그들에게 시험 삼아 연주를 시켰다. 연주를 듣고는 "지난날 우륵에게 듣던 것과 다름없이 훌륭하구나!" 하고 후한 상을 내렸다.

그러나 당시 신하들 중에는 이를 못마땅하게 여기는 사람도 있었다. 그들은 한 나라를 망하게 한 가야의 음악을 받아들일 수 없다며 왕을 만류하기도 했다. 이에 진흥왕은 가야 왕이 음탕하고 난잡하여 나라를 망친 것이지, 음악에 무슨 죄가 있겠느냐며 그들을 무마했다. 이로 미루어 보건대, 진흥왕은 신라를 부흥시킨 정복 군주였을 뿐 아니라, 음악과 풍류를 즐길 줄 아는 호걸이었음이 분명하다.

어깨춤이 덩실덩실!

이백은 중국 당나라 때 사람으로, 삼척동자도 알 만한 유명한 시인이다. 하지만 그가 「고구려」라는 제목의 시를 썼다는 사실을 아는 이는 그리 많지 않을 것이다. 이백은 이 시에서 고구려의 멋진 춤에 대해 이렇게 노래했다.

아름다운 깃털을 장식한 절풍모를 쓰고 金花折風帽

흰색 무용 신을 끌며 느릿느릿 원을 그리다 白馬小遲回

날개를 치듯 긴 소매를 휘젓는 것이 翩翩舞廣袖

마치 날쌘 매가 하늘로 솟구치는 듯하구나. 似鳥海東來

무용총 「춤 그림」과 「부엌 장면」

　이 시에서 이백은 고구려의 춤을 한 마리 날쌘 매에 비유했다. 당시 춤꾼들의 몸놀림이 매우 부드러우면서도 날렵했던 모양이다. 고구려 벽화에는 이 모습을 더듬어 볼 수 있는 그림이 남아 있다. 무용총의 「춤 그림」이 바로 그것이다.

　벽화를 보면 다섯 명의 춤꾼이 점박이 무늬 옷을 입은 채 두 팔을 뒤로 젖힌 동작을 취하고 있다. 맨 앞의 춤꾼이 모자를 쓰고 있는데, 이것이 새의 깃털을 장식한 절풍모이다. 그 맞은편에 혼자 떨어져서 춤을 추는 사람은 전체를 이끄는 지휘자이다. 그의 지휘에 따라 춤꾼들이 사뿐사뿐 움직이는 모습이다.

9. 삼국의 문화와 예술 세계

그런데 무용에는 반드시 노래와 악기 연주가 뒤따르기 마련이다. 아래쪽에 한 줄로 늘어선 일곱 명이 바로 노래꾼이다. 악기를 연주하는 사람도 있다. 춤꾼의 머리 위쪽에 벽화가 떨어져 나가 다리만 보이는 사람이 있는데, 그가 악기를 연주하는 사람일 것으로 추정된다. 춤과 노래와 음악이 어우러진 흥겨운 자리이다.

이런 흥겨운 자리는 고구려에만 있었던 게 아니다. 신라에도 이런 벽화를 연상시키는 기록이 있다. 『삼국사기』「악지樂志」에 보면, 애장왕 8년에 처음으로 사내금思內琴이란 음악을 연주했다고 한다. 이때 춤꾼 네 명은 푸른 옷을 입었으며, 악기 연주자 한 명은 붉은 옷을 입었다. 또 노래꾼 다섯 명은 무늬 있는 옷에 수놓은 부채를 들고 금을 새겨 넣은 띠를 둘렀다고 한다.

신라에는 이외에도 재미있는 춤과 놀이가 있었던 모양이다. 최치원은 당시 신라에서 유행하던 민속놀이를 다섯 수의 시로 읊었는데, 그중에 「대면」과 「산예」라는 제목의 시가 있다.

대면大面이란 가면 또는 큰 가면을 뜻하는 말이다. 그 내용을 보면 "누런 금빛 가면을 쓴 사람이 / 방울 달린 채찍을 들고서 귀신을 부린다고 하면서, / 빠른 걸음 느린 가락에 우아한 춤을 추니 / 봄날에 봉황이 춤추는 듯하다黃金面色是其人 / 手抱珠鞭役鬼神 / 疾步徐趨呈雅舞 / 宛如丹鳳舞堯春"라고 했다. 이것은 오늘날 탈춤의 원형이 아닐까 생각된다.

그리고 산예狻猊란 사자를 뜻하는 한자말이다. 제목만 보아도 사자의 탈을 쓰고 춤을 추는 가면극임을 알 수 있는데, 시의 내용 또한 이를 묘사한다. "1만 리나 되는 머나먼 사막 길을 건너온 까닭에 / 털은 빠지고 먼지는 자욱이 쌓였으나, / 머리를 흔들고 꼬리를 치는 모습에는 어진 덕이 배어 있으니 / 웅

대한 그 기상을 어찌 다른 짐승의 재주에 비길 수 있으랴遠涉流沙萬里來 / 毛衣破盡
着塵埃 / 搖頭掉尾馴仁德 / 椎氣寧同百獸才"하고 사자의 모습을 칭송했다. 지금의 사자
춤을 떠오르게 하는 멋진 시이다.

재미있는 놀이 문화

오늘날 우리가 오락과 스포츠를 즐기는 것처럼 삼국 시대 사람들도 갖가지 재
미있는 놀이 문화를 가지고 있었다. 지금 우리에게도 익숙한 씨름과 태껸 같
은 민속놀이가 있었는가 하면, 말을 타고 과녁을 맞히는 마사희나 매사냥처럼
낯선 것들도 있었다. 이 중 유난히 우리의 호기심을 끄는 것이 오늘날의 서커
스와 비슷한 재주꾼 놀이이다. 다음 시를 보면 그 모습을 생생하게 그려볼 수
있을 것이다.

> 손을 귀신같이 놀려 공놀이하는 걸 보니 迴身掉臂弄金丸
>
> 달과 별이 눈앞에 떠다니는 듯 어지럽구나. 月轉星浮滿眼看
>
> 의료 같은 재주꾼인들 이보다 나을쏘냐 縱有宜僚那勝此
>
> 동해의 파도 소리도 잠잠해지겠네. 定知鯨海息波瀾

「금환金丸, 누런 공」이란 시인데, 재주꾼이 공으로 묘기를 부리는 모습을 보
고 읊은 것이다. 최치원이 지은 다섯 수 가운데 하나이다. 시의 내용을 보면
의료라는 재주꾼 이야기가 나온다. 그는 옛날 중국 초나라 사람으로, 공놀이
를 무척 잘했다고 한다. 공 아홉 개를 가지고 놀면, 여덟 개는 공중에 떠 있고
하나만 손에 있을 정도로 솜씨가 뛰어났다. 그래서 초나라와 송나라가 전쟁을

수산리 무덤 벽화 「재주꾼 놀이」

하다가 그가 공놀이하는 것을 보느라 싸움을 멈출 정도였다고 한다. 이 일화를 빗대어 최치원은 구경꾼들이 공놀이에 넋이 빠진 모습을 보고 "동해의 파도 소리도 잠잠해지겠네"라고 표현한 것이다.

고구려의 수산리 무덤 벽화에는 당시의 공놀이를 짐작게 하는 그림이 있다. 한 재주꾼이 다섯 개의 공과 끝에 둥근 고리가 달린 세 개의 막대기를 엇바꾸어 던지는 묘기를 하고 있다. 그 앞에 긴 나무 막대를 밟고 올라서서 걷는 재주꾼이 있고, 뒤쪽에는 둥근 바퀴를 가지고 노는 재주꾼이 있다. 이들이 마음껏 재주를 뽐내는 모습을 무덤의 주인공이 흐뭇한 표정으로 지켜보고 있다. 신라나 고구려를 막론하고 이런 재주꾼 놀이가 큰 인기를 끌었던 모양이다.

맛있게 읽는 한국 고대사

일본으로 전파된 우리 문화

우리의 손길로 꽃피운 아스카 문화

엉뚱한 질문 같지만, 혹 일본의 국보 1호가 무엇인지 아는가? 그런 걸 우리가 왜 알아야 하느냐고 반문할 수도 있지만 알 필요가 있다. 답은 목조 미륵보살 반가사유상이다. 그런데 그것을 가만히 보고 있으면 어디서 많이 본 것 같다는 느낌이 들 것이다. 국립중앙박물관에 소장된 금동 미륵보살 반가사유상과 거의 흡사하기 때문이다. 재료가 나무라는 것만 다를 뿐, 아주 많이 닮아서 쌍둥이 또는 복제품이라 해도 과언이 아닐 정도이다. 고대 한반도와 일본의 문화적 영향 관계를 단적으로 보여 주는 사례라 할 만하다.

그 옛날 일본의 문화 수준은 매우 낮았다. 하지만 우리나라 삼국으로부터 새로운 문물을 받아들이면서 찬란한 문화의 꽃을 피웠다. 이때의 문화를 아스카 문화라고 하는데, 이것을 이끈 주인공이 당시 실권을 잡고 있던 쇼토쿠 태자이다. 고구려의 승려 혜자가 그의 스승이었으며, 백제의 아좌태자가 그린 쇼토쿠 태자의 초상화는 아직도 일본의 소중한 회화 유물로 남아 있다.

아스카 시대를 대표하는 문화 유적은 호류사라는 절이다. 이 절은 나무로 만든 건물로는 세계에서 가장 오래된 중요한 문화재인데, 당시 백제인을 비롯하여 고구려, 신라에서 건너간 기술자들이 지은 것이다. 호류사는 일본 고대 문화의 보물 창고와 같은 곳으로, 이곳에는 삼국의 문화를 느낄 수 있는 유물이 수두룩하다. 일본이 자랑하는 이 절의 5층목탑은 백제계 양식이며, 금당에 모셔 놓은 불상은 그 이름부터가 '백제 관음상'이다.

하지만 무엇보다 이 절을 빛내 주는 것은 담징이 그렸다는 「금당 벽화」이다. 이 작품은 세계적으로 유명한데, 아쉽게도 1949년에 불

호류사 「금당 벽화」 전설의 화가 담징이 그렸다는 벽화이다. 원작은 1949년 절을 수리하던 중 화재로 불타버리고 지금 전하는 것은 원작을 본 뜬 모방작이다.

이 나 타 버렸다. 담징은 고구려 사람으로, 백제를 거쳐 610년에 일본으로 건너갔다. 그는 「금당 벽화」를 남겼을 뿐 아니라, 물감과 먹 만드는 법, 종이 만

맛있게 읽는 한국 고대사

드는 법을 일본 사람들에게 가르쳐 주었다.

그 밖에도 수많은 기술자와 예술가, 승려들이 일본에 건너가 삼국의 발달된 문물을 전해 주었다. 그중에서도 백제는 일본에 가장 큰 영향을 끼쳤다. 아스카 문화의 핵심을 이룬 불교도 백제에서 전한 것이다. 백제의 성왕은 노리사치계를 보내 불상 한 개와 경전 몇 권을 전했으며, 그 후로도 도심, 담혜 등 열여섯 명의 백제 승려가 일본으로 건너갔다.

백제는 불교뿐 아니라 유학과 한자도 가르쳐 주었다. 『일본서기』에 따르면, 백제에서 아직기와 왕인이 『논어』와 『천자문』을 가지고 와서 일본 태자를 가르쳤다. 그 외에도 백제인들은 각종 농업 기술을 비롯하여 옷 만드는 법, 무기와 농기구 만드는 법 등을 알려 주었다.

기토라 고분과 천상열차분야지도

고대에는 천문의 움직임을 관측하는 것이 매우 중요했다. 하늘의 별자리를 보고 인간 세상의 길흉화복을 점쳤을 뿐만 아니라, 가뭄이나 홍수 등 천재지변을 예측하여 농사에 대비했기 때문이다. 그래서 이것만을 따로 맡아 보는 전문 관리를 두기도 했다.

이와 관련하여 우리나라에는 「천상열차분야지도」라는 신비의 천문도 유물이 남아 있다. 이것은 세계 최초로 돌에 새긴 별자리 지도이다. 원래는 고구려 시대의 별자리 그림인데, 고구려가 망할 때 당나라 군이 대동강에 이 돌판을 빠뜨려 없애 버렸다고 한다. 하지만 천만다행히도 그것을 종이에 옮긴 것이 조선 초까지 전해지다가, 태조 4년에 새로 돌판에 새겨서 오늘날까지 남게 된 것이다. 이것은 대단히 정확하여 당시의 천문학 지식이 얼마나 뛰어났는지를 보여 주는 좋은 자료가 되고 있다.

고구려의 수준 높은 천문학 지식은 벽화에도 그대로 남아 있다. 지금까지 발견된 무덤 중 총 22군데에 별자리 그림이 남아 있는데, 거기에는 하늘의 중심인 북극성과 북두칠성, 태양이 움직이는 길을 따라 늘어선 28별자리가 주로 그려져 있다.

그런데 1983년에 일본의 나라 현 아스카 촌에서 한 고분이 발견되었다. '기토라고분'이 바로 그것이다. 이 고분이 특히 사람들의 관심을 불러 모은 것은 수수께끼의 별자리 그림 때문이다. 7세기 말에서 8세기 초에 만든 것으로 추정되는 이 고분의 천장에는 약 600개의 별과 34종의 별자리가 빼곡히 그려져 있었다.

천상열차분야지도

이 별자리를 컴퓨터로 정밀 분석한 결과, 흥미로운 사실이 드러났다. 별자리 그림의 관측 지점이 북위 38~39도 지역으로, 정확히 말해 고구려의 수도인 평양일 가능성이 높다는 사실이 밝혀진 것이다. 더구나 별자리의 형태나 위치도 천상열차분야지도와 매우 비슷하다고 한다. 이는 고구려의 우수한 천문학 지식이 일본에까지 전해졌다는 분명한 증거인 셈이다.

맛있게 읽는 한국 고대사

신라인의 노래, 향가

향가에 대하여

향가란 무엇을 일컫는 말일까? 중국에는 일찍부터 한자가 생겨나 자신들의 노래나 생활 정서를 한시로 적었다. 우리가 잘 아는 사서삼경 중의 하나인 『시경』은 바로 중국 백성들 사이에서 불리던 노래를 한시로 정리한 것이다.

그런데 우리나라엔 아직까지 문자가 없어 백성들의 노래를 우리말로 정리할 수가 없었다. 물론 신라 시대에도 한자를 쓰긴 했지만 우리말과 다른 점이 많아서 우리의 노래를 표현하는 데 어려움이 많았다. 그래서 생겨난 것이 향찰이다. 향찰은 한자의 음과 뜻을 빌려 우리말을 표현한 것이다. 신라 시대부터 고려 초기에 이르는 시기에 우리 백성들 사이에서 불리던 노래를 향찰식으로 표기했는데, 이것이 바로 향가이다.

그렇다면 향가가 처음 만들어진 것은 언제일까? 김부식의 『삼국사기』를 보면, 「신라 본기」 유리왕 5년의 기록에 이런 말이 있다.

"이해에 백성들의 생활이 즐겁고 편안하여 비로소 「도솔가」를 지었는데, 이것이 가악의 처음이었다."

이로 미루어 볼 때 「도솔가」가 최초의 향가로 추측된다. 하지만 불행히도 이 노래는 오늘날 전해지지 않는다.

향가는 당시 신라 백성들에게 큰 인기를 얻었던 것으로 보인다. 그러나 지금까지 전해지는 향가는 『삼국유사』에 14수, 균여대사가 지은 『균여전』에 11수, 총 합쳐서 25수에 불과하다. 기록에 따르면, 진성여왕 2년에 각간 위홍과 대구화상이 『삼대목』이라는 향가집을 편찬했다는데, 안타깝게도 이 책 또한 전해지지 않는다.

향가의 지은이에 대한 수수께끼

향가가 신라인들에게 많은 사랑을 받았던 만큼 향가의 작자 또한 매우 다양하다. 왕에서부터 승려, 화랑, 여성, 무명씨에 이르기까지 여러 계층이다. 그 가운데서도 중심이 되는 작자 층은 화랑과 승려이다. 특히 충담사와 월명사, 균여대사 등의 승려가 향가를 잘 짓기로 이름나, 일반 백성은 물론이고 왕이나 도둑들까지 감복할 정도로 명성을 떨쳤다.

그런데 향가의 작자 층이 실존 인물이 아닐 것이라는 견해도 있다. 그 이유는 상당수 작자의 이름이 그 배경 설화의 내용과 깊은 연관을 갖기 때문이다. 몇 가지 예를 들어 보면 쉽게 이해가 될 것이다.

경덕왕에게 「안민가」를 지어 바친 사람은 충담사이다. 충담사忠談師란 한자어를 풀어 보면 '충성의 말을 한 사람'이란 뜻이다. 그런데 「안민가」의 내용 역시 왕에게 올바른 정치를 펴서 백성들을 복되게 해 달라는 충성의 말을 담고 있다. 「혜성가」를 지었다는 융천사도 이와 비슷하다. 융천사融天師란 말은 '하늘의 변괴를 없앤 사람'이란 뜻이다. 그 역시 갑자기 혜성이 나타나 심대성을 범하자 「혜성가」를 지어 하늘의 변괴를 물리쳤다고 한다. 「천수대비가」를 지었다는 희명도 마찬가지다. 희명希明은 말 그대로 '밝음을 기원', 즉 눈을 뜨게 해 달라는 소원을 비는 뜻이다. 「천수대비가」의 내용이 눈 먼 딸의 눈을 뜨게 해 달라고 기원한 것이니, 희명이란 이름도 향가의 내용과 연관된다고 할 수 있다. 「제망매가」와 「도솔가」를 지은 월명사 역시 설화와 깊은 관련이 있는 이름이다. 월명사는 피리를 무척 잘 불었다고 한다. 어느 날, 달 밝은 밤에 피리를 불면서 문 앞 큰길을 지나갔다. 그런데 피리를 얼마나 잘 불었는지 하늘의 달도 그를 위해 멈춰 서서 길을 밝혔다고 한다. 월명月明이란 말은 '달이 길을 밝힌다'는 뜻이다.

그 외에 임금에 대한 연모의 정과 신의를 노래했다는 신충이나 도적들도 익히 그 명성을 알 정도로 향가를 잘 지었다는 영재 등의 이름도 설화의 내용에서 그대로 따온 것으로 짐작된다. 이 때문에 향가의 작자 중 상당수가 설화 속의 가공인물일 것이라는 주장이 나오는 것이다.

향가의 내용과 성격은 어떠한가?

향가의 내용은 매우 다양하다. 불교적 신앙심이 짙은 노래가 있는가 하면, 인간의 개인 서정이나 그리움, 나라를 잘 다스리고자 하는 소망 등을 나타낸 노래도 있다. 이를 성격에 따라 분류하면 민요의 성격을 가진 향가, 불교 문학의 성격을 가진 향가, 주술 기능을 가진 무속적 향가, 순수 서정시의 특성을 가진 향가 등으로 구분할 수 있다. 그러나 실제로 각 향가의 내용을 잘 뜯어보면, 여러 가지 성격이 복합적으로 가미되어 있다.

몇 가지 예를 들어 보자. 우선 「서동요」와 「풍요」는 민요의 성격이 강한 작품이다. 알다시피 「서동요」의 작자 서동은 백제 무왕의 어릴 적 이름이다. 서동은 신라 경주에 몰래 들어가 아이들을 꾀어 이 노래를 부르게 함으로써 선화공주를 아내로 삼을 수 있었다. 이 이야기는 지금도 드라마나 연극 등의 소재로 많이 이용되는데, 남녀 간의 긴장감 넘치는 사랑 이야기가 사람들의 흥미를 끌기 때문이다.

「풍요」는 커다란 불상을 만들기 위해 성안의 남녀가 진흙을 운반하며 부른 노동요이다. 노동요란 힘든 일을 하면서 조금이라도 고통을 덜기 위해 부르는 노래다. 풍요의 내용은 '공덕을 닦으러 오라'는 것으로, 불교적 색채가 강하다.

월명사가 지은 「도솔가」는 산화 공덕을 하며 부른 의식요이다. 설화에 따르면, 경덕왕 시절 하늘에 두 개의 해가 나타나 열흘 동안 없어지지 않았다. 사람들은 불길한 징조라 여겨 모두 놀라 어찌할 바를 몰랐다. 두 개의 해가 나타났다는 것은 역사적으로 왕권에 대한 도전 세력의 등장으로 해석하기도 한다. 어쨌거나 경덕왕은 월명사에게 부처님께 꽃을 뿌리며 공덕을 드리게 했다. 이때 부른 노래가 「도솔가」이다. 월명사가 「도솔가」를 지어 부르자 이내 변괴가 사라졌다고 한다. 「도솔가」는 꽃에게 미륵불을 모시라는 내용으로, 불교적 성격을 띤다. 그러나 노래를 불러 변괴가 사라졌으니 주술적 성격도 아울러 가지고 있다고 할 것이다. 주술이란 자신이 소망하는 바를 이루기 위해 주문을 외우거나 노래를 지어 부르는 것을 말한다.

「도솔가」 외에도 주술적 성격을 가진 향가로는 「처용가」, 「원가」, 「혜성가」 등이 있다. 「처용가」는 아내와 역신이 잠자리를 함께하는 것을 본 처용이 화를 내기는커녕 춤을 추며 불렀다는 노래이다. 너그러운 마음씨에 감동한 역신은 이후 처용의 얼굴이 그려진 그림만 봐도 얼씬도 하지 않았다고 한다. 이 때문에 옛날 사람들은 처용이 나쁜 귀신과 질병을 물리친다고 믿었던 것이다. 그런데 이것은 어디까지나 처용 설화를 그대로 믿었을 때의 이야기이다. 처용 설화는 그대로 믿기에는 내용이 좀 황당한 데가 많다. 그래서 아직까지도 처용이 진짜 누구인가 하는 의문이 쉽게 풀리지 않고 있다. 처용이 화랑이나 무

맛있게 읽는 한국 고대사

당 출신의 인물이라는 얘기도 있고, 선승이나 지방 호족이라는 얘기도 있지만, 전혀 엉뚱하게 이슬람 상인으로 보는 견해도 설득력을 얻고 있다.

이 밖에도 인간의 순수한 서정을 노래한 「제망매가」, 「찬기파랑가」, 「모죽지랑가」 등은 시적 비유가 세련된 수작으로 평가되고 있다. 이 작품들은 격조가 높고 표현 기교가 빼어나 향가의 백미로 손꼽힌다.

향가의 최고봉 월명사의 「제망매가」

지금까지 전하는 여러 향가 가운데 가장 문학성이 뛰어난 작품으로 꼽히는 것은 「제망매가」이다. 매끄러운 짜임새와 세련된 기법이 돋보이는 아주 뛰어난 작품으로, 월명사가 일찍 죽은 누이동생의 넋을 위로하기 위해 지은 것이다. 이 작품을 감상해 보면 향가의 진정한 매력이 무엇인지 느낄 수 있을 것이다.

삶과 죽음의 길이 生死路隱

여기 있으매 두려워하여 此矣 有阿米 次肹伊遣

나는 간다는 말도 吾隱 去內如 辭叱都

못 다 이르고 갔는가. 毛如 云遣 去內尼叱古

어느 가을 이른 바람에 於內 秋察 早隱 風未

여기저기에 떨어지는 나뭇잎처럼 此矣 彼矣 浮良落尸 葉如

한 나뭇가지에 나고서도 一等隱 枝良 出古

가는 곳을 모르겠구나. 去奴隱 處 毛冬乎丁

아아, 극락세계에서 만나 볼 나는 阿也 彌陀刹良 逢乎 吾

부처님의 도를 닦으며 기다리겠다. 道 修良 待是古如

　누이동생의 넋이 극락세계로 가기를 부처에게 간절히 비는 내용이다. 전하는 이야기에 따르면, 월명사가 이 노래를 지어 제사를 올릴 때 조용하던 하늘에 갑자기 회오리바람이 거세게 일었다. 그리하여 제사상에 올려놓은 종이돈이 서쪽으로 날아갔다. 불교에서 서쪽은 부처가 있는 곳이니, 이는 곧 누이동생의 넋이 서방 정토의 극락세계로 갔다는 걸 상징하는 것이다.

　내용을 보면 처음 앞부분에서는 누이동생의 죽음을 말한다. 까닭은 알 수 없지만 갑작스러운 죽음을 맞은 모양이다. 월명사는 누이동생이 삶과 죽음의 갈림길에서 간다는 말도 못 다하고 느닷없이 간 것을 매우 안타까워한다. 오

맛있게 읽는 한국 고대사

누이 간의 두터운 정이 느껴지는 대목이다.

중간 부분에서는 누이동생을 잃은 슬픔과 삶의 덧없음이 짙게 드러난다. 한부모 아래서 태어난 누이동생과 이별하게 된 것을 가을바람에 지는 낙엽에 빗대었다. 자신과 누이동생의 관계를 '한가지에서 돋아난 나뭇잎'으로 표현했는데, 문학적인 비유가 특히 돋보이는 부분이다.

마지막에서는 먼 훗날 극락세계에서 누이동생을 다시 만날 때까지 열심히 불도를 닦겠다는 각오를 다진다. 한마디로 누이동생을 잃은 슬픔을 털어 버리고, 새로운 마음가짐을 갖게 되는 과정을 빼어나게 묘사한 작품이라고 하겠다.

향찰, 이두, 구결이란 무엇인가?

신라 시대에는 순수한 우리글이 없었다. 세종대왕이 훈민정음을 창제한 뒤에야 우리말을 우리글로 표현하는 것이 가능했다. 따라서 당시 신라인들은 한자의 음과 훈을 빌려서 우리말을 표기했는데, 향찰이나 이두, 구결 등이 바로 그것이다.

향찰은 한자의 음과 뜻을 빌려 우리말을 나타내려는 신라 시대의 표기법으로, 향가를 지을 때 주로 사용했다. 그렇다면 향찰식 표기란 구체적으로 어떤 것일까?

가령 다음과 같은 한문 구절이 있다고 가정해 보자. '知只 不爲古', 이것은 중학생 수준이면 다 읽을 수 있는 쉬운 한자인데도 풀이하기는 쉽지 않다. 아무리 뜯어봐도 매끄럽게 해석이 되지 않는다. 하지만 이것을 향찰식으로 풀이하면 쉽게 답이 나온다. 다시 말해 '알 지知'에서는 뜻을, '다만 지只'에서는 음을 빌려 오고, 그 뒤의 '아니못 불不'과 '하다 위爲'에

서는 뜻을, '옛 고古'에서는 음을 빌려 오는 것이다. 그러면 '知只 不爲古' 은 '알지 못아니하고'로 곧바로 해석된다.

실제 향가에서도 똑같다. 이를테면 「서동요」의 첫 구절 '善化公主主 隱'의 해석은 '선화공주님은'이다. 이때 '님 주主'는 뜻을 빌린 것이고, '숨을 은隱'은 음을 빌린 것이다.

향찰과 함께 이두도 우리말을 표기하는 데 쓰였다. 이두는 신문왕 때 설총이 표기법을 정리하여 완성한 것으로 알려져 있다. 이것은 향찰식 표 기법과 비슷하지만, 한문의 보조용으로 중간 중간에 우리말의 조사나 어 미를 나타내는 토를 넣은 것이다.

구결은 흔히 말하는 '토'이다. 즉 한문 해독의 편의상 달았던 이두식 토였는데, 약자를 사용하기도 했다. 이렇듯 우리 문자가 없던 시대에 한 자를 빌려 우리말을 표기했다는 사실에서 우리 고유문화에 대한 당시 사 람들의 강한 주체성을 읽을 수 있다.

신라와 발해의
남북국 시대

10

백제와 고구려가 나당 연합군에 멸망하면서 삼국 시대는 막을 내렸다. 그와 함께 이 땅에는 새로운 역사가 펼쳐졌다. 대동강과 원산만을 경계로 그 이남에는 신라가 최대의 번영을 누렸고, 그 북쪽의 옛 고구려 땅에는 발해가 들어서서 해동성국이라 불릴 만큼 크게 국력을 떨쳤다. 이때를 일컬어 남북국 시대 또는 통일 신라 시대라고 한다. 그렇다면 시대의 명칭이 이렇듯 엇갈리는 이유는 무엇일까? 그것은 신라의 통일이 진정한 의미에서 삼국 통일이라고 하기에는 부족함이 많기 때문이기도 하지만, 더 근본적인 것은 역사관에 차이가 있기 때문일 것이다. 시대를 부르는 호칭에는 역사관이 반영되기 마련이다. 김부식의 『삼국사기』는 우리나라에서 가장 오래된 역사서이며, 최고의 권위를 가진 책이다. 과거 우리의 역사관이 '통일 신라' 중심으로 굳어진 데에는 『삼국사기』의 서술 방식이 큰 영향을 미쳤다. 『삼국사기』는 기본적으로 신라 중심의 역사관을 가지고 있다. 이 때문에 『삼국사기』는 백제나 고구려보다 신라나 통일 신라 중심으로 서술하고 있으며, 발해에 대해서는 전혀 기록이 없다. 이런 역사 서술을 따를 경우, 우리 역사의 정통성은 삼국 시대 → 통일 신라 → 고려로 이어진다. 200여 년간 고구려의 옛 영토에서 위세를 떨친 발해의 역사는 결국 설 자리를 잃고 마는 것이다. 그래서 나온 것이 '남북국 시대'라는 용어이다. 발해를 우리 민족의 역사로 당당히 자리매김하고자 하는 고민의 결과인 것이다. 따라서 발해를 우리 역사의 일부로 간주한다면 '통일 신라'보다는 남쪽의 신라와 북쪽의 발해를 아울러 '남북국 시대'로 부르는 게 합당할 것이다. 그럼, 남북국 시대의 역사가 어떤 흐름을 가지고 전개되었는지 알아보자.

남국 신라의 황금기

신라 사회를 이해하는 키워드, 골품제

태종무열왕 김춘추가 삼국 통일의 기반을 닦았다면, 이를 완수한 것은 아들인 문무왕이다. 통일의 시기에 즈음하여 신라 왕조는 중대한 변화를 겪게 된다. 성골에서 진골로 왕위가 교체된 것이다. 그렇다면 성골이란 무엇이고, 또 진골이란 무엇일까?

여기서 잠시 신라의 신분 제도를 알아볼 필요가 있다. 현대는 신분이나 계급에 따른 차별이 없는 평등 사회이다. 하지만 옛날에는 달랐다. 타고난 혈통에 따라 신분이나 계급이 정해졌다. 신라에는 골품제라는 독특한 신분 제도가 있었다. 골품제는 '골骨' 신분과 '품品' 신분을 합쳐 부르는 말이다. 골 신분에는 왕족의 혈통을 타고난 성골과 진골이 있고, 그 아래로 품 신분에는 6두품에서 1두품까지 차등이 있었다. 이를 모두 합치면 총 여덟 개의 신분이 되는 것이다.

그 가운데 가장 윗자리를 차지하는 계급은 단연 성골이다. 김씨 왕족 가운데서도 왕이 될 자격을 가진 최고의 신분이었다. 진골도 왕족이긴 하지만 원래 왕이 될 자격은 없었다. 그런데 진덕여왕을 끝으로 성골의 대가 끊어지자 태종무열왕 이후부터는 모든 임금이 진골에서 나왔다. 『삼국사기』에서는 "시조 혁거세부터 진덕여왕까지 28대 왕을 성골, 태종무열왕부터 마지막 임금까지를 진골"이라 기록하고 있다.

하지만 아직까지 성골과 진골을 구분하는 기준이 무엇인지는 분명하게 밝혀지지 않았다. 혼인으로 성골과 진골이 구분된다고 보는 학자도 있고, 일정한 세대가 지나 친족 집단의 범위를 벗어났을 때 성골이 진골로 내려앉는다고 보는 학자도 있다. 현재로서는 26대 진평왕 대에 이르러 왕권이 강화되자, 왕실 내부의 소가족이 나머지 왕실의 혈족 집단과 구별하기 위해 성골을 자칭했다는 주장이 유력하다.

무열왕 김춘추와 선덕여왕 사이의 가계를 보면 이 사실은 더욱 분명해진다. 무열왕의 아버지 김용춘은 25대 진지왕의 아들로 혈통상 큰 결함이 없다. 더구나 그의 아내는 진평왕의 둘째 딸이자 선덕여왕의 동생인 천명부인이다. 따라서 둘 사이에서 태어난 무열왕 김춘추역시 신분상 별다른 문제가 없다. 혈통으로 보자면 다른 피가 전혀 섞이지 않아 성골이 될 자격이 충분하다.

신라 시대의 금관 황남대총 출토. 국보 제191호.
ⓒ국립경주박물관

그런데도 애초 진평왕이 죽고 선덕여왕이 왕위에 오를 때 『삼국유사』에서는 성골의 남자가 없었기 때문에 여왕이 즉위했다고 적고 있다. 선덕여왕이 죽고 사촌지간인 진덕여왕이 왕위를 이어받을 때에도 역시 같은 이유였다.

이로 미루어 보건대, 성골이란 진평왕과 그 형제들이 다른 진골들과 자신들을 구분 짓기 위해 고의적으로 만들어 낸 혈통 개념이 아닐까 추측된다. 다시 말해, 왕이 되지 못한 아버지 동륜태자를 정점으로 삼아 자기들 가족 공동체를 성골이라 부르며, 진골보다 한 차원 높은 신성한 신분으로 격상을 시켰다는 얘기이다. 그렇게 해서 성골을 왕위 계승의 전제 조건으로 삼아 버리면

맛있게 읽는 한국 고대사

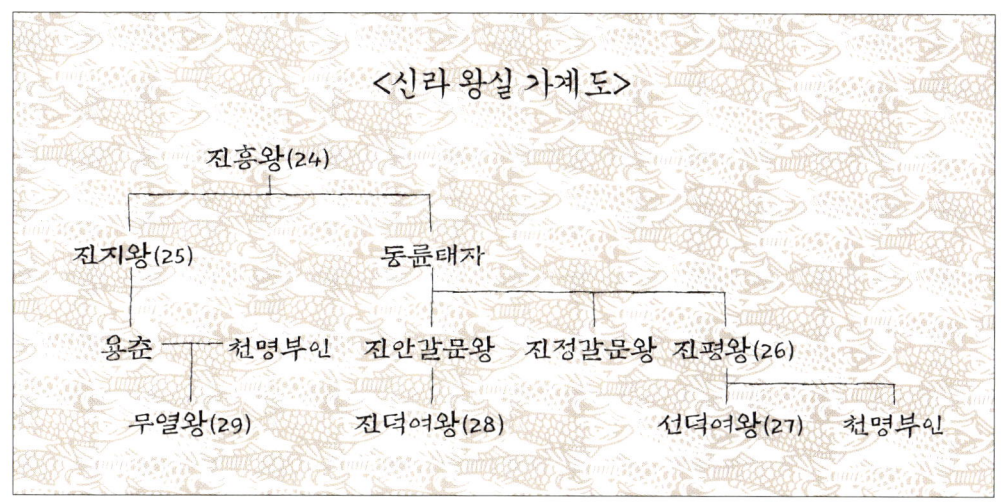

<신라 왕실 가계도>

진흥왕(24)

진지왕(25)　　　　　동륜태자

용춘 ─── 천명부인　진안갈문왕　진정갈문왕　진평왕(26)

무열왕(29)　　　진덕여왕(28)　　　　　선덕여왕(27)　천명부인

다른 집안으로 왕권이 넘어가는 것을 막을 수 있었던 것이다. 그러나 결국 태종무열왕이 즉위하면서 성골과 진골의 구분은 의미가 없어졌다. 이후 성골과 진골의 구분 없이 왕위에 오를 수 있었으니까 말이다.

진골 출신은 비록 왕이 되지는 못하더라도 벼슬자리에 오르는 데에는 제한이 없었다. 이와 달리 진골 아래 여섯 개의 신분 계급은 엄격하게 선이 그어져 있었다. 신라에는 총 17개의 관등이 있었는데, 6두품은 6위 관직인 아찬까지, 5두품은 10위 관직인 대나마까지, 4두품은 12위 관직인 대사까지밖에 오를 수 없었다. 3두품 이하는 일반 백성이나 마찬가지였다. 우리가 익히 잘 아는 원효대사나 최치원 같은 인물이 바로 6두품 출신이다. 이들은 신분상의 제약 때문에 자신의 뜻을 펼치는 데 한계가 있었다.

골품의 꼬리표는 비단 벼슬의 높낮이에만 영향을 미친 게 아니었다. 사는 집의 크기는 물론이고, 마구간의 규모나 수레의 장식, 옷 색깔, 사소한 생활용품에 이르기까지 골품에 따라 낱낱이 기준이 정해졌다.

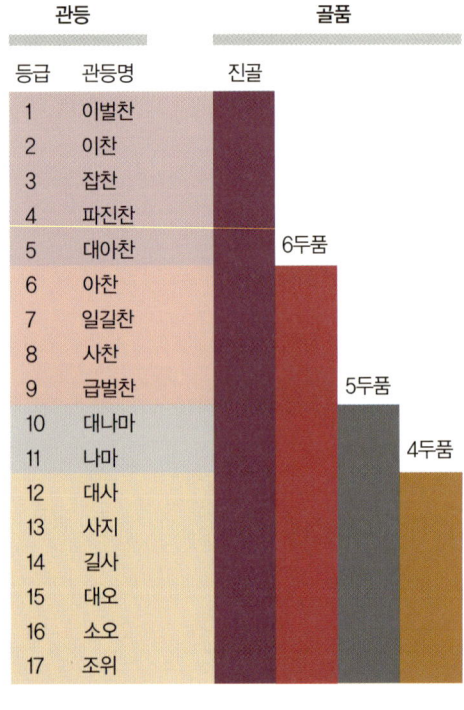

관등		골품
등급	관등명	진골
1	이벌찬	
2	이찬	
3	잡찬	
4	파진찬	
5	대아찬	6두품
6	아찬	
7	일길찬	
8	사찬	
9	급벌찬	
10	대나마	5두품
11	나마	
12	대사	4두품
13	사지	
14	길사	
15	대오	
16	소오	
17	조위	

골품과 관등의 관계

이를테면 집의 규모는 진골이 24자, 6두품은 21자, 5두품은 18자, 4두품은 15자를 넘지 못했다. 마구간에 넣을 수 있는 말의 수도 6두품은 5필, 5두품은 3필, 4두품은 2필로 한정되어 있었다. 심지어 여성의 겉옷과 속옷, 신발과 버선, 빗, 비녀 등 액세서리까지 정해져 있었다. 신분이 높을수록 더 좋은 재료를 써서 멋지고 화려한 장식을 할 수 있었고, 반대로 신분이 낮으면 재료나 장식에 제한이 있었다. 골품의 구분은 이렇듯 매우 엄격하여 벼슬은 물론이고 일상생활에까지 두루 영향을 미쳤다. 따라서 골품제야말로 신라 사회를 이해하는 키워드라고 할 수 있다.

무기를 녹여 농기구를 만들라!

신라 천년의 역사는 『삼국사기』의 구분에 따라 보통 세 시기로 나눈다. 건국에서 진덕여왕까지를 상대上代, 태종무열왕에서 혜공왕까지를 중대中代, 선덕왕에서 멸망할 때까지를 하대下代라고 한다. 각각의 시기는 신라 역사의 흥망성쇠를 담고 있다. 상대는 신라가 고대 국가로 성장하여 삼국 간 피 튀기는 전

맛있게 읽는 한국 고대사

쟁과 대결을 벌인 시기이고, 중대는 삼국 통일 직후 평화가 깃들며 찬란한 문화의 꽃을 피운 시기이며, 하대는 치열한 왕위 다툼으로 정치가 혼란한 가운데 농민 반란이 잇따라 멸망에 이른 시기이다. 따라서 신라가 최고의 전성기를 이룬 때는 중대라고 할 수 있다.

중대의 서막은 무열왕에 이어 문무왕의 통일 사업이 마무리되면서 시작되었다. 삼국 간의 치열한 전쟁이 막을 내리자 실로 오랜만에 평화가 찾아왔다. 이제 백성들은 서로에게 겨누었던 창과 칼을 거두고 생활을 돌볼 여유를 얻게 되었다. 『삼국사기』의 문무왕 21년 기록에는 이때의 사정이 잘 드러난다.

> 삼국이 한창 힘을 겨룰 때에는 전쟁을 피할 수 없었다. 이제 백제가 무너지고 고구려가 평정되었으니 더 이상 싸울 일이 없어졌다. 무기를 녹여 농기구를 만들고 세금과 부역을 줄여 백성들의 살림이 넉넉하게 되었으니, 가히 태평성대라 할 만하다.

평화의 시대를 맞이하여 정치적 안정을 얻고 풍요를 누리게 되었다는 얘기이다. 전쟁터를 떠돌던 사람들이 고향으로 돌아오고 무기를 녹여 농기구를 만들었으니, 자연히 백성들의 생활이 풍족해질 수밖에 없었을 것이다.

그러나 문무왕에게 아무런 근심이 없었던 것은 아니다. 그는 자신이 이룬 통일의 위업과 정치적 안정이 자손만대로 전해지기를 간절히 원했다. 하지만 바다를 건너오는 왜구의 침략이 늘 우려스러웠다. 『삼국유사』에는 그의 호국 의지를 읽을 수 있는 이야기가 전해진다. 그 유명한 대왕암 전설이 바로 그것이다.

왕은 평소 지의법사에게 항상 이렇게 말했다.

"나는 죽은 뒤에 바다의 큰 용이 되고 싶소. 그리하여 불교를 받들고 나라를 지키는 것이 내 소원이라오."

법사가 이 말을 듣고 놀라서 되물었다.

"용이란 짐승으로 태어나는 것인데 그래도 좋으시겠습니까?"

문무왕이 빙긋이 웃으며 대답했다.

"나는 인간 세상의 영화에 싫증이 난 지가 오래되었다오. 비록 추한 모습의 짐승으로 태어난다고 해도 나라를 지킬 수 있다면 그게 내가 뜻하는 바라오."

문무왕이 죽자 사람들은 평소 유언에 따라 왜구가 쳐들어오는 길목인 동해 바다에 그를 장사 지냈다. 그곳이 바로 대왕암이다. 아들인 신문왕은 수중릉에 장사를 지낸 뒤 아버지의 명복을 빌기 위해 감은사라는 절을 세웠다. 그

문무대왕수중릉

리고 법당 아래에 공간이 생기게 설계해 동쪽으로 구멍을 냈다. 그것은 동해의 용이 된 아버지 문무왕이 이 구멍으로 들어와 마음대로 절 안을 돌아다닐 수 있게 하기 위해서였다.

문무왕의 대왕암 전설은 훗날 또 다른 설화를

맛있게 읽는 한국 고대사

감은사지 국보 제112호인 3층 석탑 2기가 서 있다.

만들어 내기도 했다. 임진왜란 당시 우리나라를 침략한 일본 군사들은 감은사의 보물인 대종을 훔쳐 배에 실었다. 그런데 종을 실은 배가 떠난 지 얼마 되지 않아 갑자기 천둥이 치고 폭풍우가 휘몰아쳤다. 결국 일본 군사들은 배가 뒤집히는 바람에 모두 죽고 말았다. 감은사의 대종 역시 배와 함께 대왕암 물 밑으로 가라앉아 버렸다. 그 후로 바람에 물결이 일렁일 때면 물속에서 은은한 종소리가 울려 이 물을 대종천이라 부르는데, 지금도 가끔 그 소리가 들린다고 한다.

체제 정비와 만파식적 이야기

무열왕과 문무왕 시대가 통일의 완성기라고 한다면, 그 뒤를 이은 신문왕 시대는 본격적인 제도 정비기라고 할 수 있다. 예전의 신라와 달리 나라의 규모가 커진 만큼 새로운 통치 체제를 갖출 필요가 있었던 것이다.

이에 따라 중앙의 통치 조직이 13개의 관부로 정리되었다. 조직 정비 과정에서는 특히 국왕의 지위와 권력을 강화하는 데 초점을 맞추었다. 각 관부의 최고 책임자를 여럿 둔 것도 그런 이유 때문이다. 국가의 재정을 맡은 창부를 비롯하여 여덟 개 관부의 최고 책임자를 두 명씩 두고, 심지어 군사권을 쥔 병부에는 세 명의 병부령을 두었다. 이는 오늘날 국방부 장관을 세 명씩이나 임명한 것과 같다. 이런 조치는 권력의 핵심부에 있는 사람들에게 업무를 분담시킴으로써, 어느 한 사람에게 권력이 집중되는 것을 막으려는 의도였다.

이에 반해 국왕의 직속 기관이라고 할 수 있는 집사부_{국가의 기밀과 왕명의 출납}와 사정부_{관리들의 단속과 감찰}에는 단 한 명의 최고 책임자만을 두었다. 그만큼 왕의 명령이 신속하고 효율적으로 집행되도록 하기 위한 것이었다. 왕의 결정 권한이 커짐에 따라 귀족들의 세력은 약화되었다. 그동안 왕권을 제약하고 견제하는 역할을 하던 귀족들의 합의체인 화백 회의도 크게 위축되었다.

중앙 통치 조직의 정비와 함께 지방의 행정 조직도 새로운 틀을 갖추었다. 삼국을 통일한 이후 땅이 넓어졌기 때문에 지방 제도를 개편할 수밖에 없었다. 당시 지방 행정 제도를 일컬어 흔히 9주 5소경 또는 군현제라고 부른다. 신라의 지방 행정 조직은 통일을 전후하여 여러 차례 변화를 거듭하다가 신문왕 5년_{685년}에 비로소 9주로 완전하게 정비되었다. 이때 정비된 9주는 일선주, 삽량주, 청주, 한산주, 수약주, 하서주, 사비주, 완산주, 발라주인데 후대로 가면서 명칭이 바뀌기도 한다. 이것은 옛 중국의 우왕 때 제도를 모방한 것으로 신라, 백제, 고구려의 옛 땅에 각각 세 개씩 아홉 개의 주를 설치한 것이다.

주를 다스리는 최고의 우두머리는 도독 또는 총관이라 불렀으며, 이들은 중앙에서 파견한 관리였다. 도독은 주의 행정권, 경찰권, 병마권, 사법권, 징세권 등을 행사했다. 주 아래에는 보통 10여 개 내외의 군이 있었고, 군은 다시 서너 개의 현을 거느리고 있었다. 군을 다스리는 지방관은 태수였으며, 현은 소수 또는 현령이 다스렸다. 이러한 통치 체계를 간추리면, 왕의 명령을 받은 주의 도독이 이를 다시 군과 현으로 내려 보내는 식으로 행정이 이루어졌던 것이다.

한편 5소경은 국토의 동, 서, 남, 북 방향에 맞추어서 정비되었다. 소경이란 '작을 소(小)', '서울 경(京)' 자를 써서 '작은 수도'라는 의미이다. 이것은 신라의 도읍인 경주가 너무 동쪽 끝에 치우쳤기 때문에 이 약점을 보완할 목적으로 만든 것이다. 소경은 지증왕 15년에 처음 설치된 이후, 진흥왕 18년에 국원소경, 선덕왕 8년에 북소경이 설치되었다. 그러나 이 가운데 통일기까지 남은 것은 국원소경또는 중원소경, 지금의 충주 하나뿐이었다. 여기에 더하여 문무왕 18년에 북원소경원주, 문무왕 20년에 금관소경김해, 신문왕 5년에 서원소경청주과 남원소경남원을 둠으로써 5소경이 완성되었다.

9주 5소경의 시행으로 왕은 중앙뿐 아니라 지방의 행정 조직까지 완전히 장악하게 되었다. 국왕을 중심으로 한 중앙 집권적 통치 체제의 정비는 정치적 안정과 함께 신라의 번영을 가져왔다. 이런 시대적 배경 속에서 만파

사천왕상 감은사지 서3층 석탑에서 발견된 사리장엄구(사리를 꾸미는 데 사용되는 물건)의 한쪽 면을 장식하고 있는 사천왕 조각상 중의 하나이다.

식적의 신비한 이야기가 생겨나기도 했다.

신문왕은 아버지 문무대왕을 위하여 동해 바닷가에 감은사를 지었다. 이듬해 동해에서 이상한 일이 일어났다. 작은 섬 하나가 바다에 둥둥 떠서 감은사를 향해 다가오고 있었던 것이다. 신문왕은 급히 점쟁이를 불러 점을 치게 했다. 점쟁이가 밝은 얼굴로 대답했다.

"돌아가신 문무왕께서는 자신의 유언대로 동해를 지키는 용이 되셨고, 신하였던 김유신 장군은 천신이 되셨습니다. 이제 두 성인께서 나라를 지킬 보물을 주시려고 하시니 급히 바닷가로 나가 보시옵소서."

신문왕이 그 말을 좇아 바다로 나가 섬을 살폈다. 거북 머리처럼 생긴 그 섬에는 대나무 한 그루가 솟아 있었는데, 신기하게도 낮에는 둘이었다가 밤이면 서로 합해져 하나가 되었다.

왕이 그날 밤을 감은사에서 보내고 이튿날 다시 섬을 살펴보았다. 그때 두 개로 보이던 대나무가 하나로 합쳐지며 갑자기 천지가 진동하고 비바람이 몰아치기 시작하더니, 무려 7일 동안이나 그러한 현상이 계속되었다.

이윽고 7일 만에 날이 개자 신문왕은 배를 타고 섬으로 건너갔다. 왕이 섬에 도착하자 어디선가 홀연히 용이 나타나 검은 옥대를 바쳤다. 왕이 물었다.

"이 섬의 대나무가 때때로 갈라졌다 합쳐졌다 하는데 어인 까닭이오?"

용이 대답했다.

"이는 비유하건대, 손바닥이 서로 맞부딪쳐야 소리가 나는 것과 같습니다. 자고로 대나무란 물건은 두 손을 서로 맞잡고 불어야 소리가 나는 것이

맛있게 읽는 한국 고대사

니, 성스러운 임금이 소리로 세상을 다스릴 좋은 징조입니다. 이제 왕께서
이 대나무를 가져다가 피리를 만들어 부시면 천하가 화평해질 것입니다."

신문왕이 대나무를 베어 대궐로 돌아와 피리를 만들었다. 그 피리에는
아주 신비한 효험이 있었다. 피리를 불면 적병이 물러가고 질병이 없어지
며, 가뭄에는 비가 오고 홍수에는 비가 그치고 날이 개며, 바람이 멎고 물
결이 잦아들었다. 그래서 온갖 풍파를 멎게 하는 피리란 뜻에서 만파식적萬
波息笛이라 이름 짓고 나라의 귀중한 보물로 삼았다.

10. 신라와 발해의 남북국 시대

『삼국유사』에 실린 이 이야기가 물론 역사적 사실일 리는 없겠지만, 이 시기에 그만큼 나라가 평안하고 백성들의 삶이 안정되었다는 상징적 의미로 읽을 수 있을 것이다.

나라의 인재를 키우기 위하여

신문왕 대의 체제 정비 작업은 비단 행정 조직 개편에 그치지 않았다. 인재를 양성하기 위해 국학이라는 교육 기관도 세웠다. 국학이란 지금으로 말하면 일종의 국립 대학 같은 곳이다. 신문왕 2년682년에 처음 설치했는데, 고구려에서 소수림왕 2년372년에 태학을 설치한 것과 비교하면 300여 년 늦은 것이다.

그렇다면 국학에는 어떤 학생들이 입학할 수 있었으며, 어떤 과목들을 가르쳤을까? 『삼국사기』에 이에 관한 사항이 자세히 기록되어 있다. 당시 국학에는 아무나 들어갈 수 없었다. 입학 자격이 있는 학생은 왕도인 경주나 5소경에 사는 사람으로서, 대사 이하의 관등에 있거나 또는 관등이 없더라도 장차 가질 수 있는 사람이어야 했다. 입학 나이는 15~30세 사이였으며, 정규 교육 기간은 9년이 원칙이었다. 그러나 그간에 학습 능력이 부족한 자는 퇴학시키고, 9년이 넘더라도 나이나 타고난 자질 등을 고려하여 가능성이 있는 사람은 더 다닐 수도 있었다. 학업을 다 마친 사람에게는 대나마 또는 나마의 관등을 주었다.

국학의 교과 과정은 3분과로 나누었다. 3분과 모두 『논어』와 『효경』을 필수 과목으로 하여 제1분과는 『예기』와 『주역』, 제2분과는 『춘추좌씨전』과 『모시』, 제3분과는 『상서』와 『문선』을 덧붙여 가르쳤다. 이외에 특수 분과로 천문, 역술, 산술, 의학 등 잡학이 있어 학문의 영역을 넓힐 수 있었다. 국학에서

『논어』와 『효경』을 공통 필수 과목으로 가르친 것은 개인의 인격 수양이나 사회의 윤리 도덕을 강조하려는 뜻이 담겨 있었다. 즉 유교의 덕목을 통해 백성을 교화하고, 왕도 정치의 이상을 실현하려는 목적이 깔려 있었던 것이다. 국학의 탄생으로 출신 성분에 토대를 둔 골품제가 아니라, 학문에 기준을 둔 관리가 일부나마 생겨났다는 점에서 국학의 중요한 역사적 의미를 읽을 수 있다.

하지만 국학 제도가 얼마나 국가의 운영에 보탬이 됐는지는 의문이다. 나라에서는 국학을 인재 양성 기관으로 키우려고 애를 썼으나 생각대로 되지 않았다. 신라 후기로 접어들면서 국학은 점차 별 볼일 없는 기관이 되어 버렸다. 교육에 대한 국가의 통제가 약해졌을 뿐 아니라, 혈통을 중시하는 진골 귀족이 국학을 외면하고 국학 대신 당나라로 유학을 많이 갔기 때문이다.

이에 따라 원성왕 4년788년에는 국학을 강화하기 위해 독서삼품과를 설치했다. 이것은 관료를 선발하는 일종의 과거 제도라고 할 수 있다. 물론 과거제는 고려 광종 때 본격적으로 시행됐으며, 조선에 와서는 인재 등용의 관문으로 확실하게 정착했기 때문에, 당시의 독서삼품과는 정확히 말해 국학의 졸업 자격시험 정도로 이해할 수 있다.

『삼국사기』에 따르면, 이전에는 단지 활쏘기만으로 인물을 선발했으나 이때에 비로소 국학 졸업생을 대상으로 국학에서 배운 내용을 시험치게 하여 그 성적에 따라 관료를 채용했다. 그러나 이러한 노력 또한 그다지 큰 성과를 거두지는 못했다. 중앙의 높은 벼슬자리나 지방의 요직에는 여전히 골품제에 따라 관리가 등용되었고, 후기로 갈수록 더욱 당나라 유학생이 우대받게 되어 독서삼품과는 빛을 보지 못했다.

독서삼품과란 무엇인가?

독서삼품과란 명칭은 학업의 성취도에 따라 국학 졸업생을 상품, 중품, 하품으로 나눈 데서 비롯했다. 시험은 『곡례』와 『효경』을 읽은 자를 하품으로, 『곡례』, 『논어』, 『효경』을 읽은 자를 중품으로, 『논어』와 『효경』에 밝을 뿐 아니라 『춘추좌씨전』, 『예기』, 『문선』을 읽어 그 뜻을 통달한 자를 상품으로 꼽았다. 그 밖에 5경(『주역』, 『시경』, 『서경』, 『춘추』, 『예기』)과 3사(『사기』, 『한서』, 『후한서』), 제자백가에 모두 능통한 자를 등급 없이 등용하기도 했다. 이는 상, 중, 하 어디에도 속하지 않은 특품인 셈인데, 특품이 되려면 매우 폭넓은 지식을 쌓아야 했다.

경주에는 100만의 인구가 살았다?

신라는 통일 이후 문무왕과 신문왕에 이르는 시기에 강력한 왕권을 구축하고 국가의 통치 체제를 정비하면서 하루가 다르게 국력이 뻗어 나갔다. 장기간 평화가 지속되면서 백성들은 태평성대를 노래했다. 이후 신라는 역사의 황금기를 맞이하여 전에 없던 번영을 이루었다. 통일기의 수도였던 경주의 모습을 보면 당시 신라가 얼마나 큰 번영을 누렸는지 짐작할 수 있다.

『삼국유사』의 기록에 따르면, 신라의 전성기에 서라벌에는 17만 8,000호가 살았다고 한다. 호당 대여섯 명씩만 계산해도 얼추 100만에 육박하는 인구이다. 지금의 경주 인구가 약 13만 명에 불과하니, 천년 전에 그 많은 인구가 살았다는 게 쉽게 믿기지 않을 정도이다. 그래서 학계에서는 이 숫자가 과장되었거나 잘못된 것이 아닌지 의심하기도 한다. 한 사람의 인구를 뜻하는 구口가 한 가구를 뜻하는 호戶로 잘못 표기되었다고 해석하여 당시 경주의 인구를 18

만 명 정도로 보는 것이다. 그러나 고대 국가에서는 인구를 파악할 때 세금을 걷는 단위인 호를 기본으로 삼았다는 점에서 이러한 해석은 지나친 억측일 수 있다.

그렇다면 신라의 전성기에 서라벌에는 정말 100만의 인구가 살았을까? 『삼국사기』에 이를 뒷받침하는 기록이 남아 있다.

헌강왕 6년, 하루는 왕이 신하들을 데리고 높은 누각에 올랐다. 사방을 바라보니 백성들의 집이 연이어 있고 노래와 풍악 소리가 그치지 않았다. 왕이 곁에 있던 신하를 돌아보며 물었다.

"짐이 들건대, 지금 민간에서는 짚이 아닌 기와로 지붕을 덮고 나무가 아닌 숯으로 밥을 짓는다 하니, 과연 그러한가?"

신하가 대답했다.

"저도 일찍이 그러하다는 말을 들었사옵니다. 왕께서 즉위하신 이후로 해마다 풍년이 들어 백성들은 먹을 것이 넉넉하고 나라가 평안하니, 이 모든 게 왕의 어진 덕 때문이옵니다."

왕이 즐거워하며 말했다.

"이는 그대들의 도움 때문이지, 내게 무슨 덕이 있겠는가?"

황남대총 출토 서방의 유리그릇 당시 신라와 서방과의 국제 무역이 활발했음을 보여 준다. ⓒ국립중앙박물관

이 짧은 대화만 봐도 당시 경주가 얼마나 번성했는지 쉽게 추측할 수 있다. 『삼국유사』에도 이와 비슷한 기록이 있는데, "헌강왕 시절 경주에서 동해 바닷가에 이르기까지 집과 담장이 연이어 있고 초가집이 한 채도 없었다. 노래와 피리 부는 소리가 길에 가득 차서 밤낮 그치지 않았다"라고 한다. 이 기록이 사실이라면 서라벌에는 수많은 인구가 모여 살며 풍요로운 생활을 즐겼다는 얘기이다. 그렇다면 경주가 이렇듯 번창할 수 있었던 이유는 무엇일까?

통일 후 신라는 영토가 넓어졌을 뿐 아니라, 백제나 고구려의 방해 없이 자유롭게 무역 활동에 뛰어들 수 있었다. 그 덕분에 신라는 중국과 일본을 잇는 삼각 무역의 중심지로 떠올랐으며, 나아가 서방 세계와도 교역을 했다. 신라의 고분에서 발견된 서방의 유리 제품들은 당시 아라비아나 페르시아 상인들과 접촉했던 증거물인 셈이다. 또한 여러 기록에 따르면, 당시 일본은 신라로부터 금, 은, 철, 비단, 가죽, 말, 낙타, 향료, 약재 등의 물품을 수입했다. 그런데 이 중 낙타나 향료, 약재 등은 중국을 비롯하여 아라비아, 동남아시아, 인도 등 서방에서 수입한 것을 신라가 다시 수출한 물품이다.

맛있게 읽는 한국 고대사

이렇듯 국제 무역이 발달하면서 신라의 상업은 활기를 띠었고, 수도 경주는 국제 교역의 중심지로 발돋움했다. 그에 따라 인구도 폭발적으로 불어난 것이다. 따라서 통일 신라 전성기의 경주는 오늘날 대도시처럼 수많은 인구와 물자가 모여들어 북적대는 국제 무역 도시였다고 할 수 있겠다.

신라의 해상 무역

삼국 시대에 신라는 지리적 조건 때문에 중국과 무역을 하기에 매우 불리했다. 고구려는 중국 대륙과 육지로 직접 맞닿아 있어서 오가는 데 별 문제가 없었고, 백제 또한 서해 바닷길을 통해 중국과 무역 교류를 할 수 있었다. 하지만 신라는 경주를 중심으로 한반도 동남쪽 끝에 있었기 때문에 중국과 왕래하는 게 쉽지 않았다. 백제나 고구려의 도움 없이는 중국과 교류하는 데 어려움이 많았다. 그러던 것이 통일을 계기로 사정이 확 달라졌다. 소규모로 이루어지던 대외 무역이 통일 이후 크게 확대된 것이다.

신라의 대외 무역은 크게 공무역과 사무역으로 나눌 수 있다. 공무역은 조공 무역의 형식으로 이루어졌다. 조공 무역이란 이웃나라 사이에 이루어지는 예물 교환 형태의 무역이다. 다시 말해 한 나라가 여러 가지 특산품을 다른 나라에 보내면, 그 나라는 답례로 자기 나라의 진귀한 물건을 다시 보내 주는 것이다.

이와 달리 사무역은 사신을 따라간 수행원들이 물건을 거래하거나 각 나라의 상인들끼리 사사로이 행하던 무역이다. 신라는 후기로 접어들면서 특히 사무역이 아주 성행했다. 그 이유는 배를 만드는 기술과 항해술의 발달로 해상 교통이 손쉽게 이루어졌고, 중앙의 정치 무대에 참여할 수 있는 길이 막혀 버린 지방의 세력이 해외로 눈을 돌렸기 때문이다. 그리하여 9세기 무렵에는

적산법화원 중국 산둥 성 적산 기슭에 자리 잡은 절로, 장보고가 창건한 것이라고 한다. 현재의 건물은 중국 정부가 양국의 우정을 기념하기 위해 1990년 복원, 완공한 것이다.

사무역이 공무역을 완전히 압도하게 되었다. 장보고의 청해진 같은 경우가 대표적이다.

당시 신라와 당나라 사이에는 아주 활발한 교류가 이루어졌다. 그래서 신라 사람들의 왕래가 빈번한 중국의 산둥 반도나 강소성 같은 곳에는 신라인의 집단 거류지인 '신라방'이 생겨났다. 이곳을 관할하기 위해 '신라소'라는 행정 기관이 설치되기도 했다. 당나라에서 신라인들이 촌락을 이루고 사는 이곳에 자치를 허용했던 것이다. 신라소에서 행정을 관장하는 최고 우두머리는 총관이었으며, 그 아래 전지관과 역어 등의 관리를 두어 보좌하게 했다.

장보고가 해상왕이 될 수 있었던 이유도 따지고 보면 이런 조건이 갖추어져 있었기 때문이다. 장보고는 828년 지금의 완도에 청해진을 설치하고, 서남 해안에 출몰하던 해적을 완전히 소탕했다. 그리고 중국, 일본과의 무역권을 장악하여 거대한 해상 왕국을 건설했다. 장보고는 당나라에 견당매물사, 일본에는 회역사라는 무역 사절단을 파견하여 중국과 신라, 신라와 일본을 잇는 국제 무역을 주도했다. 그러나 장보고가 말년에 중앙 정부와 대립하다 죽임을 당하자, 해상 무역의 중심지였던 청해진은 폐쇄되고 말았다. 그 후 신라의 해상 무역은 쇠퇴의 길을 걷게 되었다.

맛있게 읽는 한국 고대사

통일기의 불교 사상과 문화유산

불교 사상의 맞수, 원효와 의상

신라의 불교에서 가장 큰 발자취를 남긴 역사적 인물은 원효와 의상이다. 두 사람은 같은 시대를 살았지만 서로 다른 길을 걸었다. 그들의 삶이 어떻게 갈렸는지를 보여 주는 아주 유명한 일화가 있다.

언젠가 원효와 의상이 당나라로 불경을 공부하기 위해 먼 길을 떠났다. 날이 저물어 산속에서 길을 잃고 헤매다가 허름한 움막에서 밤을 지내게 되었다. 원효는 목이 말라 잠결에 어둠 속에서 바가지의 물을 시원스레 마셨는데, 아침에 눈을 떠 보니 해골에 담긴 물이었다. 원효는 역겨운 생각에 구역질을 하다가 큰 깨우침을 얻었다. 이후 그는 '일체유심조一切唯心造'라는 유명한 말을 남기게 되었다. 즉 해골의 물도 달게 마시듯, 모든 것은 오로지 마음의 움직임에 달렸다는 뜻이다.

원효는 그 길로 당나라 유학을 포기하고 의상과 헤어져 신라로 돌아왔다. 세상 모든 게 마음에 달렸으니 '신라에 없는 진리가 당나라에 있겠으며, 당에 있는 진리가 신라에는 없겠는가' 하는 생각이었던 것이다.

경주로 돌아온 원효는 이때부터 불교의 대중화에 온 힘을 기울였다. 당시만 해도 불교는 일부 지배층만이 누리던 종교였다. 일반 백성들은 글을 몰라 어려운 한자로 기록된 불경을 읽을 수가 없었다. 원효는 비렁뱅이 같은 차림으로 방방곡곡을 떠돌며 이상한 노래를 불렀다.

"모든 것에 거리낌이 없는 사람이라야, 오직 한 길로 삶과 죽음으로부터 벗어날 수 있느니라—切無导人 —道出生死."

이것은 원효가 지은 「무애가」로, 불교 경전인 『화엄경』에 있는 말을 따서 노래로 만든 것이다. 마음이 자유로워지면 생로병사의 고통에서 자유로워질 수 있다는 진리를 담고 있다. 백성들은 누구나 이 노래를 따라 불렀다. 원효는 이러한 방법으로 어려운 불경의 이치를 백성들에게 쉽게 가르쳤던 것이다.

이리하여 불교는 그동안 귀족 중심의 종교에서 무지한 일반 백성들까지도 믿고 따르는 종교가 되었다. 이를 두고 『삼국유사』에서는 "가난하고 무지몽매한 무리들조차 부처님의 이름을 알고, 모두가 나무아미타불을 부르게 된 것은 원효의 크나큰 교화 덕분"이라고 칭송했다. 실제로 원효는 불경을 모르더라도, 또는 귀족이 아니더라도 나무아미타불만 열심히 외우면 누구든지 극락에 갈 수 있다는 정토 사상을 설파하여 백성들의 큰 호응을 얻었다. 그는 일흔의 나이로 눈을 감을 때까지 수많은 저술을 남겼는데, 그중 『금강삼매경론』과 『대승기신론소』가 특히 유명하다.

한편 당나라로 건너간 의상은 10년 동안 불경을 공부한 뒤에 신라로 돌아왔다. 중국에서 화엄학을 공부한 의상은 경북 영주에 부석사를 세우고 해동화엄종을 열

맛있게 읽는 한국 고대사

었다. 중국 유학을 마칠 무렵 의상은 『화엄일승법계도』를 지었는데, 이는 방대한 『화엄경』의 사상을 7언 30구 210자의 시로 요약한 불후의 명작이다.

의상의 화엄 사상은 신라 지배층으로부터 큰 환영을 받았다. 그 이유는 의상이 진골 출신인 것에도 있지만, 그의 화엄 사상이 왕권을 중심으로 한 중앙 집권적 통치 체제를 뒷받침하는 데 적합한 교리였기 때문이다. 이는 6두품 출신인 원효가 지배층보다 일반 백성들에게 큰 호응을 받은 것과 좋은 대조를 이룬다. 두 사람 사이에 얽힌 또 하나의 설화를 보면 아주 흥미로운 점을 읽을 수 있다.

어느 날 의상이 동해 바닷가의 굴속에 관음보살이 계신다는 소문을 들었다. 의상이 그 굴을 찾아가 참배를 하자 어디선가 수정 염주 한 꾸러미가 떨어졌다. 염주를 가지고 굴 밖으로 나오자, 이번에는 잔잔한 바다에 큰 파도가 일기 시작하더니 용왕이 나타나 여의주 한 알을 바쳤다. 의상은 수정 염주와 여의주를 모셔 놓고 7일 동안 목욕재계를 한 뒤에 다시 굴속으로 들어갔다. 의상이 공손히 절을 하자 마침내 관음보살이 참모습을 드러냈다.

"내가 앉은 이 자리 위의 산꼭대기에서 한 쌍의 대나무가 솟아날 것이다. 그곳에 마땅히 법당을 지어야 할 것이니라."

관음보살은 의상에게 이런 말을 남기고 온데간데없이 사라졌다. 관음보살의 계시를 받은 의상은 굴에서 나와 산꼭대기로 올라갔다. 그랬더니 과연 대나무 한 쌍이 거짓말처럼 땅에서 솟아났다. 의상은 곧 그곳에 불당을 짓고 낙산사라 이름 지었다.

그 후 원효대사가 낙산사를 찾게 되었다. 그 역시 관음보살을 만나고 싶

었던 것이다. 얼마쯤 길을 가다가 마침 다리 밑 시냇가에 이르렀다. 그곳에는 한 여인이 더러운 빨래를 하고 있었다. 원효는 그 여인에게 다가가 마실 물 좀 떠 달라고 청했다. 그러자 여인은 아무렇지도 않은 듯 빨래를 하던 더러운 물을 떠서 내밀었다. 원효는 기겁을 하고 그 물을 쏟아 냈다. 그러고는 직접 깨끗한 물을 떠 마셨다. 그러자 옆에 있던 소나무 위로 파랑새 한 마리가 홀연히 날아와 앉더니 이렇게 말하는 것이었다.

"스님, 그만 단념하고 돌아가세요."

파랑새는 말을 마치자 금방 후드득 날아가 버렸다. 주위를 둘러보니, 소나무 아래에는 짚신 한 짝이 떨어져 있었다. 원효는 이상한 생각을 품은 채 그곳을 떠나 낙산사로 향했다.

이윽고 낙산사에 도착한 원효는 관음상 앞에 나아가 절을 올렸다. 그 순간 원효는 까무러칠 듯이 놀랐다. 관음상의 한쪽 발에 아까 소나무 아래 있던 바로 그 짚신의 나머지 한 짝이 있었던 것이다. 그제야 원효는 앞서 만난 여인이 다름 아닌 관음보살이었다는 것을 깨달았다. 원효는 의상처럼 관음보살이 계시다는 굴속에 들어가 그분의 참모습을 뵈려 했으나, 갑작스레 풍랑이 일어 결국 들어가 보지도 못한 채 그곳을 떠나야 했다.

낙산사와 관음보살에 얽힌 이 이야기는 『삼국유사』에 전하는 내용이다. 이 이야기를 잘 읽어 보면 의상에 비해 원효를 은근히 깎아내린다는 느낌을 받게 된다. 다시 말해 의상은 수정 염주와 여의주 선물까지 받고 관음보살의 참모습을 직접 대면한 반면, 원효는 관음보살에게 희롱만 당하고 끝내 만나지도 못하고 말았으니 말이다. 이 이야기는 아마도 원효와 의상의 출신 성분 차이에서 비롯한 지배층의 그릇된 편견이 반영된 게 아닐까 싶다.

하지만 분명히 두 사람은 통일 신라의 불교계에서 쌍벽을 이루며, 불교 발전에 크게 이바지한 인물이다. 원효는 앞서 말한 대로 불교가 일반 백성에게 널리 파고드는 데 큰 공을 세웠다. 흔히 화쟁 사상和諍思想이라 부르는 원효 사상의 핵심은 어느 한 종파에 구애됨 없이 여러 불교 종파의 교리적 대립을 하나의 원리로 융합하는 데 있다. 이것은 더 나아가 통일 전쟁 이후 신라 사회의 갈등과 분열을 통합하려는 논리와도 일맥상통하는 것이다. 한편 의상대사는 처음으로 우리나라에 화엄종을 연 시조이다. 그는 3,000명을 헤아리는 수많은 제자를 길러 내서 화엄 사상을 전파했으며, 전국에 열 개의 사찰을 세웠는데, 이것을 흔히 화엄 십찰이라고 한다.

석굴암에 깃든 신비

남북국 시대의 신라가 가장 크게 번성한 때는 통일 후 약 100년 동안이었다. 무열왕 대부터 문무왕과 신문왕을 거쳐 성덕왕과 경덕왕에 이르는 시기이다. 우선 전쟁이 없으니 백성들이 마음 편히 살 수 있었고, 당나라의 선진 문화를 받아들여 문화의 꽃이 활짝 피어났다.

신라 문화의 중심은 무엇보다 불교였다. 불교는 통일 신라에 이르러 더욱더 발전했는데, 오늘날까지 전해지는 뛰어난 신라의 예술품과 문화재는 모두 불교와 깊은 관련을 맺고 있다. 그중 대표적인 것이 불국사와 석굴암이다. 경주 토함산에 있는 이 두 사찰은 김대성이 세웠다. 김대성은 부처님께 복을 비는 마음으로 현생의 부모를 위해서는 불국사를, 전생의 부모를 위해서는 석굴암을 지었다. 『삼국유사』에 실린 이야기를 옮겨 보면 다음과 같다.

서라벌 서쪽 모량리라는 마을에 김씨 성을 가진 아이가 있었다. 머리가 크고 정수리가 평평하여 마치 큰 성과 같았으므로 이름을 대성大城이라 했다.

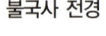
불국사 전경

대성은 집이 가난하여 어느 부잣집에 가서 품팔이를 하고, 그 집에서 준 약간의 밭을 일구어 겨우 먹고살았다. 하루는 그 부잣집에 한 스님이 와서 주인에게 말했다.

"주인께서 보시하기를

좋아하니 부처님이 항상 지켜 주실 것이오. 한 가지를 보시하면 1만 배를 얻게 될 것이니 언제까지나 안락하고 수명 장수하실 것이외다.”

대성이 이 말을 듣고 어머니에게 달려가 얘기했다.

“제가 스님의 말을 살짝 들으니, 한 가지를 보시하면 1만 배를 얻는다고 합니다. 생각건대, 우리가 이렇듯 곤궁하게 사는 건 아마도 전생에 보시한 게 없어서 그럴 겁니다. 이제 또 보시하지 않으면 다음 세상에 더욱 구차하게 살 것이니, 제가 머슴살이로 받은 밭을 바쳐서 뒷날의 복을 기원하는 게 어떻겠습니까?”

어머니도 좋다고 하여 결국 밭을 부처님께 바쳤다.

얼마 지나지 않아 대성이 세상을 떠났다. 이날 밤, 재상 김문량의 집에 하늘의 외침이 있었다.

“모량리의 김대성이란 아이가 이 집에 태어날 것이니라!”

집안 사람들이 깜짝 놀라 사람을 시켜 알아보았다. 과연 그날 대성이 죽었는데 하늘에서 외치던 때와 같은 시각이었다. 이 일이 있은 뒤, 김문량의 아내가 임신을 해서 마침내 아이를 낳았다. 아이는 신기하게도 왼손을 꼭 쥐고 펴지 않았다. 그러다가 7일 만에 폈는데, 손바닥에는 대성이란 두 글자가 새겨져 있었다. 그래서 이름을 다시 대성이라 하고, 옛 어머니를 모셔와 함께 살았다.

대성은 커서 사냥하기를 좋아했다. 하루는 토함산에 올라가 곰 한 마리를 잡고 산 밑의 마을에서 잤다. 꿈에 곰은 귀신이 되어 나타나 말했다.

“네가 어찌하여 나를 죽였느냐? 내가 환생하여 너를 잡아먹겠다!”

대성이 두려워하며 용서해 달라고 하자 다시 말했다.

"그렇다면 네가 나를 위하여 절을 세워 주겠느냐?"

대성은 그러겠다고 약속했다. 꿈을 깨자 식은땀이 흘러 자리를 적셨다.

대성은 약속대로 곰을 위해 절을 세웠다. 마음이 몹시 흐뭇하고 좋았다.

그 후부터 대성은 더욱 너그러운 마음씨를 갖게 되었다. 그리하여 현생의
양친을 위해 불국사를 세우고, 전생의 부모를 위해 석불사를 세웠다.

석불사는 석굴암의 원래 이름이다. 처음에는 불국사처럼 절이 있어 스님

맛있게 읽는 한국 고대사

들도 거주했지만, 지금은 석굴암 유적만 남은 것이다. 석굴암은 우리나라 문화재 가운데서도 으뜸으로 손꼽힐 뿐만 아니라, 세계적인 문화 유산으로 사랑받고 있다. 경주 토함산 산마루에 위치한 석굴암은 동

석굴암 본존불

해를 향하고 있는데, 그 까닭은 그쪽이 신라 왕족 일가의 공동 묘역이 있기 때문이라고 한다.

인도나 중국의 석굴이 대개 자연 암벽을 뚫어 내부 공간을 만든 데 비해, 석굴암은 돌로 굴을 만들고 그 위에 흙을 덮은 인공 석굴이다. 석굴암 안쪽에는 둥글게 만든 방이 있고, 그 한가운데에 석가여래 좌상이 모셔져 있다. 석가여래 좌상은 부드러운 미소를 띤 채 고요히 앉아 있는데, 그 뛰어난 조각 솜씨는 보는 사람의 감탄을 자아낸다.

굴 입구에는 팔부신장, 인왕, 사천왕 등의 입상이 무서운 얼굴로 버티고 있다. 이 조각상들은 모두 부처의 세계를 지키는 수호신이다. 굴속에는 한가운데 본존불을 둘러싸고 천부 입상 두 개, 보살 입상 두 개, 나한 입상 열 개가 있다. 열 개의 나한 입상은 부처의 10대 제자를 표현한 것이다. 그리고 본존불바로 뒤에는 십일면관음보살 입상이 조각되어 있고, 굴 천장 주위에는 열 개의 감실이 있는데, 그 속에 보살이 하나씩 안치되어 있다. 하지만 일제가 감실

안에 있는 열 개의 불상 중 가장 아름다운 보살 두 개를 약탈해 가서, 지금은 여덟 개만이 옛날 그대로의 모습을 간직하고 있다. 석굴암의 조각들은 모두 살아 있는 듯 표정이 생생하고 저마다 독특한 아름다움을 뽐내고 있다.

석굴암에는 이런 아름다움과 함께 신비로움이 깃들어 있다. 사람의 손으로 만든 인공 석굴인데도 천년이 넘는 세월을 이끼 하나 끼지 않게 만든 솜씨는 오늘날에도 흉내 낼 수 없는 수수께끼로 남아 있다. 또한 동해에서 아침 해가 떠오르면 본존불의 이마에 박힌 보석이 광선을 받아 붉은빛을 내뿜는데, 이 때문에 굴 안이 온통 붉게 변해 새로운 세계가 열리는 것 같다고 한다.

불교 예술의 꽃, 다보탑과 석가탑

석굴암에서 한참 떨어진 토함산 아랫자락에는 불국사가 자리 잡고 있다. 불국佛國이란, 말 그대로 부처님의 나라를 가리킨다. 따라서 불국사란 자비로운 부처의 세계와 가르침을 담은 절이라는 뜻이다.

불국사의 대웅전 앞마당에는 우아한 자태를 뽐내며 서 있는 두 탑이 있다. 바로 다보탑과 석가탑이다. 놀라운 솜씨로 빚은 두 탑은 저마다 독특한 아름다움을 간직하고 있는데, 여기에는 슬픈 전설이 전해진다.

옛날 백제 땅 부여에 아사달이란 석공이 있었다. 그의 훌륭한 솜씨는 온 나라에 퍼져 모르는 사람이 없었다. 솜씨가 워낙 뛰

석가탑 ⓒ문화재청

맛있게 읽는 한국 고대사

어나다 보니 그는 불국사에 와서 탑을 만들게 되었다. 그런데 아사달에게는 아사녀라는 착하고 예쁜 아내가 있었다. 아사녀는 남편이 서라벌로 떠난 뒤 오래도록 소식이 없자 속이 타기 시작했다. 남편을 그리워하던 아사녀는 마침내 불국사를 향해 길을 떠났다. 이 무렵 아사달은 다보탑을 완성하고, 이어서 석가탑을 세우는 데 온 힘을 기울이고 있었다. 불국사의 주지는 혹시 부정이라도 탈까 봐 먼 길을 찾아온 아사녀를 야속하게 돌려세웠다.

다보탑 ⓒ문화재청

"탑이 완성될 때까지는 아무도 말날 수 없소. 탑이 다 만들어지면 저 아래 연못에 그림자가 비칠 테니 그때 만나시오."

아사녀는 아쉬운 발길을 돌려야 했다. 그녀는 연못가에 앉아 탑의 그림자가 비치기만을 애타게 기다렸다. 그러던 어느 날이었다. 달이 휘영청 밝은 밤에 드디어 아름다운 탑의 모습이 연못 속에 비쳤다. 아사녀는 반가운 마음에 남편의 이름을 부르며 연못에 뛰어들어 탑을 껴안았다. 그러나 물에 비친 탑은 다보탑이었다. 결국 아사녀는 연못에 빠져 죽고 말았다. 뒤늦게 아사달이 석가탑을 완성하고 아사녀를 만나기 위해 연못으로 달려왔지만, 아사녀는 이미 세상을 떠난 뒤였다.

이러한 전설로 인해 석가탑불국사 3층 석탑을 무영탑無影塔이라 부르기도 한다.

아사녀가 그토록 애타게 기다렸는데도 탑 그림자가 비치지 않았기 때문에 '그림자가 없는 탑'이라는 뜻에서 붙여진 이름이다. 반대로 다보탑은 그림자가 비쳤다 하여 유영탑有影塔이라 부르기도 한다.

원래 불교의 탑은 부처의 사리를 모신 일종의 무덤이다. 탑의 기원은 석가모니의 사리를 나누어 여덟 개의 탑을 세운 것에서 비롯했다고 한다. 하지만 사리의 수는 한계가 있으므로 모든 탑에 사리를 모실 수는 없었다. 그래서 후대로 가면서 각지로 불교가 퍼져 나가자, 사리 대신 불교를 상징하는 다른 유

석가탑과 「무구정광대다라니경」

"뚝딱 뚝딱!" 1966년 10월 어느 날, 경주 불국사에서는 석가탑을 손질하는 작업이 한창이었다. 일꾼들은 귀중한 문화재에 조금이라도 손상이 가지 않도록 조심조심 탑을 해체했다. 이때 제2층 탑신부를 들어내던 일꾼들은 갑자기 눈이 휘둥그레졌다. 탑 속에 네모난 사리함이 들어 있었던 것이다. 사리함을 열자 오래된 책이 하나 나왔다. 이것이 바로 나무판으로 찍은 「무구정광대다라니경」으로, 세계에서 가장 오래된 목판 인쇄물이다. 그때까지는 일본에서 발견된 「백만탑다라니경」이 가장 오래된 것으로 알려져 있었는데 제작 시기는 770년이다. 하지만 새로 발견된 「무구정광대다라니경」은 751년 이전에 만들어진 것으로, 「백만탑다라니경」보다 20년 이상 앞선 것이다.

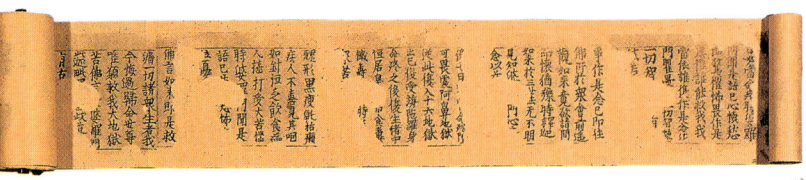

맛있게 읽는 한국 고대사

품을 넣기도 했다. 대표적인 것이 불경이다. 실제로 석가탑에서는 세계에서 가장 오래된 목판 인쇄물인 「무구정광대다라니경」이 발견되기도 했다.

탑은 그 조형적 아름다움 때문에 불교 예술의 꽃이라 불린다. 다보탑과 석가탑은 통일 신라기에 만들어진 최고의 불교 예술품 가운데 하나로, 각각 색다른 멋을 풍긴다. 다보탑은 그 형태가 매우 섬세하고 화려하여 여성적 아름다움을 지니고 있다. 특히 다른 탑에서 볼 수 없는 오밀조밀한 구성과 조각이 눈길을 끄는데, 독특하고 참신한 발상이 매우 돋보인다.

반면에 석가탑은 매우 간결하고 우아하면서도 장중한 멋을 지니고 있다. 보통 탑의 예술성을 살필 때에는 아래쪽을 받쳐주는 안정감과 위로 뻗어 올라가는 상승감의 조화를 중요하게 본다. 이런 면에서 석가탑은 상승감과 안정감을 모두 갖추어 완벽에 가까운 균형미를 보여 주는 탑으로 칭송받고 있다. 아울러 석가탑은 신라 석탑의 전형을 보여 줄 뿐 아니라, 이후 우리나라 3층 석탑의 모델이 되었다는 평가를 받고 있다.

에밀레종에는 정말 아기를 넣었을까?

신라 전성기를 대표하는 불교 유물 가운데 빼놓을 수 없는 것이 에밀레종이다. 이 종은 세계적인 예술품으로 현재 우리나라에 남아 있는 종들 가운데 가장 크다. 몸통에는 1,000여 개의 글자로 된 명문과 함께 아름다운 비천상 조각이 새겨져 있다. 정식 명칭은 '성덕대왕신종'인데, 경덕왕이 아버지 성덕왕의 명복을 빌기 위해 만들었다고 해서 붙은 이름이다. 봉덕사에 걸었다고 해서 '봉덕사종'이라고도 한다.

이 종을 처음 만들기 시작한 것은 경덕왕 때지만, 완성된 것은 아들인 혜공

성덕대왕신종 종소리가 아름다울 뿐 아니라 표면에 새겨진 비천상도 훌륭한 예술품으로 평가받는다. ⓒ문화재청

왕 7년(771년)의 일이다. 꽤 오랜 시간이 걸린 셈인데, 여기에는 그럴 만한 사정이 있다.

경덕왕의 명령에 따라 전국에서 내로라 하는 솜씨를 가진 일꾼들이 모여들었다. 그들은 정성껏 종을 만들었다. 종이 완성되자 봉덕사에 걸고 시험 삼아 쳐 보았다. 그런데 어찌 된 일인지 종소리는 쇳조각을 두드리는 것처럼 탁했다. 몇 번을 더 두드리자 아예 금이 가 버렸다. 경덕왕은 깊은 시름에 잠긴 채 말했다.

"종은 소리가 맑고 투명해야 하는 법이거늘……. 아무래도 정성이 부족해 부처님이 노하신 것 같소. 다시 시주를 거두어서 더욱 정성 들여 만들도록 하시오."

봉덕사의 스님들은 전국 방방곡곡을 떠돌며 시주를 받았다. 그러는 사이 경덕왕은 세상을 떠났다. 아버지의 뒤를 이어 혜공왕은 종 만드는 일을 계속했다.

하루는 시주를 다니던 스님이 어느 허름한 초가집에 들어가게 되었다. 스님이 시주를 청하자 갓난아기를 안은 아낙네가 말했다.

"보시다시피 우리 집은 너무 가난해서 시주할 것이 없네요. 이 아기라도 괜찮으면 데려가시든지요."

아낙네의 말은 가난한 집에 시주를 얻으러 온 스님에게 무안을 주기 위한 것이었다. 스님도 아낙네의 말뜻을 알아채고 그냥 돌아섰다.

그즈음 종 만들기는 실패에 실패를 거듭했다. 아무리 정성을 들여도 소리가 아름답지 않았다. 생각다 못해 왕은 점을 치기에 이르렀다. 점쟁이는 종소리가 좋지 않은 것은 부정을 탔기 때문이며, 부정을 씻기 위해선 희생이 필요하다는 점괘를 내놓았다.

봉덕사의 주지는 부정 탄 일이 무엇인지를 찾기 시작했다. 그 결과 그 아낙네의 경솔함이 원인으로 간주되었다. 시주 대신 아기를 데려가라고 함부로 내뱉은 말이 부정을 타게 한 것이라고 말이다. 그래서 주지는 아낙네로부터 아기를 빼앗아 와서 펄펄 끓는 쇳물 속에 넣고는 종을 만들었다. 종이 완성되자 힘껏 종을 울려 보았다. 아름다운 종소리 속에서 "에밀레~" 하는 아기의 울음소리가 섞여 나왔다. 마치 아기가 제 어미를 애타게 부르는 듯한 소리였다. 그래서 이후 사람들은 이 종을 에밀레종이라고 부르기 시작했다.

불교에서 범종을 울리는 것은 이유가 있다. 그 소리가 세상으로 멀리 퍼져나가 뭇 중생들을 일깨워 마음속에 도사린 번뇌가 씻겨 내려가기를 바라는 것이다. 에밀레종은 그 신묘한 종소리 때문에 우리나라뿐 아니라 세계가 주목할 만한 명품으로 인정받고 있다. 하지만 그에 얽힌 신비로운 전설로 미루어 볼 때 종을 만드는 일이 그리 간단치는 않았던 모양이다.

그런데 아무리 부처의 뜻이라고 해도 펄펄 끓는 쇳물에 아기를 넣었다는 것은 끔찍한 일이다. 정말로 에밀레종을 만들 때 아기를 넣었을까? 아니면 훌륭한 문화유산에 으레 따라다니는 한낱 전설에 불과할까?

아기가 진짜로 희생됐다고 보는 견해도 일리는 있다. 뼛속에는 '인' 성분이 들어 있는데, 인은 신기한 작용을 한다. 예로부터 사람이나 동물의 뼛속에 들어 있는 인 성분은 물질을 단단하게 결합시키는 묘한 성질을 가지고 있는 것으로 알려졌다. 중국의 진시황이 만리장성을 쌓을 때 그 땅 다지기를 하면서 사람의 시신을 썼다는 얘기는 그래서 나온 것이다. 이런 근거로 아기를 쇳물에 넣음으로써 종을 단단하게 만들고, 이 때문에 종에 금이 가지 않아 맑고 아름다운 소리를 낼 수 있었다는 주장이 나오는 것이다.

그러나 에밀레종을 만드는 데 들어간 쇳물은 19톤이나 되는 어마어마한 양이다. 아무리 뼛속의 인이 신묘한 작용을 한다손 치더라도 19톤의 쇳물 속에 아기의 뼈에서 녹아든 인의 양이란 거의 없는 것이나 마찬가지이다. 게다가 그 쇳물은 한 도가니에서 끓인 것도 아니다. 거대한 에밀레종을 만들기 위해서는 100개 정도의 도가니가 동시에 사용됐을 것으로 추정된다. 따라서 종을 만드는 데 아기를 넣었다는 전설은 당시 백성들이 겪었던 고통을 간접적으로 보여 주는 얘기일 뿐이라는 시각도 있다. 그 오랜 기간 종을 만들다 보면 그만큼 백성들의 고충도 컸을 테니까 말이다. 🖐

해동성국의 나라, 북국 발해

발해의 건국 과정

발해는 우리 역사의 일부이면서도 그 실체를 제대로 파악하지 못하고 있다.

맛있게 읽는 한국 고대사

우리는 발해를 당연히 우리 민족사의 일부분이라 생각하지만, 중국에서는 발해를 중국에 소속된 지방 정권이라고 주장하고, 일본에서는 말갈족의 국가로 보고 있다. 이런 현상이 빚어지는 것은 현재 남아 있는 기록이 많지 않을뿐더러 기록마다 차이가 있기 때문이다.

발해 영광탑 발해의 대표적인 유물 중 하나이다. 중국 길림성 장백현에 있는 높이 13m의 5층탑이다. 1980년대에 들어와 발해 시기의 탑이라는 것이 뒤늦게 밝혀졌다.

발해의 시조인 대조영조차 역사서에 따라 고구려 유민이라 하기도 하고, 말갈인이라 하기도 한다. 그렇다면 대조영이 세운 발해는 과연 말갈인의 나라일까, 고구려인의 나라일까? 그 해답을 찾기 위해서는 대조영이 발해를 건국하는 과정을 간략히 살펴볼 필요가 있다.

당나라는 고구려가 멸망한 뒤에도 부흥 운동이 끊이지 않자 백성들을 강제로 당나라로 이주시켰다. 이때 대조영 일가도 요서 지방의 영주지금의 중국 조양시 땅으로 옮겨 가 살게 되었다. 당시 영주는 동북쪽의 여러 북방 민족들을 통제하기 위해 만든 전략 도시였다. 따라서 이곳에는 고구려 유민 외에도 말갈인, 거란인을 비롯한 여러 민족들이 강제로 옮겨져 살고 있었다. 당나라는 이들을 끊임없이 감시하고 억압했기 때문에 당의 지배를 받던 여러 민족들은 많은 불만을 품고 있었다.

그러던 중 당나라의 압박과 설움을 견디다 못한 거란족 이진충과 손만영이 마침내 반란을 일으켰다. 반란군은 영주를 다스리던 당나라의 최고 관리를 살해하고 당에 대항했다. 당나라는 즉시 토벌군을 보내 반란을 진압하고 이진충을 죽였으나, 손만영이 이끄는 나머지 무리의 저항은 쉽사리 가라앉지 않았다. 이런 까닭에 영주 일대에는 한동안 사회적 혼란이 계속되었다.

망국의 한을 가슴에 품고 살던 대조영과 그의 아버지 걸걸중상은 이 기회를 놓치지 않았다. 그들은 고구려 유민을 이끌고 영주 땅을 빠져나갔다. 이때 말갈의 추장 걸사비우도 자기 무리들을 이끌고 함께 길을 떠났다.

대조영 부자와 걸사비우는 각각의 무리를 이끌고 동으로, 동으로 향했다. 이에 당황한 당나라 조정에서는 두 사람의 발길을 돌리기 위해 대조영의 아버지 걸걸중상에게 진국공, 걸사비우에게는 허국공이란 높은 벼슬을 주겠다며 달래기 시작했다. 하지만 두 사람은 거들떠보지도 않고 계속 동쪽으로 전진했다. 화가 난 당나라 조정에서는 거란인 이해고로 하여금 추격군을 보내 그들을 공격하게 했다.

먼저 걸사비우가 이끄는 말갈족이 추격군에 대항해 싸웠다. 그러나 이 싸움에서 말갈족은 크게 패하고 걸사비우마저 전사했다. 이 와중에 걸걸중상도 죽고, 그 아들 대조영이 모든 실권을 장악하게 되었다.

대조영은 걸사비우를 따르던 무리까지 이끌고 동쪽으로 전진을

동모산 발해의 대조영이 건국의 근거지로 삼은 곳이다.

계속했다. 그러다가 마침내 천문령이란 곳에 이르렀다. 그곳은 빽빽한 산림으로 둘러싸인 험난한 산악 지대로, 추격군을 따돌리기에 아주 적합했다. 대조영은 그곳의 지리적 이점을 이용해 당나라의 추격군을 크게 무찔렀다. 이 싸움에서 패한 이해고는 겨우 몸만 피해 달아났다. 당나라의 추격을 물리친 대조영은 마침내 698년 길림성 부근 동모산에 도읍을 정하고 나라를 세웠다. 그는 나라 이름을 진震이라 하고, 자신의 성을 대大씨로 삼아 이때부터 대조영이라 불리게 되었다.

이상의 내용은 여러 역사서의 기록을 종합한 것이다. 현재 발해에 대한 기록이 남아 있는 우리나라 역사서 가운데 가장 오래된 것은 일연의 『삼국유사』이다. 이 책에서는 대조영이 고구려의 옛 장군이며, 고구려가 망한 뒤 남은 군사들을 모아 태백산 남쪽에 나라를 세우고 국호를 발해라 했다고 전한다. 조선 후기의 실학자인 유득공의 『발해고』에서도 대조영이 고구려인이며, 발해의 땅은 부여에서 고구려로 이어진 우리의 영토임을 강조했다.

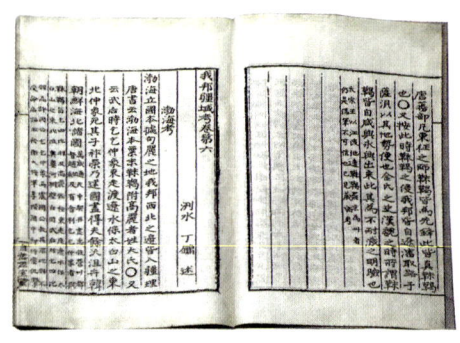

『발해고』 유득공이 발해의 역사를 기록한 책이다.
ⓒ전쟁기념관

그러나 중국의 역사 기록을 보면 서로 엇갈린 주장을 펴고 있다. 중국의 역사책인 『구당서』와 『신당서』는 대조영의 출신을 달리 본다. 『구당서』에는 대조영이 고구려 출신으로 고구려 유민을 이끌고 계루고구려 왕실의 종족 이름의 옛 땅에 도읍을 정했다고 나와 있으나, 『신당서』에는 "발해는 본래 '속말말갈'인데 고구려에 붙어살던 족속으로, 성은 대씨다"라며 발해를 세운 지역도 읍루말갈족의 조상의 옛 땅이라고 적고 있다. 다시 말해 『구당서』는 대조영을 고구려인의 후예로 본 반면, 『신당서』는 그가 속말말갈 출신으로 걸사비우가 이끌던 말갈은 아닐지라도 말갈의 한 부족이라는 태도를 취하고 있다.

따라서 두 기록 가운데 어느 쪽을 택하느냐에 따라 결론이 달라진다. 그렇다면 과연 발해는 어떤 세력이 세운 나라일까? 여기에 대해선 좀 더 많은 연구가 필요할 것이다. 다만 한 가지 중요한 것은, 대조영이 어느 집단 출신인지와 상관없이 『구당서』와 『신당서』 모두 대조영이 처음부터 고구려 유민을 이끌었으며, 이 집단을 중심으로 발해가 세워졌다고 서술한다는 점이다.

또 일본의 역사책 『속일본기』에는 발해에서 일본에 보낸 국서와 이에 대한 일본 측의 답서가 실려 있다. 여기에서 발해는 고구려를 계승한 나라임을 공식적으로 주장했으며, 일본 역시 이를 인정했다. 발해의 제3대 문왕은 자신을 '고려국 왕'이라고까지 칭했다.

맛있게 읽는 한국 고대사

이런 여러 가지 근거로 볼 때 발해는 건국 과정에서 볼 수 있듯이 고구려 유민과 말갈인이 힘을 합쳐 공동의 적인 당나라를 물리치고 세운 나라이지만, 분명히 고구려 유민이 중심이 된 고구려의 계승국이라고 할 수 있겠다.

당나라와의 전쟁과 평화

대조영이 진국을 세운 뒤 국제 정세는 아주 유리하게 돌아갔다. 때마침 중국 서북부에서 돌궐족이 세력을 크게 확장하면서 당나라를 압박한 것이다. 돌궐은 점차 세력을 넓혀 마침내 당나라의 요서 지역까지 차지해 버렸다. 당과 진국 사이에 돌궐이 끼어들게 되자, 당나라는 더 이상 진국에 대해 함부로 군사 행동을 취할 수 없게 되었다. 이 틈을 이용해 대조영은 영토를 확장하여 요하 일부 지역을 제외한 대부분의 옛 고구려 땅을 되찾았다.

이렇게 되자 당나라는 진국에 대한 외교 전략을 바꿀 수밖에 없었다. 더 이상 무력 정벌을 하지 않고 진국을 새로운 나라로 인정한 것이다. 그리하여 705년 당나라는 사신을 보내 친선의 뜻을 표했다. 이에 화답하여 대조영은 둘째 아들 대문예를 당나라에 보냈다. 두 나라 간 평화의 메시지는 결실을 이루어 713년 당나라는 사신을 보내 대조영을 발해군왕渤海郡王에 책봉했다. 그리고 이 무렵부터 나라 이름을 진에서 발해로 바꿔 부르기 시작했다.

하지만 당나라와의 평화는 그리 오래가지 않았다. 대조영이 나라를 세운 지 21년 만에 죽고, 그 아들 대무예가 뒤를 이어 무왕재위 719~737년이 되었다. 무왕 재위 시절, 발해 북부의 흑수말갈과 갈등을 빚는 사건이 발생했다. 흑수말갈은 말갈의 일곱 부족 중 하나로, 당시 송화강과 흑룡강 주위에 흩어져 살면서 발해에 복속하고 있었다. 그래서 흑수말갈이 외교 관계를 맺을 때는 미리 발해에 알리곤 했다.

그런데 726년, 이런 관례를 깨고 흑수말갈이 몰래 당나라에 사신을 보내 발해를 배반하고 당에 복속하기를 청했다. 발해로서는 크나큰 위협이 아닐 수 없었다. 발해의 배후에 있는 흑수말갈이 당나라의 요청에 따라 함께 앞뒤로 공격해 오면 속수무책으로 당할 수밖에 없었기 때문이다.

무왕은 크게 분노하여 아우인 대문예에게 군사를 내주며 흑수말갈을 치게 했다. 그러나 한때 당나라와 친선을 도모하기 위해 인질로 간 적이 있던 대문예는 전쟁을 반대했다. 흑수말갈을 공격하면 당나라를 자극하여 그간의 우호 관계가 깨질 뿐 아니라, 전쟁을 하더라도 승산이 없다고 말이다. 당나라는 인구도 많고 병력도 강하므로 싸움을 하는 것은 멸망을 자초하는 길이라는 주장이었다.

그러나 무왕은 그의 의견을 받아들이지 않고 출정을 명령했다. 대문예는 어쩔 수 없이 군사를 이끌고 전선으로 향했지만, 여전히 출정을 탐탁지 않게 여겼다. 최고 지휘관이 전쟁을 달가워하지 않으면 군사들의 사기는 그만큼 떨어지게 마련이다. 이에 무왕은 대문예를 전선에서 불러들이고 다른 사람을 지휘관으로 새로 임명했다. 대문예는 돌아오는 도중 무왕이 자기를 죽일지도 모른다고 생각하여 당나라로 달아나 버렸다. 무왕은 당나라에 대해 대문예는 죄를 지은 자니 죽일 것을 요구했다. 그러나 당나라에선 그에게 좌효위장군이란 벼슬을 내리고, 발해에는 거짓으로 그를 멀리 귀양 보냈다고 속였다.

이 사실을 알게 된 무왕은 앙심을 품고 있다가 마침내 732년, 장군 장문휴에게 당나라를 직접 공격하라고 명령했다. 장문휴가 이끄는 발해의 해군은 바다를 건너 산둥 반도의 등주로 쳐들어갔다. 이 싸움에서 발해는 큰 승리를 거

맛있게 읽는 한국 고대사

두며 등주를 함락했다.

발해의 기습 공격에 놀란 당나라는 곧 반격에 나섰다. 대문예를 앞세워 발해로 직접 쳐들어가는 한편, 신라에도 지원군을 요청했다. 당시 당나라에선 김유신의 손자인 김윤중을 특별히 지목하여 그를 장수로 삼아 발해의 남쪽을 공략할 것을 요구했다. 발해를 양쪽에서 협공하려는 전략이었다.

하지만 이것은 성공을 거두지 못했다. 『삼국사기』 성덕왕 32년 기록에는 이때 신라가 발해 남쪽의 국경 지대로 출동했으나, 큰 추위와 눈을 만나 군사들이 반 이상 얼어 죽자 아무런 전공도 세우지 못하고 돌아왔다고 적고 있다. 당나라의 협공 전략은 결국 실패로 돌아갔고, 전쟁은 더 이상 확대되지 않은 채 발해의 승리로 일단락되었다.

발해의 승리는 결과적으로 신라에도 선물을 안겨 주었다. 성덕왕 34년735년 조를 보면, 당나라 황제가 신라에게 패강대동강 이남의 땅을 준다는 조칙을 내렸다고 되어 있다. 사실 삼국 통일 전쟁 당시 신라는 당나라를 몰아내고 대동강 이남의 땅을 차지했다. 그러나 당나라는 이를 못마땅하게 여겨 신라의 영토로 인정하지 않고 있다가, 이때 비로소 신라의 영토로 공식 승인을 한 것이다.

당시 당나라가 이런 태도를 취한 것은 중국의 전통적인 이민족 통제책인 이이제이以夷制夷 정책에 따른 것이다. 즉 발해가 점차 강성해질 조짐을 보이자 은근히 신라와의 대립을 부추겨 세력 확장을 견제하려는 조치였다.

당나라와 발해의 대립 관계는 737년 무왕이 죽고 제3대 문왕이 즉위하면서 서서히 가라앉았다. 문왕은 대외적으로 평화 노선을 유지하며 국내 정치에 힘을 쏟았다. 당나라에서 선진 문물과 제도를 받아들여 3성 6부제의 중앙 통치 제도를 확립하는 등 나라의 기틀을 다졌다. 또 755년에는 도읍을 동모산에서 상경용천부로 옮겼는데, 이는 자신의 권력 기반을 강화하기 위한 조치였을 것이다. 문왕은 57년간이나 왕위에 있으면서 차곡차곡 국력을 쌓아 발해가 강국으로 커 나갈 수 있는 초석을 놓았다.

해동성국 발해의 융성과 멸망

발해가 가장 국력을 크게 떨친 것은 9세기 초 선왕재위 818~830년 때이다. 그 사이 발해는 잠시 국가 내부의 위기를 겪기도 했다. 문왕이 죽은 뒤 10대 선왕이 즉위하기까지 왕위 계승을 둘러싸고 치열한 권력 다툼이 벌어진 것이다. 25년 동안 여섯 명의 임금이 바뀌었으니 평균 재위 기간이 4년 정도밖에 되지 않는다. 이 중 채 1년도 왕 노릇을 못한 임금이 세 명이나 된다.

하지만 선왕이 즉위하면서 발해는 정치적 혼란을 걷어 내고 다시 중흥의 기회를 맞았다. 중국의 역사책인 『신당서』에는 그의 업적을 단적으로 보여 주는 기록이 있는데, 남쪽으로는 신라와의 국경을 안정시키고, 북쪽으로는 여러 부족을 쳐서 영토를 크게 넓혔다는 내용이다. 이렇듯 세력을 확장하자, 그동안 발해에 등을 돌렸던 흑수말갈의 태도도 달라졌다. 선왕 때부터는 당나라에 조공하던 일을 중지하고 다시 발해에 복속했다.

그런데 발해의 남쪽 진출은 신라를 긴장시켰다. 신라 헌덕왕 18년826년의 기록에 따르면, 신라는 한산 북쪽의 여러 주와 현에서 1만 명을 징발해 대동강 유역에 300리의 장성을 쌓았다. 발해의 팽창에 대해 신라에서 대비책을 세운 것으로 보인다. 하지만 당시 발해는 신라와 군사적 충돌을 벌이지는 않았고, 대동강 이북 지역에 대한 지배권만을 확고히 다졌다. 『신당서』에서 말한 '남쪽으로 신라와의 경계를 안정시켰다'는 것은 그런 의미일 것이다.

선왕은 이처럼 정복 군주로서 그가 통치하던 기간에
최대의 영역 판도를 누렸다. 당시 발해는 서쪽으로는 압
록강 하류 지대에서 송화강 유역, 북쪽으로는 연해주 남
부 일대, 남쪽으로는 대동강에서 원산만 이북에 이르는
거대한 영토를 가지게 되었다. 이 넓은 지역을 효율적으

정효공주 무덤 벽화 발해 문왕의
딸 정효공주의 무덤에서 발굴된 벽
화이다. 벽화 속 인물은 앞에서부
터(오른쪽) 무사, 시위, 내시, 악사
등인데, 발해의 회화와 풍속을 엿
볼 수 있는 귀중한 자료이다.

로 다스리기 위해 5경 15부 62주의 행정 구역을 새로 정비했다. 여기서 5경은
도읍지였던 상경용천부와 동경용원부를 비롯하여 중경현덕부, 서경압록부,
남경남해부 이렇게 다섯 곳인데, 성격과 기능 면에서 신라의 5소경과도 비교
할 수 있다.

선왕이 닦아 놓은 중흥의 기틀 위에서 발해는 최고의 전성기를 누렸다. 이

무렵 발해는 당나라로부터 '해동성국'이라 불릴 정도로 국력을 크게 떨쳤다. 이런 흐름은 9세기 말까지도 계속 이어졌다.

그런데 10세기에 들어서면서 상황이 급변하기 시작했다. 당시 국제 정세는 전반적으로 매우 어지러웠다. 중국 대륙을 지배하던 당나라는 지방 세력의 잦은 반란에 시달리다 907년에 멸망했고, 신라 역시 극도의 정치적 혼란 속에서 후삼국 시대로 접어들었다.

만약 발해가 이런 격동기를 맞아 중국 대륙으로 세력을 뻗어 나갔더라면 새로운 역사가 펼쳐졌을지도 모른다. 하지만 발해는 이 기회를 살리지 못했다. 오히려 발해 서북쪽의 거란족이 혼란한 틈을 이용해 적극적으로 세력을 뻗었다. 당시 주변의 거란족을 통합하여 세력 확장을 이끈 인물이 야율아보기耶律阿保機이다. 그는 황제를 자칭하며 본격적인 중원 공략에 앞서 발해로 쳐들어왔다.

925년 12월, 거란의 태조 야율아보기가 직접 이끄는 침략군은 거침없이 발해 땅으로 넘어 들어왔다. 거란군은 이듬해인 926년 정월, 서쪽의 전략 요충지인 부여부를 포위 공격하여 사흘 만에 함락했다. 그 여세를 몰아 거란군은 파죽지세로 진격하여 발해의 수도인 상경용천부를 포위했다. 발해의 마지막 왕인 대인선은 거란군의 기세에 놀라 제대로 저항도 못해 본 채 단 3일 만에 항복하고 말았다. 이로써 229년간의 발해 역사는 허망하게 막을 내렸다.

한때 해동성국이란 칭송을 받기도 했던 발해가 거란의 침략을 받은 지 채 한 달도 안 돼 멸망했다는 것은 거의 미스터리에 가까울 정도로 어처구니가 없는 일이다. 이런 경우는 세계 역사에도 유례가 드물다. 하지만 안타깝게도 발해 멸망의 원인에 관해서는 전하는 기록이 많지 않아 자세한 내막을 알 수가 없다. 다만 거란은 당시의 전쟁에 대해 "발해의 국내가 서로 뜻이 맞지 않는 틈을 타서 우리 시조 야율아보기가 싸우지 않고 이겼다"라는 기록을 남겼다. 이로 미루어 보건대, 발해는 그 무렵 국내 정치 세력 간의 치열한 내분과 다툼으로 멸망을 자초한 것이 아닐까 추측할 따름이다.

신라와 발해는
정말 사이가 나빴을까?

삼국의 역사가 끝나고 그 뒤를 이은 발해와 신라의 역사는 어떠했을까? 우리는 신라와 발해가 국경을 맞대고 있으면서 서로 대립한 것으로 알고 있다. 이것은 732년에서 733년 사이에 있었던 전쟁과 발해 후기에 벌어진 두 나라 사이의 세력 경쟁만을 지나치게 강조한 결과이다. 실제로 발해의 200여 년 역사에서 두 나라는 서로 다툰 적도 있지만, 평화롭게 외교 관계를 맺으며 교류한 흔적도 많다. 국경을 맞댄 나라가 영토 싸움을 벌이는 것은 당연한 일이다. 삼국 시대에도 삼국은 제 나라의 이익에 따라 서로 적이 되기도 하고 친구가 되기도 했으니까 말이다. 문헌의 기록을 살펴보면, 발해와 신라도 상황에 따라 교류도 하고 대립도 한 것이지, 서로 으르렁대기만 한 것은 결코 아니다.

대조영은 발해를 건국한 직후인 700년에 신라에 사신을 보냈다. 신라는 답례로 대조영에게 신라 관등의 제5등급인 대아찬 벼슬을 내렸다. 두 나라가 이렇듯 처음에는 사신을 통해 우호적인 외교 관계를 맺었다.

그런데 대조영의 뒤를 이어 무왕이 즉위하면서 발해는 무서운 기세로 뻗어 나갔다. 이에 따라 신라와의 관계도 급속히 얼어붙었다. 『삼국사기』 성덕왕 20년 조에는 하슬라주강릉 동해안 지역의 장정 2,000명을 징발해 북쪽 국경에 장성을 쌓았다는 기록이 있는데, 이는 발해의 팽창 정책에 대한 대응책이었던 것으로 보인다. 그 후 신라는 당나라와 발해 사이의 전쟁에 휘말려 긴장이 크게 높아지기도 했다.

하지만 발해의 제3대 문왕이 즉위하면서 세 나라 사이의 긴장 관계는 서서히 가라앉았다. 문왕은 평화적인 외교를 펼쳐 당나라뿐 아니라 신라와도 활발하게 교류했다. 이때 신라는 발해를 '북국'이라 칭하면서 두 차례에 걸쳐 사신을 파견했다. 『고금군국지』라는 책에는 신라의 국경 도시인 천장군과 발해의 동경용원부 사이에 39개의 역이 설치되었다고 나온다. 당시 두 나라는 이렇듯 교통로가 만들어질 정도로 꾸준히 교류를 했다.

그러다가 9세기에 들어와 신라의 힘이 약해지고 발해의 힘이 강해지면서 두 나라는 잦은 외교적 다툼을 벌인 것으로 보인다. 두 나라는 당나라에게 좀 더 높은 나라로 인정받기 위해 치열한 경쟁을 벌였다. 당나라에서 외국 사신을 접대할 때 서로 윗자리에 앉으려고 다투었을 뿐 아니라, 빈공과에서 서로 수석을 차지하기 위해 안간힘을 썼다. 빈공과는 당나라가 주변 외국인을 대상으로 실시했던 과거 시험인데, 여기서 수석을 차지하는 것은 자신뿐 아니라 나라의 영광이었다. 두 나라는 이렇게 때론 경쟁하고, 때론 사이좋게 교류하면서 한 시대의 역사를 만들어 간 것이다.

신라의 쇠퇴와

후삼국 시대

11

신라의 역사에서 780년은 중요한 분기점을 이루는 해이다. 그해에 정변이 일어나 무열왕 직계의 마지막 왕인 혜공왕이 죽음으로써 신라 중대는 막을 내렸다. 그와 함께 내물왕계인 선덕왕이 그 뒤를 이어 왕위에 오르면서 하대가 시작되었다. 신라 하대에는 왕족들끼리 서로 죽고 죽이는 왕위 다툼이 꼬리에 꼬리를 물고 일어났다. 신라가 멸망할 때까지 150여 년 동안 무려 20명의 왕이 뒤바뀔 정도였다. 이런 정치적 혼란의 소용돌이 속에서 백성들의 생활은 도탄에 빠졌다. 농민들의 봉기가 각지에서 일어나면서 혼란은 더욱 가중되었다. 하지만 신라 조정은 혼란을 바로잡을 힘이 없었다. 중앙 정부의 힘이 약해지자 각 지방에서는 독자적으로 힘을 키운 호족들이 고개를 들었다. 그러면서 이 땅의 역사는 마치 시곗바늘을 뒤로 되돌려 놓은 듯한 상황이 전개되었다. 본격적인 후삼국 시대의 막이 오른 것이다. 처음에는 견훤이 이끄는 후백제와 궁예가 이끄는 후고구려 그리고 겨우 명맥만 유지하던 신라, 이렇게 세 나라가 대립하며 패권을 다투었다. 하지만 궁예의 부하였던 왕건이 등장하면서 새로운 국면을 맞이하게 되었다. 왕건이 세운 고려와 후백제, 신라의 삼파전이 된 것이다. 이 싸움에서 고려의 왕건이 최후의 승리자가 되면서 후삼국을 통일한 주인공이 되었다.

기울어 가는 신라

신라 하대의 왕위 다툼

신라는 삼국 통일을 이룬 뒤 최고의 전성기를 누렸으나 시간이 흐를수록 점차 쇠퇴의 길로 접어들었다. 그 조짐은 765년 혜공왕이 즉위하면서 뚜렷이 나타났다. 당시는 전제 왕권의 몰락기로서, 왕을 반대하는 귀족들의 반란과 왕의 편에 선 귀족들의 친위 쿠데타가 모두 여섯 차례나 잇따랐다. 특히 768년에 일어난 대공의 난은 전국의 96각간이 서로 뒤얽혀 싸운 대반란으로, 3개월간이나 지속되었다. 이런 와중에 반왕파의 중심인물인 김양상이 권력을 장악했고, 그는 결국 혜공왕을 죽이고 왕위에 올라 선덕왕재위 780~785년이 되었다. 이를 시작으로 왕족들 사이에선 치열한 왕위 쟁탈전이 끊임없이 이어졌다.

선덕왕이 혼란한 정치를 수습할 겨를도 없이 재위 5년 만에 죽자, 뒤를 이어 원성왕재위 785~798년이 왕위에 올랐다. 당시 원성왕이 된 김경신과 같은 왕족인 김주원 사이에는 왕위를 둘러싸고 날카로운 대립이 있었던 것으로 보인다. 그때의 급박한 사정이 『삼국사기』에는 이렇게 기록되어 있다.

선덕왕이 죽었으나 아들이 없었다. 여러 신하들이 의논한 후 왕의 조카인 김주원을 다음 왕으로 세우려고 했다. 그때 김주원은 경주 북쪽 20리 되는 곳에 살았는데, 때마침 큰비가 내려 알천의 물이 불어나 냇물을 건널 수가 없었다. 일이 공교롭게 돌아가자 누군가 말했다.

"임금의 자리는 사람의 힘으로 할 수 없는 것이오. 오늘 폭우가 내려 김주원이 궁궐로 오지 못한 것은 그를 왕으로 세우지 않으려는 하늘의 뜻이 아니겠소? 지금 상대등 김경신은 선덕왕의 아우로, 덕망이 높고 임금의 위엄을 갖추었으니, 그를 왕으로 세우는 것이 좋겠소."

이에 여러 사람들이 뜻을 모아 김경신으로 하여금 왕위를 잇게 했다.

왕위 계승에 이런 우여곡절이 있다 보니, 김주원의 입장에서는 왕위를 도둑맞았다고 볼 수밖에 없었다. 그래서 훗날 또 다른 반란의 불씨가 되기도 했다. 뒤에 다시 언급하겠지만, 김헌창의 반란이 그것이다.

물론 이 무렵 왕위에 오른 임금들이 정치적 혼란을 그대로 방치만 한 것은 아니다. 나름대로 혼란을 잠재우기 위해 애를 썼다. 그들은 저마다 국가의 기강을 바로세우고, 통치 기반을 다지기 위해 갖가지 노력을 기울였다.

먼저 원성왕은 나라에 흉년이 계속되자 구제 사업을 벌이고 저수지를 만들었다. 그뿐만 아니라 788년 새로운 관리 등용 제도인 독서삼품과를 설치해서 왕권을 강화하려고 했다. 또 애장왕재위 800~809년은 지방 제도를 정비하고, 귀족들이 재산을 숨기는 장소로 이용했던 절의 증가를 억제하여 나라의 경제적 토대를 튼튼히 하려고 애썼다. 그와 함께 불교 행사에 고급 비단이나 금은으로 만든 그릇을 쓰는 것도 금지했다. 그 뒤 조카인 애장왕을 죽이고 왕위에 오른 헌덕왕재위 809~826년은 인재를 등용할 때 분명한 원칙을 세워 벼슬을 둘러싼 귀족들 사이의 다툼을 가라앉히려고 노력했다.

그러나 이런 왕권 강화 조치들은 임시방편에 지나지 않았고, 이마저도 귀족들의 반발로 제대로 시행되지 못했다. 아울러 일련의 조치들을 은근히 못마땅하게 여기던 진골 귀족들의 불만이 여기저기서 터져 나왔다. 그러다 결국

822년, 웅천주 도독으로 있던 김헌창이 반란을 일으키고 말았다. 그는 김주원의 아들로, 아버지가 왕이 되지 못한 데 불만을 품고 국호를 장안, 연호를 경운이라 하며 한때 전라도, 충청도 일대를 장악했다. 반란은 곧 진압되었으나 정치적 혼란은 쉽게 가라앉지 않았다.

흥덕왕재위 826~836년 때는 사치 금지령까지 반포하며 지배층의 타락과 횡포를 막기 위한 정치 개혁을 사회 전반에 걸쳐 단행했다. 하지만 이 또한 성과를 거두지 못했다. 더욱이 그가 죽은 뒤 가까운 왕족들 사이에서 왕위 계승을 둘러싼 피비린내 나는 싸움이 벌어졌다. 이로 인해 2년 남짓한 기간에 두 명의 국왕과 한 명의 국왕 후보자가 죽임을 당하는 결과를 낳았다. 이 싸움의 자세한 내막을 살피다 보면 해상왕 장보고와 만나게 된다.

청해진의 풍운아, 장보고

장보고는 신라 하대의 역사에서 가장 주목
할 만한 인물이다. 미천한 태생으로 출세하
여 청해진 대사로 활약하다가 끝내 비명횡
사하기까지 파란만장한 삶을 산 일세의 풍
운아이다. 해상왕 장보고는 흥덕왕 이후의
왕위 쟁탈전에서 한 축을 이루고 있다. 그가
왕위 계승 다툼에 끼어든 것은 결코 우연이
아니다. 『삼국사기』의 「장보고 열전」은 그
가 신라 사회에 전면적으로 등장하게 되는
과정을 이렇게 기록하고 있다.

장보고

장보고의 원래 이름은 궁복이다. 그의 고향이 어디인지 조상이 누구인지는
알려진 바가 없으나, 그는 무예가 매우 뛰어났다. 일찍이 당나라로 건너가
무령군 소장이 되었는데, 말을 타고 창을 쓸 때 대적할 자가 없었다.

흥덕왕 3년, 장보고가 신라로 귀국하여 왕에게 간청했다.

"제가 그동안 중국을 두루 돌아다니다 가슴 아픈 일을 많이 보았습니
다. 우리 신라 사람들이 노비가 되어 중국에서 비참한 삶을 살고 있는데,
이것은 해적들이 우리 백성을 마구 잡아다 당나라에 팔았기 때문입니다.
제가 비록 힘은 미약하나 청해에 진을 설치하여 해적을 소탕하면 이런
일을 막을 수 있을 것이옵니다."

왕은 이 말을 듣고 크게 기뻐하며 장보고에게 군사 1만 명을 주어 청

맛있게 읽는 한국 고대사

해에 진영을 설치하게 했다. 그 뒤로 바다에서 신라 사람들이 노비로 잡혀
가는 일이 없어졌다. 청해는 신라 바닷길의 요충지로, 지금은 완도라고 부
른다.

청해진에 둥지를 튼 장보고는 해상권을 장악했다. 청해진이 당나라와 일
본을 잇는 해상 무역의 중심지로 떠오르자, 장보고는 막대한 부와 권력을 손
에 쥐었다. 그리하여 중앙 정부도 함부로 손댈 수 없을 만큼 지방의 큰 세력으
로 성장했다.

그러던 중 836년 흥덕왕이 후계자를 지명하지 못하고 갑자기 죽었다. 이
에 왕위를 탐낸 두 세력이 서로 대립하게 되었다. 두 세력이란 상대등 김균정
을 중심으로 한 김우징, 김예징 등의 일파와
시중 김명을 중심으로 한 배훤백 등의 일파이
다. 이 싸움에서 김명 일파가 승리하여 김제융
을 희강왕재위 836~838년으로 추대했다. 이 과정
에서 김균정은 목숨을 잃었고, 그 아들인 김우
징은 몸을 피해 달아나 청해진으로 숨었다. 하
지만 분쟁은 여기서 그치지 않았다. 왕위에 오
른 희강왕은 2년도 채 버티지 못한 채 김명의
핍박과 등쌀에 못 이겨 스스로 목숨을 끊었고,
이에 김명이 민애왕으로 즉위했다.

이 소식을 듣고 청해진에 몸을 숨기고 있던
김우징이 장보고에게 말했다.

장보고 무역선 장보고 선단이 타던 교관선
의 복원 모형이다. 크기는 작지만 매우 빠
르고, 험한 파도에 강한 구조를 가졌다.

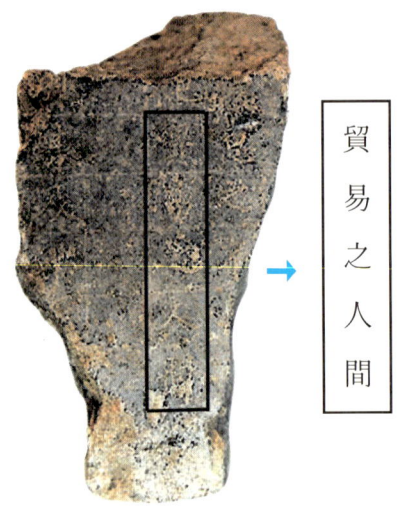

貿
易
之
人
間

흥덕왕릉비 조각(약 가로 15cm, 세로 20cm)
'무역을 하는 사람'이라는 뜻의 한자인 무역
지인간(貿易之人間)이라는 글자가 새겨져 있다.
흥덕왕은 장보고를 불러 청해진을 만들고
해상로를 개척할 권한을 주어 활발한 무역
을 통해 해상 강국을 만들었다.

"김명이 임금을 죽이고 스스로 왕이 되었으니, 그런 무도한 자들과는 같은 하늘 아래에서 살 수 없소이다. 원컨대, 장군의 군사를 빌려 돌아가신 아버지와 임금의 원수를 갚고자 하오이다."

장보고는 곧바로 군사 5,000명을 징발하여 경주로 진격하게 했다. 이들의 진격을 막기 위해 왕궁에서도 급히 군사를 출동시켰다. 하지만 청해진의 정예 군사들에게는 상대가 되지 않았다. 청해진의 군사들은 왕궁의 군사를 단번에 섬멸하고 승승장구를 거듭하여 궁궐을 손에 넣었다. 이 과정에서 민애왕이 죽고 김우징이 왕위에 오르니, 그가 신무왕이다. 그러나 신무왕은 왕위에 오른 지 불과 6개월 만에 갑작스레 병으로 죽고 말았다. 그리하여 아들인 문성왕이 뒤를 이었다.

그런데 애초 신무왕이 장보고와 손을 잡을 때 두 집안끼리 혼인을 맺는다는 약속이 있었다. 즉 장보고의 딸을 왕비로 맞아들이겠다고 말이다. 하지만 이 약속은 지켜지지 않았다. 문성왕 8년, 왕이 장보고의 딸을 둘째 왕비로 삼으려 하자 조정의 신하들이 반대하고 나섰다. 미천한 섬사람의 딸을 왕비로 삼을 수 없다는 것이 이유였다. 왕은 그 말에 따라 약속을 저버리고 말았다. 이에 장보고는 큰 불만을 품게 되었다. 조정에서는 장보고가 반기를 들 낌새

맛있게 읽는 한국 고대사

를 보이자, 염장이란 자객을 보냈다. 장보고는 아무 의심 없이 염장을 맞아 술자리를 벌이다 결국 그의 칼에 맞아 암살되었다. 장보고가 죽은 뒤, 한때 나라를 뒤흔들 만한 큰 세력을 떨치던 청해진도 흐지부지되고 말았다.

장보고의 등장과 몰락은 중앙 권력의 약화와 지방 세력의 성장을 단적으로 보여 주는 예라고 할 수 있다. 한 지역에 근거를 둔 세력의 손아귀에 왕실의 운명이 판가름 날 정도로 권력 기반이 취약했으니 말이다. 오랜 왕위 다툼으로 중앙 권력의 힘이 고갈되었기 때문에 이런 상황이 빚어졌던 것이다.

농민들의 실상과 촌락 문서

9세기 후반부터 치열했던 왕위 다툼이 다소 잠잠해졌다. 왕위에 오른 임금들은 땅에 떨어진 왕권을 회복하기 위해 줄기찬 노력을 기울였다. 하지만 이미 기울어지기 시작한 역사를 되돌릴 수는 없었다.

어느 나라든 사회 지배층이 사치와 향락에 빠지면 망하게 되어 있다. 신라 하대의 귀족들은 물질적 풍요 속에서 사치스러운 생활을 즐겼다. 그들은 금으로 장식한 호화 주택인 '금입택金入宅'을 지었고, 향기 나는 목재인 자단紫檀이나 푸른색 구슬인 슬슬瑟瑟 등 서역에서 들여온 값비싼 물품으로 화려하게 치장했다. 또 계절에 따라 노는 별장도 달랐다. 『삼국유사』를 보면 "봄에는 동야택東野宅, 여름에는 곡량택谷良宅, 가을에는 구지택仇知宅, 겨울에는 가이택加伊宅에서 놀았다"라고 적혀 있다.

그렇다면 당시 귀족들의 놀이 문화는 어땠을까? 경주의 안압지에서 발견된 주사위를 보면 그 일면을 엿볼 수 있다. 총 십사면체로 된 주사위에는 면마다 글자가 적혀 있다. 아마도 주사위를 굴려서 나온 글귀대로 벌칙을 주며 놀았던 모양이다. 벌칙을 보면, 술 석 잔을 한 번에 마시는 '삼잔일거三盞一去', 소리 없이 춤만 추는 '금성작무禁聲作舞', 여러 사람이 코를 때리는 '중인타비衆人打鼻', 얼굴을 간질여도 꼼짝 않는 '농면공과弄面孔過', 스스로 노래하고 술잔을 비우는 '자창자음自唱自飲', 술자리에 있는 아무에게나 노래를 시킬 수 있는 '임의청가任意請歌' 등 별의별 것이 다 있다. 당시의 향락적인 놀이 문화를 생생하게 보여 주는 글귀라 하겠다. 그러나 이것은 어디까지나 신분이 높은 귀족이나 벼슬아치들의 애기일 뿐, 일반 백성들의 생활은 그리 풍요롭지 못했다. 그들은 가난과 굶주림에 허덕이며 힘겨운 생활을 이어 가야 했다.

경주 안압지 『삼국사기』에 "궁 안에 연못을 파고 산을 만들어 화초를 심고 진기한 새와 짐승을 길렀다"라는 기록이 있다. 그 속에서 여러 유물이 발굴되어 당시 사회상을 볼 수 있다.

맛있게 읽는 한국 고대사

'효녀 지은' 설화를 보면, 지은은 홀어머니를 봉양하기 위해 몸을 팔아 종살이를 하고, 길거리에서 구걸도 마다하지 않았다. 흥덕왕 때의 손순 역시 품팔이로 생계를 이어 갔는데, 어린아이가 늙은 어머니의 음식을 빼앗아 먹는다는 이유로 아이를 산속에 매장하려다 종을 발견하기도 했다. 헌덕왕 13년 조에는 "백성들이 굶주리다 못해 자식을 팔아 연명하는 자가 있었다"라는 기록이 있고, 심지어 경덕왕 때에는 상덕이라는 사람이 흉년이 들어 아버지를 봉양할 수 없게 되

목재 주령구 잔치 때 흥을 돋우는 놀이 도구. 십사면체로 된 주사위로 재질은 참나무이다.

자 자신의 넓적다리 살을 베어 아버지께 드릴 정도였다고 한다.

백성들은 이런 고달픈 생활 속에서도 귀족들의 사치와 향락을 뒷받침하기 위해 피땀 흘려 일했던 것으로 보인다. 일본의 왕실 유물 창고에서 발견된 통일 신라 시대의 촌락 문서가 이를 증명한다. 이 문서에는 당시 서원소경지금의 청주의 관할 아래 있던 사해점촌, 살하지촌 등 네 개의 촌락에 관한 갖가지 귀중한 정보가 담겨 있다. 여기에는 3년마다 한 번씩 조사한 촌락의 인구수가 남녀별, 연령별로 꼼꼼하게 기록되어 있다. 그뿐 아니라, 소와 말 등 집에서 기르는 가축을 비롯하여 논과 밭의 면적, 심지어 뽕나무, 호두나무, 잣나무의 그루 수까지 자세하게 적혀 있다.

이 문서는 당시 지배층이 백성들로부터 세금을 거두는 데 활용한 자료였을 것으로 보인다. 인구수는 물론이고 나무 한 그루까지 빈틈없이 파악한 것을 보면, 당시 얼마나 철저하게 백성들을 관리하고 수탈했는지 가히 짐작이 갈 것이다.

잇따른 농민 반란

지배층의 수탈이 가혹할수록 농민들의 생활은 위협을 받을 수밖에 없다. 게다가 흉년까지 겹치게 되면 농민들은 더욱 곤궁에 빠지게 된다. 신라 하대의 백성들은 이런 이중의 고통을 겪게 되면서 삶의 터전을 잃고 살 곳을 찾아 여기저기 떠돌기 시작했다. 『삼국사기』 헌덕왕 8년 조에는 이를 뒷받침하는 기록이 있는데 "백성들이 굶주림을 이기지 못하고 절동 지방중국 양자강 하류으로 가서 먹을 것을 구하는 자가 170명이었다"라고 한다. 머나먼 중국에까지 떠도는 백성이 있을 정도였으니, 신라 안에는 얼마나 많은 유랑민이 있었을지 능히 짐작할 만하다.

떠돌이 백성들이 무리를 이루다 보니 큰 사회 문제를 낳기도 했다. 신라 하대로 갈수록 더욱 빈번해지는 도적 떼의 출몰이 바로 그것이다. 이들이 작은 무리였을 때에는 약탈을 일삼는 도적 떼에 지나지 않았으나, 좀 더 규모가 커지고 조직적으로 뭉치게 되자 사정이 달라졌다. 농민 반란군이 곳곳에서 봉기하면서 신라는 걷잡을 수 없는 혼란 속으로 빠져들게 되었다. 특히 진성여왕 시절, 농민 반란이 전국으로 확대되고 최고조에 이르면서 나라의 운명은 완전히 기울기 시작했다. 그동안 쌓인 정치적 문제와 백성들의 불만이 이때 이르러 한꺼번에 폭발한 것이기도 하지만, 진성여왕의 정치적 무능과 사생활의 문란도 당시의 혼란에 부채질을 가했다.

『삼국사기』의 기록에 따르면, 진성여왕은 즉위하기 전부터 유모의 남편인 각간 위홍과 간통했으며, 그가 죽자 젊은 미남자 두세 명을 궁중에 끌어들여 음란한 행각을 벌였다. 위홍과 미남자에게는 중요한 직책을 주어 나랏일을 맡겼으며, 그들은 왕의 총애를 믿고 권력을 마음대로 휘둘렀다. 이로 인해 나라의 기강이 더욱 문란해지고, 간신들이 판을 치는 세상이 되었다.

그즈음 나라 안이 발칵 뒤집히는 사건이 일어났다. 당시 여왕의 정치 행태를 꼬집고 풍자하는 방이 거리 곳곳에 나붙은 것이다. 그것은 해석하기가 매우 어려운 불교의 주문 같은 글이었는데, 내용은 이러했다.

"나무망국 찰니나제 판니판니소판니 우우삼아간 부이사바하."

여왕이 뜻을 묻자, 풀이하는 사람이 이렇게 말했다.

"나무망국南無亡國이라는 것은 머지않아 나라가 망할 것이라는 뜻이요, 찰니나제剎尼那帝란 지금의 여왕을 가리키는 말이옵니다. 판니판니소판니判尼判尼蘇判尼는 소판이라는 벼슬 이름인데 두 번을 반복했으니 두 명의 소판 벼슬에 있는 사람을 일컫는 것이옵고, 우우삼아간于于三阿干은 여왕께서 늘 곁에 두시는 서너 명의 총애받는 신하를 가리키는 것이옵니다. 그리고 부이사바하鳧伊娑婆詞의 부이는 여왕의 유모인 부호부인을 말하는 것이옵니다."

한마디로 나무아미타불의 형식을 빌려, 여왕과 그 밑에서 정치를 마음대로 주무르는 총신들을 드러내 놓고 욕한 글이었다. 여왕은 얼굴을 찌푸리며 방을 붙인 자를 수색하게 했으나 잡을 수가 없었다. 이때 한 신하가 말했다.

"이런 어려운 글을 아무나 지을 수는 없는 것이옵니다. 대야주에 숨어 사는 왕거인이란 자가 한 짓이 틀림없사옵니다."

왕거인은 학식이 깊고 덕행이 뛰어나 백성들의 존경을 받는 인물이었다. 그는 군사들에게 잡혀 와 옥에 갇히는 몸이 되었다. 억울하기 짝이 없는 일이었다. 왕거인은 옥에 갇힌 채 하늘을 우러러 탄식했다.

"아, 하늘도 무심하구나! 이토록 어이없는 일이 벌어지고 있는데, 어찌 하늘에서는 벌을 내리지 않는가!"

11. 신라의 쇠퇴와 후삼국 시대

이에 화답이라도 하듯, 갑자기 하늘에서 천둥 번개가 치기 시작했다. 그러자 여왕이 두려워하여 왕거인을 석방하여 돌려보냈다고 한다. 당시 민심이 신라를 이미 떠났음을 보여 주는 사건이 아닐 수 없다. 이 사건 직후 민심이 크게 요동치기 시작했는데, 『삼국사기』의 기록은 이렇다.

진성여왕 3년889년, 지방에서는 세금이 들어오지 않아 창고가 텅 비고 나라 살림이 어려워졌다. 이에 진성여왕이 관리를 각지에 보내 세금을 독촉하자, 이에 반발하여 도적 떼가 곳곳에서 벌 떼처럼 일어났다. 이때 언종과 애노라는 사람이 사벌주지금의 상주에 웅거하여 농민 반란을 일으켰다. 신라 조정에서는 영기라는 자를 시켜 진압하게 했으나, 반란군의 기세에 눌려 감히 진군하지도 못했다.

이것이 역사에 기록된 최초의 농민 봉기이다. 진성여왕 10년에는 좀 더 조직적인 반란도 있었다. 서라벌 서남부 지역에서 도적이 일어났는데, 그들은 단결력을 과시하기 위해 바지를 붉게 물들였다. 그래서 '붉은 바지를 입은 도적'이라 불렸다. 그들은 서라벌 근처에까지 나타나 민가를 약탈하고 돌아갔으나, 신라 조정에서는 이들을 토벌할 힘이 없었다. 국력이 그만큼 쇠잔했던 것이다.

맛있게 읽는 한국 고대사

6두품 지식인의 좌절, 최치원

국가를 운영할 때 가장 기본이 되는 것은 인재다. 신라 천년의 역사가 기울기 시작한 데에는 여러 가지 이유가 있겠지만, 훌륭한 인재를 가려 쓰지 못한 것도 큰 몫을 차지한다. 이 문제의 밑바탕에는 골품제라는 신라 사회의 구조적 모순이 자리하고 있다. 『삼국사기』의 「설계두 열전」을 보면 이런 내용이 나온다.

설계두는 낮은 벼슬아치 집안의 자손이다. 일찍이 친구들과 술을 마시며 자신의 뜻을 밝힐 때, 이렇게 말했다.

"신라에서는 사람을 쓰는 데 먼저 골품을 따진다. 만일 그 해당하는 골품이 아니면 비록 뛰어난 재주와 큰 공이 있어도 일정한 벼슬자리 이상을 오를 수 없다. 나는 멀리 당나라로 가서 출중한 지략을 발휘하여 비상한 공을 세우고 싶다. 그리하여 스스로 영화로운 길을 열어 높은 관직에 어울리는 칼을 차고 천자의 곁을 드나들어야 만족하겠다."

그는 마침내 배를 타고 남몰래 당나라로 가서 벼슬을 얻어 공을 세우고 죽었다.

골품제는 진골 귀족들의 특권적 지위를 지켜 주는 제도적 장치였다. 따라서 진골 아래의 계급은 설계두와 같은 문제의식을 가질 수밖에 없었다. 그중에서도 학문의 수준이나 정치적 역량에서 상당한 실력을 갖춘 6두품 지식인들의 불만은 특히 심했다.

6두품 지식인들은 강력한 왕권을 바탕으로 하여 정치가 안정되었을 때에

최치원

는 왕을 도와 국정 운영에 이바지했다. 그들에겐 나라를 이끌어 갈 만한 충분한 정치적 역량이 있었다. 따라서 신라 하대, 오랜 왕권 다툼으로 나라가 어지럽고 정치가 부패했을 때 그들은 신라 사회에 새로운 활력을 불어 넣을 대안 세력으로 정치 일선에 나설 필요가 있었다. 그러나 그들은 신분 제약 때문에 제 능력을 발휘하지 못한 채 현실을 외면하거나 좌절에 빠질 수밖에 없었다.

그 대표적인 인물이 신라 최고의 천재 지식인으로 일컬어지는 최치원이다. 그는 12세의 어린 나이에 당나라로 유학을 떠나 18세에 빈공과에 합격했다. 이때부터 당나라에서 벼슬을 얻어 관직 생활을 시작했다.

그러던 중 뜻하지 않은 사건이 일어났다. 879년 당나라에서 황소의 난이 터진 것이다. 그는 토벌군 종사관이 되어 그 유명한 「토황소격문討黃巢檄文」을 지었다. 반란군의 우두머리인 황소의 잘못을 꾸짖는 글이었다. 그 글이 얼마나 힘차고 박력이 넘쳤는지, 황소가 그 글을 읽다가 자기도 모르게 간담이 서늘해져 말에서 굴러 떨어졌다고 한다. 이 일로 최치원의 이름은 더욱 널리 알려지게 되었으며, 이때 세운 공으로 당시 황제인 희종으로부터 자금어대를 하사받는 영예를 누리기도 했다.

하지만 그는 당나라에서 출세한 것에 안주하지 않았다. 자신의 경륜과 능

맛있게 읽는 한국 고대사

력을 고국에서 펼쳐 보겠다는 생각을 품고 있었던 것이다. 그래서 28세 때인 885년_{현강왕 11년}에 신라로 돌아왔다. 그러나 그의 포부는 제대로 실현되기 어려웠다. 6두품 출신인 최치원에게는 골품의 장벽이 가로막혀 있었기 때문이다.

『삼국사기』의 「최치원 열전」을 보면 "그는 중국에서 배운 바가 많다고 생각하여 본국에 돌아온 뒤로 자신의 뜻을 실현하려 했으나, 말세를 당하여 그를 시기하고 꺼리는 자가 많아서 끝내 그의 뜻이 받아들여지지 못했다"라고 당시의 사정이 기록되어 있다.

그 후 그는 조정을 떠나 지방관으로 전전하다가 진성여왕 7년_{893년}에 왕의 부름을 받고 당나라 사신으로 가게 되었다. 하지만 도적 떼가 곳곳에서 설치는 바람에 길이 막혀 무산되고 말았다. 나라가 뿌리부터 흔들리는 현실을 보다 못해, 최치원은 이듬해 '시무 10여 조'를 올려 시급한 정치 개혁을 촉구했다. 기록에는 진성여왕이 이를 기쁘게 받아들이고 그를 아찬으로 삼았다고 한다. 그러나 구체적인 조치가 뒤따른 흔적은 전혀 보이지 않는다. 어쩌면 부패한 귀족 지배층의 방해와 무관심으로 그의 개혁 조치는 유야무야되었을지도 모른다.

이 무렵 최치원이 남긴 글을 보면 그의 참담한 심정을 읽을 수 있다. 당시 사찰들은 많은 토지와 재물을 가지고 있었기 때문에 도적 떼의 표적이 되곤 했다. 가야의 해인사 역시 굶주린 농민들의 습격을 받아 승려들이 죽임을 당했다. 최치원은 그들을 애도하는 글을 지어 탑에 새겼는데 "악 중의 악惡中惡이 없는 곳이 없고, 굶어 죽은 시체와 전쟁으로 죽은 해골이 들판에 별처럼 흩어져 있다"라고 당시의 처참한 사회 상황을 묘사하고 있다.

그러나 6두품 출신의 최치원이 할 수 있는 건 아무것도 없었다. 그는 난세를 만난 자신의 불우함을 한탄하고 다시는 벼슬길에 오르지 않기로 결심했다. 그리하여 결국 세상과 담을 쌓고 홀연히 속세를 떠났다. 그 뒤로 그의 행방에 대해서는 알려진 것이 거의 없다. 『삼국사기』에는 해인사에서 죽었다고만 전할 뿐, 정확히 언제 죽었는지도 모른다. 전하는 말에 따르면, 어느 날 숲 속에 신발만 벗어 놓은 채 영영 자취를 감추었으며, 그 후로 사람들 사이에서는 그가 가야산의 신선이 되었다는 소문이 돌았다고 한다.

최치원은 결국 신라 사회의 모순을 부둥켜 안고 처절하게 고뇌 했으나, 끝내 현실의 벽에 부딪혀 좌절하고 말았다. 개인의 능력보다는 혈통이나 신분을

맛있게 읽는 한국 고대사

중시하는 진골 귀족들의 폐쇄적인 특권 의식이 신라 사회를 지배했기 때문이다. 그래서 최치원 같은 유능한 인재를 포용할 수 없었던 것이다. 이런 사회의 구조적 모순이 재주 있는 6두품 지식인들을 외면하거나 반신라적 성향으로 만들어 버림으로써 신라 사회의 해체를 더욱 앞당기게 되었던 것이다.

새로운 불교 사상과 호족의 성장

신라 말기의 사회적 혼란은 사상 면에서도 변화를 가져왔다. 불교는 흔히 수행 방법에 따라 교종과 선종으로 나누곤 한다. 교종이 부처의 가르침을 담은 경전을 읽고 불법의 진리를 터득하는 것이라면, 선종은 이를 거부한 채 참선을 통해 단번에 깨우침을 얻는 것이다.

선종의 이런 수행 태도는 문자나 말을 불신하는 데에서 비롯된다. 다시 말해 진정한 깨달음과 진리는 문자로 표현할 수 없으며, 설령 표현한다손 치더라도 언어의 근본적 한계 때문에 그 뜻이 왜곡될 수 있다는 얘기이다. 이를 흔히 비유적으로 표현하여, '달을 보라고 손가락을 가리켰는데, 달은 보지 않고 손끝만 본다'고 한다. 승려들이 불교 경전의 글자 하나하나를 놓고 치열한 논쟁을 벌이는 것은 진정한 진리인 달을 외면한 채 손가락 끝만 보는 격이라고 꼬집은 것이다.

그래서 선종의 이런 교리를 보통 네 가지 사자성어로 표현한다. 즉 불립문자不立文字, 문자를 앞세우지 않는다, 교외별전敎外別傳, 말이나 문자의 가르침이 아니라 마음으로 진리를 전한다, 직지인심直指人心, 곧바로 자신의 마음을 꿰뚫어 본다, 견성성불見性成佛, 제 마음속의 불성을 깨달아 부처가 된다이 바로 그것이다. 이것은 부처가 따로 있는 게 아니라, 우리 마음이 곧 부처이므로 설법이나 경전의 가르침만 좇지 말고, 참선을 통

금동 약사여래 입상 ➡

↑ 금동 아미타여래 좌상

← 금동 비로자나불 좌상

통일 신라 시대 3대 불상

해 제 마음속의 부처를 깨닫는 것이 올바른 수행 방법이라는 얘기이다.

원래 선종은 부처의 영산 설법에서 유래했다. 부처가 대중 앞에서 말없이 연꽃을 꺾어 들자, 제자 중 가섭만이 그 뜻을 알아차리고 빙긋이 미소 지었다고 한다. 말 그대로 이심전심으로 참된 깨우침을 준 것이다. 하지만 선종이 불교 종파로 확립된 것은 달마대사가 인도에서 중국으로 건너오면서부터이다. 달마를 1대 시조로 하여 혜가, 승찬, 도신, 홍인을 거쳐 6대 혜능에 이르러 아주 강력한 불교 종파로 자리 잡은 것이다.

불교의 선종이 신라에 처음 들어온 것은 7세기 삼국 시대 말기이다. 도입 당시에는 그다지 관심을 끌지 못했으나, 9세기 초 도의를 비롯한 선종 승려들이 당나라에서 돌아오면서 크게 유행했다. 그리하여 이른바 구산선문九山禪門

맛있게 읽는 한국 고대사

이라는 아홉 갈래의 선종 교파가 만들어졌다. 이는 신라 하대의 사회적 모순이 심화되면서 호족이 지방 세력으로 성장한 것과 관련이 있다.

처음 신라에 불교가 들어온 이후 주류를 이룬 것은 교종이었다. 교종은 지배 이데올로기로서 왕실의 입맛에 잘 맞은 까닭에 크게 번성할 수 있었다. 왕즉불 사상이나 윤회 사상 등이 중앙 집권적 통치 기반을 확립하는 데 중요한 이론적 토대가 되었기 때문이다.

하지만 교종은 불교 경전 연구에 중점을 두었기 때문에 글을 모르는 일반 백성들이 접근하기에는 한계가 있었다. 어려운 이론에 치중하여 지나치게 관념화되다 보니 차츰 백성들과 거리가 멀어졌던 것이다. 더구나 사찰은 점점 세속화되어 많은 토지와 재물을 가지고 백성들 위에 군림하며 호사스러운 생활을 누렸다.

이에 대한 반발로 선종이 일어나 점차 힘을 얻게 되었다. 선종에서는 모든 중생이 다 불성을 갖추고 있기 때문에 중생이 곧 부처라고 말한다. 따라서 엄밀하게 말하면 승려와 신도의 구분이 따로 없는 것이다. 게다가 복잡한 교리나 어려운 경전에 얽매이지 않고 참선을 위주로 하기 때문에 백성들의 접근이 그만큼 쉬웠다. 당시 이름을 떨친 선승들 가운데 평민이 적잖았던 것은 이런 까닭이다. 교종의 대표 종파인 화엄종 승려들이 대부분 진골 귀족 출신이었다는 사실과 대조를 이룬다고 하겠다.

또한 교종이 왕실의 보호를 받으며 경주를 중

적인선사 조륜청정탑 대안사에 있는 적인선사 혜철의 부도탑. 대안사는 신라 시대 선을 가르치는 유명한 종파인 구산선문 중 하나이며 혜철은 동이산파를 연 승려이다.

심으로 성장한 것과 달리, 구산선문으로 대표되는 선종은 호족들의 후원을 받으며 지방에 근거지를 두고 발전했다. 선종이 귀족 불교의 성격을 강하게 띤 교종과 대립 관계에 있던 터라, 중앙 집권 체제에 반기를 든 지방 호족들의 성향과 잘 맞아떨어졌고, 그들이 독자적인 세력을 형성하는 데 사상적 뒷받침이 되었기 때문이다. 새로운 불교 사상으로 자리 잡은 선종의 발전은 이렇듯 호족의 성장과 맞물리면서 해체기에 들어선 신라 사회의 붕괴를 더욱 가속화했다. ▽

후삼국 시대의 전개

견훤, 후백제를 세우다

신라 말기의 우리 역사는 마치 시곗바늘을 통일 이전으로 되돌려 놓은 듯한 상황이 벌어졌다. 후삼국 시대의 전개가 바로 그것이다. 후삼국 시대의 도래는 이미 앞서 말한 대로 신라 하대의 정치적 혼란과 맞물려 있다. 장기간에 걸친 지배층의 분열과 권력 다툼으로 정국이 불안해지면서 백성들의 생활은 도탄에 빠졌다. 곳곳에서 도적이 들끓고 농민 봉기가 줄을 이었다.

그러나 약해질 대로 약해진 중앙 정부는 이들을 통제할 힘이 없었다. 중앙 정부의 손길이 지방에까지 미칠 수 없게 되자, 각 지방에서 독사적으로 힘을 키운 호족들이 고개를 들었다. 그들은 군대를 거느리고 한 지역을 실질적으로 다스리는 실력자들이었다. 그 가운데 특히 두각을 드러낸 것이 견훤과 궁예, 왕건 등이었다. 각 지방 세력들이 이들의 휘하로 속속 통합되면서 마침내 후삼국 시대가 전개된 것이다.

견훤에 의해 전주에 도읍을 정한 후백제 왕궁터

후삼국 시대의 개막을 알린 것은 후백제를 세운 견훤이다. 그의 탄생에 관해서는 다음과 같은 신비한 전설이 전하고 있다.

옛날 어느 부잣집에 용모가 단정한 처녀가 있었다. 그런데 처녀의 방으로 밤마다 자줏빛 옷을 입은 남자가 찾아들었다. 이 사실을 알게 된 아버지가 노발대발하며 딸을 다그쳤다.

"도대체 그 외간 남자가 누구냐? 바른대로 말을 해라!"

하지만 처녀도 그 남자가 어디에 사는 누구인지 알 수가 없었다. 딸이 눈물을 흘리며 말했다.

"흑흑흑! 저도 정말 모릅니다. 궁금해서 그 남자의 뒤를 밟아 보았지만 늘 대문 근처에서 감쪽같이 사라지곤 했어요."

"좋다. 네 말을 믿을 테니, 오늘 밤 그 남자가 오거든 기다란 실을 바늘에 꿰어 옷자락에 꽂아 두어라."

그녀는 아버지가 일러 준 대로 남자의 옷자락에 바늘을 꽂아 두었다. 다음 날 그 실을 따라가 보니 담장 밑으로 이어져 있었다. 괭이로 땅을 파자

큰 지렁이 한 마리가 나왔다. 바늘은 그 지렁이의 몸에 꽂혀 있었다.

그 후 처녀는 태기가 있어 건장한 사내아이를 낳았다. 이 아이가 바로 후백제를 세운 견훤이다.

그러나 이것은 어디까지나 설화일 뿐이다. 역사 기록에 따르면, 견훤은 상주 가은현 사람이다. 그의 아버지는 아자개阿慈介로, 원래 농사를 짓는 사람이었으나 뒤에 출세하여 장군이 되었다고 한다. 당시 각지의 지방 호족들이 '성주' 또는 '장군'을 자칭했던 것으로 보아, 아마도 상주 지역을 근거지로 한 지방 호족 중 하나였던 것으로 보인다. 본래의 성은 '이'씨였는데, 훗날 견훤이 '견'씨를 성으로 삼았다고 한다.

견훤이 아직 갓난아기였을 때의 일이다. 어머니가 잠깐 견훤을 수풀 위에 뉘어 두었더니, 덩치 큰 호랑이 한 마리가 다가와 아기를 몸으로 덮쳤다. 어머니가 기겁을 해서 달려가 보니 호랑이가 아기에게 젖을 물리고 있었다.

지렁이 탄생 설화 외에 『삼국사기』와 『삼국유사』에 이런 일화가 전하는 것을 보면, 어릴 적부터 범상치 않은 데가 있었던 모양이다.

견훤은 자라면서 체격이나 생김새가 웅장하고 특이해서 보통 사람과는 아주 달랐다. 군인이 되어 서남해의 해안 수비를 맡았을 때는 항상 창을 베고 잘 만큼 기개가 뛰어났다. 자연히 다른 병사들이 그를 믿고 따랐으며, 그 덕분에 신라의 비장裨將이 되었다. 비장은 장군을 도와 한 부대 정도를 통솔하는 중간 지휘관급에 해당한다. 신라의 무관 벼슬을 하던 그가 어떻게 후백제를 세우게 되었을까? 당시의 상황을 『삼국사기』는 이렇게 기록했다.

진성여왕 6년, 간신들이 임금 가까이에 있으면서 정치를 마음대로 휘젓자 나라의 기강이 문란해졌다. 게다가 흉년이 들어 백성들은 이리저리 흩어지고 도적들이 벌 떼처럼 일어났다. 이에 견훤이 은근히 반심을 품고 무리를 모아 경주 서남쪽 지역을 치니, 가는 곳마다 호응하여 달포 동안에 무려 5,000명이나 모여들었다. 마침내 그가 무진주지금의 광주를 습격하여 그곳을 함락하고 스스로 왕이 되었다. 그러나 감히 세상에 드러내 놓고 왕이라 일컫지는 못했다. 그 후 더욱 힘을 길러 서쪽으로 진격하여 완산주지금의 전주에 이르니, 백성들이 견훤을 맞아 크게 환영했다. 견훤이 인심을 얻은 것을 기뻐하며 좌우 사람들에게 말했다.

"그 옛날 백제가 나라를 세운 지 600여 년 만에 신라와 당나라 연합군에 격멸되었으니 참으로 분한 일이다. 내가 지금 완산주에 도읍을 정했으니 어찌 감히 의자왕의 오랜 원한을 갚지 않으랴!"

그는 이때부터 후백제 왕을 자칭했으니, 신라 효공왕 4년의 일이다.

견훤은 진성여왕 6년892년에 신라로부터 독립하여 자신의 세력을 구축하고, 8년 뒤인 효공왕 4년900년에 마침내 후백제의 건국을 선포한 것이다. 경상도 상주 사람이 전라도 땅에 와서 백제의 원한을 씻겠다며 후백제를 건국했으니, 오늘날의 지역감정으로 보면 다소 역설적인 얘기이다. 그러나 당시 그곳 백성들의 민심을 얻기 위해서는 아주 좋은 명분이었을 것이다.

애꾸눈 왕자 궁예와 후고구려 건국

견훤이 후삼국의 한 축을 이루었다면, 또 다른 축은 궁예이다. 그는 후고구려를 세워 왕위에 오르기까지 파란만장한 삶을 살았다. 『삼국사기』의 「궁예 열전」에는 그의 출생과 성장에 대해 이렇게 기록하고 있다.

궁예는 신라인으로, 성은 김씨이다. 그는 47대 헌안왕과 후궁 사이에 태어난 인물이다. 혹자는 48대 경문왕의 아들이라고도 한다. 그가 태어날 때 아주 이상한 일이 있었다. 흰 빛이 지붕에서 하늘로 뻗쳐올랐으며, 아이는 태어날 때 이미 이가 나 있었다. 일관은 하늘의 기운을 살피며 길흉을 점치고 나서 왕에게 말했다.

"이 아이를 키우면 훗날 큰 재앙이 될 것이옵니다."

왕은 일관의 말을 곧이듣고 사자를 보내 죽이게 했다. 명령을 받은 사자가 아이를 포대기 속에서 꺼내 다락 밑으로 던졌다. 그런데 아이를 불쌍하게 여긴 유모가 그 아래 숨어 있다가 떨어지는 아이를 받았다. 이때 유모가 실수로 아기의 눈을 찔러 궁예는 애꾸눈이 되었다.

유모는 아이를 안고 도망하여 몰래 키웠다. 궁예의 나이 어느덧 10여

맛있게 읽는 한국 고대사

세가 되었으나 장난이 심하여 자주 말썽을 일으키곤 했다. 유모가 보다 못해 말했다.

"아기씨가 태어날 때 나라의 버림을 받았는데, 내가 차마 못할 짓이라고 여겨 몰래 지금까지 키워 왔습니다. 그런데 아기씨의 장난이 이토록 심하니 사람들에게 알려지면 나와 아기씨는 함께 화를 면치 못할 것입니다. 이를 어찌하시렵니까?"

궁예는 출생의 비밀을 알고 울면서 말했다.

"그렇다면 제가 이곳을 떠나겠습니다. 어머님은 근심하지 마십시오."

궁예는 그 길로 세달사로 들어가 머리를 깎고 중이 되었다.

승려가 된 궁예는 선종이란 이름으로 불렸다. 그는 세세한 불교의 계율에 구애받지 않고 거침없이 행동했다. 담력과 기백도 남달라 수도승으로서 불도를 닦기보다는 무예를 익히는 데 열중했다.

궁예는 남몰래 왕이 될 야심을 품고 조용히 기회를 엿보았다. 그러던 중 세상이 혼란해진 틈을 타 진성여왕 5년891년에 마침내 세달사를 떠나 죽주의 실력자 기훤 아래로 들어갔다. 하지만 기훤이 궁예를 대수롭지 않게 여기며 푸대접을 하자, 이듬해에는 양길을 찾아갔다. 당시 양길은 북원지금의 원주에서 큰 세력을 떨치고 있었다. 양길은 궁예의 재능을 알아보고 처음부터 후하게 대접했다.

궁예는 양길의 휘하에서 용맹을 떨쳤다. 양길의 군사를 이끌게 된 궁예는 싸울 때마다 번번이 승리를 거두어 점점 자신의 세력을 넓혀 갔다. 첫 출정에서 영월, 평창 등지의 땅을 평정한 궁예는 그 기세를 몰아 894년에는 명주지금의 강릉까지 쳐들어가 점령했다. 이때 그를 따르는 무리는 3,500명으로 불어나 있었다. 강원도 북부 일대를 장악한 궁예는 양길로부터 독립된 세력을 구축한 뒤, 계속해서 경기도 및 황해도 지역으로 진출했다. 이때의 사정을 『삼국사기』는 이렇게 전한다.

> 궁예는 사졸과 고락을 같이하며 상을 주거나 벌을 내리는 일에서도 사사로움을 버리고 공평하게 처리했다. 여러 사람들이 그를 두려워하고 사랑하여 장군으로 추대했다. 이에 저족, 성천, 부약, 금성, 철원 등의 성을 쳐부수니 군대의 성세가 대단했다. 패서지금의 평안도 지역에 웅거한 세력들 가운데 그에게 와서 항복하는 자가 많았다.

송악의 유력한 호족 세력인 왕륭과 그의 아들 왕건이 궁예의 휘하로 들어온 것도 이 무렵이다. 궁예는 이들의 귀순을 크게 환영하고, 스무 살의 왕건을 단번에 철원태수로 임명했다.

당시 궁예의 세력은 욱일승천하는 기세로 뻗어 나갔다. 한껏 자신감이 오른 궁예는 왕륭의 건의에 따라 898년 송악지금의 개성에 왕성을 쌓고 그곳을 도읍으로 삼았다. 하지만 왕이라 칭하지는 못했다. 왕위에 오르는 데에는 아직 걸림돌이 남아 있었기 때문이다. 그것은 바로 자신의 옛 주인인 양길이었다. 당시 양길은 북원을 중심으로 하여 국원성 등 30여 성을 장악하고 있었다. 그는 부하였던 궁예가 자신을 배반하고 세력을 키워 왕위에 오를 조짐을 보이자 몹시 노하여 곧 공격할 태세를 갖추었다. 이 낌새를 알아챈 궁예는 먼저 양길을 쳐서 크게 승리를 거두었다. 그리고는 양길이 장악하고 있던 충청도 북부 지역을 손아귀에 넣었다.

궁예도성(왼쪽)과 궁예도성 모형도 (오른쪽) 왼쪽 사진의 궁예도성은 일제 강점기에 촬영된 것으로, 철원군 홍원리 풍천원 일대에 있다. 이곳은 현재 비무장 지대이다.

건국의 토대가 마련되자, 마침내 궁예는 효공왕 5년901년에 후고구려를 세우고 왕위에 올랐다. 그 후 궁예는 904년에 나라 이름을 마진摩震, 연호를 무태武泰라 하고, 이듬해에는 도읍을 송악에서 철원으로 옮겼다. 그리고 다시 911년에는 국호를 태봉泰封이라 고치고, 연호를 수덕만세水德萬歲라 했다. 이로써 후백제와 후고구려, 여전히 명맥을 유지하고 있는 신라, 이렇게 세 나라가 각축을 벌이는 후삼국 시대의 막이 올랐던 것이다.

궁예의 몰락

궁예의 건국으로 한반도의 역사는 본격적인 후삼국 시대로 접어들었다. 신라를 비롯하여 후백제의 견훤과 후고구려의 궁예가 서로 대립하게 된 것이다. 하지만 이때의 대립은 세 나라가 삼각관계를 이루며 각축을 벌였다기보다는 쇠약해진 신라를 나머지 두 나라가 야금야금 잠식하는 양상이었다.

견훤과 궁예는 각각 한반도의 서남쪽과 북부 지역을 차지한 채 세력을 넓혀 나갔다. 신라의 영토를 두고 다투던 두 세력은 자연히 서로 충돌할 수밖에 없었다.

이 대결에서 먼저 주도권을 쥔 것은 후고구려의 궁예였다. 당시 '궁예는 삼한 땅의 절반을 차지하게 되었다'는 평가를 받을 정도로 군사적 팽창을 해나갔다. 그 결과 후고구려는 북으로 대동강에서 남으로 경상도 북부와 충청도 지역을 아우르는 넓은 지역을 차지하게 되었다.

하지만 역설적이게도 궁예의 강성함은 스스로 패망을 향해 가는 길이기도 했다. 역사 기록에는 이즈음부터 궁예가 자만과 방종에 빠져 나라를 망친 것으로 나온다. 「궁예 열전」에는 이런 내용이 쓰여 있다.

궁예는 스스로를 미륵불이라 칭하고, 머리에는 금 고깔을 쓰고 몸에는 방포 方袍를 입었다. 아들을 낳자 첫째를 청광보살이라 하고, 둘째를 신광보살이라 했다. 외출할 때에는 항상 백마를 탔는데, 채색 비단으로 말갈기와 꼬리를 장식했다. 이때 어린 남녀 아이들로 하여금 일산과 향과 꽃을 받쳐 들고 길을 인도하게 했으며, 비구 200여 명에게는 범패를 부르면서 뒤따르게 했다. 그는 또 스스로 불경 20여 권을 지었는데, 그 내용이 요망했다. 궁예가 때로 그 내용을 설법하자, 당시의 고승인 석총이 사악하고 괴이하여 남에게 가르칠 수 없다고 말했다. 이에 그는 화를 내며 철퇴로 석총을 쳐 죽였다.

부인 강씨가 이를 보다 못해 왕이 옳지 못한 행동을 너무 많이 한다고 간했다. 궁예가 그녀를 미워하여 "네가 다른 남정네와 간통하니 웬일이냐?" 하고 말하자, 부인이 억울해하며 "어찌 그런 일이 있겠습니까?" 하고 대답했다. 이에 "나는 신통력으로 다 보아 알고 있다"라면서 뜨거운 불로 쇠꼬챙이를 달구어 강씨를 죽이고, 마침내는 두 아들마저 죽여 버렸다. 그

맛있게 읽는 한국 고대사

뒤로 더욱 의심이 많아지고 갑작스레 성을 잘 냈으며, 그를 보좌하는 신하
와 장수로부터 평민에 이르기까지 죄 없이 죽는 일이 자주 일어났다.

물론 이 기록을 액면 그대로 다 믿을 수는 없다. 왜냐하면 이것은 역사의
승리자인 왕건의 입장에서 쓴 것이기 때문이다. 왕건의 고려 창업이 역사적
정당성을 얻기 위해서는 궁예의 실정을 최대한 부각하는 것이 중요하다. 따라
서 당시의 역사적 진실에 좀 더 접근하기 위해서는 표면적인 기록의 의미를
한 꺼풀 걷어 낼 필요가 있다.

궁예는 자신의 세력이 강성해지자 왕을 중심으로 한 강력한 중앙 집권화
를 시도한 것으로 보인다. 도읍을 철원으로 옮긴 것도 이를 위한 준비 작업이
었을 것이다. 궁예가 첫 도읍지로 삼은 송악은 패서 호족 세력의 중심인물인
왕륭과 왕건 부자의 근거지였다. 이들 부자는 궁궐을 지어 궁예에게 바치고
그를 자신들의 근거지로 끌어들였다.

이 무렵 왕건 부자를 비롯한 패서 호족들은 상당히 강력한 세력을 이루었
으며, 궁예는 그만큼 운신의 폭이 좁았을 것이다. 이 때문에 자신의 중심 무대
라 할 수 있는 철원에 새로운 궁궐을 짓고 마침내 905년에 도읍을 옮겼다. 패
서 호족 세력을 약화시키려는 목적이 깔려 있었을 것으로 짐작된다. 궁예가
궁궐을 화려하고 사치스럽게 지어 원성을 샀다는 얘기는 왕의 권위를 한껏 높
이기 위해 크고 웅장하게 지었다는 의미일 것이다.

이때부터 궁예는 왕권 강화에 총력을 기울였다. 하지만 지방에 세력 기반
을 가진 호족들이 이를 달가워할 리가 없었다. 궁예는 호족들의 반발을 무릅
쓰고 자신의 뜻을 밀고 나갔다. 그에 따라 왕과 호족들 간에 한판 힘겨루기가

운주사 와불 도선 대사가 하룻밤 사이 천불천탑을 세우고 이 와불을 마지막으로 일으켜 세우려고 했으나 새벽닭이 울어 중단했다고 한다. 이 와불이 일어서는 날 새로운 세상이 열린다는 미륵신앙을 품은 채 천 년을 누워 있다. ⓒ문화재청

이루어졌다. 궁예는 호족들의 반발을 누그러뜨리기 위해 민심을 자기편으로 만들 필요가 있었다. 스스로 미륵이라 칭했다는 것은 백성들의 마음을 사로잡기 위한 이데올로기였다. 세달사 시절에 승려 생활을 한 적이 있는 궁예는 미륵 신앙에 깊은 관심을 가지고 있다가, 이때 자신의 권력을 강화하기 위한 도구로 미륵 신앙을 이용한 것이다.

미륵 신앙은 특히 세상이 어지럽고 혼탁할 때 백성들 사이에 널리 퍼지곤 한다. 미륵불이란 알다시피 미래에 이 세상을 구원하러 올 부처를 말한다. 그래서 기존의 질서를 뒤엎고 개혁을 이루려는 세력은 백성들의 마음을 사로잡기 위해 종종 미륵 사상을 끌어들이기도 한다. 새로운 세상을 꿈꾸는 백성들은 고통과 절망으로 가득 찬 현실 속에서 미륵불을 기다리며 막연한 희망을 품을 수 있을 테니까 말이다.

어쩌면 당시 궁예는 백성들에게 호응을 얻을 수 있는 개혁 정치를 펼치면서, 자신이 살기 좋은 새 세상을 이룰 미륵이라는 환상을 백성들에게 심어 주었을 수도 있다. 처음에 궁예가 민심을 얻었다는 것은 이를 말해 준다. 궁예가

맛있게 읽는 한국 고대사

골품제를 없애고 새로운 신분 제도를 마련하고자 했던 것도 이런 차원에서 이해할 수 있다.

하지만 이런 통치 형태는 점점 호족들의 거센 반발을 불러왔다. 궁예가 중앙 집권화를 지향점으로 삼아 개혁을 진행할수록 호족들의 지위와 권한은 점점 위축될 수밖에 없었기 때문이다. 궁예는 이런 반대 세력을 가차 없이 처단했다. 궁예가 폭군처럼 굴며 무자비하게 신하들을 죽였다고 하는 것은 왕권 강화를 위한 개혁 과정에서 수많은 호족들이 희생되었다는 뜻이다. 물론 여기에는 자신의 왕비와 자식이라고 해도 예외일 수가 없었다.

왕비 강씨가 누구인지 정확한 기록은 없다. 다만 유력한 호족의 딸일 것이라는 의견이 지배적이다. 그녀는 호족의 대표로, 당연히 궁예의 개혁을 강력하게 제지했을 것이다. 그러나 궁예는 자신의 확고한 의지를 보이기 위해 과감히 그녀를 제거했다. 신통력으로 사람의 마음을 꿰뚫어 본다는 이른바 ‘관심법觀心法’은 이런 무한 공포 정치의 상징적 의미일 것이다. 왕비와 함께 두 아들을 참살한 것은 궁예의 포악함과 잔인함을 보여 주는 대표적 사례로 기록되어 있지만, 이 또한 호족과의 힘겨루기에서 희생된 것으로 보는 게 옳을 것이다. 당시 호족 세력들은 위기의식을 느끼고 두 왕자를 정점으로 삼아 새로운 권력을 형성하여 궁예를 밀어내려는 은밀한 계획을 진행했을지도 모른다. 그리고 이 낌새를 눈치 챈 궁예가 두 아들마저 제거한 것이다. 궁예의 행동이 매우 비정한 것이긴 하나, 왕조의 역사에서는 권력을 지키기 위해 형제간 또는 부자간에도 죽고 죽이는 사태가 다반사로 일어난다. 하지만 절대 왕권을 수립하려는 궁예의 이런 극단적인 조치는 호족들의 거센 반발을 극복하지 못하고 결국 패망에 이르고 말았다.

고려의 건국과 후삼국 통일

새 임금이 된 왕건

궁예가 아직 임금일 당시 가장 두각을 드러낸 인물은 왕건이다. 왕건은 궁예 휘하의 여러 장수들 가운데서도 특히 두드러진 활약을 펼쳤다. 그는 전투에 나가 여러 차례 공을 세웠는데, 그중에 가장 빛나는 전공은 금성지금의 나주의 점령이다.

금성 전투에서 왕건은 예측 불허의 공격을 감행했다. 멀리 뱃길로 서해를 돌아 후백제의 배후인 금성을 쳐서 빼앗은 것이다. 원래 왕건의 조상은 해상 활동으로 많은 재물을 모아 송악의 호족으로 성장했는데, 이런 자기 집안의 경험을 살린 기발한 전략이었다. 금성의 점령으로 후고구려는 언제든 견훤을 등 뒤에서 위협할 수 있는 교두보를 확보하게 되었다. 이 공으로 왕건은 대아찬 장군이라는 벼슬을 얻었다.

이후로도 왕건은 해상권을 완전히 장악하여 견훤의 숨통을 조였다. 왕건은 해상뿐 아니라 육상 전투에서도 뛰어난 활약을 펼쳐 궁예의 두터운 신임을 받았다. 그리하여 913년에는 37세의 나이로 백관의 우두머리인 시중의 자리에 올랐다. 왕건은 탄탄대로의 승진으로 자칫 주위의 시기와 모함을 받을 수도 있었지만, 신중하고 조심성 있는 행동으로 내외의 신망을 얻었다.

그 무렵 궁예는 호족들에 대한 가혹한 정책을 계속 펴 나갔다. 그러자 호족들은 점차 왕건 쪽으로 마음이 기울기 시작했다. 일명 '왕창근의 거울 사건'은 이를 암시적으로 보여 주는 일화다. 『삼국사기』에 기록된 내용을 간추리면

이렇다.

왕창근은 당나라에서 온 상인이다. 어느 날 저잣거리에서 백발노인이 그를 보고 '거울을 사라'고 권유하자 쌀을 주고 거울을 샀다. 백발노인은 거울과 바꾼 쌀을 거리에 있는 거지 아이들에게 나누어 준 뒤 어디론가 사라졌다. 왕창근이 이상하게 여겨 그 거울을 가져와 벽에 걸어 두었다. 그런데 거울에 해가 비치자 흐릿하게 글씨가 보이는 것이었다. 글씨의 내용은 수수께끼처럼 알기 어려웠으나 그중 일부는 이러했다.

"두 용이 나타나 한 마리는 청목靑木에 몸을 감추고, 다른 한 마리는 흑금黑金 동쪽에 몸을 나타낸다."

왕창근이 괴이하게 여겨 궁예 왕에게 거울을 바쳤다. 궁예가 관청에 명하여 왕창근과 더불어 거울 주인을 찾게 했다. 하지만 끝내 주인을 찾을 수가 없었다. 다만 발삽사라는 절의 불상이 이상하게도 그 사람과 똑같은 모습이었다고 한다. 노인은 바로 그 불상의 화신이었던 것이다.

사태가 심상치 않다고 여긴 궁예 왕은 글의 뜻을 풀기 위해 학식 있는 자 몇 명을 불렀다. 그들은 몇날 며칠 동안 머리를 맞대고 글을 해석했다. 그리하여 이런 뜻을 얻어 냈다.

'청목靑木, 푸른 나무은 소나무松, 소나무 송를 말함이니 송악군 출신으로 용龍 자 이름을 가진 사람, 곧 왕건을 말한다. 또 흑금黑金, 검은 쇠은 철鐵이니 지금 도읍한 철원의 궁예를 가리키는 것이다. 궁예 왕이 이곳에서 처음 일어났다가 마침내 여기서 멸망할 징조다.'

하지만 그들은 이 말을 사실대로 고할 수가 없었다. 그랬다간 왕건은 물론이고, 자신들도 무사하지 못할 테니까 말이다. 그래서 그들은 원래 해석한 뜻과는 달리 거짓으로 보고한 뒤 사태를 유야무야 넘겼다.

실제로 이런 사건이 있었는지는 알 수 없지만, 중요한 것은 당시의 사회 분위기상 궁예에게 반기를 들 조짐이 상당히 팽배했다는 점이다. 궁예도 이런 미묘한 기류를 눈치 채고 있었을 것이다. 그래서 궁예는 호족들과 갈등이 첨

맛있게 읽는 한국 고대사

예화될수록 역모에 바짝 신경을 곤두세웠다. 그의 손에 희생된 수많은 사람들 중에는 역모 혐의를 쓴 사람이 적잖았을 것이다. 왕건 역시 그 때문에 큰 곤욕을 치른 적이 있다.

원래 왕건은 궁예가 가장 아끼고 신임하는 신하였다. 그런데 이때쯤이 되면 궁예는 왕건에게까지 의심의 눈초리를 보내게 된다. 당시 왕건은 절체절명의 위기 상황을 아슬아슬하게 모면하게 되는데, 『고려사절요』에는 당시의 상황이 이렇게 기록되어 있다.

어느 날 궁예가 왕건을 급히 불러 성난 눈으로 뚫어지게 보며 말했다.

"경이 어젯밤에 사람들을 모아 놓고 반역을 모의한 것은 어째서인가?"

왕건은 얼굴빛을 조금도 흐트러뜨리지 않고 태연하게 웃으면서 말했다.

"어찌 그런 일이 있겠습니까?"

궁예는 일찍이 스스로를 미륵불이라 일컬었는데, 이에 왕건을 보며 말했다.

"경은 나를 속이지 마라. 나는 능히 남의 마음을 꿰뚫어 보기 때문에 그것을 안다. 내가 지금부터 정신을 집중하여 관찰한 다음 그 일에 대해 이야기하겠다."

궁예는 곧 눈을 감고 뒷짐을 지더니 한참이나 하늘을 우러러보며 고개를 젖히고 있었다. 이때 장주掌奏 벼슬에 있던 최응이 옆에 있다가 일부러 붓을 떨어뜨렸다. 그는 뜰에 내려와 이를 줍는 척하고 왕건의 곁을 빠른 걸음으로 지나치면서 귓속말로 일러 주었다.

"궁예왕의 말대로 복종하지 않으면 위태롭습니다."

이에 왕건이 곧 깨닫고 "사실은 제가 모반을 꾀했으니 죽을죄를 지었습니다" 하고 말했다.

궁예가 껄껄 웃으며 "경은 정직한 사람이라고 할 만하다. 다시는 나를 속이지 마라" 하고 말하면서 금과 은으로 장식한 말안장을 왕건에게 하사했다.

왕건이 반역을 자백했음에도 궁예가 슬쩍 넘어간 것을 보면 실제 왕건을 해칠 마음이 있었다기보다는 그의 충성심을 은근히 시험했다고 봐야 할 것이다. 하지만 왕건에게 이 일은 상당한 위협이었다. 왕건뿐 아니라 대다수 호족들이 이런 위기의식을 느꼈을 것이다.

이에 홍유, 신숭겸, 배현경, 복지겸 등이 비밀리에 왕건을 찾아가 모반을 결의하고, 마침내 군사를 일으켰다. 기록에는 이때 여러 장수들이 왕건을 호위하고 대문을 나서자 앞뒤로 달려와 따르는 자가 많아서 얼마인지 알 수 없을 지경이었으며, 먼저 궁성 문에 다다라 북을 치며 아우성치는 자가 1만여 명이나 되었다고 한다. 당시의 반란에 상당수 호족들이 가세했으며, 백성들의 호응도 상당히 컸다는 것을 알 수 있다.

결국 궁예는 왕건을 중심으로 한 호족에게 쫓기다 최후를 맞이했다. 그리하여 918년, 왕건은 새로운 왕으로 등극하여 국호를 고려高麗라 하고, 연호를 천수天授라 했다. 아울러 자신의 세력 근거지인 송악으로 도읍을 옮겼다. 후삼국 시대의 제2막이 이때부터 새로 시작되었던 것이다.

견훤과의 다툼

고려의 건국은 후삼국의 판도에 새로운 변화를 몰고 왔다. 궁예를 대신하여 왕건이 역사의 새 주인공으로 등장했기 때문이다. 그리하여 왕건의 고려와 후백제 그리고 신라가 겨루는 삼파전 양상이 되었다.

그런데 후삼국의 대립은 과거 삼국 시대의 다툼과는 본질적인 차이가 있다. 과거에는 고구려, 백제, 신라가 당나라를 끼고 삼한의 통일을 다투면서 서로 물고 물리는 싸움을 전개한 반면, 이제는 천년 왕국 신라가 힘을 잃고 만신창이가 된 채 후백제의 견훤과 새로 탄생한 고려의 왕건이 패권을 다투는 형국이 된 것이다.

양측의 다툼이 처음부터 치열하게 전개된 것은 아니다. 고려가 세워질 당시만 해도 견훤은 건국을 축하하는 사신을 보냈고, 왕건 또한 유화적인 자세를 취했기 때문에 한동안 두 나라 사이에 큰 충돌은 없었다. 그러나 신라에 대한 정책적 대립이 첨예화되면서 사정이 달라졌다. 후백제의 견훤은 군사적 공략을 통해 신라를 통합하려 한 반면, 고려의 왕건은 신라와 유대

견훤산성 산의 정상부를 따라 축조한 테뫼식 산성. 견훤이 축조하였다고 전한다. 국내에서 보기 힘든 삼국 시대 산성으로, 넓은 분지에 자리한 우뚝한 봉우리 주위에 석축을 쌓아 성곽을 만들었는데 전체적으로 정사각형이다.

를 맺어 견훤의 팽창을 견제하려 했다. 이에 따라 두 나라 사이에는 서서히 전운이 감돌기 시작했다.

920년에 있었던 후백제의 신라 공략이 그 신호탄이었다. 당시 견훤은 1만의 군사를 동원하여 신라의 대야성을 공격해 함락하고, 계속해서 거창, 진주, 산청 등 경상도 서북부 지역을 석권했다. 신라는 급히 고려에 구원을 요청했다. 왕건이 그 요청을 받아들여 군사를 출동시키자, 견훤은 이 소식을 듣고 급히 군사를 거두었다. 그래서 양측의 충돌은 간신히 피할 수 있었다.

925년 조물성경북 선산 전투에서 마침내 견훤과 왕건은 처음으로 맞붙게 되었다. 이 싸움에서 양측은 팽팽한 접전을 벌였다. 오랫동안 승부가 나지 않자, 두 나라는 인질 교환을 조건으로 화친을 맺었다. 왕건은 사촌동생 왕신王信을 인질로 보내고, 견훤도 이에 화답하여 사위 진호眞虎를 인질로 보냈다.

하지만 이런 위태로운 평화 노선에 찬물을 끼얹는 사건이 발생했다. 이듬해 고려에 갔던 진호가 갑작스레 병으로 죽은 것이다. 견훤은 이 소식을 듣고 고려에서 일부러 죽인 것이라고 의심했다. 그리하여 왕신을 죽인 후 군사 작전을 개시했다. 왕건도 사촌동생의 죽음에 분노하며 견훤에 맞섰다. 이때부터 두 나라는 본격적인 전쟁에 돌입하여 운명을 건 한판 승부를 펼치게 되었다.

초반에 주도권을 잡은 것은 후백제의 견훤이었다. 927년 9월, 견훤은 대군을 이끌고 근품성경북 문경을 공격하고, 이어서 신라의 고울부경북 영천를 습격하여 빼앗았다. 위협을 느낀 신라는 다시 고려에 구원을 청했다. 왕건이 1만의 군사를 내어 신라를 구원하러 나섰다. 그러자 견훤은 갑자기 북상하던 진로를 바꾸어 서라벌로 들이쳤다.

당시 신라의 경애왕은 포석정에서 잔치를 벌이다가 기습 공격을 받았다.

맛있게 읽는 한국 고대사

그는 공격을 피해 허겁지겁 몸을 피했으나 곧 후백제 군사들에게 붙잡히고 말았다. 견훤은 경애왕을 죽이고 왕족제王族弟인 김부金傅에게 그 뒤를 잇게 했다. 그가 신라의 마지막 왕인 56대 경순왕이다.

왕건은 서라벌을 향해 급히 군사를 몰았다. 하지만 왕건이 도착했을 때는 견훤의 군대가 서라벌을 마음껏 유린한 후, 신라의 귀중한 보물과 솜씨 좋은 기술자 등을 포로로 잡아 이미 빠져나간 뒤였다. 왕건은 견훤의 군사가 멀리 가지 못했을 것으로 판단하고 정예 기병 5,000명을 따로 뽑아 서둘러 뒤를 쫓았다. 그리하여 견훤은 돌아가는 길목인 공산대구의 팔공산 아래서 고려의 군사와 맞부딪혔다.

포석정 중국의 명필 왕희지는 친구들과 함께 술잔을 물에 띄워 잔이 자기 앞에 오는 동안 시를 짓지 못하면 그 벌로 술 세 잔을 마시는 잔치를 벌였다고 하는데, 포석정은 이를 본떠 만들었다. 바닥에 파놓은 물길을 따라 술잔을 띄웠던 것으로 추정하고 있다.

11. 신라의 쇠퇴와 후삼국 시대

하지만 너무 급하게 서둔 탓인지, 고려 군은 견훤의 계략에 휘말려 후백제 군대에 완전히 포위되고 말았다. 왕건의 목숨마저 위태로운 상황이었다. 이때 왕건을 구한 사람이 충성스러운 부하 장수 신숭겸이다. 그는 왕건과 옷을 바꿔 입고 후백제의 군사들 틈바구니로 뛰어들었다. 그 틈에 왕건은 겨우 포위망을 뚫고 달아날 수 있었다. 왕건은 이렇듯 구사일생으로 목숨을 건졌으나 선봉장으로 나섰던 김락과 신숭겸 두 장수를 잃고 말았다. 수족처럼 아끼던 두 장수를 잃은 왕건은 참담한 패배의 슬픔을 안고 군사를 돌리고 말았다.

이 싸움에서 견훤은 비록 대승을 거두었지만, 이득만 있었던 것은 아니다. 신라 임금을 무자비하고 난폭하게 살해한 것을 보고 신라인들은 그에게 적대감을 갖게 되었고, 왕건에게는 동정심과 호감을 갖게 되었기 때문이다.

공산 싸움 이후 승세를 탄 후백제는 고려를 몰아붙였다. 고려는 여러 전투에서 후백제에게 패배를 맛보았다. 하지만 열세에 놓인 고려는 병산 싸움을 계기로 분위기를 반전하는 데 성공한다. 그 싸움의 내막은 이렇다.

견훤은 북진을 계속하며 경상도 내륙 지방을 야금야금 먹어 들어가다가, 마침내 930년 정월에는 고창성경북 안동을 포위하기에 이르렀다. 당시 고창은 고려가 신라와 통할 수 있는 마지막 보루였다. 따라서 이곳을 잃게 되면 교통이 끊어지기 때문에 왕건의 신라 포용 정책은 큰 차질을 빚을 수밖에 없었다. 고창성에서는 3,000여 명의 고려 군사가 포위된 채 지원군이 오기만을 기다리는 절박한 상황이었다.

하지만 후백제 군의 기세가 워낙 거세 왕건은 쉽게 성안으로 진입할 수가 없었다. 고려 군은 대응책을 찾기 위해 논란을 빌이다 결국 북쪽 지대인 병산에 진을 쳤다. 이에 맞서 견훤은 남쪽 지대인 석산에 진을 쳤다. 두 진영 사이의 거리는 불과 500보 정도에 지나지 않았다. 지척에 적을 둔 고려 군과 후백제 군은 이내 전투에 돌입했다.

이른 아침부터 시작된 싸움은 해가 저물 때까지 계속되었다. 처음에는 우세한 군사력을 앞세운 후백제 군이 기세를 올렸다. 하지만 고려의 명장 유금필의 뛰어난 활약에 힘입어 고려는 결국 대승을 거두었다. 견훤은 8,000여 명의 병력을 잃고 퇴각하고 말았다. 왕건은 승전을 축하하며 고창군古昌郡을 안동부安東府로 승격했다. 안동이란 '동쪽을 안정시켰다'는 뜻으로, 이때 처음 안동이란 이름을 얻게 되었다.

이 싸움으로 전세가 역전되자, 그동안 견훤에 항복했던 30여 군현이 다시 고려에 항복했고, 강릉에서 울산 지역에 이르기까지 110여 성이 고려에 투항했다. 승전 소식을 들은 신라의 경순왕 또한 크게 기뻐하며 왕건과 만나기를 청했다. 이 요청에 따라 이듬해 왕건은 서라벌을 방문하여 경순왕과 신라인들의 큰 환대를 받았다. 왕건의 서라벌 방문으로 고려와 신라 사이의 우호와 신뢰는 더욱 두터워졌다. 왕건은 이때 신라의 벼슬아치와 백성들의 민심을 사로잡는 성과를 올렸으며, 이는 훗날 후삼국 통일의 크나큰 밑거름이 되었다.

후삼국 통일

병산 전투에서 대패한 견훤은 복수의 칼날을 갈며 때를 기다렸다. 그러다가 고려가 방심한 틈을 타 일격을 가했다. 932년 9월 후백제의 수군 장수 상귀가 이끄는 함대가 서해를 거슬러 올라가 개성 앞바다를 들이친 것이다. 이들은 예성강 주변에 정박해 있던 100여 척의 고려 군 배를 빼앗아 불사르고, 저산도에서 기르던 말 300필을 빼앗아 유유히 돌아갔다. 해군력만큼은 후백제에 비해 절대적 우위에 있다고 자부하던 왕건은 자존심에 크나큰 상처를 입었다.

이에 대한 설욕으로 왕건은 견훤과 두 나라의 운명을 건 마지막 대회전을 펼치게 되는데, 운주충남 홍성 전투가 바로 그것이다. 934년 정월, 왕건은 직접 군대를 이끌고 운주로 쳐들어갔다. 견훤은 이에 맞서 군사 5,000명을 이끌고 달려왔다. 이 전투에서도 고려의 명장 유금필의 활약은 빛났다. 그는 후백제 군이 미리 진영을 갖추지 못한 틈을 타 기습적인 선제공격을 가해 후백제 군 3,000명의 머리를 베는 대승을 거두었다. 이 기세에 눌려 공주 이북의 30여 성이 스스로 고려에 항복했다. 이 전투에서 고려 군은 후백제 군의 술사 종훈과 의사 훈겸, 백제의 용장 상달과 최필을 사로잡았다. 이들은 모두 견훤의 최측근 부하들인데, 이들이 포로가 된 것을 보면 견훤이 당시 얼마나 다급하게 고려 군에게 쫓겨 갔는지 능히 짐작할 수 있다.

운주 전투 이후 견훤은 깊은 패배감에 젖게 되고, 급속히 패망의 길로 접어들게 된다. 엎친 데 덮친 격으로, 태자 책봉을 둘러싼 조정 내부의 갈등은 후백제의 패망을 더욱 재촉했다. 『삼국사기』의 「견훤 열전」에는 이 과정이 이렇게 기록되어 있다.

> 견훤은 여러 명의 부인을 취하여 아들이 10여 명이었다. 그 가운데 넷째 아들 금강이 몸집이 크고 지혜가 남달랐기 때문에 견훤은 특히 그를 아끼고 사랑하여 왕위를 물려주려고 했다. 그 위의 형인 장남 신검과 둘째 양검, 셋째 용검 등이 이를 알고 깊은 고민에 빠졌다. 이때 양검은 강주도독, 용검은 무주도독으로 나가 있었으며, 신검만이 견훤의 측근에 있었다. 이찬 벼슬에 있던 능환이 신검과 손을 잡고, 강주와 무주에 있는 양검, 용검 등

과 음모를 꾸몄다. 그리하여 935년 3월에 군사를 일으켜 궁궐을 장악한 다음, 견훤을 금산사 불당에 가두고 사람을 보내 금강을 죽여 버렸다. 견훤의 폐위와 함께 장남 신검이 스스로 왕위에 올랐다.

금산사에 갇힌 견훤은 장남의 왕위 찬탈에 울분을 삭이며 하루하루를 보냈다. 그러다 경비가 허술한 틈을 타탈출에 성공하여 고려에 귀순

김제 금산사 미륵전 모악산에 자리한 금산사는 백제 법왕 2년(600년)에 지은 절로 신라 혜공왕 2년(766년)에 진표율사가 다시 지었다. 미륵전은 정유재란 때 불탄 것을 조선 인조 13년(1635년)에 다시 지은 뒤 여러 차례 수리를 거쳐 오늘에 이르고 있다. ⓒ문화재청

했다. 왕건은 그를 크게 반기며 후한 예로 대했다. 왕건은 견훤의 나이가 자신보다 10년 위라 하여 그를 높여 상보尚父, 아버지처럼 높이 받든다는 뜻라 불렀으며, 남쪽 궁궐에 숙소를 마련해 주었다. 지위 또한 백관의 으뜸이 되게 했다. 그뿐아니라 양주 땅을 식읍으로 주고, 노비 40여 명과 말 10필도 함께 딸려 주었다. 후백제의 왕으로 있던 시절에 비한다면 보잘 것 없을지 몰라도 왕건으로서는 아주 극진한 대접이었다.

견훤의 투항 소식에 후백제도 놀랐지만, 더욱 놀란 것은 신라 조정이었다. 경순왕은 더 이상 나라를 지탱할 힘이 없었다. 자신을 왕위에 올려놓은 견훤

이 투항한 데다 지방의 장수와 호족들이 속속 고려에 귀순하는 상황이었으니 말이다. 경순왕은 결국 그해 11월, 눈물을 머금고 고려의 왕건에게 나라를 바치고 말았다. 천년 왕국 신라는 그리하여 나라를 세운 지 992년 만에 역사의 뒤안길로 사라졌다.

이제 대세는 완전히 고려의 왕건에게 기울었다. 후백제의 신검이 남아 있긴 했지만, 왕위 찬탈로 인해 권력이 안정되지 못했다. 936년에는 견훤의 사위이자 신검의 매형인 박영규마저 고려에 귀순하는데, 이는 신검의 권력 기반이 가까운 곳에서부터 흔들리고 있음을 방증하는 것이다. 고려가 군사만 일으키면 쉽게 후백제를 무너뜨릴 수 있는 상황이었다. 하지만 왕건은 쉽게 군사를 움직이지 않았다. 그러자 아직도 분노를 삭이지 못한 견훤이 왕건에게 나아가 말했다.

"이 늙은 몸이 전하께 투항한 까닭은 전하의 위엄을 빌려 역적인 자식 놈을 벌하려는 것이었습니다. 엎드려 바라옵건대, 대왕께서 군사를 내어 난신적자를 섬멸하신다면 신은 죽어도 여한이 없사옵니다."

왕건은 이 말에 따라 그해 9월 마침내 10만에 가까운 대군을 이끌고 신검

정벌에 나섰다. 이 공격 대열에는 견훤도 70세의 노구를 이끌고 나섰다. 자신이 세운 나라를 자신이 정벌하러 나서는 역설적 상황이었으니, 그의 심정이 얼마나 참담했을지 능히 짐작하고도 남음이 있다.

고려 군과 후백제 군이 처음 맞부딪친 곳은 일선경북 선산이었다. 고려 군의 공격이 시작되자 후백제의 장수 효봉, 덕술 등은 고려 군의 웅장한 기세에 눌려 무기를 버린 채 항복하고 말았다. 싸움에 나선 장수가 항복을 하는 마당이니 전투에 패하는 것은 당연한 이치였다.

신검은 일단 군사를 뒤로 물리고 반격을 모색했다. 하지만 이미 사기가 꺾일 대로 꺾인 터라 고려 군을 당해 내기에는 역부족이었다. 패퇴를 거듭하던 신검은 더 이상 버틸 수가 없었다. 황산논산까지 추격해 온 고려 군이 탄령을 넘어 계속 공격해 오자 결국 두 아우와 함께 항복하고 말았다. 이로써 50년 가까운 후백제 시대는 막을 내렸다.

고려의 통일은 이전의 삼국 통일과는 또 다른 깊은 의미가 있다. 당시 고려는 적극적인 민족 재통합 정책을 폈다. 이에 따라 발해가 거란에 멸망하던 926년부터 고구려계 유민들이 여러 차례에 걸쳐 고려로 망명해 왔다. 그중에는 발해의 왕자 대광현도 있었다. 고려는 이들을 우대하여 동족 의식을 분명히 했다. 그뿐 아니라 발해를 멸망시킨 거란과는 외교를 단절한 채 적대적 태도를 취했다. 따라서 고려는 비록 옛 고구려의 땅을 완전히 회복하지는 못했지만, 후삼국뿐 아니라 발해의 유민까지 포용한 진정한 의미의 민족 재통일을 이루었다고 할 수 있다. 🔖

도선대사와 풍수지리설, 그리고 왕건

풍수라는 말은 중국 동진東晉 시대 사람인 곽박이 지은 『장서葬書』라는 책에서 유래했다. 죽은 것은 생기를 타야 하는데, 그것은 바람을 타면 흩어지고 물에 닿으면 머물기 때문에 생기가 바람에 흩어지지 않게 잘 가두고, 산에서 돌아 나오는 물을 얻어야 한다는 것이다. 이것이 바로 풍수의 요체인 장풍득수藏風得水이며, 이를 줄여서 풍수라고 한다. 풍수는 흔히 집 터나 마을, 도읍 등 사람이 사는 곳의 자리를 잡는 양택 풍수와 죽은 자의 묘 터를 잡는 음택 풍수로 나누기도 한다. 하지만 둘 다 공통적인 것은 땅을 살아 있는 생명체로 보고, 그 기운을 어떻게 활용하느냐에 따라 인간의 길흉화복이 결정된다는 생각이다.

우리나라에 풍수 사상을 처음 들여온 것은 도선대사로 알려져 있다. 『고려사』의 왕실 계보를 보면 왕건의 탄생 설화가 실려 있는데, 거기에 도선이 등장한다.

어느 날 한 승려가 왕륭의 집 앞을 지나치며 혼잣말처럼 중얼거렸다.

"기장을 심을 터에 어찌 삼을 심었는가?"

부인이 마침 이 말을 듣고 남편에게 말하니 왕륭은 허겁지겁 뒤를 쫓아가 도선을 만났다. 도선이 말했다.

"내가 일러 준 대로 집을 지으시오. 그러면 반드시 슬기로운 아들을 얻을 것이니, 이름을 '세울 건建'이라 하십시오."

왕륭이 도선의 말을 좇아 아들을 얻으니, 그가 바로 왕건이다. 도선은 왕건이 열일곱 살이 되었을 때 다시 찾아왔다.

"당신은 혼란한 시대에 하늘이 정한 명당 터에서 태어났으니, 고통에 빠진 이 땅의 백성들은 당신이 구제해 주기만을 기다리고 있소."

이렇게 말하고 왕건에게 군대를 지휘하고 진을 치는 법, 전쟁 시에 유리한 지형과 적당한 시기를 선택하는 법 등을 가르쳐 주었다고 한다.

물론 이 기록은 여러 정황상 사실이 아닐 가능성이 높다. 아마도 시조인 태조 왕건의 탄생을 신비화하고, 고려의 건국이 천명에 따른 역사적 필연임을 보여 주기 위해 일부러 도선을 끌어들인 게 아닌가 싶다. 어쨌거나 왕건은 도선의 풍수지리설을 어지간히 믿고 존중했던 모양이다. 「훈요십조」의 두 번째 조항에서 도선대사가 터를 잡아 놓은 곳 외에는 함부로 절을 짓지 말라는 경고를 했을 정도니까 말이다.

참고 문헌

『고려사 1-10』, 여강출판사.

국사편찬위원회, 『고등학교 국사』, 교육인적자원부, 2003.

국사편찬위원회 편, 『한국사 9-10』, 국사편찬위원회, 1998.

김부식 지음, 한국사사료연구소 편, 『삼국사기』, 한글과 컴퓨터, 1996.

김성구 편, 『중국정사조선열국전中國正史朝鮮列國傳』, 동문선, 1996.

김용만 지음, 『고구려의 발견』, 바다출판사, 2000.

민족문화추진위 편, 『고려사절요』, 신서원, 2004.

박영규 편저, 『고려왕조실록』, 웅진지식하우스, 2005.

박은봉 지음, 『한국사 편지 1』, 웅진주니어, 2005.

박은봉 지음, 『한국사 100 장면』, 실천문학사 1998.

백유선 · 신부식 · 임태경 지음, 『청소년을 위한 한국사』, 두리미디어, 2005.

사마천 지음, 『사기 1-10』, 중화서국.

서병국 지음, 『고구려인의 삶과 정신』, 혜안, 2000.

역사문제연구소 지음, 『한국의 역사 1』, 웅진지식하우스, 2005.

이덕일 지음, 『교양 한국사 1-2』, 휴머니스트, 2005.

이도학 지음, 『새로 쓰는 백제사』, 푸른역사, 1997.

이복규 지음, 『부여, 고구려 건국신화 연구』, 집문당, 1998.

이이화 지음, 『한국사 이야기 1-4』, 한길사, 2005.

이지영 지음, 『한국 건국신화의 실상과 이해』, 월인, 2000.

이희근 지음, 『한국사, 그 끝나지 않는 의문』, 다우, 2001.

일연 지음, 이민수 역, 『삼국유사』, 을유문화사, 1983.

전국역사교사모임 지음, 『살아 있는 한국사 교과서 1』, 휴머니스트, 2002.

전국역사교사모임 지음, 『심마니 한국사』, 역사넷, 2004.

전호태 지음, 『고구려 고분벽화 연구』, 사계절, 2001.

조동일 지음, 『한국문학통사』, 지식산업사, 1991.

KBS 역사스페셜 제작팀 지음, 『역사스페셜 1-4』, 효형출판 2002~2002.

편집위원회 지음, 『이야기 한국역사 3』, 풀빛, 2006.

한국문화상징사전 편찬위원회 엮음, 『한국문화 상징사전』, 동아출판사, 1994.

한국역사연구회 고대사분과 지음, 『고대로부터의 통신』, 푸른역사, 2004.

한국역사연구회 고대사분과 지음, 『문답으로 엮은한국고대사 산책』, 역사비평사, 2000.

한국정신문화연구원, 『한국민족문화대백과사전』, 1997.

찾아보기

맛있게 읽는 한국 고대사

맛있게 읽는 한국 고대사

맛있게 읽는 한국 고대사

맛있게 읽는 한국 고대사

맛있게 읽는 한국 고대사

ㅊ

맛있게 읽는 한국 고대사

사진 출처

본 책에 수록된 일부 도판은 국립중앙박물관의 허가를 받아 사용하였습니다.

23쪽_주먹도끼, 뗀석기, 돌날과 돌날몸돌, 슴베찌르개 | 24쪽_간석기 | 25쪽_고기잡이 도구, 사냥 도구, 농경 도구 | 36쪽_빗살무늬 토기 | 38쪽_꾸미개 | 48쪽_청동 방울 | 49쪽_청동 거울 | 50쪽_비파형 청동 검 | 51쪽_세형 청동 검 | 59쪽_반달 돌칼 | 60쪽_농경문 청동기 | 62쪽_끈 흔적이 있는 민무늬 토기 | 63 쪽_민무늬 토기 | 238쪽_초두 | 245쪽_용무늬 장식 고리자루칼 | 247쪽_관 꾸미개 | 250쪽_백제 금동대향 로 | 364쪽_유리그릇

(중박201102-114)

185쪽_평양 석암리 금제 띠고리 | 273쪽_북한산 신라 진흥왕 순수비

(중박201103-126)